中华优秀传统文化

江苏『十三五』重点图书出版规划项目

主编 王卫平

苏州大学出版社
Soochow University Press

图书在版编目(CIP)数据

中华优秀传统文化 / 王卫平主编. —苏州：苏州大学出版社，2018.8(2019.12重印)
ISBN 978-7-5672-2591-6

Ⅰ.①中… Ⅱ.①王… Ⅲ.①中华文化－通俗读物 Ⅳ.①K203-49

中国版本图书馆CIP数据核字(2018)第185236号

苏新出图备字号 [2018] 80号

中华优秀传统文化

王卫平　主编

责任编辑　杨　华　史创新

苏州大学出版社出版发行
(地址：苏州市十梓街1号　邮编：215006)
苏州工业园区美柯乐制版印务有限责任公司印装
(地址：苏州工业园区东兴路7-1号　邮编：215021)

开本 787 mm×1 092 mm　1/16　印张 18　字数 374千
2018年8月第1版　2019年12月第2次印刷
ISBN 978-7-5672-2591-6　定价：48.00元

苏州大学版图书若有印装错误，本社负责调换
苏州大学出版社营销部　电话：0512-67481020
苏州大学出版社网址　http://www.sudapress.com

《中华优秀传统文化》编委会

主　　任：王向阳

副 主 任：王卫平　沈海牧

编　　委：丁国祥　王卫平　王向阳　朱小田
　　　　　王　青　王国志　王　晗　方　潇
　　　　　朱　琳　余同元　何　伟　沈海牧
　　　　　沈　骅　陈兴昌　范莉莉　季国军
　　　　　胡火金　赵　琪　侯德仁　徐祥华
　　　　　董　强　鲁　萍　程　芳

主　　编：王卫平

副 主 编：余同元　徐祥华

目 录

绪 论 /001

第一章 朝代、政区与疆域 /009

    第一节 朝代的兴替 /009
    第二节 行政区划的变迁 /012
    第三节 历代疆域的沿革 /016

第二章 民族风情与家族文化 /026

    第一节 汉族的民族风情 /026
    第二节 少数民族风情 /031
    第三节 传统家族文化 /036

第三章 文字、文献与文化经典 /042

    第一节 中国的文字 /042
    第二节 古代文献载体和分类 /046
    第三节 古代文化经典 /049

第四章 传统史学、文学与艺术 /058

    第一节 传统史学 /058
    第二节 传统文学 /063
    第三节 传统艺术 /072

第五章 传统生命信仰与人生修养 /085

    第一节 传统生命信仰 /085
    第二节 内圣外王的人格修养 /090

第三节 伦理至上的道德修养 /095

第六章 儒学的形成与发展 /102
第一节 孔子与儒学 /102
第二节 汉代经学与儒家 /109
第三节 宋明理学 /113
第四节 当代儒学的新发展 /118

第七章 道教与佛教文化 /122
第一节 道家与道教的发展 /122
第二节 佛教的发展与中国化 /129
第三节 中国佛教的主要宗派 /134

第八章 传统教育与科举文化 /140
第一节 传统教育思想和政策 /140
第二节 传统教育制度与机构的演变 /145
第三节 科举考试与科举文化 /149

第九章 传统法律与法制文化 /154
第一节 传统法律的基本面貌 /154
第二节 传统法律的指导思想 /158
第三节 传统法律的主要具体制度 /163

第十章 传统武术与军事文化 /177
第一节 传统武术的历史发展 /177
第二节 传统军事文化 /180
第三节 传统军事文化对传统武术发展的影响 /187

第十一章 古代科技文化 /189
第一节 古代科学思维方式 /189
第二节 古代科学体系及其成就 /192
第三节 古代技术成就 /202

第十二章 传统医药及养生文化 /206
第一节 传统医药文化 /206

第二节 传统养生文化 /216

第十三章　堪舆学与传统建筑文化 /223

第一节 景观规划与建筑设计中的堪舆学 /223
第二节 传统建筑的文化特征 /228
第三节 传统园林文化 /233

第十四章　传统节庆与饮食文化 /241

第一节 传统节庆文化 /241
第二节 传统饮食文化 /248

第十五章　中国的世界文化遗产 /256

第一节 中国的世界文化遗产谱系 /256
第二节 物质类文化遗产的世界普遍价值 /264
第三节 非物质文化遗产的人类代表作 /272

后　记 /278

绪 论

中华传统文化源远流长,博大精深,凝聚着中华民族自强不息的精神追求和历久弥新的精神财富。中国共产党历来高度重视中华优秀传统文化,在中国革命、建设和改革进程中,一直继承和弘扬中华优秀传统文化。党的十八大以来,以习近平同志为核心的党中央高度重视中华优秀传统文化的历史传承和创新发展,从中华民族最根本的精神追求、最独特的精神标识、最宝贵的精神品格和中华民族精神"根"与"魂"的高度,来定位优秀传统文化;从中华民族最基本的文化基因、最深厚的软实力和文化自信的坚实根基与突出优势的高度,来继承优秀传统文化;从社会主义核心价值观的重要源泉、实现"两个一百年"奋斗目标和中华民族伟大复兴中国梦的重要精神支撑的高度,来弘扬优秀传统文化;从推动中华民族现代化进程、构建"人类命运共同体"的战略高度,来创新发展优秀传统文化,赋予了中华优秀传统文化崭新的时代内涵。2017年1月,中共中央办公厅、国务院办公厅印发了《关于实施中华优秀传统文化传承发展工程的意见》,意见指出了实施中华优秀传统文化传承发展工程的重要意义和总体要求、主要内容、重点任务、组织实施和保障措施。这是自中华人民共和国成立以来,党和政府出台的第一个以传承和发展中华优秀传统文化为主题的文件,也是第一个理论与实践并重、用重大工程的方式推进的行动纲领。党的十九大报告指出:"中国特色社会主义文化,源自中华民族五千多年文明历史所孕育的中华优秀传统文化,熔铸于党领导人民在革命、建设、改革中创造的革命文化和社会主义先进文化,植根于中国特色社会主义伟大实践。"党的一系列方针政策,对于传承中华文脉、全面提升人民群众文化素养、维护国家文化安全、增强国家文化软实力、推进国家治理体系和治理能力现代化,具有重要意义。

一、中华优秀传统文化的基本内涵

中华优秀传统文化包含了三个基本关键词:中华、传统、文化。

"中华"就是指"中国","中华"一词同于"中国"是在元代以前,元代王元亮说:"中华者,中国也。""中国",作为一个地理概念,其内涵经历了不断拓展的过程:远古时期的华夏族居住在黄河流域,自认为是天下中央,故称"中国",即中原,秦汉以后成为中原王朝统治的核心区。元明清时期中国疆域最终确定,在清代盛世版图上,奠定了56个民族的基础,总称为中华民族。中华民族的形成有一个从自然发展到自觉发展的过程,这个过程也是中华民族多元一体格局形成与发展的过程。在多元一体格局形成的过程中,民族的共同地域、共同生活方式、共同语言、共同心理素质等逐步建立,至近代巩固下来。如梁启超所言:"凡遇一他族而立刻有'我中国人'之一观念浮于其脑际者,此人即中华民族之一员也。"〔1〕

传统是指从历史延传下来的思想、文化、风俗、制度及行为方式等,对人类的行为和活动有着无形的影响和控制作用。传统是历史发展继承性的表现,传统来自过去,在当今仍有很强的生命力。在阶级社会里,传统具有阶级性和民族性,积极的、优秀的传统对社会发展起着促进作用,保守的、落后的传统对社会发展起着阻碍作用。

"文化"一词源于《易经》。《易经》说:"观乎天文,以察时变;观乎人文,以化成天下。"文化是人类在改造自然过程中产生的,以人化为宗旨、以价值观念对象化为实质的人类文明进化过程。其内容小到个人行为、心理和思想,大到人类进化、社会演变与文明发展,凡物质的、制度的、精神的因素均包含其中。文化具有时代性、地区性,自从民族形成以后,文化往往是以民族的形式出现的。一个民族使用共同的语言,遵守共同的风俗习惯,养成共同的心理素质和性格,这就是民族性的文化表现。在阶级社会中,由于各阶级的生活条件、社会地位不同,因而他们的价值观、信仰、习惯和生活方式也就不同,出现了各阶级之间的文化差异,表现出文化的主体性、民族性、传统性、地域性,要求人们从不同层面去深入探求文化的本质。

中华优秀传统文化是中华民族在中国这片土地上创造的文化,它从远古时期延续到今天,已有五千多年的历史。它是中华民族在特定的地理环境、经济形式、政治结构、意识形态的作用下,世代积淀,并为大多数人所认同而流传下来的。它不但占据了中国文明社会的绝大部分时期,而且至今仍在影响着我们的文化。本书所指的中华优秀传统文化主要具有以下四个方面的特性。

全面性。中华优秀传统文化的内涵较之于中国传统文化有不同程度的挖掘与优化,在地域范围上不仅深入挖掘了中国大陆以汉文化为主的56个民族的文化,还拓展延伸到海外华人聚居较多的地区。在文化传承的载体形式上,不仅有文字、文献与文化经典、传统史学、文学和艺术方面,还体现在民族风情、家族文化及生命信仰和人生修养等方面。在文化表现形式上,不仅反映了人们的精神生活等非物质文化遗产,还在建筑文化、饮食文化、科技文化等物质形态方面进行了全

---

〔1〕 梁启超:《饮冰室专集之四十二·中国历史上民族之研究》,《饮冰室合集》第8册,中华书局1989年版,第1—2页。

面阐释，充分体现了中华文化的博大精深、全面发展。

时代性。各个时代的文化都有不同程度的进步与发展，以其独特的形态而存在。在阐释各类型文化形态时，大致以先秦时期的夏商西周时代和春秋战国时期为第一时期，以先秦到隋唐时期为第二时期，宋元时期（含辽、夏、金）为第三时期，公元1368年到1911年明清两代为第四时期。

专业性。中华优秀传统文化浩如烟海、博大精深，本书很好地抓住不同时代、不同类型文化形态的特质加以概述，从而实现创造性传承、创新性发展，成为本书的亮点。本书以专业视角对中华优秀传统文化的渊源——儒学、道教与佛教的形成与发展，众多先圣哲人的思想贡献，以及中国化、大众化、现代化的过程，进行了系统性的阐述，特别注重对教育与科举、法律与法制、武术与军事、医药与养生、堪舆学与建筑、节庆与美食等方面优秀文化的专业性概述。

创新性。中华优秀传统文化不仅要对中国传统文化去粗取精、去伪存真、优选汇聚，还要体现时代要求及创新性发展。本书对一些抽象的文化现象和智慧结晶不仅原汁原味地进行了介绍，还赋予新时代的丰富内涵。比如将中国传统的生命信仰归结为儒学生命不朽观、道学生命不朽观、佛学生命不朽观，这三个"不朽观"造就了人们的不朽灵魂，成为中国人生生不息的动力源泉。人格修养也称个性的养成，不同时代的先贤哲人们提出了众多不同的修养方式方法，并细化到步骤措施。本书创新性地提出"内圣外王"的人格修养总纲，并以《大学》经文中含有的三纲领、八条目、七修证，绘制出《大学内圣外王图解》。道德修养归集的思想就是修身养性，一般学说都以各种方式方法来提升自己的灵性和心理素养，达到生理和心理健康和谐。本书鲜明地提出了伦理至上的道德修养观，并对人生大事做人第一、义利之辨是价值选择的核心问题、内外超越是修养的基本途径、读书养心和助人为乐是修养常课、自奉俭约和自强不息是修养基本功等，做了创新性阐述。

二、中华优秀传统文化源远流长、博大精深

在漫长的原始社会，由于没有文字，其间的历史多数没有被记录下来。关于中国远古文化的起源，《易经》最早记载了关于神农、黄帝、尧、舜、禹等古代帝王改造环境、造福万民的故事，《史记》记载中华文化"自黄帝始"。关于上古人物的记载，虽然历史上口口相传的成分多一些，但真实性是不容置疑的。相关研究表明，商代以前，中华民族就有一段很长的历史，可以认为，中华文化起源于比夏商周更早的远古时代。

商代青铜器的发展为文字的记载和传播奠定了一定的基础。《尚书》记载："惟殷先人，有册有典"，虽然册和典现在难寻踪迹，但从一些出土的甲骨文残品中还是能看出商代文化的端倪。西周时期《易经》的出现，对当时及后世文化的

繁荣起到了巨大的推动作用。春秋末期出现了两位横跨千古的思想巨人——孔子与老子，他们分别开创了儒家与道家学派，开启了中华文化走向多元、繁荣的新局面。

战国乱世，群雄逐鹿，诸子百家百花齐放。当时，最主要的有六大学派，即儒、墨、道、法、名、阴阳，各学派都自成一家，各有特点。儒家主要代表是孔子、孟子，崇尚礼乐和仁义，提倡中庸之道，主张德治和仁政，重视伦理纲常的道德教育和人的自身修养；道家主要代表是老子、庄子，主张万物齐同、道法自然，提倡和谐；墨家主要代表是墨子，主张兼爱，宣扬非攻、尚贤、尚同。战国末期，百家思想的辩论与斗争趋于白热化，且学派内部也多有分裂，分化成更多的分支流派。战国时期崇尚学术自由，思想文化繁荣，中华传统文化的基本构架得以初步形成。

秦始皇统一中国以后，实行"焚书坑儒"的文化专制政策，将诸侯国史书及"百家言"化为灰烬，中华文化发展遭遇一次重挫。汉初推行以黄老治国，至汉武帝则"罢黜百家，独尊儒术"，春秋战国时期的"百家争鸣"自此退出了历史舞台。魏晋南北朝和隋唐时期，儒学的独尊地位不断受到冲击，佛教东来并逐渐本土化，中华文化呈现出向周边辐射的特点。宋元时期，理学理论体系逐渐建立并完善起来，科学技术不断发展，编史撰志之风空前浓厚。明清时期，社会政治由兴趋衰，农业经济萎缩不前，闭关锁国，对外交流基本停滞。鸦片战争后，我国被迫开始了西学东渐的历程。

中华传统文化虽然历经曲折，但从历史来看并未中断，且逐步显示出巨大的时代价值。中华传统文化内容极其丰富，百舸争流的哲学流派、释道辉映的古代宗教、止于至善的教育制度、蔚为大观的古代文学、璀璨夺目的传统艺术、独树一帜的古代医学、千姿百态的民族习俗、穿越时空的饮食文化等，难以胜数。中华传统文化在发展过程中，从不故步自封，而是善于学习各种文化的长处，在消化吸收之后丰富自己。一方面，中华文化具有极强的同化力，最典型的例子就是佛教中国化，东汉时期佛教自印度传入后，在与道家思想和儒家思想的交流碰撞中逐渐融为一体，形成了适合中国人民族心理的禅宗。另一方面，中华文化具有极强的融合力，中国历史就是一部不同民族间冲突、竞争、融合、淘汰的历史，许多民族跟汉族发生过冲突，甚至完全占领了中原大地，最后都被中原的文化所同化，背后的原因就在于中华文化的包容性。

中华传统文化有合二为一的整体性。"阴"和"阳"是中华传统文化中的独特概念，这个概念表现的就是一分为二、合二为一、对立统一的整体性。中华传统文化有雅俗之分，也有优劣即精华和糟粕之分，但不同文化之间往往是你中有我、我中有你，难以一概而论。从积极的方面来说，实事求是的认识论、注重实践的知行观、自强不息的辩证法、富国足民的民本观等，都是中华传统文化的精神财富；从消极的方面来说，均平观念容易陷入平均主义，内省修养容易导致封闭保守,专制主义容易造成迷信权威,等等,这些消极影响可能会作为一种被动力量和惰性心理深深潜伏在国人的思想意识之中。

三、学习中华优秀传统文化是增强文化自信的需要

中华传统文化根植于中华民族的血脉之中,对中国历史产生了深远的影响。中华传统文化主要体现在:思想上有大智,伦理上有大善,艺术上有大美,科学上有大真。无论是儒家的"仁义礼智信",墨家的"兼爱、非攻、尚贤",道家的"上善若水"等睿智的哲学思想,还是灿烂荣耀、享誉世界的四大发明;无论是"有朋自远方来不亦乐乎""海内存知己,天涯若比邻"的好客之情,还是"以和为贵""和而不同"的热爱和平、天下大同的思想;无论是"天下兴亡,匹夫有责"的忧国爱国情怀,还是"天行健,君子以自强不息"的自强不息精神,无不是人们塑造精神人格、培育文化自信的基石。

传统文化是一个国家和民族的"根"和"魂",不论哪个国家和民族,如果抛弃或者不珍惜本民族的传统文化,那么这个国家就没有立国、立命的根基。中华传统文化是中华民族生生不息、世代繁衍的历史记录,同样,文化自信的培养也离不开传统文化这一精神食粮。只有我们接受并认同中华传统文化,吸收传统文化中的有益之处,真正自觉地继承、弘扬优秀传统文化,我们的文化强国之路才能更好地走下去,文化自信的底气才有其深厚的根基。

中国四大发明推动了人类文明的进步,对世界科技文化的发展产生了深远的影响;中国有优秀的文学作品——四大名著,在世界文学史上居有重要的地位;中国有民族色彩浓厚的建筑工艺,故宫、长城、颐和园等气势恢宏,成就非凡,对世界现代建筑的发展产生了广泛的影响;中国的二十四节气比西方人的观察气象早了500年,是在气象研究领域对世界做出的重要贡献;中国有精美的丝绸和陶瓷,在古代丝绸之路上,它们俨然成了中国的标志;中国有古老的中医和中药,它重在调和人与自然的关系,从而免除人类的疾病和痛苦……中国古代劳动人民依靠自己的智慧和坚强不屈的精神创造了辉煌的中华文明,在世界文化发展史上留下了光辉的一页。

随着经济全球化及中国改革开放的深入,社会竞争意识越来越强,对"金钱"的关注度也越来越高。这种变化也给一部分人的思想发展带来了负面影响,他们开始怀疑本民族的文化,向往西方社会所谓的自由、民主的生活。面对这种情况,我们应该从传统文化中寻找文化自信的精神源泉。中国古代传统文化所蕴含的精神元素,对文化自信的培养具有独特作用。例如,中国传统文化重视个人精神培养,古人"修己以敬"的修身思想,"父母在,不远游,游必有方""谁言寸草心,报得三春晖"的孝悌思想,"精忠报国""临患不忘国,忠也。图国忘死,贞也"的爱国情怀,"千磨万击还坚劲,任尔东南西北风"的豪迈不屈的奋斗精神,"厚

德载物"的包容精神，等等，都对人的世界观的形成有重要的引导作用。同样，中国古代历史人物也为我们文化自信的培养提供了精神之源。例如主张仁政的孔孟、主张变革的商鞅、忍辱负重的司马迁、卧薪尝胆的越王勾践、"鞠躬尽瘁，死而后已"的诸葛亮、"精忠报国"的岳飞、凿壁借光的匡衡等，都在文化自信的培养方面发挥了重要的作用。

中国古代人民的智慧丰富了我们的民族文化，为中华民族精神和时代精神奠定了基础。优秀传统文化"是中华传统文化中所包含的核心价值观、核心价值体系、社会伦理体系、道德规范体系、普遍性社会信仰、理想目标、人生境界以及所体现的民族精神"。中华传统文化已经深深烙印在中华儿女的生命中，对中华儿女民族精神的塑造具有重要的影响。也正是有了这些精神的存在，中华民族才能在历史长河中世代延续，才能创造出辉煌的中华文明。

四、坚持古为今用、推陈出新，有扬弃地继承传统文化

任何事物都不是十全十美的，中华传统文化也不例外。中华传统文化突出的缺陷和不足就是其封建性。文化作为上层建筑的一部分，它总是服从和服务于一定的经济基础。作为中华传统文化主流的儒家文化，产生于奴隶社会瓦解、封建社会初兴之时，是为封建统治服务的，它的主要表现是封建专制思想和封建宗法等级制度，以君权、父权、夫权为核心的等级制度和人身依附关系，官本位思想和重男轻女观念，这些都会影响和禁锢中国人的头脑。封建性又与保守性相联系，封建社会自给自足的小农经济满足于小富即安，使得人们故步自封、夜郎自大、因循守旧，这种保守性阻碍了社会的发展和进步，是需要加以批判和否定的。

中华传统文化维系了中华民族几千年，说明其精华是主、糟粕是次，这就要求我们在学习、研究、应用传统文化时坚持古为今用、推陈出新，结合当代实践和时代要求进行正确取舍，而不能全盘照搬照用。要坚持马克思主义的辩证唯物主义和历史唯物主义，有鉴别地加以对待，有扬弃地予以继承，取其精华，去其糟粕；要善于把弘扬优秀传统文化和发展现实文化有机统一起来，在继承中发展，在发展中继承。习近平总书记强调："不忘本来才能开辟未来，善于继承才能更好创新。"一方面，继承是创新的先决条件与前提基础，对于历史悠久、源远流长的中华传统文化既不能片面地厚古薄今，也不能厚今薄古，更不能以绝对主义的态度全盘接受或全盘抛弃。另一方面，创新是继承的发展成果，应当视传统文化为活态的精神文化系统，要以时代的眼光和创新的观念探索其应用与实践的方法，这样才能为传统文化注入新的生机与活力。总之，"中华优秀传统文化是中华民族的突出优势，中华民族伟大复兴需要以中华文化发展繁荣为条件，必须结合新的时代条件传承和弘扬好中华优秀传统文化"，努力实现传统文化与现实文化的相融相通，共同服务"以文化人"的时代要求。

五、推动中华优秀传统文化的创造性转化、创新性发展

党的十九大报告指出:"推动中华优秀传统文化创造性转化、创新性发展,继承革命文化,发展社会主义先进文化,不忘本来、吸收外来、面向未来,更好构筑中国精神、中国价值、中国力量,为人民提供精神指引。"

所谓创造性转化,就是对传统文化中至今仍有借鉴价值的内涵和陈旧的表现形式加以改造,破陈出新,并结合现代社会之所需,使之转化为与社会主义建设相适应的现代文化;所谓创新性发展,就是要按照当今时代新进步、新进展的要求对传统文化的内涵加以补充、拓展、完善,在一切优秀文明成果中汲取养分并与现实文化相融相通,择善而从、兼收并蓄,从而增强中华传统文化的影响力与感召力。要做到创造性转化和创新性发展,必须从以下三个方面着手。一是要使中华优秀传统文化和传统美德与当代文化相适应,并使其为文化大发展大繁荣、为建设社会主义文化强国服务,"努力实现中华传统美德的创造性转化、创新性发展,引导人们向往和追求讲道德、尊道德、守道德的生活,让13亿人的每一分子都成为传播中华美德、中华文化的主体"。二是要赋予传统文化的思想精华和文化底蕴以新的时代内涵,并使其与时代精神相契合,从而形成人们喜闻乐见、符合大众需求的新文化形式。要"完善人文交流机制,创新人文交流方式,综合运用大众传播、群体传播、人际传播等多种方式展示中华文化魅力"。三是要努力展示中华文化的独特魅力,将立足本国又面向世界的当代中国文化创新成果传播出去,形成面向现代化、面向世界、面向未来的社会主义先进文化,"要推动中华文明创造性转化、创新性发展,激活其生命力,让中华文明同各国人民创造的多彩文明一道,为人类提供正确精神指引"。

中华文明生生不息,中国文化精神薪火相传。中华优秀传统文化是中华民族最深沉的民族禀赋,亦是鞭策我们与时俱进的精神力量。加强中华优秀传统文化教育,既是当务之急,也是百年大计;功在当代,也泽被后世。为了给广大读者提供一本思想性和知识性并重的中华优秀传统文化读本,我们组织相关专家编写了这本《中华优秀传统文化》。在编写过程中,我们采用了文献研究法、比较研究法、分析归纳法等方法,在对大量的文献资料进行收集整理的基础上,分析归纳传统文化的基本精神、主要特点和积极作用,以期能够更好地挖掘中华传统文化的优秀内涵和价值。全书共十五章,第一章介绍了朝代、政区与疆域,使读者对朝代的兴替、行政区划的变迁、历代疆域的沿革有初步的了解;第二章介绍了民族风情与家族文化,使读者对汉族的形成与发展、少数民族风情、中国传统家族文化有初步的了解;第三章介绍了文字、文献与文化经典,使读者对中国文字源流、历史文献、文化经典有初步的了解;第四章介绍了传统史学、文学与艺术,使读者对中国传统史学、传统文学和传统艺术有初步的了解;第五章介绍了传统

生命信仰与人生修养，使读者对中国传统生命信仰、传统人格修养、传统道德规范有初步的了解；第六章介绍了儒学的形成与发展，使读者对儒家学派的起源、儒学的改造、宋明理学及新儒学发展有初步的了解；第七章介绍了道教与佛教文化，使读者对道家与道教的发展、佛教的发展与中国化、中国佛教主要宗派有初步的了解；第八章介绍了传统教育与科举文化，使读者对传统教育思想与政策、传统教育制度与机构的演变、科举考试与科举文化有初步的了解；第九章介绍了传统法律与法制文化，使读者对传统法律的基本面貌、指导思想和主要具体制度有初步了解；第十章介绍了传统武术与军事文化，使读者对传统武术的历史发展、传统军事文化及其对传统武术发展的影响有初步了解；第十一章介绍了古代科学技术，使读者对中国古代科学思维方式、中国古代科学体系及其成就、中国古代技术成就有初步的了解；第十二章介绍了传统医药及养生文化，使读者对传统医学、中药文化、传统养生文化有初步的了解；第十三章介绍了堪舆学与传统建筑文化，使读者对景观规划与建筑设计中的堪舆学、中国传统建筑的文化特征、中国传统园林文化有初步的了解；第十四章介绍了传统节庆与饮食文化，使读者对中国传统节庆文化、中国传统饮食文化、中国传统菜系与宫廷饮食有初步的了解；第十五章介绍了中国的世界文化遗产，使读者对中国的世界文化遗产谱系、物质类文化遗产的世界普遍价值、非物质文化遗产有初步的了解。本书既可以作为在校学生传统文化教育的教材，也可以作为其他读者了解和学习中华优秀传统文化的辅助读物。

朝代、政区与疆域

中国是一个由多民族共同缔造的有着悠久文明的统一国家。在世界几大古代文明中，中华文明是没有中断、延续发展至今的文明。在不同的历史时期，中华民族大家庭中的所有成员都在祖国土地上繁衍生息，他们相继建立的朝代、政区和疆域，都是中华传统文化不可或缺的组成部分。

第一节 朝代的兴替

朝代更替是中华文明发展的基本轨迹。《历代王朝歌》曰："三皇五帝始，尧舜禹相传。夏商与西周，东周分两段。春秋和战国，一统秦两汉。三分魏蜀吴，二晋前后延。南北朝并立，隋唐五代传。宋元明清后，皇朝自此完。"把握这一轨迹是学习中华传统文化的基本线索和方法。

一、先秦时期

（一）夏商西周时期

约在公元前21世纪时建立的夏王朝，是中国历史上最初形成的国家形态。嗣后，历经商、西周，直至公元前771年，历时1300多年，史称"三代"。

夏商周时期的政治演变，对中华民族的形成和发展及后世的政治影响主要表现在以下几个方面：第一，在疆土方面，夏商周采取分封、册命和武力征服的手段，初步奠定了中华民族的活动疆域，密切了同周边各民族的关系，为统一的多民族国家的形成打下了基础。第二，在经济上，生产工具从骨器、蚌器、石器发展到铸造完美的青铜器；农业生产得到较大的发展，从仅有少量的剩余到有了"千斯仓""万斯箱"的储备；商品经济也有了初步的发展，形成以都邑为中心的商品生产和交换市场及比较统一的货币。第三，在政治上，确立了以君主为核心的王权专制，以宗法制度为主体，从王国到诸侯国，建立起层层政权机构，并划分明确的等级。第四，在思想领域，根据宗教祭祀仪式演化出"礼"，作为制度、思想、行为的规范，并逐步发展成为一套以维护宗法等级制度为核心的礼制，深刻地影响了中国古代社会的发展。凡此种种，对后世政治制度的发展变化都有着深远的影响。

（二）春秋战国时期

从公元前770年周平王迁都洛邑，到公元前221年秦始皇统一全国，是中国历史上的春秋（前770—前476）和战国（前475—前221）时期。

平王东迁，周天子的"共主"地位已经名存实亡，各诸侯国不仅不服从天子的命令，有的甚至侵夺王室的土地，政治上的尊卑等级界限被打破，原来的"礼乐征伐自天子出"，实际上变成"礼乐征伐自诸侯出"。各诸侯国相互兼并，最后形成楚、齐、燕、韩、赵、魏、秦七强并立的局面。它们各自为政，相互之间的兼并战争规模越来越大，最后由秦兼并六国，完成了中国历史上的第一次大统一。

在此期间，社会发生了巨大的变化，对中国历史的发展产生了深刻的影响，主要表现在以下几个方面：第一，疆土的扩大和民族大融合。夏商周三代分别由夏族、夷族、戎狄族入主中原而成为天下"共主"，因夏族影响较大，自称为"诸夏"，将远地异族称为蛮、夷、戎、狄。异族与天子之国之间只是一般的羁属关系。春秋战国时期，蛮、夷、戎、狄的大部分加入中原逐鹿，逐渐成为诸夏的一分子，形成华夏民族。第二，社会经济得到普遍的发展。这个时期的社会生产力有显著的发展，其重要标志是铁器的使用、牛耕的推广。农业的发展又促进了手工业和商业的发展，出现如《管子·轻重甲》所言"万乘之国，必有万金之贾；千乘之国，必有千金之贾；百乘之国，必有百金之贾"的现象。第三，社会生产的发展影响了政治、法律的变化。分封制逐渐为郡县制所替代，宗法和礼乐则以更高的形式融入政治领域之中。第四，思想领域空前活跃。从春秋时期开始，士大夫阶层就出现了以子产、孔丘等为代表的法家和儒家思想，战国时期则出现了"百家争鸣"的局面，对当时的社会变革及文化学术的发展起到了积极的促进作用。第五，世卿世禄制逐渐被破坏，官僚制度形成。以文武分职为前提，以明确规定官员的职位、职责、职权范围及其工作规程为主要内容的行政管理体制逐渐形成。

二、秦汉时期到隋唐时期

（一）秦汉魏晋南北朝时期

公元前221年，秦王嬴政统一六国，建立了中国历史上第一个统一的专制帝国，把中国历史推进到一个新时期。此后，历经两汉、三国、两晋、南北朝，至公元589年隋统一全国，历时810年。这个时期的政治演变过程，既有长期统一的局面,又有相继出现的分裂割据的政权格局。统一和分裂割据的长期存在,对当时的政治、经济、军事、文化和民族的发展,有着极为深刻的影响。秦汉统一使许多民族融合为汉民族,同时汉民族又与其他民族进行频繁交往,使北匈奴远走中亚,南匈奴入居长城,龟兹迁居上郡,西羌流入甘陇,闽、粤、西南夷归于郡县。多次的民族战争和相互通好,促使多民族国家形成。到了魏晋南北朝时期,各族之间不仅接触更为广泛,而且以汉族为主体的各族人民的相互融合更为深入,"五胡"加入中华民族,江南蛮、僚诸族聚居地区也多半成为南朝所统属的州郡,为多民族国家的形成和发展打下了基础。

(二) 隋唐五代时期

隋代在继承北周统一北方的基础上统一了全国,结束了过去数百年分裂割据的局面。继之而起的唐王朝,因袭隋制而惩隋之弊,逐渐走向繁荣强盛。安史之乱后,宦官专权、藩镇割据的局面开始出现,并最终导致五代十国分裂割据的局面,但这种局面只持续了53年,便因赵宋王朝的兴起而再度达到基本统一。隋唐五代时期的政治演变,对后代政治、经济、文化的发展都有着重大的影响,主要表现为:第一,继续开拓疆土。据《新唐书·地理志》,唐代全盛时"东至安东,西至安西,南至日南,北至单于府,盖南北如汉之盛,东不及而西过之",成为当时世界上疆域最辽阔的大国。第二,各民族之间交往频繁。这一时期,有些民族经过战争和自然融合而并入汉民族,有些民族则与汉族政权相对峙,彼此之间既经常进行战争,又通好交流,由此推动了统一的多民族国家形成的进程。第三,经济得到了较大的发展。当时,普遍使用了比较先进的农具和水利灌溉。手工业除了家庭手工业以外,还有许多按行业和工种分工的官、私专门作坊。手工业的发展促进了商业的发展、城市及集市的繁荣,工商税收成为当时国家的重要财政来源之一。第四,在政治制度上,中央集权制度不断完善,建立健全了包括培养、选拔、任用、考核、升迁、罢免、奖惩等内容的职官管理制度。这些制度对维护国家的统一有着相当重要的作用。

三、宋元明清时期

(一) 宋辽夏金元时期

两宋(960—1127、1127—1279)、辽(907—1125)、西夏(1038—1227)、金(1115—1234)和元(1271—1368)是中国中世纪后期相继建立起来的政权。上述多个政权相互之间虽进行过频繁的战争,但客观上促进了汉族与各民族的融合和统一。辽、西夏、金、元政权都以少数民族为主体,它们既保留了本民族的传统文化和制度,又大力吸收了其他民族,尤其是汉民族的传统文化和制度,将中国历史推进到一个新的阶段。辽、西夏、金、元在治理上,虽然首先依靠本族人,但也尽可能做到"因俗而治",这就使这些政权的政治制度既有本民族固有的政治治理形式,又向其他民族学习,在很大程度上还继承和发展了汉、唐、宋的政治制度。

(二) 明清时期

明(1368—1644)、清(1644—1911)两代,作为全国性的政权,共存在过500多年,先后对全国进行过有效的统治。明清两朝都有繁荣昌盛的时期,史称"洪宣盛世"和"康雍乾盛世"。它们的国力都比较强大,在社会经济和文教学术等方面都有过较大的发展,而且这两个王朝都曾不断通过国家的权力系统及执行的各种政策法令,致力于巩固政权和加强自身统治。明清两代王朝,特别是在其前期,不论是在维护多民族国家统一和抵御外来侵略方面,还是在恢复和发展生产及弘扬传统思想文化等方面,都取得了可观的成就。

第二节 行政区划的变迁

在中国历史上,每一个朝代的地方管理制度,都是由统治者出于加强自身统治的需要,对所统领的区域行政建置,并对地方政权进行管理的制度。因此,政区的划分伴随着国家的形成而产生。

一、行政区划的起源

夏商周是有文献记载的中国上古时期的朝代。

商、西周时代,分封制度开始推行。商王和周天子除了对王畿周围的区域进行直接统治外,其他土地和民众则分封给诸侯、卿大夫、士等各级领主,各级领主对各自采邑进行有效管辖。商王或周天子与各级领主在各自的辖区多"分土而治",疆域内并没有行政区划。[1]春秋时期,周王室逐渐式微,诸侯势力不断强大,国君不断集中权力,将战争中掠夺来的土地置为直辖地,定名为县或者郡。秦、楚、晋三国最先有县的设置。起初县和郡都设在诸侯国的边境地带,互相之间也没有隶属关系或高下之别。后来,失势大夫的封地也被改造为县。进入战国时代,各国纷纷建立郡县制度,县的设立日趋普遍;边地的郡由于逐渐繁荣,郡

---

[1] 周振鹤、李晓杰:《中国行政区划通史》(总论、先秦卷),复旦大学出版社2009年版,第233—234页。

下又分设县,于是以郡统县的两级行政区划已现雏形。[1]郡县长官由国君任免,不得世袭;郡县区域由国君直接控制,不作封赏之用。这样,以郡县制为形态的行政区划体制基本形成。

二、郡县制度的演变

(一) 郡县制的形成

中国在全国范围内推行较为完备规模的行政区划制度——郡县制,是从秦代开始的。但郡、县的产生和名称早在秦代以前就已经存在。

县在《周礼·地官》和《礼记·王制》中是指王畿附近的地方,即"县"直接由周天子掌握,以作赏赐。春秋后期,各诸侯国仿效周天子的办法,将新兼并的领土、被灭亡的小国或大邑转化为县,由诸侯王直接掌管。从《春秋左传》《国语》等文献看,最早设县的是楚和秦。[2]县政统辖权多掌握在国君手里,这为秦统一后继续推行郡县制奠定了基础。

郡的起源略晚于县,最初设在边远地区。战国时,郡比县的辖区宽广,但是经济开发程度不如县,地位也不如县重要,长官职位也低。《史记·秦始皇本纪》记载赵国出兵誓师时,赵简子誓曰:"克敌者,上大夫受县,下大夫受郡。"

县、郡之间原不存在隶属关系。到了战国末期,郡的地位在县之上,这是由于郡管辖范围大,遂分置数县统之。在内地设郡时,沿用了边郡的成规。不过,战国时期,郡县制可能与分封采邑制始终同时存在。直到秦灭山东六国,先置郡,在郡下均划分若干县以便于统治管理,郡统辖县的二级制局面遂在全国形成。

秦始皇统一六国,推行郡县制。初并天下时为36郡,以后又由于在南北新开拓的疆土上增置和原有郡的分置,至秦末有近50郡。楚汉之际又有析分,至汉初约有60郡。汉景帝平定吴楚七国之乱后,尽收诸侯支郡,一国只领一郡,王国与郡自此在行政区划上处于同一级别。据《汉书·景十三王传》,汉武帝以后,推行"王子封侯别属郡"的政策,王国封域不断缩小,汉郡不断扩大,加之开疆拓土增置及缩小内地郡范围,至公元前46年已增至103郡,《汉书·地理志》载西汉末有县、邑、道、侯国1587个。

(二) 州郡制的推行

秦代实行纯粹的郡县二级制。郡共有49个,县约有1000个,平均每郡统县20多个。[3]

---

[1] 周振鹤:《中国历代行政区划的变迁》,商务印书馆1998年版,第13—14页。
[2] 严耕望:《中国政治制度史纲》,上海古籍出版社2013年版,第42页。
[3] 周振鹤:《中国历代行政区划的变迁》,商务印书馆1998年版,第35—36页。

西汉建立以后，郡级政区大量增加，其原因有三：一是把秦郡划小，或一分为二，或一分为三，如把秦内史分成京兆尹、左冯翊、右扶风三部分；二是分割王国领地，如汉景帝时把梁国一分为五；三是开拓疆域，增设了 20 多个新郡。到西汉末年，郡国增至 103 个，统县、邑、道、侯国 1587 个。平均每郡国统县 15 个左右，中央政府直接统治 100 多个郡，管理幅度过大。因此，汉武帝时在郡级政区之上设立了 14 个监察区：司隶校尉和十三刺史部。[1] 州并非行政区，而为监察区，刺史虽品级不高，却掌握重权，故逐渐发展为治理郡的上级。黄巾起义后，公卿出任刺史，内亲民事，外领重兵，权势愈来愈大。

曹操统一北方后，于公元 213 年划分天下为兖、豫、青、徐、荆、扬、冀、益、雍九州。从此，州完全成为一级政区，州、郡、县三级制最后确立。[2]

三级制实行之初，以十数州辖百余郡、千余县，层次与管理幅度相称，比例适当，州、郡、县三级都能发挥作用。西晋前期，全国共有 19 州、172 郡、1232 县，平均每州辖八九郡，每郡辖七八县，基本合理。八王之乱以后，中原陷入长期战乱，朝廷为了封赏武人，不断增置官职，从而将州、郡分得越来越小。《宋书·州郡志》载，"名号骤易，境土屡分，或一郡一县，割成四五，四五之中，亟有离合"。到南朝梁代后期，州郡数急剧膨胀。梁中大同初年，已有 104 州、586 郡。同时期的北朝，东西魏对峙政权共有 116 州、413 郡。这样，南北朝合计有 220 州、999 郡，比西晋州增加近 11 倍，郡增加近 5 倍。北周北齐时期增加更多。北周统一北方，经过调整，到北周末仍有 211 州、508 郡、1124 县。州的面积大幅缩小。因此，《隋书·杨尚希传》载，"或地无百里，数县并置；或户不满千，二郡分领。……民少官多，十羊九牧"。

三、道路制度的演变

隋代，全国的州数有 300 多个，由中央政府直接管理很不方便。隋炀帝时，朝廷大举并省州县，改州为郡。并省之后，全国仅存 190 郡、1255 县。隋唐之际，群雄并起，大凡携甲归唐者，都授以刺史之职，于是州的数目又有大幅度增加。[3] 至唐贞观元年（627）时，全国有 358 个州，因此，有必要在州郡之上设置一级监察区。唐代监察官员按基本交通路线进行分区，故称为道。公元 627 年，朝廷按山川形便分全国为 10 道，形式上虽然是地理区划，实际上已暗含监察区的意味。唐玄宗开元年间，监察区体制正式确立，将贞观 10 道分成 15 道，《旧唐书·地理志》载，"每道置采访使，检察非法，如汉刺史之职"。至安史之乱起，唐王

---

[1] 周振鹤：《中国历代行政区划的变迁》，商务印书馆 1998 年版，第 36 页。
[2] 胡阿祥、孔祥军、徐成：《中国行政区划通史》（三国两晋南朝卷），复旦大学出版社 2014 年版，第 39 页。
[3] 周振鹤：《中国历代行政区划的变迁》，商务印书馆 1998 年版，第 43—44 页。

朝又不得不采取战时紧急措施，在全国普遍设立方镇。安史之乱后，这些战时的军政区划仍然保留下来，并成为制度。如此一来，唐代后期的政区体制形成道（方镇）—州—县三级制。[1]

北宋吸取汉唐制度的经验与教训，对政区进行了一番调整。宋代行政制度的特点是：第一，州以上虽有路一级的设置，但路不是地方最高行政机构，也不设单一的行政长官，而是将其事权分属于不同的部门。在路一级分设漕（转运使司）、宪（提刑按察使司）、帅（安抚使司）和仓（提举常平使司）等诸司，分管不同事务。第二，诸监司之分路不相一致，形成一种复式路制。第三，各州仍然保留向中央直接奏事的权力。[2]宋代的这一变革，一方面使地方各级组织互相牵制，尤其是路一级组织事权分散，区划交叉，中心分离，失去了割据一方的地理基础。另一方面，宋代行政区划又是中央官员的分治区域，而不是地方官员的施政区域。路、州、县的官员由中央朝官直接担任，这样一来，就削弱了地方分权的人事基础。[3]

四、行省制度的演变

元代的行省制度萌芽于金朝，行省作为中央尚书省的派出机构，代行尚书省的职权，以就地解决重大的军事、政治和经济事务。蒙古统治者入主中原后，沿用金人的行尚书省制，又参用蒙古分封办法，把全国分成12个大行政区，其一直属中央政府，称为"中书省"，又称"腹里"。其余11个大行政区分别是：岭北、辽阳、陕西、甘肃、河南、江浙、江西、湖广、四川、云南和征东等，为行中书省，简称行省。行省作为常设的地方政区名称，自此开始。

元代层次复杂的政区体系，一方面是长期战争中综合各种制度而成，另一方面也是少数民族统治多数族的一种手段。元代民族矛盾尖锐，为了"镇抚地方"，行省与中央一样置有丞相、平章等高级行政官员，负有军政、民政、财政方面的全部权力，成为中央机构的分治区域，省的实质是行政型的军区。[4]

元代行省数目较少，初期只有6个，后来也只有11个。元代可以说是中国历史上地方分权最大的一个朝代。元亡明兴之后，行政区划层级得以减少，其具体措施是：撤销路级建制，改路为府，将州分成直隶州与属州两类。由省统府和直隶州，府下统散州和县，直隶州下亦统有县。这种简化是明代行省幅员划小的直接结果。明代把全国疆域划分为两京十三布政使司，管理幅度减少，层次也相应简化。

---

[1] 郭声波：《中国行政区划通史》（唐代卷），复旦大学出版社2012年版，第31页。
[2] 李昌宪：《中国行政区划通史》（宋西夏卷），复旦大学出版社2007年版，第45—46页。
[3] 郭声波：《中国行政区划通史》（唐代卷），复旦大学出版社2012年版，第31页。
[4] 李治安、薛磊：《中国行政区划通史》（元代卷），复旦大学出版社2009年版，第2—3页。

明代沿宋朝遗制，将最高一级的地方权力分在都指挥使司、布政使司、按察使司手中，将布政使司作为第一级地方行政区划的名称。[1]都、布、按三司的区划基本一致。这种三司分主及各司区划不完全一致的做法，起到了遏制地方分权过大的作用，但在处理地方事务时却无足够专制一方的权力，因此后来有督抚制度的产生。

巡抚、总督是由中央派出的官员，在一定时期内可以集中控制一省部分地区或全省的权力，也可兼制数省，尤其是对各省交界地区的治安具有重要作用。明代后期地方多事，巡抚、总督逐渐变为常制，甚至凌驾于原来的行政区之上，成为一种新的督抚辖区。到了清代，朝廷便将督抚变为固定官职，并将督抚辖区调整到与省的范围相一致。康熙年间，朝廷又将明代的15省析置为18省。雍正年间，朝廷则将明代复式的三四级政区层次完全简化为单式的三级制，即省—府—县。与府同级的除直隶州外，还有直隶厅，与县同级的则有散州和散厅。从元代开始的复式层次结构的行政区划又回到单一整齐的形态。清朝疆域远大于汉唐，要进一步简化为二级政区是不太可能的。此外，三级制的层次仍使管理幅度显得过大，所以清代在省以下还分设守道与巡道，作为省的派出机构，以分管诸府直隶州。[2]

民国以后，裁府撤州，以道作为省县之间的一级政区，成为省—道—县三级制。

第三节　历代疆域的沿革

历史时期，中华民族大家庭中每个成员建立起来的政权疆域，都是中国疆域不可分割的部分。现今中国的国境南邻越南、老挝和缅甸，西南与印度、不丹和尼泊尔接界，西连巴基斯坦、阿富汗，西北和东北与俄罗斯、哈萨克斯坦等国接壤，正北与蒙古国为邻，东面隔鸭绿江、图们江与朝鲜分界，隔黄海、东海、南海与韩国、日本、菲律宾、印度尼西亚和马来西亚等国相望，全国陆地面积约960万平方千米。

一、先秦至两汉时期

夏朝，根据考古与文献资料，其中心地区在今河南省西部，以及黄河北岸、

---

[1] 郭红、靳润成：《中国行政区划通史》（明代卷），复旦大学出版社2007年版，第9—10页。
[2] 傅林祥、林涓、任玉雪、王卫东：《中国行政区划通史》（清代卷），复旦大学出版社2013年版，第51—52页。

山西省南部地区，以河南偃师二里头文化为夏文化的代表。夏都阳城可能在今天登封王城岗发现的古城址中。夏的势力向东逐渐扩展，融合了东夷。向南发展到长江、淮河之间，与南方的苗蛮频繁交往，形成了中国的主体民族——华夏族。[1]从此以后，夏在黄河流域有了较固定的活动区域。

商朝的都城曾多次迁徙，盘庚以后稳定在今河南安阳的小屯一带，为商王的王畿。《尚书·酒诰》指出，商代有内、外服之分。内服是商王直接统治的王畿地区，外服是分封给邦伯的封地。

西周的周人起源于陕西黄土高原，曾经是商朝的封国，受戎、狄人侵扰，迁徙到河谷平原，建都丰镐（今陕西西安西南）。西周有两次大分封：第一次在武王伐纣以后，封功臣谋士；第二次在周公东征胜利后，重新分封。

公元前771年，犬戎杀周幽王，灭西周，关中尽失。周平王被迫东迁，在洛邑（今河南洛阳）立都为东周。此时，诸侯国逐渐坐大，周王室式微，形同虚设，也只能被看作一个中等的诸侯国而已。此时，主要的诸侯国有齐、鲁、宋、卫、晋、郑、秦、燕、楚、吴、越、韩、魏、赵（韩、魏、赵由晋国三分而来）等。除这些邦国之外，还有一些少数部族，杂居在中原诸侯国的外围。只有中山国是唯一在中原地区建立的以少数部族为主的国家，而春秋时期这些少数部族中许多曾杂居在中原的丘陵半山区。

公元前222年，秦王嬴政（后称始皇）平定楚国江南地，设会稽郡，辖今江苏长江以南、浙江大部和安徽东南地区。又并闽越和东瓯，统一南越和西瓯地区，设桂林、南海、象三郡。此后，北击匈奴，略取"河南地"，拓地至阴山，设九原郡。《史记·秦始皇本纪》记载秦代的疆域，"东至海暨朝鲜，西至临洮、羌中，南至北向户，北据河为塞，并阴山至辽东"。

西汉初年，由于中原战争长期不息，无暇顾及边防，匈奴趁机渡河南下，长期占有朝那（今宁夏固原东南）、肤施（今陕西榆林东南）、武州塞（今山西左云至大同西）一线以北地区，并以此为基础不断侵扰西汉北部边郡，东瓯和闽越趁机脱离中原王朝。[2]因此西汉初年的疆域，小于秦始皇时代和战国末期。

汉武帝时，汉代疆域伴随着领土的扩张而空前辽阔。公元前127—前81年，汉将卫青、霍去病先后出击匈奴，将北部边疆推至河套、阴山以北地区。公元前138—前110年，西汉王朝先后对闽越、南越用兵，囊括了今广东、广西、海南三省区和越南北部地区。公元前135—前109年，西汉王朝在今邛崃山、哀牢山一线先后设置犍为、益州等七郡。公元前108年，又在东北设置乐浪、玄菟等四郡。公元前102—前60年，西汉王朝在西域设置西域都护府，对新疆及巴尔喀什湖以南的乌孙、帕米尔地区的无雷和费尔干纳盆地的大宛等地区开始有效控制。因此，

---

[1] 邹逸麟：《中国历史人文地理》，科学出版社2001年版，第9页。
[2] 邹逸麟：《中国历史地理概述》，福建人民出版社1993年版，第89页。

西汉极盛之时的疆域,东抵日本海、黄海暨朝鲜半岛中北部,北逾阴山,西至中亚,西南至高黎贡山、哀牢山,南至越南中部和南海。

自汉武帝末年至西汉末,随着国势日衰,疆域版图有所缩小。至公元39年,东汉王朝被迫将雁门、代郡、上谷三郡民众迁居常山关、居庸关以东地区。后因匈奴内部分裂,呼韩邪单于率众内附,被安置在西河郡美稷(今内蒙古鄂尔多斯市准格尔旗西北),其部民分驻北地、朔方、五原等八郡,东汉王朝才恢复了对这些地区的统治。东汉安帝、顺帝时,北部少数民族羌、鲜卑等先后入侵北边诸郡,加之黄巾起义,中原烽火遍起,朝廷无暇北顾,遂逐步放弃了对定襄、云中等六郡及雁门恒山、代郡、上谷郡桑干河、安定郡朝那、西河郡离石一线以北地区的控制。与北部边疆相对应,东汉王朝的西南疆界有所扩展。至公元69年前后,东汉西南疆界已达到伊洛瓦底江上游支流大盈江一带。

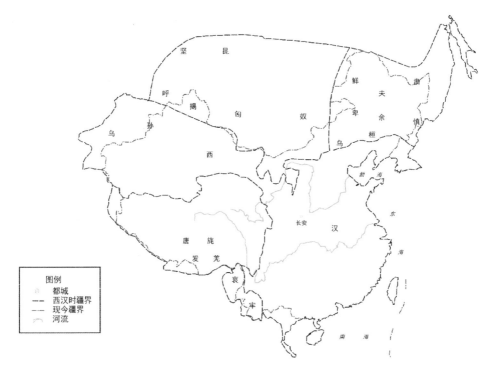

图1 西汉武帝时疆域形势图[1]

二、魏晋南北朝至隋唐时期

(一)魏晋南北朝时期

这一时期,中原地区长期处于战乱状态,边区民族伺机兴起,并向农耕地区

[1] 采自谭其骧编《简明中国历史地理地图集》17—18幅,中国地图出版社1991年版。

扩展，出现了全国性的民族大迁徙，黄河流域第一次进入民族大融合时期。汉族统治王朝疆域的内缩和边区各族统治范围的扩展，成为此阶段中国疆域变迁的特点。

东北边疆，公元3世纪前后，十六国前燕、后燕与高句丽之间争夺辽东、玄菟两郡，互有进退。至公元404年，两郡终为高句丽所有，后燕退出辽东，东北边境以辽河为界。

北部边区的漠北草原，敕勒和柔然于东汉末年逐步取代鲜卑，开始雄踞蒙古高原。敕勒（又称丁零、高车、铁勒）于公元3世纪中叶迁入塞内，主要分布在长城内外的河北、山西、河南及陇西等地，最终为柔然所灭。柔然（又称芮芮、茹茹）在公元402年统一漠北草原，并先后与北魏、高车、突厥等政权之间发生战争，最终在北齐、突厥的攻击下瓦解。

漠南地区政治形势变化较大。自东汉末年至西晋时期，南匈奴、乌桓、鲜卑慕容部、鲜卑拓跋部纷纷迁徙到长城沿线地区。十六国时期，大量少数民族迁至内地，并纷纷在中原建立政权。由于他们的根据地在北方，其在中原建立政权的北疆都有所扩展，因此，当北魏统一北中国时，北部疆界到了阴山、河套，与漠北的柔然接壤，大致同秦汉时代的北界。

西部边区，前凉击败了戊己校尉，在高昌地区设置高昌郡。至公元5世纪30年代，北魏灭北凉，北凉王逃至高昌，建立高昌国。公元5世纪初，新疆西部有龟兹、疏勒等小国，先后依附于北魏和柔然政权。此外，由鲜卑慕容部建立的吐谷浑和西秦、夏国、宕昌、西魏等割据政权之间长期征战，后为西魏所破，置邓州。

西南边区，三国蜀汉时期和西晋政权都对云南大部和贵州、广西地区加强控制。但南朝时期对西南地区控制不力，至公元6世纪中叶侯景之乱后，南朝萧梁势力退出该地区，由当地少数民族控制，以至大渡河、川江以南的南中地区形成了西南各族林立的局面。而在越南方面，至南朝时期，整个日南郡均为林邑国所有。

（二）隋和唐代前期

北方，兴建于公元552年的突厥汗国，不断侵扰北部边疆。公元583年，突厥内部分裂，隋朝乘机取得河套地，置五原、榆林等郡。唐前期，唐王朝先后灭东突厥、薛延陀，并在漠北设安北都护府，在漠南设单于都护府。与此同时，回鹘于公元744年建国，成为与唐王朝并立的漠北一大强国。在东突厥覆亡之后，西域伊吾、高昌、焉耆等地区逐渐被唐王朝所占据。公元659年，唐王朝平西突厥。至公元661年，唐王朝在阿姆河以南西域十六国设羁縻都督府州，势力最远伸至波斯，这是唐朝西北疆域最盛时期。

东北，自隋至唐高宗时，中原王朝多次对朝鲜半岛用兵。公元667—668年，唐王朝灭高丽，设安东都督府，辖区西起辽河，东与北抵海，包括今乌苏里江以东和黑龙江下游地区，南及朝鲜半岛及西南部。这是唐朝东北疆域最盛时期。此外,东北地区的粟末靺鞨和黑水靺鞨逐渐兴起。粟末靺鞨接受唐王朝敕封为渤海郡王,建有渤海国,该国盛时南以泥河与新罗分界,东北至黑龙江下游与黑水靺鞨为邻,北隔那河与室韦为界,西与契丹接境,西南与唐为邻。而黑水靺鞨则多从属于唐王朝设置的安东都督府等。

西部和西南部,公元608—609年,隋军大破吐谷浑国,并设置西海、河源、鄯善和且末四郡。而吐谷浑西南的吐蕃族逐步兴起,并于公元663年统一青藏高原,成为唐朝西南一大劲敌。在西南方面,隋代西南边界保持在今贵州西部的安顺东部地带。唐代初年,唐王朝在此地设置南宁州都督府和姚州都督府,使得唐朝西南边疆扩展到今云南弥渡、华宁、澜沧江、元江一带。

南方,公元605年隋炀帝遣兵进驻林邑国,置比景、海阴和林邑三郡;并于公元610年在海南岛设朱崖、儋耳和临振三郡,中原王朝重新控制了海南岛。唐高祖武德初年,中原王朝尽有隋交趾之地,并设交州都督府;公元679年设安南都护府,其辖区西南界有今云南东南、广西西南和越南北部地,南至今越南河静省南部和广平北部交界的横山一线。

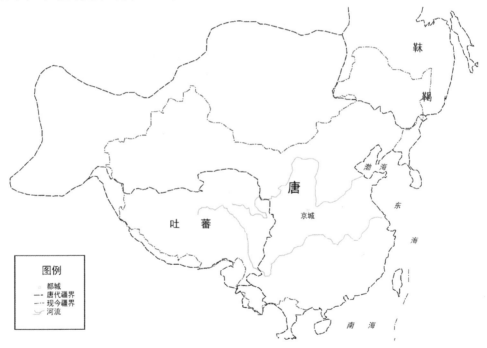

图2 唐代前期盛时疆域形势图[1]

(三)唐后期和五代时期

安史之乱后,唐朝国力严重削弱,周边各族乘机扩大疆土,汉族政权的疆域

---

[1] 采自谭其骧编《简明中国历史地理地图集》39—40幅,中国地图出版社1991年版。

缩小。

北部疆域,公元8世纪回鹘汗国在助唐平定安史之乱和收复两京后,拥有自北庭、龟兹至拔贺那国的交通道路,雄踞漠北。公元840年左右,回鹘内乱迭起,各部分散,其中一支居留河西走廊地区,史称河西回鹘,后为西夏所并;另有一支迁至新疆东部,史称西州回鹘或高昌回鹘。

东北疆域,安史之乱后,契丹和奚脱离唐朝控制。公元10世纪初,契丹统一各部,建立契丹国。此后,契丹与北部诸族长期征战,开疆拓土,其时辽国疆域东至于海,西通西域。五代时,契丹又占据山南代北地区的幽云十六州。五代后周、北宋与契丹之间征战不断,疆界大致以河北的白沟河和山西内长城为界。

西南疆域,安史之乱起,西部边防空虚,吐蕃伺机占有川西北、青东、甘东南与河西地区。公元8世纪下半叶,吐蕃进入极盛时期,其疆土除了青藏高原外,北至新疆东部、湟水流域,东至陇山,东南至云南和四川西部山区,南有尼泊尔,西至中亚。此外,南诏于公元738年建国,并逐渐与唐朝对立。其疆域有今云南全省、四川大渡河以南、贵州西部及缅甸、老挝北部地区,北与吐蕃接界。而唐末交州土著势力崛起,至公元938年,吴权自立为王,越南北部自成一区,脱离了中原王朝。

三、宋元明清时期

两宋时期,中国境内分成多个政权,中原地区先后有两宋、辽、金和西夏,边区先后有南诏、大理、吐蕃诸部、西州回鹘、喀喇汗国和西辽。

北宋初期,宋王朝结束了安史之乱以来200多年藩镇割据的局面,并在中原地区建立统一王朝。北宋中期,宋王朝先后从西夏征战中收复绥州、银州,从吐蕃、西羌征战中收复甘肃陇西、湟水流域、洮河上游和黄河上游贵德一带。在西南方面,宋王朝在四川、贵州和广西等地先后设置羁縻州。

辽朝南以山西雁门山、河北大茂山和白沟与北宋分界;北界在今蒙古国和俄罗斯边界以北,至克鲁伦河、色楞格河;东循外兴安岭至海;东南跨鸭绿江、图们江一线以北地;西境辖有阿尔泰山地区。东北黑龙江下游的室韦诸部和松花江流域的女真部族为其羁縻地区。

西夏于唐代末年开始成为割据政权。北宋中期,西夏在对宋战争中,逐步攻取灵州、兴庆府、肃州、瓜州和沙州。其极盛时的疆域东据黄河,西至古玉门关,南临萧关,北抵大漠。

大理国始建于公元937年。其疆域辖有今云南省除金沙江、牛栏江以东的昭通等数县外的全境,四川大渡河以南及贵州西边数县,西南远及今缅甸和老挝的北部、越南西北角和泰国西北一小部分。

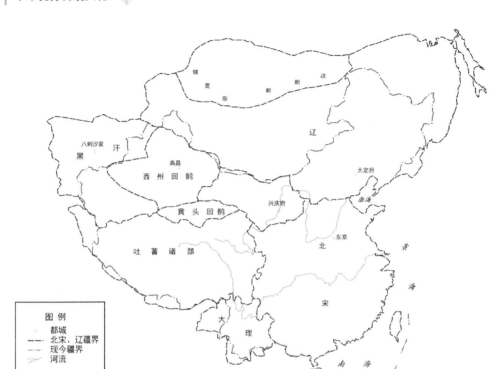

图 3　北宋、辽时期疆域形势图[1]

吐蕃诸部自公元 9 世纪中期分裂后，吐蕃成为青藏高原许多分散的部落，其中最强大的兴起于邈川城一带。

西州回鹘以高昌为都城，其疆域西至龟兹以西阿克苏、乌什一带，与喀喇汗国接壤，西北界天山，北面包括准噶尔盆地，南隔塔里木盆地和于阗为邻，东至敦煌西与西夏分界，东南以阿尔金山与黄头回鹘接壤。

喀喇汗国的版图东至今新疆阿克苏，与西州回鹘以荒山、沙漠为界，东北隔准噶尔盆地为西州回鹘，北至巴尔喀什湖，西北至锡尔河、阿姆河下游，西南抵阿姆河，南至葱岭与于阗接壤。

金先后灭辽、北宋，并于公元 1142 年与南宋罢兵议和，成为北中国一大强国。其极盛时南以淮水、秦岭与南宋分界，东至日本海，东南稍逾鸭绿江、图们江与高丽接壤，西邻西夏、吐蕃，略同北宋旧界，北边东段抵外兴安岭、西段有蒙古高原诸部。公元 1234 年为蒙古所灭。

西辽，辽宗室耶律大石率部西迁至虎思斡耳朵。其极盛时所辖领土东与西夏接壤，其南，西段以阿姆河为界，中段包括瓦罕走廊，东段以昆仑山与吐蕃诸部、黄头回鹘邻界，东南包括哈密、若羌与西夏为邻。公元 1218 年为蒙古所灭。

南宋于公元 1138 年定都临安，其疆土仅限于秦岭淮河以南，岷山、邛崃山以

---

[1] 采自谭其骧编《简明中国历史地理地图集》51—52 幅，中国地图出版社 1991 年版。

东地区。

公元13世纪初，铁木真统一漠北蒙古诸部，并为蒙古诸部尊称成吉思汗。自后开始向蒙古高原以外地区扩张，经由历代蒙古诸汗的经营及三次西征后，疆域东起日本海、东海，西抵黑海、地中海地区，北跨西伯利亚，南临波斯湾，建立起横跨亚欧大陆的超级大国。蒙古政权分别建立四大汗国，统治中原地区的蒙古政权于公元1271年改国号为大元，从此该政权成为承绵宋金的中原王朝。至公元1279年，元世祖最后统一中国境内所有政权，其疆界辽阔，《元史·地理志》称"其他北逾阴山，西极流沙，东尽辽左，南越海表。盖汉东西九千三百二十里，南北一万三千三百六十里，唐东西九千五百一十一里，南北一万六千九百一十八里，元东南所至不下汉、唐，而西北则过之，有难以里数限者矣。"

公元1368年，明王朝建立后，直接统治了原来南宋、大理、西夏和金的大部分领土，对黑龙江、松花江流域和吐蕃地区则采取羁縻统治的方式，而漠北地区仍为蒙古后裔鞑靼、瓦剌所据。

在北部疆域，明王朝统一中原后，多次对蒙古用兵，并设置大量卫所拱卫边防。其北部边界大致沿着阴山、大青山南麓斜向东北至西拉木伦河一线，这实际上是当时的一条农牧分界线。据《明史·兵志·边防》至永乐边卫内迁后，明王朝"东起鸭绿江，西抵嘉峪关，绵亘万里，分地守御。初设辽东、宣府、大同、延绥四镇，继设宁夏、甘肃、蓟州三镇，而太原总兵治偏头关，三边制府驻固原，亦称二镇，是为九边"。这实际上是形成了一条东起山海关、西迄嘉峪关的边界。

东北疆域，明王朝在经营北部疆域的同时，遣兵自莱州湾渡海，顺利控制了辽东地区，设辽东都司，并多次进军松花江、黑龙江流域，招抚女真各部，势力到达了黑龙江口和库页岛，先后设置奴儿干都司和115个卫所。明后期，建州女真努尔哈赤统一女真诸部，在和明王朝的征战中，占领了辽东都司和奴儿干都司。

西北疆域，明初洪武时期，势力到达今新疆哈密和青海柴达木盆地，其西则达察合台汗国。公元15世纪中叶以后，由于吐鲁番、瓦剌和吐蕃的侵扰，明王朝放弃了哈密、肃州、沙州等地，退守嘉峪关。而新疆地区则为吐鲁番、亦力把里、叶尔羌等政权所占据。

西部疆域和西南部疆域，明王朝在今西藏地区设置乌思藏都指挥使司，在青海和川西地区设置朵甘都指挥使司，又在拉达克地区设置俄力思军民元帅府，于是西藏、青海、川西地方直属明王朝管辖。在西南疆域，明王朝继承了元代设置的六个宣慰司，将川、贵、云三省统辖在内，并将边界南推至缅甸中部、老挝中部和泰国北部。

南部疆域，明代初年，明王朝设置安南布政使司。后因当地民众反抗，明王朝撤兵弃守，安南恢复黎氏王朝。在东南海疆，郑成功收复台湾。在明代海上航行的图籍上，多有千里长沙、千里石塘、万里石塘、万里石堤的记载，这些岛屿大体指今东沙、西沙、中沙、南沙群岛。

清朝的疆域由三部分组成：以狩猎为主的女真区、以畜牧为主的蒙古区和以农耕为主的明朝区。

漠南与漠北，为了解决与明朝战争的后顾之忧，后金（清）在攻占辽东地区后，先后迫使漠南、漠北蒙古各部归附。同时与进入西伯利亚的俄国签署了《尼布楚条约》和《布连斯奇条约》。条约规定：以恰克图和鄂尔怀图之间第一鄂博为起点，向东至额尔古纳河，向西经萨摩岭至沙宾纳依岭，北部归俄国，南部归中国。遂为有清一代稳定的北界。[1]

天山南北，公元17世纪中期，中国西北部出现了以准噶尔部为核心的强大政治势力，其控制范围地跨葱岭东西、天山南北，东抵哈密，西及中亚，疆土之广不下于清朝。清康熙、雍正、乾隆三朝先后消灭了准噶尔、大小和卓的割据势力，逐步统一了西北边疆。

青藏地区，公元1723年，清王朝在平定和硕特部罗卜藏丹津叛乱后，在青海地区的西宁设府，对蒙古部落设旗，将青海完全置于直接统治之下。公元18世纪，清王朝先后遣驻藏大臣入驻西藏，派军平定廓尔喀部族的入侵，巩固了对西藏的统治。

图 4 清代中期疆域形势图[2]

---

[1] 邹逸麟：《中国历史人文地理》，科学出版社2001年版，第42—43页。
[2] 采自谭其骧编《简明中国历史地理地图集》65—66幅，中国地图出版社1991年版。

西南边疆，清朝在西南边境自东向西沿边共设置广南、开化、临安、普洱、顺宁、永昌、腾越和丽江八府（厅）。19世纪中叶，中国在各府境内与越南、缅甸、老挝边界上时有反复。

东南和南部海疆，三藩之乱平定后，清王朝开始致力于收复台湾。公元1683年，清军在澎湖大败郑军，攻克台湾，并于次年在台湾设府置县，将台湾、澎湖列岛、钓鱼列岛等收归中央政权的有效控制之内。[1]清代有关南海诸岛的文献记载和地图很多，如顾祖禹《读史方舆纪要》、屈大均《广东新语》、严如煜《海防辑要》和魏源《海国图志》等，均有千里石塘、万里石塘、千里长沙等记载，系指南海东沙、中沙、西沙、南沙诸岛。可知在当时南海诸岛是在清王朝势力控制之下的。

☞ 参考文献

[1] 钱穆：《国史大纲》，商务印书馆2010年版。
[2] 顾颉刚、史念海：《中国疆域沿革史》，商务印书馆2000年版。
[3] 谭其骧：《中国历史地图集》（八册），中国地图出版社1987年版。
[4] 严耕望：《中国政治制度史纲》，上海古籍出版社2013年版。
[5] 邹逸麟：《中国历史地理概述》，福建人民出版社1993年版。
[6] 黄仁宇：《中国大历史》，生活·读书·新知三联书店2007年版。
[7] 周振鹤等：《中国行政区划通史》（多卷本），复旦大学出版社2009年版。
[8] 鲁西奇：《中国历史的空间结构》，广西师范大学出版社2014年版。

---

[1] 邹逸麟：《中国历史人文地理》，科学出版社2001年版，第46—47页。

第二章 民族风情与家族文化

民族风情是一个民族在历史上形成的具有民族特性的风土人情，包括民族服饰、民族饮食、传统节日等内容。民族风情具有鲜明的民族性，与各民族独特的人文、历史、自然环境等息息相关。梳理各民族的发展历程，介绍其独特的民族风情，是本章的主要内容之一。古代中国是一个传统的家本位国家，家族文化内容丰富、源远流长。介绍家族文化的主要内容和核心理念，是本章的另一主要内容。

第一节 汉族的民族风情

作为中华民族主体的汉族，是在中国数千年的历史中逐渐形成和发展起来的。由最初的炎黄部落，到华夏族，再到汉族的不断壮大，汉族的每一次发展都离不开与周边少数民族的互动与融合。在这一历史过程中，汉族吸收、融合周边少数民族的文化，铸造出独特的民族文化和民族风情，在世界民族史上留下了绚丽的风景。

一、汉族的形成与发展

汉族是在统一的多民族国家形成、发展过程中逐渐确立起来的。汉族这一名称，得名自西汉王朝。在先秦时期，汉族曾被称为"华夏"或"诸夏"。

在远古的历史传说中，汉族是黄帝和炎帝部落的后裔，因此又被称为炎黄子孙。炎黄部落及夏、商、周三代的活动范围，大体在黄河中下游的中原地区，故分布在该地区的史前文化，即仰韶文化和龙山文化，通常被认为是汉族先民的文化遗存。在以仰韶文化和龙山文化为代表的史前时期，中原的炎黄部落与周边的羌、夷、苗、黎等部落相互融合，形成了华夏族。

公元前 21 世纪前后，黄河中下游地区陆续出现了夏、商、周三个朝代，标志着汉族从原始社会进入阶级社会。据文献记载，夏人的祖先鲧是颛顼的后裔，而颛顼又是黄帝之孙。商人的祖先契是帝喾之子，而帝喾则是颛顼之侄。周人的始祖后稷,也出自帝喾。可见,夏人、商人和周人都出自炎黄部落。至西周时,已出现华、夏单称或华夏连称的族名,以与周边的蛮、夷、戎、狄相区别。三代时期,汉族的活动范围也从以黄河流域为中心逐渐发展至淮河、长江、汉水流域的广大地区。

春秋时期,在民族问题上,华夷之辨曾一度凸显。孔子"夷狄之有君,不如诸夏之亡也"[1],孟子"吾闻用夏变夷者,未闻变于夷者也"[2]等言论,频频出现在这一时期的文献中,反映出彼此间的紧张关系。但春秋时期的华夷之辨,其核心的衡量标准不在血缘或地域,而在文化,故华夷之别可以通过彼此文化上的交流与融合而消弭。事实上,这种融合从双方接触伊始便开始了,至战国时期,戎、狄、蛮、夷等少数民族通过吸收华夏族的文化而逐渐与后者相融合,不仅消弭了春秋时期的华夷之辨,也为华夏族注入了新鲜的血液。汉族的活动范围,也进一步扩展至包括东北辽河流域、西南巴蜀地区、东南吴越地区在内的广大地区。

先秦时期华夏族的发展,奠定了汉族的核心。至秦汉时期,汉族遂形成为统一的民族。公元前221年,秦始皇建立起统一的专制主义中央集权国家后,在大一统的格局中,华夏族也从分散走向统一,当时周边西域诸国、匈奴等称中国人为秦人。秦朝国祚的短促,打断了"秦"成为统一民族称号的进程。继秦而起的汉王朝前后绵延400多年,其强大的国力为"汉"成为统一民族的称号奠定了基础。在与周边国家广泛而频繁的交往与冲突中,"汉"逐渐成为他国对先秦华夏族的称号。概言之,在秦汉大一统的历史背景下,先秦的华夏族融合周边的其他民族形成一个统一的民族。在与他国频繁的互动与身份认同中,这个统一的民族被称为汉族。

东汉末年,大一统的格局被打破,国家陷入分裂之中。动荡的局势造成了大规模的民族迁徙与融合。一方面,北方匈奴、鲜卑、羯、氐、羌等少数民族纷纷入主中原,建立政权,史称"五胡十六国"。中原地区出现了汉族与匈奴、鲜卑等少数民族交错杂居的局面。另一方面,中原地区的汉族大批南迁,造成历史上所谓的"衣冠南渡"。南迁的汉族在长江、珠江流域与当地蛮、俚、僚等少数民族又形成交错杂居的局面。无论是在北方少数民族迁入地区,还是在南方汉族迁入地区,因汉族当时的文化发展水平要高于周边少数民族,故少数民族主动学习汉族文化的汉化现象十分明显,如由鲜卑族建立的北魏政权,在汉化方面尤为典型。不断融合少数民族的汉族,在汉至唐期间,人口不断壮大,由最初的5900多万人发展至8000万~9000万人。[3]

唐末五代,大一统的国家再次四分五裂,遂造成了又一次民族的大迁徙和大

---

[1]《论语注疏·八佾》,阮元《十三经注疏》,中华书局1980年版,第2466页。
[2]《孟子注疏·滕文公上》,阮元《十三经注疏》,中华书局1980年版,第2706页。
[3] 王育民:《中国人口史》,江苏人民出版社1995年版,第213页。

融合。在北方，蒙古、契丹等少数民族纷纷内迁。如辽国在经营北方的燕云十六州时，便将大批的契丹人和渤海人迁入这一地区。至元代，按照民族被征服顺序排定四等民族时，列为第三等的"汉人"，所包括的除了北方的汉族外，还有北方被汉化的契丹、女真、党项各族，表现出民族彼此融合的趋势。在南方，因战乱而南迁的汉族人口数量也很庞大。据学者统计，仅安史之乱时，便有250万汉族人迁居南方。规模最大的移民潮出现在北宋末，自靖康之乱至绍兴和议签订期间，大约有500万人迁居南方，其中汉族人口占绝大多数。

至明清时期，大规模民族迁徙不再出现，汉族的主体保持稳定。只是在清朝时期，随着清兵的入关，大量的满族人口内迁。内迁的满族人，经清初至民国数百年间与汉族的交流和融合，大部分已被汉化。因此，这一时期汉族的发展，呈现出一些不同于以往时期的新特点。首先，区域间的移民取代民族间的移动成为人口流动的主要方式，这标志着汉族的民族文化认同已经完成。其次，在民族文化认同的基础上，因自然环境、人文环境、经济发展水平的差异，各地区的地方性逐渐突显出来，而各地的方言、习俗等都是地方性的具体体现。

综上所述，汉族是在中国历史的发展过程中逐渐形成和发展起来的，它与中华民族的历史同呼吸、共命运。在这一过程中，与周边少数民族不断的碰撞和融合，是汉族发展的一个重要特点。而每一次碰撞与融合，都使汉族这一共同体愈益壮大，愈益生机勃勃。这也使汉族成为世界民族史上历史从未中断过的民族。在悠久而深厚的历史中，汉族创造的文化也成为中华优秀传统文化的主体部分。

二、汉族的民族风情

服饰是民族风情最直观的体现，往往也是区分不同民族的直观标准。春秋时期孔子感慨"微管仲，吾其被发左衽矣"[1]，便是从服饰上去区分华夏族与非华夏族的。因此，汉族的民族风情可以从最直观的汉族服饰讲起。汉服，是汉民族传统服饰的简称，是在汉族的历史发展过程中，在传统的宗法、礼仪思想指导下，逐渐形成的一整套具有汉族特色的服饰系统，它的典型特征包括交领右衽、褒衣广袖和系带隐扣等。

据《史记》等文献记载，黄帝以前尚无衣裳屋宇，待黄帝制衣服，百姓才得以蔽体取暖。从考古研究上看，原始纺织业在新石器时代的仰韶文化中已经出现，表明人们已经学会了织布做衣。殷商以后，汉族的服饰制度初步建立起来，至西周时已趋于完善，特别是周公制礼，奠定了汉服与礼制相结合的道路。至春秋战国时期，汉族服饰出现了深衣。"深衣"一词出自《礼记》的《深衣》篇，有广狭二义。狭义的深衣是指一种特定的服饰款式，其上衣和下裳分开裁剪再缝合到

---

[1]《论语注疏·宪问》，阮元《十三经注疏》，中华书局1980年版，第2512页。

一起，并有一定的制作规范。广义的深衣是指所有符合"被体深邃"特点的汉族传统服饰。秦汉时期，男子常穿的衣服叫袍，起源于春秋战国时期的深衣。袍又有曲裾和直裾两种，前者流行于西汉初年，后者则出现于西汉，流行于东汉。秦汉时期的女子除穿着曲裾的深衣外，还喜欢穿襦裙。魏晋南北朝时期服饰的一个重要特点是汉族服饰与少数民族服饰间的相互借鉴和融合。这一时期的男子服饰主要是袖口宽大、不受衣祛约束的衫。衫的出现与魏晋时期玄学追求虚无、旷达的思想风气不无关系。女子的服饰基本沿袭秦汉旧制，只是在具体款式上有所创新。唐代服饰承上启下，是汉族服饰发展的重要时期。唐朝纺织业的发达，为服饰的繁荣创造了条件。男服的形制基本沿袭前代，但在质地和款式上更为讲究，特别是官服的品阶规定，尤为详密。此外，胡服也在唐代盛行一时。女服仍以裙、衫为主，其中襦裙最为普遍。唐代女服大多颜色鲜艳，讲究薄、透，追求线条之美。宋代服饰大体沿袭了隋唐旧制。男子服饰以圆领袍为主，并以不同颜色区分等级。女服依然是裙、衫，只是与唐代相比，女裙较窄，且有细褶。元代时期，棉花的普遍种植和棉纺织技术的进步，推动了官方蒙古族服饰和民间汉族服饰的进一步发展。明朝建立伊始，便下令废除蒙古族的服饰，按照汉唐服饰的旧制，制定了新的汉服制度。清朝时期，因政府强制推行满族服饰，传统汉服处于边缘地位。今日，随着中国国力的增强和传统文化的复兴，传统汉服及其所承载的优秀文化再一次受到人们的重视。

民族的饮食文化，是由各民族独特的自然环境、物产情况、生理结构、文化传统等因素共同形成的。汉族在数千年的历史发展中，逐渐形成了自身独具特色的饮食文化。

从新石器时代直至西周时期，人们对谷物的加工始终停留在粗加工阶段，当时使用的工具主要有磨盘、磨棒等。与谷物的粗加工相比，周人对肉类的加工已经相当精细和考究。在祭祀、宴会等重要场合使用的肉类，从选割到烹饪，都有专门的官员来负责。周代的饮食，特别强调等级的差别，如在饮食器具鼎、豆的使用上，都有从天子、诸侯到大夫再到士的逐级递减的使用规定，反映出汉族饮食与传统礼制之间的密切关系。春秋战国时期，各诸侯国强大起来，饮食文化的中心也从周王室转移到各诸侯国。又因为各诸侯国的地理环境、文化传统的差异，逐渐形成了具有地方特色的饮食体系。在北方，齐鲁地区的饮食文化历史悠久，饮食加工、烹饪技术也比较发达，发明石磨的公输班便是鲁国人。这里逐渐出现了最早的地方风味菜鲁菜的雏形。在南方，楚国广袤的疆域和丰富的物产，为饮食文化的发展创造了优越的条件，为苏菜的发展奠定了基础。此外，秦人对巴蜀地区及岭南地区的经营，又促成了当地川菜和粤菜的出现，至此，汉族"四大菜系"的雏形均已出现。秦汉时期的大一统局面，进一步推动了汉族饮食文化的发展。此时的饮食文化有一个鲜明的特点，即汉族饮食文化与周边民族饮食文化的大交融。西汉时期张骞出使西域，开通丝绸之路，促进了汉族与西域各族间的饮食文化交流。西域的胡瓜、胡桃、胡萝卜、石榴等食物传入中原，中原的桃、李、杏等也传入西域。伴随着食物而来的，还有饮食的烹调方法，如游牧民族的"羌煮貊炙"便深受汉族人民的喜爱。

唐代的长安是世界文化交流的中心，由西域传入的"胡食"在唐朝十分流行，以至出现"贵人御馔，尽供胡食"[1]的景象。除食物外，西域的葡萄酒酿造技术也在唐时传入中国。唐太宗曾亲自监制葡萄酒的酿造，所酿之酒有八种色泽之多。葡萄酒在唐朝的流行，也催生了许多脍炙人口的葡萄酒诗。宋元时期，特别是元朝时期，少数民族的饮食习惯由北向南影响汉族。例如，直至宋代，汉族饮用的酒仍以黄酒为主，但从元朝起，"烧刀子""白干"等蒙古人喜爱的蒸馏酒便在汉人中流行开来。至明清时期，汉族的四大菜系已经发展得相当成熟了。后又出现浙、闽、湘、徽四种地方菜，遂又有八大菜系之称。八大菜系的形成，体现出汉族饮食文化的丰富性与多样性。

汉族传统节日源于汉族的传统文化，在其数千年的发展过程中，逐渐形成了历史悠久、内容丰富、以农为本的特点。

农历十二月的最后一个晚上，是汉族的传统节日除夕。除，即去除之意；夕，指夜晚。除夕也就是辞旧迎新、万象更新的节日。据《吕氏春秋》记载，古人在新年的前一天用击鼓的方法来驱逐"疫疠之鬼"，这便是最早的除夕节。东汉人应劭编写的《风俗通义》中，正式出现了"除夕"这一节令名称。西晋周处撰写的《风土记》中，对除夕的"分岁""守岁"等传统活动都有记载。南北朝时期，每到除夕，家家户户都准备好精致的菜肴，在举行祭祖仪式后，整个家族团聚在一起共同迎接新年的到来。唐代称除夕为"除夜"，除饮宴外，还有庭燎、铜刀刻门和点水盆灯等风俗。两宋时期，除夕是一年中的大事，无论是达官显贵还是普通百姓，都会提前洒扫门庭，换上门神，挂好钟馗像，贴上春牌，迎接除夕的到来。明清时期的除夕基本沿袭此前的习俗，祭祖、饮宴、守岁等是各地汉族人民共同的习俗。

除夕过后便是汉族最大的节日春节了。旧时春节的时间跨度要比如今长，从农历十二月二十三日或二十四日（俗称过小年）起，一直延续到正月十五日的元宵节。关于春节的起源，有一种"腊祭说"。所谓腊，是指岁终时祭祀众神以感谢神灵庇佑的一种祭礼。民国时期，中国采用公历纪年，遂以公历1月1日为新年，以农历正月初一为春节。作为汉族最隆重而喜庆的节日，春节的庆祝活动素以丰富多样而著称。节前，人们便开始忙碌起来，置办年货，购置新衣，清洁院屋，祭灶祀祖。节日期间，人们互相拜年，有放爆竹、吃年糕、吃水饺、喝年酒、吃元宵等风俗，还有舞龙舞狮、扭秧歌、看花灯等传统活动。

农历正月十五日是元宵节，旧时以过完元宵作为春节的结束。元宵节又称

---

[1]《旧唐书·舆服志》，中华书局1975年版，第1958页。

"上元节""元夕节"。又因元宵节最重要的一项活动是通宵张灯,故又称"灯节"。元宵节的创立,约在西汉时期,据说起源于汉武帝时期对太一的祭祀。至南北朝时,元宵节已是热闹非凡,梁简文帝的《列灯赋》对当时灯会的盛况有精彩的描写。隋唐时期元宵节的灯会更加盛大,唐代将张灯的时间从最初的一晚增加到三晚。北宋时更将灯会的时间由三晚增加至五晚,即从正月十四日一直持续到正月十八日。此后南宋至明朝,灯会的时间不断延长,最多时至十夜。除灯会外,元宵节还有吃元宵、猜灯谜等传统活动。

春节与清明节、端午节和中秋节并称为中国民间四大传统节日。清明节时间在农历三月间(公历4月5日前后),清明节前一日或两日是寒食节,有禁烟火、食寒食的习俗,因两个节日相距很近,后合并为一。清明节从周代起便是传统的祭祖扫墓节日,一直延续至今。端午节在农历五月初五日,"端"是开始的意思,"午"通"五",端午便是五月的第一个初五。闻一多的《端午考》认为此节最初是崇拜龙图腾的民族的祭祖日,但今天更为人们所接受的说法是为了纪念爱国诗人屈原。端午节的传统习俗有吃粽子、赛龙舟、饮雄黄酒、挂香袋等。中秋节在农历八月十五日,因为这一天正好是三秋之半,故名。从周代起,便有中秋夜祭月的习俗。唐朝时中秋赏月成为习惯。两宋时,正式将八月十五日定为中秋节,赏月、吃月饼成为上至王公贵族、下至普通百姓都热衷的活动,并一直流传至今。

第二节　少数民族风情

中国是一个统一的多民族国家,除汉族外,还有55个少数民族。每个少数民族的历史,都既具有它独特的起源和发展脉络,又是中华民族历史发展的重要组成部分。各少数民族因自然环境、民族传统、宗教信仰的不同,因而拥有了独具特色的民族风情。这里仅以少数民族中藏、回、蒙、满四族为例,展示我国丰富多彩的民族风情之一斑。

一、藏族风情

藏族是中国56个民族之一,在中国境内主要分布在西藏自治区、青海省、四川省西部、云南迪庆、甘肃甘南等地区。目前全世界藏族人口约750万人,中国境内约700万人。

藏族的起源,可以追溯至雅鲁藏布江流域中部地区的一个农业部落。早在4000多年前,藏族的祖先便在雅鲁藏布江流域繁衍生息。在汉族的史书中,藏族祖先被认为是西羌的一支。公元6世纪,藏族部落间出现了王(藏语音"赞普"),标志着藏族社会进入奴隶社会。唐朝时期,藏族的领袖松赞干布统一了青藏高原,建立起吐蕃王朝。松赞干布迎娶文成公主为妻，与唐王朝保持良好的关系，双方的政治、经济、文化往来十分频繁。从9世纪末开始，藏族内部矛盾逐渐加深，藏区进入长期的分裂割据状态。元朝时期，西藏地方正式纳入中央政府的直接管辖之下。此后在整个明清时期，藏族地方都处在中央政府的管辖之下，成为中国不可分割的一个组成部分。

藏族有自己的语言和文字，藏语属汉藏语系藏缅语族藏语支，分为藏、康、安多三种方言。现行藏文是7世纪初根据古梵文和西域文字制定的拼音文字。独特的文字为藏语文学的创作提供了条件。在中国55个少数民族中，用藏语撰写的文学作品在数量上位居前列。英雄史诗《格萨尔王传》是世界上已知最长的说唱史诗。仓央嘉措的情歌作为藏族文学经典闻名世界。藏族服饰无论男女都完整地保留至今，其基本特征是长袖、宽腰、长裙、长靴。在服饰颜色的选择与搭配上，藏族喜爱对比强烈的颜色，如红配绿、白配黑、赤配蓝等。藏族人民特别重视哈达，把它视为最珍贵的礼物，在喜庆的典礼上，都会向客人、尊长献上哈达以示敬意。在饮食文化上，藏族也独具特色。酥油、茶叶、糌粑、牛羊肉被称为藏族饮食的"四宝"。除"四宝"外，青稞酒和各类奶制品在藏族的日常饮食中也不可或缺。在食肉上，藏族有自己的禁忌，一般只吃牛羊肉，不吃马、驴、骡肉，尤其忌讳狗肉。藏族的节日很多，尤其是藏历的元月，节日既多且隆重。因为藏传佛教是藏族人民的宗教信仰，所以藏族的节日都具有浓厚的宗教色彩，有的甚至已经演变为纯粹的宗教节日。雪顿节是藏族最为隆重的传统节日之一。雪顿节，直接翻译过来又叫"吃酸奶子节"，因为藏语中"雪"的意思是"酸奶子"，"顿"的意思是"宴""吃"。雪顿节自藏历七月一日起，时长四至五天。它起源于公元11世纪中叶，当时僧人们为避免夏季外出时误踩生命，规定在藏历六月底之前不能走出寺院。待七月一日僧人重出寺院时，藏民们便向他们奉上酸奶子以示犒劳。现在的雪顿节的活动内容逐渐演变为以藏戏会演为主，所以它又被称为藏戏节。除雪顿节外，藏族的传统节日还有祈祷节、大佛瞻仰节等。

二、回族风情

回族是中国人口较多的一个少数民族。根据第六次全国人口普查的结果，回族在中国大陆地区的总人口为1000多万，在人口的总体分布上则呈现出"大分散，小聚居"的特点。大分散是指在全国2000多个县（市）都有回族分布，小聚居是指回族在各地具有聚族而居的特点。

回族的历史可以追溯至唐朝。唐朝是一个积极推行对外开放、中外交流十分频繁的王朝，因此，来自阿拉伯和波斯的商人便陆续来到中国，在长安、广州、泉州等城市定居，他们被认为是回族的先民。13世纪初，蒙古军队大举西征，大批信仰伊斯兰教的中亚各族人及波斯人、阿拉伯人，被迁移至中国，他们分布在全国各地，成为回族的主体人群。元明时期，还有维吾尔族、蒙古族、汉族人因信奉伊斯兰教而被吸纳进回族中。通常认为，元代是回族形成的准备期，明代则是回族正式形成的时期。清朝时期，回族的人口稳定增长，尤其在陕甘宁青和云南、山东等地人口最为稠密。在经济生活上，回族与汉族基本相同，都是以农业为主，兼营手工业和商业。

在回族先民初至中国时期，阿拉伯语、波斯语和汉语都是通行的语言，后由于长期与汉族杂居，回族文化中汉族成分日渐增多，汉语逐渐成为回族人共同的语言。伊斯兰教在回族的形成和发展中始终起着重要的作用。回族形成后，分布各地的回族，虽在具体生活习惯上有所不同，但都信仰伊斯兰教，因此在回族的民族服饰、饮食文化、民族节日等民族风情中，伊斯兰教色彩都十分浓厚。回族的民族服饰有上千年的悠久历史，其基本特征是男子戴礼拜帽和女子戴盖头。礼拜帽是一种无檐小圆帽。无沿的设计与回族的宗教信仰有关，因为回族在礼拜磕头时，前额和鼻尖都必须着地，有沿帽的话行动势必不便。现在回族的男子，无论老幼，无论是否去寺中礼拜，都喜欢戴礼拜帽。礼拜帽通常有白、灰、蓝、绿、黑五色。一般春、夏、秋季戴白色居多，冬季则以灰色、黑色为主。盖头是回族女子传统的头巾，用来遮盖头发、耳朵、脖子，露出面孔。回族女子戴盖头与伊斯兰教的教义有关。伊斯兰教将女子的头发列为"羞体"，为了遮发，也为了防沙保洁，逐渐形成了戴盖头的习俗。不同颜色的盖头，对应的是不同的年龄与身份。少女戴绿色的，婚后则戴黑色的，老年妇女则选择白色的。

回族在饮食习惯上富有本民族的特色。首先，在主食上，面食多于米食。其次，喜爱甜食，婴儿初生时，便有用红糖开口的习俗。最后，回族有自己独特的饮食禁忌。回族禁食猪、马、驴、骡、狗和一切自死的动物及动物血，禁食一切形象丑恶的飞禽走兽。在日常生活中，回族人民有健康的生活习惯，不抽烟、不饮酒，喜爱饮茶。饮茶的种类，因不同地区而有差异，如北方回族地区饮罐罐茶，南方回族地区则有烤茶、擂茶等。因信仰伊斯兰教，回族的民族节日通常也是宗教节日。开斋节、古尔邦节和圣纪节既是回族的民族节日也是宗教节日。开斋节，顾名思义，是庆祝斋戒期满的节日。每年伊斯兰教历九月为斋月，期满那天回族人民会沐浴洁身，换上新衣服，到清真寺参加会礼。古尔邦节一般在开斋节后70天举行，沐浴净身、参加会礼、宰牲典礼等都是节日的主要活动。圣纪节纪念的是穆罕默德的诞生与逝世，日期是伊斯兰教历的三月十二日。节日活动主要有去清真寺诵经、赞圣，聆听穆罕默德的生平事迹，等等。回族的其他节日还有阿术拉日、登宵节、白拉台节、盖尔德节等。

三、蒙古族风情

蒙古族是主要分布于东亚地区的一个传统游牧民族，是中国的少数民族之一。

据第六次全国人口普查的结果，蒙古族在中国大陆地区的总人口约为650万，主要分布在中国内蒙古自治区、东北三省、青海省等地。

通常认为蒙古族出自东胡。东胡是包括同一族源、操有不同方言、各有名号的大小部落的总称。在公元前5世纪至公元前3世纪，东胡各部落在匈奴东边过着逐水草而居的生活，在社会发展阶段上仍处于原始氏族社会。公元4世纪，被称为"室韦"的鲜卑人的一支，在兴安岭以西（今呼伦贝尔地区）逐渐发展起来。6世纪以后，室韦人又分为南室韦、北室韦、钵室韦等五部。后来，室韦诸部又被统称为蒙兀室韦，居住在额尔古纳河以南地区。宋辽时期，蒙兀室韦部不断发展壮大，并在今鄂嫩河、克鲁伦河、土拉河三河上游和肯特山以东一带组成部落集团，渐呈统一之势。1206年，铁木真在斡难河畔举行的忽里勒台上被推举为蒙古大汗，建立了蒙古国。从此，中国北方地区第一次出现了统一各个部落而组成的蒙古族。在蒙古国的四处征战中，蒙古族分散至全国各地。元朝灭亡后，蒙古族重新退回蒙古草原。清朝时期蒙古各部被征服，蒙古地区重归中央政府的统一管辖之下。

蒙古族有自己的语言文字。蒙古语属阿尔泰语系蒙古语族，有内蒙古、卫拉特、巴尔虎布利亚特和科尔沁四种方言。蒙古族因长期在草原生活，故其民族服饰具有鲜明的草原风情。传统的蒙古族服饰统称为蒙古袍，具体包括长袍、腰带、靴子、首饰四部分。女式长袍多用红色、绿色或黄色的绸缎制成，男式长袍一般用深蓝色、海蓝色或天蓝色的绸缎做成。腰带是蒙古族服饰不可或缺的重要组成部分。腰带通常用丝、绸、皮等材质做成，长度从十五尺到三十尺不等。特别是青壮年，都会选择最长的腰带。蒙古族的靴子，最早叫"苏黑"，是一种由皮、毡等做成的原始靴子。后来靴子的材质更为丰富，制作工艺也日益精湛，如用牛皮制成的"宝力嘎日"靴，便是蒙古族非常著名的靴子。蒙古族的靴子非常适合草原的自然环境，骑马时能够护踝，冬天保暖，夏天防止蚊虫叮咬。佩挂首饰、戴帽也是蒙古族的习惯。如内蒙古及青海等地蒙古族的帽子顶高边平，帽顶缀缨子，帽带为丝质，男女皆可穿戴。蒙古族因历史上长期以畜牧业为主，所在在饮食上最初以肉食和奶食为主。肉食，又称红食，蒙古语叫"乌兰伊德"。肉以牛羊肉为主，食用牛羊肉的习惯很具豪迈之风，"食肉不用箸，手持肉一大片，半入口中，余以刀切断而食之"[1]。肉食的制法多样，著名的有手把肉、羊背子、烤全羊等。奶食，顾名思义，是指以奶为原料制成的食品，蒙古语称"查干伊得"，意为圣洁、纯净的食品。奶制品的品种十分丰富，有黄油、奶皮子、奶酪、奶豆腐等。在食用奶食时，蒙古族有一种称为"德吉"的礼俗，即将第一份食品给客人先品尝。除肉食与奶食外，蒙古族的饮料主要有马奶酒和奶茶。许多蒙古族人每日清晨的第一件事便是煮上一壶芳香可口的奶茶。随着农业的发展，谷物在许多蒙古族地区也成为主食之一，其中最具民族特色的是炒米，蒙古语称为"胡列补达"。

---

[1] 蔡志纯等：《蒙古族文化》，中国社会科学出版社1993年版，第457页。

蒙古族的节日既有与汉族相同之处，又有草原独特的风情。如蒙古族人民也非常重视春节，将它称为白节，白色在蒙古人心中象征纯洁与吉祥。春节的庆祝活动与汉族类似，有打扫屋宇、祭祖、阖家团聚、舞蹈活动等，十分丰富多彩。春节过后的正月十六日，是蒙古族的兴畜节，这是为牲畜举办的庆祝活动，节日中会给种畜挂上五彩的绸带，并向牧人敬酒致敬。此外，蒙古族的传统节日活动还有马奶节、燃灯节、火日、祭敖包等。

四、满族风情

满族起源于中国东北地区，现在的总人口有1000多万，在55个少数民族中排第二位。满族人口分布于全国各地，以辽宁、河北、黑龙江、吉林、内蒙古、北京等省、区、市为多。

满族的起源可以追溯至3000多年前的肃慎人。据史书记载，早在公元前11世纪的西周初年，肃慎人便曾向西周王室进贡方物。大约在西汉年间，肃慎有了新的称呼——挹娄。三国以后，挹娄人屡次向中原王朝进贡，直接臣属于中原王朝。南北朝、隋唐时期，挹娄的后裔又以勿吉、靺鞨的名称出现在史籍中，规模也发展至数十个部落。唐朝时靺鞨主要有两部，即居住在松花江上游、长白山北麓一带的粟末靺鞨和生活在黑龙江流域的黑水靺鞨。粟末靺鞨在大祚荣的领导下，建立了地方政权渤海国，并接受唐朝的册封。渤海国后被辽所灭。唐朝在黑水靺鞨地区设黑水府，黑水靺鞨各部首领被授予唐朝官职。渤海国亡后，黑水靺鞨迁居到渤海故地，被称为女真。女真中的完颜部统一女真各部后建立金朝，金朝曾灭辽、北宋，后又被元所灭。明朝后期，女真首领努尔哈赤再次统一女真各部，建立大金国，史称后金。后皇太极宣布废除"女真"的旧族号，改族称为"满洲"。清朝时期，满人不断入关迁居于各地，与汉族不断融合。辛亥革命后，"满洲"改称为"满族"。

满族有自己的语言和文字。满族文字创立于16世纪末。1599年，学者额尔德尼等人以蒙古字母为基础拼写满族语音，创立了一种新的文字，史称"老满文"。皇太极时期，学者达海又对"老满文"加以改革，创立了"新满文"。满文作为官方文字在清代长期使用，留下了大量的满文文献。满族人原有自己的语言——满语，但在入关后，满族人逐渐普遍使用汉语北方方言，导致满语只在一些特定场合被使用。满族的传统服饰主要有四种：旗装、马褂、坎肩和套裤。旗装，满族称"衣介"，北方叫大褂，南方叫长袍。旗装的前后襟宽大、袖子较窄、衣衩较长等特点，是与满族入关前的骑射生活相适应的。旗装的袖子也很有特色，袖子口有马蹄状的护袖，称为马蹄袖。马蹄袖的设计最初是为适应东北寒冷的气候，后来逐渐成为一种装饰。马褂，顾名思义，是骑马时穿的一种外褂，明代时便已出现。马褂的特点是四面开衩，身、袖皆短，冬天以棉、皮制成，套在身上既可保暖，又不妨碍骑射，所以深受满族军士的喜爱。康熙、雍正年间，穿马褂的风气从军队传至民间，马褂逐渐成为不分老幼、四季皆可穿的服装。坎肩也是满族人喜爱的服饰，它的特点是马褂去袖，衣长及腰，两侧开裰，多在领、襟、衣摆外镶饰花边。坎肩并不是满族原有的服装，是由汉族的"半臂"演变而来的。"半臂"始于隋朝，对襟、无领、无袖是其特点，南方称为"背心"。清朝时曾流行一种"巴图鲁坎肩"，俗称"一字马甲"。套裤是满族女子常穿的衣物，主要起御寒的作用。套裤是一种不完整的裤子，套在其他裤子外面，仅有裤腿，没有裤腰，所以需要用两条背带加以固定。在饮食上，满族一方面与汉族有许多相似之处，如喜大米、面食等；另一方面，满族又有自己传统的食物和饮食习惯，传统食物有饽饽、酸汤子、萨其马等，饮食习惯有喜爱黏食、喜食蜂蜜、爱喝米糊等。满族还有自己的饮食禁忌，主要是不食狗肉和乌鸦肉。在节日方面，满族的春节、端午节、中秋节等与汉族大体相同，但还有一些本民族特有的节日，如正月二十日的"走百病"，正月二十五日的添仓节，六月初六日的虫王节，农历九月中旬的开山节，等等。

第三节　传统家族文化

中国传统社会是一个以家族为本位的社会，家族文化在中国传统文化中的地位和重要性已为历代学者所承认和重视，进入新世纪，家族文化又被赋予了新的价值和意义。习近平总书记在 2015 年的春节团拜会上强调："不论时代发生多大变化，不论生活格局发生多大变化，我们都要重视家庭建设，注重家庭、注重家教、注重家风。"因此，我们既要了解传统家族文化的主要内容和核心观念，又要赋予它新的时代意义。

一、家族文化的主要内容

家族文化，一般是指以家族的存在与活动为基础，以家族的认同与强化为特征，注重家族延续与和谐，并强调个人服从整体的文化系统。[1]家族文化的内涵十分丰富，既有物质层面的，也有精神层面的。前者通常包括家族文化的物质载体，如婚丧制度、祭祖仪典、宗祠制度等；后者一般指家族的家风、家训等精神内涵。

家族历史和文化的主要保存形式是族谱。族谱又名家谱、宗谱，是一种以表谱形式记载一个家族的世系繁衍及重要人物事迹的文献。可以说，族谱是一个家

---

[1] 岳庆平：《家族文化与现代化》，《社会科学战线》1994 年第 6 期。

族自己的历史书。各个家族历来都重视族谱的修撰，将它视为维系家族文化、延续家族生命的头等大事。一本传统的族谱大体包括家族的姓氏起源、世系表、生平传记、族规、人物著述等部分，涉及家族历史、重要人物、日常生活等方方面面。族谱因内容极为丰富，具有历史学、社会学、民俗学、姓氏学、文学、政治学等多方面的价值，受到越来越多学者的重视与研究，形成了中国特有的谱牒文化。

家族作为一种团体，必须有自己一整套的规范与制度，以使家族运转不坠，由此逐渐形成了家族的族规。族规又称家法、家约、家戒、族约、祠规等，名称虽不尽相同，但都强调一种规范性，是家族主动制定以规范和教导族人的制度性内容。传统的族规，具体内容十分丰富，如敦人伦、课子弟、正闺门、慎交游、勤职业、崇节俭、忍小忿、恤贫苦、睦乡邻等，但实际上都围绕"敬宗"和"收族"这两个核心内容而展开。敬宗强调的是对家族内部权威的确认，目的是建立家族内部的尊卑长幼之序，严格区分嫡庶、房分、辈分、年龄与地位的不同。收族，顾名思义，是增强家族内部的凝聚力，使家族成员在族内伦理关系中可以和谐共处，凝成合力。

家族要增强自身的凝聚力，除了凭借族规的强制性规定外，还需要依靠一些体现敬宗和收族价值观的仪式性活动，祭祖便是其中最具典型性的一项家族活动。祭祖起源于祖先崇拜。早在殷周时期，祭祖便已经成为王室、贵族们一种重要的典礼，甲骨卜辞、《诗经》《尚书》等先秦文献对此都有丰富的记载。至秦汉时期，祭祖的范围进一步扩大，不再囿于王公贵族，普通百姓都将祭祖视为家族的一项常规活动。祭祖有一整套的礼仪，从上香、读祝文到奉献各类酒食祭品，再到最后的焚祝文、辞神叩拜，各个环节都有具体的规定，不容出错。一岁之中，常规的祭祖活动主要有除夕祭祖和清明祭祖。家族的祭祖活动，除了出于追慕祖先的思想感情外，看重的还有祭祖的实际作用。在庄严肃穆的祭祖仪式中，家族成员以宗子为核心向祖先祭祀，既是对宗子家族领袖地位的承认，也是加强家族内部凝聚力的一种重要手段。

包括祭祖在内的一系列家族宗教和世俗活动，都需要一个神圣而庄严的场所，宗祠作为家族活动的载体遂应运而生。宗祠，又称祠堂，既是家族供奉祖先牌位、举行祭祖活动之所，又是处理家族事务的地方，可以看作是宗教神权和世俗族权交织的中心，是整个家族最重要也是最神圣的场所。最初只有天子可建祠堂，称宗庙，民间建造家族祠堂，最早可以追溯至唐五代时期。各地大规模营造祠堂，则在明清两代。宗祠的产生，对家族的巩固和壮大，对家族文化的积淀和繁荣都有重要的作用。首先，祠堂中举办的包括祭祖在内的各项活动增强了家族的向心力。其次，有利于家族内部事务的有效管理。最后，有利于增强家族抵御外部风险的能力。总之，家族宗祠的出现，既是家族文化发展到一定阶段的产物，又有力地推动了家族文化的进一步发展与繁荣。

二、家族文化的核心理念

中国传统的家族文化，在历史的发展进程中，逐渐形成了一些独特的核心理念，它们是族规、族谱、宗祠、祭祖等物质现象背后的精神内核，是家族文化繁荣昌盛的精神动力。尊祖敬宗、以孝为先、重教崇育和济困赡老都是传统家族文化的核心理念。

尊祖，除了尊重在世的家族长辈外，对家族的祖先也要有一种尊奉、敬爱之心。对祖先的祭祀、家族宗祠的建立等，都是尊祖观念的具体体现。敬宗的宗，通常是指宗族的宗子或家族的族长，敬宗也就是以宗子为敬的意思，强调的是宗子的权威。尊祖敬宗的观念，使家族的日常生活表现出明显的族权特征。所谓族权，是族长（通常由宗子担任）在家族中享有的领导权。作为家族的领袖，族长有权总理全族事务，凡是族内的事务，族长都具有最高的决定权，族员都必须尊奉。族长的权力主要体现在以下三个方面。第一，主持祭祖。这是族长作为宗子所特有的权力，体现的是族长在血缘上对祖先的直系继承，因此古人常常以祭祖权来判断族长的归属。第二，修订族谱。族谱记载着家族的源流世系和文化内核，是一个家族血缘和文化脉络的载体，对家族的维系与发展作用巨大。因此，修订族谱便成为族长一项责无旁贷的义务。第三，家族管理。族长依照家法、族规对家族进行管理。这首先体现为族长对违反家法的族人有惩处权。对于这种家族内部的执法权，以往的封建王朝政府常持承认的态度。家法的执行权强化了族长在家族中的权威，有利于家族内部秩序的稳定。其次，族长的管理权还包括教导族人、协调族内纠纷、代表家族与外界交往等。总之，作为传统家族文化的核心观念之一，尊祖敬宗不仅体现出慎终追远的价值取向，更是家族内部凝聚力的实现途径。

在传统家族的伦理关系中，孝被放在十分突出的地位，"百善孝为先"讲的便是这个道理。传统所讲的孝，内涵十分丰富。首先，最基本的是珍爱自己的生命。《孝经》开篇便说："身体发肤，受之父母，不敢毁伤，孝之始也。"[1]在家族中，个人的生命不仅仅是自己的，上有父祖，下有子孙，珍爱自己的生命，就是重视家族的延续，就是孝的一种体现。其次，孝的要求是敬养父母。对父母的照顾，不仅仅是物质方面的，更重要的是体现出一个"敬"字，即在照顾父母的过程中怀有一种发自内心的敬爱。《论语》所载孔子回答弟子何为孝时说的"今之孝者，是谓能养。至于犬马，皆能有养；不敬，何以别乎"[2]，便是从"敬"字上讲的。敬养父母，主要是延续父母的生物性生命，尚属于孝的基本层面。在敬养父

---

[1]《孝经注疏·开宗明义章》，阮元《十三经注疏》，中华书局1980年版，第2545页。
[2]《论语注疏·为政》，阮元《十三经注疏》，中华书局1980年版，第2462页。

母的基础上，孝进一步要求子孙"承志""立身"。承志指继承先人的遗志。《论语》的"三年无改于父之道，可谓孝矣"[1]，以及《中庸》的"武王、周公其达孝矣乎。夫孝者，善继人之志，善述人之事也"[2]，讲的都是承志。立身，指要成就一番事业。古人认为，只有成就一番事业使双亲、家族荣耀才是大孝。以上三个层面的孝，都是针对生者而言的。对逝者也要讲孝，具体表现是葬之以礼，祭之以礼，家族中的祭祖活动，便是这种孝的集中体现。

传统家族大多重视教育，注重对家族子弟学业和道德方面的培养。家族教育常见的方式有两种。一种是族长在祭祖等家族活动后，向家族成员宣讲族规、家训，以达到培训族人道德修养、规范族人日常行为的目的。一些著名的家族，往往会在家族教育中逐渐形成自己的家训，这方面最著名的莫过于南北朝时期颜之推的《颜氏家训》了。《颜氏家训》共7卷20篇，涉及家族教育的方方面面，以读书做人为核心，确立了家族教育的各项准则，成为后世家训的典范。另一种是由家族兴办义塾。义塾向族人提供的教育通常都是免费的，其授课的内容主要是儒家的一些经典著作，以期敦人伦、崇教化，服务于家族的稳定与繁荣。清代，家族的教育功能进一步延伸，很多家族都设有专门的义塾田，资助族中子弟参加科考。如常州的《毗陵唐氏宗谱》便规定，子弟参加乡试给路费银子2两，中举人给贺银6两；会试给路费银子12两，中进士给贺银10两。浙江永康人应敏斋曾官至布政使，退休后购置200亩良田，专门资助家族的子弟读书科考。从族规、家训到经济上的专门资助，中国的传统家族始终把重教崇育作为自己的核心观念之一。

家族是一个休戚相关的共同体，家族成员间的互帮互助，既是家族内部亲属情感的一种表达，也是维护家族共同体稳定的重要手段。家族互助从具体内容来看，包括家族救助和家族赡养两个方面。家族救助包括日常的贫困救助和特殊时期的灾荒救助。贫困救助是指为家族中的贫困者提供基本生活物资的一种救助方式，是家族救助中最基本、最主要的内容。灾荒救助是指在遇到灾荒的特殊情况下，开展的对家族成员的救助。家族救助在当时可以有效地弥补国家救助的不足，在家族、地方和国家三个层面都有积极的意义和价值。家族赡养针对的是家族中的老人，也是家族文化中孝的观念的具体体现之一。清代苏州葑门陆氏的《赡族规条》、潘氏的《松鳞庄赡族规条》等家规中都有关于赡养族中老人的规定。家族救助和赡养都需要一定的经济基础，家族义庄遂应运而生。家族义庄中最早的是北宋范仲淹在苏州设立的范氏义庄，它是范仲淹任职苏州期间于皇祐二年（1050）捐田所建。范仲淹为义庄订立了章程，规定将义庄田产的地租用于救助、赡养宗族内生活困难的族人。范仲淹去世后，范氏后人进一步完善章程，增捐田产，使

---

[1]《论语注疏·学而》，阮元《十三经注疏》，中华书局1980年版，第2458页。
[2]《礼记注疏·中庸》，阮元《十三经注疏》，中华书局1980年版，第1629页。

义庄得以良好发展。至清宣统年间，范氏义庄有田5300亩，已延续800多年，成为家族义庄的一个典范。

三、家族文化的时代意义

传统家族文化是中华民族优秀传统文化的组成部分，身处21世纪全面建成小康社会的新阶段，我们既要对传统家族文化中一些不符合时代要求的内容，如小团体性、排他性，加以批判和否定，更应对传统家族文化中的优秀思想成果予以继承，并赋予其新的时代意义。继承与发展，应是我们今日看待传统家族文化的正确态度。我们认为，传统家族文化具有以下两点现代意义，值得发掘和弘扬。

第一，道德教育功能。在经济现代化的过程中，个人相对于家庭的独立性日益突出，很容易出现脱离于家庭，乃至脱离于社会的极端个人主义倾向。造成的恶果便是人际关系变得冷漠而趋利，个人利益完全凌驾于集体和社会的利益之上，既不利于个人的成长与发展，也有害于社会的稳定与和谐。20世纪70年代的新加坡便出现过这样的道德危机。当时的总理李光耀便主张推行以家族文化为核心的伦理教育，以重新构建独立、进取而高效的新加坡精神。中国传统家族文化素来重视道德伦理教育，它所提倡的父慈子孝、兄友弟恭、夫和妻柔、姑慈妇听、长惠幼顺等传统伦理规范，所注重的家族集体荣誉感和归属感，所宣扬并力行的家族成员间的守望相助，无疑都有利于抑制极端个人主义的滋长，消除它所带来的负面社会影响。传统家族伦理所倡导的人与人之间真挚而和谐的情感关系，重视人在父子、夫妻、朋友等社会关系中的情感诉求与表达，与近代的人文主义精神本有相通之处，可以成为推动道德现代化的重要思想源泉。

第二，爱国主义功能。传统家族文化强调个人对家族集体的认同和服从。过去我们常常从家长制、小团体性等角度去解读这种集体认同感，对它多持批评的态度。然而，如果我们从儒家家国同构的角度去解读的话，会发现这种对家族的认同感有利于对国家的认同，有利于弘扬爱国主义的精神。儒家经典《大学》中说："古之欲明明德于天下者，先治其国；欲治其国者，先齐其家；欲齐其家者，先修其身。"[1]修身、齐家是前提和准备，治国、平天下才是最终的归宿。那么家与国为何能联系在一起？齐家上升为治国的理据又是什么？在儒家看来，家与国具有同质性，可以相通，国是由一个个小家组成的大家，所以孟子说"天下之本在国，国之本在家"[2]。因此，对家族的认同感，在逻辑上必然上升到对国家、对民族的认同感。在实现的具体途径上，则是由在家尽孝上升到为国尽忠，孝是忠的前提和准备，忠是对孝的升华与提高。《论语》中"其为人也孝悌，而好犯上

---

[1]《礼记注疏·大学》，阮元《十三经注疏》，中华书局1980年版，第1673页。
[2]《孟子注疏·离娄上》，阮元《十三经注疏》，中华书局1980年版，第2718页。

者,鲜矣;不好犯上,而好作乱者,未之有也"[1]的言论便是对忠孝关系的精辟概括。因此,在传统的家族文化中,对家族的热爱,必将上升到对国家和民族的热爱,并且这种热爱可以超出个人和家族的利益之上。《颜氏家训》中说的"丧身以全家,泯躯以济国"[2]、林则徐的名言"苟利国家生死以,岂因祸福避趋之"等都是这种家国情怀的集中体现。今天,我们弘扬爱国主义精神,可以也应当充分发掘传统家族文化中的家国情怀。

家族文化是中华优秀传统文化的重要组成部分,是中华民族的优秀文化遗产。在21世纪全面建成小康社会的新阶段,传统家族文化中的优秀思想,在道德和文化教育、爱国主义教育等时代命题中,仍然具有重要的价值,需要我们不断继承和弘扬。

参考文献

[1] 蔡志纯、洪用斌等:《蒙古族文化》,中国社会科学出版社1993年版。
[2] 丹珠昂奔:《藏族文化发展史》,甘肃教育出版社2001年版。
[3] 马启成:《回族历史与文化暨民族学研究》,中央民族大学出版社2006年版。
[4] 王育民:《中国人口史》,江苏人民出版社1995年版。
[5] 王力:《中国古代文化常识》,世界图书出版公司2008年版。
[6] 岳庆平:《家族文化与现代化》,《社会科学战线》1994年第6期。
[7] 赵志忠:《满族文化概论》,中央民族大学出版社2008年版。

---

[1]《论语注疏·学而》,阮元《十三经注疏》,中华书局1980年版,第2458页。
[2]《颜氏家训集解·养生》,中华书局1993年版,第362页。

文字、文献与文化经典

中国的文字有着数千年发展史。汉字是世界上历史最为悠久的文字，它与中国的数十种少数民族的文字一起，共同为中华文明的发展做出了不可磨灭的贡献。作为文明古国，中国还有着世界上数量最为丰富的古代文献，这些文献种类丰富、内容浩瀚、形式多样，蕴含着中华文化思想的精髓，是中华文化的瑰宝。

第一节 中国的文字

汉字是中华文化的重要载体，为中华文化的发展做出了重要贡献。作为中华文化的重要载体和标志，汉字与埃及圣书字、古代苏美尔文字、原始埃兰文字和克里特文字等同为世界上最古老的文字，也是现今世界仅存的方块表意文字。汉字自甲骨文演变至今至少已有三千年之久，依然被广泛地使用着，有着极其顽强的生命力。

一、汉字的起源

汉字的起源，有结绳说、契刻说、仓颉造字说、图画记事说等多种说法。

在文字产生以前，人们主要采用结绳和契刻的方法记事，以此帮助记忆。所谓结绳记事，是指通过在绳子上打结来记录事件。《易经·系辞下》记载："上古结绳而治，后世圣人易之以书契。"汉代郑玄《周易注》说："古者无文字，结绳为约。事大，大结其绳；事小，小结其绳。"汉代许慎《说文解字》称："神农氏结绳为治，而统其事。"这些记载都认为结绳与汉字起源有着一定的关联。

契刻是中国古代继结绳记事之后出现的一种记事方法。汉代刘熙认为，契就是刻，契刻主要用来帮助记录事件的数目。他在《释名》中指出："契，刻也，刻识其数也。"随着社会经济活动的日益丰富，契刻又被人们确定为社会、经济交往的契约凭证。人们把木片或竹片一分为二，双方各持一半，若两人的木片或竹片能够合二为一，则可作为凭据。《周礼·天官·小宰》："六曰听取予以书契。"《周礼·地官·司徒下》："掌稽市之书契。"《周礼·夏官·司马》："中夏，教茇舍，如振旅之陈，群吏撰车徒，读书契，辨号名之用。"这些记载都表明书契已经作为凭证广泛运用到经济、政治、军事等各个方面，发挥了重要的历史作用。

仓颉造字，是一个流传久远的传说。据说仓颉是黄帝的史官，生而能书，先秦典籍已有仓颉造字的记载。荀子是提出"仓颉造字"说的第一人，他在《荀子·解蔽》有言："故好书者众矣，而仓颉独传者，壹也。"这一说法，为后世不少学者所承袭。韩非子《五蠹》称："昔者仓颉之作书也，自环者谓之私，背私谓之公。"许慎《说文解字·叙》说："仓颉之初作书，盖依类象形，故谓之文；其后形声相益，即谓之字。"皇甫谧《帝王世纪》云："史官仓颉又取象鸟迹，始作文字，史官之作自此始。"

图画记事说认为，上古的先民为了记忆复杂的事件，渐渐采用图画记事的方法，后来图形逐步简化，最初的象形文字就产生了。在一些新石器时代遗址，如半坡遗址等，出土了很多带有简单刻画符号的陶器，郭沫若、于省吾、裘锡圭和唐兰等人即认为这些陶器上的刻画符号"无疑是具有文字性质的符号"[1]，可能是汉字笔画的最初萌芽状态。

其实，汉字的形成是一个长期的历史发展过程，不可能一人一时一地完成，是中国先民集体智慧的结晶。自古以来，中国就有"书画同源"之说，书画之间存在着很多内在联系。基本可以肯定，汉字应该起源于原始的图画。远古先民为了表达自己而创作了原始图画，后经过逐渐简化而成为各种图画线条，这些线条具有表意功能，于是这些表意符号就转化为最初的象形文字。因而，汉字起源于先民图画记事的说法是比较可信的。

二、汉字形体的演变

汉字发展到今天，经历了漫长的演变过程。汉字的字体、字形经历了由繁到简的变化，主要经历了甲骨文、金文、篆书、隶书和楷书等几种形体的变化过程。

甲骨文是殷商时期的文字，是我们迄今所知的最早的文字。甲骨文主要刻在龟甲和兽骨之上，故今人称之为甲骨文，因多是记录占卜之事，亦称卜辞。甲骨卜辞是商朝的国家档案。殷商王室凡遇到祭祀、征伐、狩猎、农事、疾病、天气的阴晴风雨等大事，都要占卜吉凶。占卜之后，都要让卜者将所问事项、占卜日期、吉凶结果刻在龟甲或兽骨上，从而成为一篇长短不一的记事卜辞。据学者统计，迄今出土的甲骨约15万片，甲骨上单字总数约4500个，今已确认者约2000个。许慎的《说文解字》将汉字构造分为象形、指事、会意、形声、转注、假借六种，谓之"六书"。甲骨文虽仍以象形为主，但已经具备汉字"六书"的形式，是一种比较成熟和系统的文字了。

---

[1] 郭沫若：《古代文字之辩证的发展》，《考古学报》1972年第1期。

金文一般指铸刻在周代青铜器上的文字。青铜器的礼器以鼎为代表,乐器以钟为代表,故后世人们也将金文称为钟鼎文。商代晚期已有金文,但这时刻在青铜器上的铸文比较少。至周代,贵族在君王赏赐的青铜器上铸刻文字成为风气,逐渐兴盛起来。已知的金文总个数比甲骨文少,共计 3722 个,其中可以识别的有 2420 个。周代青铜器铭文的内容广泛,当时祀典、赐命、诏书、征战、围猎、盟约等活动都有涉及。如同甲骨文一样,金文也是以象形字为基础,形体结构与商代晚期的甲骨文非常接近,但笔画要比甲骨文丰满粗壮,屈曲圆浑,形体长圆,比较匀称。[1]

篆书是大篆和小篆的统称。一般说来,秦始皇统一文字之前的文字都可称为大篆,大篆保存着古代象形文字的特点。汉代以来,人们认为大篆特指周宣王时期太史籀所造的文字,故大篆又称"籀文"。当今流传于世的大篆字体的石刻中,最为典型、最具代表的是石鼓文上的文字。秦始皇统一全国后,丞相李斯奉命对史籀大篆进行简化,然后作为标准字体颁行全国,谓之小篆。所以,小篆是汉字第一次规范化的字体,它将汉字字体予以固定规范,每个字一般只有一种写法,笔画不能随意变动,还废除了许多繁复的异体,于是小篆的字形进一步趋于规整匀称,汉字的线条化、符号化进一步增强。小篆作为全国的统一文字,结束了之前汉字异体、异形众多的局面,在汉字发展史上具有重要意义。

在汉字形体演变的过程中,由篆文变为隶书,是最重要的一次变革。考古发现,有很多战国和秦代的竹简文字字形较小篆更为方扁,用笔有波势的倾向,故学者们推测隶书在战国末期就已出现。秦朝的官方文字是小篆,直至秦亡汉兴,隶书才逐渐趋于成熟。学术界将汉代以前的隶书叫作古隶(秦隶),汉代及以后的隶书称汉隶。隶书在经过汉代前期的民众加工、改进后,逐渐改掉小篆的形态,成为一种全新的、颇具特色的字体。隶书的这种改革也被称为隶变。隶书对篆文中生僻复杂的偏旁予以了简化,省略与合并了复杂的笔画,文字笔画进一步线条化,字体更加方正。隶书的出现是汉字演变史上的一个重要转折点,它为楷书的出现奠定了基础。

楷书是在隶书基础上发展演变而来的,形成于东汉末年到三国时期,并一直沿用至今,在写法上也没有什么大的变化。楷书,很早时称正书或真书。《辞海》对楷书的解释是,"形体方正,笔画平直,可作楷模,故名楷书",即楷书是规范的汉字字体之意。魏晋南北朝时期出现一批极有名的楷书碑刻,如《郑文公碑》《张猛龙碑》等。唐代是楷书发展的全盛时期,涌现出一批享誉盛名的书法家。目前公认的楷书四大家有三个出自唐代。其中,欧阳询还被称为书法史上第一大楷书家,其楷书具有刚劲峻拔、方润整齐的特点,被称为"欧体"。颜真卿同柳公权的书法被共誉为"颜筋柳骨"。他们的楷书作品均为后世所推崇,成为学习书法的

---

[1] 张伟之:《汉字基础知识》,浙江人民出版社 1981 年版,第 19 页。

模范。

汉字在漫长的历史演变中，经历了从抽象图画到规范书写的转变。从甲骨文到楷书，每一新字体的出现，都是对原来字体的一种改进。汉字的演变历程，实质就是一个删繁就简、避难趋易的规范化和稳定化过程。

三、中国的少数民族文字

一般认为，中国的少数民族在历史上曾创制或使用过30多种古文字。这些文字历史悠久，流传和使用长达千余年。这些多姿多彩的少数民族文字，既具有浓郁的民族风情，又具有深厚的文化底蕴。限于篇幅，这里仅介绍几种。

藏文是仅晚于汉字而出现的中国文字，至今已有1300多年的历史。公元629年，松赞干布重新统一了吐蕃王朝，为了加强国家管理和对外交往，他着手创制本民族文字。松赞干布命贤臣吞弥·桑布扎等16人前往印度学习古梵文和天竺文字，以便创制藏文。最后，15名青年由于酷暑难耐、气候不适等种种原因辞世，唯有吞弥·桑布扎学成回到吐蕃，依照梵文模式创制了藏文。据载，吞弥·桑布扎创制藏文时，从34个梵文辅音字母中取出24个，从16个元音字母中取出4个，以构成藏文元音字母，同时又根据藏语语音增加了6个辅音字母，编成新的30个藏文辅音字母。吞弥·桑布扎所创制的藏文大大促进了藏族社会文化的全面发展，并一致沿用至今。

维吾尔族历史悠久，其先民在不同的历史时期分别使用过不同的文字。维吾尔族早期曾受突厥汗国的管辖，因而维吾尔族最早使用的文字是古突厥文，这是公元6世纪突厥族所创制的一种文字，其字母来源于阿拉米字母。公元744年，回纥首领骨力裴罗建立回纥汗国（公元788年，回纥改名为回鹘），创制了回鹘文字。这是一种用粟特文字拼写突厥语而成的文字，流行于公元8至15世纪的回鹘民众之中。回鹘汗国灭亡后，回鹘各部纷纷西迁，回鹘文字则随之得到了推广和运用，甚至对后来的蒙古文、满文都产生了影响。公元10世纪，由于伊斯兰教在葱岭西回鹘等部落的不断传播，当地人民开始改用以阿拉伯字母为基础而书写的文字，这一文字至15世纪基本成为维吾尔族和新疆、中亚一带突厥语诸族通用的文字。由于该种文字起初主要使用于原察合台汗国领地，故称为察合台文。现行的维吾尔文字即是在晚期察合台文基础上形成的以阿拉伯字母拼写的拼音文字。

蒙古人最早使用的文字，是成吉思汗时期由畏兀儿人塔塔统阿所创制的回鹘式蒙古文。这是塔塔统阿奉成吉思汗之命，用畏兀儿字母拼写蒙古语创制而成的文字。这种文字系统的字母读音、拼写规则、行款都跟回鹘文相似。回鹘式蒙古文一共有19个字母，其中元音字母5个，辅音字母14个。拼写时一般以词为单位，上下连书。字序从上到下，行序从左到右。后来，元世祖忽必烈即位后，又命令国师八思巴在藏文基础上创制了"八思巴蒙古文"，但由于八思巴蒙古文文字符号复杂,不易书写,没有标点,未能在全国推广,后来逐渐废弃,而回鹘式蒙古文依然在全国通行。回鹘式蒙文也是现行蒙文的前身。回鹘式蒙古文在17世纪时分为两支,一支是通行于蒙古族大部分地区的现行蒙古文,一支是只在卫拉特方言区使用的托忒文。

女真人初无文字。完颜阿骨打建金之时,内外公文几乎全用契丹文。为了适应国家管理的需要,公元1118年完颜阿骨打命令完颜希尹以契丹大字和汉字为基础创制女真文字颁行全国,是为"女真大字"。它是在契丹大字和汉字的基础上,通过加减笔画而制成的方块字。20年之后,金熙宗在公元1138年又创制了"女真小字",并把它作为金朝官方通行的文字,以此彰显本民族的形象。女真文一直流传400年之久,直至明代中期还有人使用。

满文是努尔哈赤为适应后金国家管理的需要而命臣下创制的。公元1599年,努尔哈赤命令大臣额尔德尼和噶盖创制满族文字,不久噶盖因事被诛,额尔德尼独自完成了满文创制工作。额尔德尼在蒙古文字母基础上创制满文字母,因其字母没有加圈点,故称"无圈点满文"或"老满文"。这种满文,因属初创,存在一定的缺点和不足。公元1632年,清太宗皇太极下令改进老满文,于是,"达海巴克什奉汗命,加圈点,以分晰之"[1]。经过达海改进后的满文,被称为"有圈点满文"或"新满文"。满文在清代被称为国语,清朝的很多公文档案都是满汉合璧形式的,还有一些完全是用满文书写的。满文在清朝的国家管理中起着重要作用。

第二节　古代文献载体和分类

"文献"二字组成一词,最早见于《论语·八佾》中孔子所说的一段话:"夏礼,吾能言之,杞不足征也;殷礼,吾能言之,宋不足征也。文献不足故也。足,则吾能征之矣。"这是见于中国古代典籍记载中最早的文献概念。关于"文献"一词的含义,东汉学者郑玄曾注解说:"献,犹贤也。我不以礼成之者,以此二国之君,文章贤才不足故也。"[2]郑玄是以"文章""贤才"解释"文献"的,其意义较为明确。郑玄的这一解释,得到了后世学者的肯定。宋代大儒朱熹、清代学者刘宝楠都沿袭了郑玄的看法,以典籍释"文",以贤才释"献"。如朱熹在《论语集注》中解释《八佾》这段话说:"杞,夏之后。宋,殷之后。征,证也。文,典籍也。献,贤也。言二代之礼,我能言之,而二国不足取以为证,以其文献不足故也。文献若足,则我能取之,以证吾言矣。"[3]刘宝楠在《论语正义》中也沿

---

[1] 中国第一历史档案馆:《满文老档》卷四十五,中华书局1990年版,第1196页。
[2] 何晏注、邢昺疏:《论语注疏》卷三引郑玄语,阮元《十三经注疏》,中华书局1980年版,第2466页。
[3] 朱熹:《论语集注·八佾第三》,朱熹《四书章句集注》,中华书局2016年版,第63页。

用了郑玄的说法："文谓典策，献谓秉礼之贤士大夫。子贡所谓贤者识大，不贤者识小，皆谓献。"[1]可见，古代的"文献"概念实际上包含了两个方面的意义："文"是指典籍文章，"献"是指贤人贤才，特指那些博学多闻、熟悉礼仪掌故的人。所以，"文献"一词有着历史典籍和耆旧先贤两个方面的含义。后来文献概念发生了变化，专指用文字记录下来的文章典籍、档案资料了。

一、古代文献的载体

中国古代的文献数量极为丰富，汗牛充栋，浩如烟海，具有极高的历史文化价值。中国古代文献的载体形式多样，有甲骨、金石、缣帛、竹木（简牍）、纸张等。

甲骨文献是中国迄今发现最早的文献载体，因其主要内容为殷商贵族占卜吉凶的卜辞，因此又称"卜辞文献"。甲骨文献以龟甲和兽骨为载体。龟甲主要指龟的被甲和腹甲，这两个地方的龟甲骨比较平整。兽骨则主要是牛的肩胛骨，间或有刻纪事文字的牛头骨、鹿头骨、人头骨、马骨、猪骨和虎骨等。甲骨文主要是清末以来在河南安阳殷墟遗址发现的殷商甲骨文，另外20世纪70年代以来在陕西岐山、扶风周原遗址发现部分西周时期的甲骨文。

金文文献主要是指铸刻在青铜器上的铭文。在青铜器上铸刻文字，始于夏商，盛于周代，一直绵延至秦汉时期。商代青铜器的铭文通常仅有三五字，一般记载氏族名、铸造者名或受祭祀者名等。周代青铜器的形制增大，文字增多，不少文字记载着当时的历史史实，具有多方面的史料价值，并且对传世的记载周代事物的典籍《尚书》《史记·周本纪》等亦具有校证补充作用。如1976年出土于陕西临潼的利簋上铸有32字铭文，记载了周武王在甲子之晨打败商纣王的战争史实，为《尚书·牧誓》所载武王灭商之事提供了重要的物证。周康王时期的大盂鼎铸有291字铭文，其中有康王赐给盂"邦司四伯，人鬲自驭至于庶人六百五十又九夫"，又赐"人鬲千又五十夫"的文字记载，则是论证周代奴隶制度的重要证据。

石刻文献，顾名思义，是指刻在石头上的文字文献。作为一种原形态的文献，碑刻文献种类丰富，内容多样，史料价值高。中国现存最早的石刻文字是秦国的石鼓文，这是用秦始皇统一文字以前的大篆字体刻在10个三尺余、大小相同的鼓形石上的，故名石鼓文。秦始皇统一六国后，巡行各地并刻石勒铭，先后在泰山、琅琊、峄山、芝罘等地刻石8次，今存泰山、琅琊二刻石。儒学石经是传世石刻的一种，摹刻石经始于汉魏，绵延于清，著名的有汉熹平石经、魏正始石经、唐开成石经、五代蜀石经、北宋石经、南宋石经和清石经7种。墓志碑刻是石刻文献的主体，包括神道碑、墓志铭、纪产碑、庙碑、记事摩崖等。

---

[1] 刘宝楠：《论语正义》，中华书局1992年版，第92页。

简牍，是竹简、木简和木牍的合称。简帛与金石并用在古代由来已久，《墨子·鲁问》即有"书于竹帛，镂于金石"的说法。与金石相比，简帛轻便，书写方便，易于制作和携带。但是，简帛材料容易腐烂，难以保存。我们现在所看到的简帛，都是通过考古发掘而得来的，弥足珍贵。在各地出土的大量简牍中，南方多为竹制，而北方三分之二以上为木制。[1]关于竹木简牍的发现和出土，在宋以前曾不断有所记载，其中最有名的是西汉武帝末年在孔子旧宅发现的"壁中书"和晋初太康年间出土的"汲冢竹书"。自19世纪末以来，古代竹木简牍陆续在各地成批出土，百余年间渐积至30万枚，其中较重要的简牍有居延汉简、随县古简、睡虎地秦简、马王堆汉墓竹简、银雀山汉简和郭店楚简等。

帛书文献，是指中国古代书写在缣帛之上的文献。由于帛书实物较之竹木简牍更难保存，近世所能见者已不多。帛书又名缯书，以白色丝帛为书写材料，其起源可以追溯到春秋时期，现存实物以湖南长沙子弹库楚墓中出土的帛书为最早。至今，已出土有楚帛书和汉帛书。20世纪40年代，在湖南长沙子弹库楚墓中发现一件"楚缯书"，文字与图像保存完整，始为学者所重视。1973年，长沙马王堆3号汉墓出土了一批完整的帛书，其中包含图书约30种，约12万字，黑墨书写，字体在篆隶之间，有的为隶书，这是今天所能见到的最完整、最丰富的古代帛书。

纸质文献是指以纸张为载体的文献。一般认为，东汉宦官蔡伦在天兴元年（105）发明了造纸术，《后汉书·蔡伦传》记述了蔡伦造纸的过程。然而，根据现代考古发现，早在西汉年间就有了植物纤维纸。东汉蔡伦改进造纸术，经过精工细作，制造出的纸张既轻便又经济，促进了造纸技术的推广和纸张的使用。魏晋南北朝时期，纸张得到了广泛的使用，此时官私文件普遍采用写本，官私抄书蔚然成风。东晋时期，纸张基本取代了简帛，成为通行的文献载体。

二、古代文献的分类

中国古代有一整套根据学术源流、著述类别制定的图书分类法，这就是古籍目录学，它对初学者有着很强的门径指引作用，因而清人王鸣盛说："目录之学，学中第一紧要事。必从此问涂，方能得其门而入。"[2]

中国古代文献的目录分类，大体有以下几种：以刘歆《七略》和班固《汉书·艺文志》为代表的六分法；以《隋书·经籍志》《四库全书总目》为代表的四部分类法；以南朝梁阮孝绪《七录》为代表的七分法；以郑樵《通志·艺文略》、孙星衍《祠堂书目》为代表的十二分法。其实，中国古代的目录学著作只有早期的《七略》和《汉书·艺文志》采用了六分法，七分法和十二分的目录分类则是

---

[1] 马今洪：《简帛：发现与研究》，上海书店出版社2002年版，第2页。
[2] 王鸣盛：《十七史商榷·史记一》，商务印书馆2005年版，第1页。

少见的，绝大多数采用的是四部分类法。历代图书的目录分类演变情况，大致如下。

西汉刘歆《七略》创立的六分法，将图书分为6大类38小类。西汉成帝年间，刘向、刘歆父子受命校理群籍，刘歆写成中国第一部综合性的图书分类目录——《七略》。《七略》虽书名有"七"，但其中"辑略"是全书总纲，主要综述学术源流，余下六略才是具体的分类目录，因而是六分法。《七略》早佚，但据《汉书·艺文志》可知，它将群书划分为六略，即六艺略、诸子略、诗赋略、兵书略、术数略、方技略，每略之下还增析为若干种，总计38种。

魏晋之际，四分法开始产生。西晋秘书监荀勖编《中经新簿》，将图书分为甲、乙、丙、丁四部，创立了四部分类法。其中，甲部收录儒家经学著作，乙部收录诸子典籍，丙部记录史家著作，丁部则收录诗赋等文学典籍。东晋年间，李充编《晋元帝书目》，仍将群籍分为甲、乙、丙、丁四部，但是他将《中经新簿》中的乙、丙两部内容互换，这样史书升到第二位乙部，子书降到第三位丙部。这一重要改动，奠定了以后经、史、子、集的格局。唐初，官修的《隋书·经籍志》就直接标以经、史、子、集，不再使用甲、乙、丙、丁，四部分类法至此最终确立，成为中国古籍文献最主要的分类方法。由于魏晋时期的四部分类法目录久已失传，《隋书·经籍志》就成为现存最早的四部分类法目录。《隋书·经籍志》在经、史、子、集四部之下又细分为40个子目。这说明，隋唐时期图书分类已经越趋细密，种类日益繁多。此后，图书分类基本上不出四部分类体系。四部分类体系到清代纪昀等修《四库全书总目》时已经成熟。《四库全书总目》将群书分成经、史、子、集四部，每部之下又细分为若干类目，有些类下还增析若干子目，共计4部44类66子目，类别纷繁，条理明晰，代表着中国古代图书分类体系的高峰成就。

第三节　古代文化经典

中国古代的文献不仅数量繁富，而且内容浩瀚，其中一部分思想深刻者堪称经典，为中华文化的生生不息、世代相传做出了不可磨灭的贡献，它们是中华民族思想文化的重要源泉。

一、儒家经典

儒家早期的基本经典是"六经"，即《诗》《书》《礼》《乐》《易》《春秋》。后来在流传过程中，《乐经》亡佚失传，于是有了"五经"的名目。西汉武帝接受董仲舒"罢黜百家，独尊儒术"的主张，立五经博士于学官，儒家经学成为官学，开始获得独尊的地位。到唐朝时期,《春秋》分成《春秋左传》《春秋公羊传》《春秋谷梁传》三种,《礼经》也分成《周礼》《仪礼》《礼记》三种,再配以《易》《书》《诗》,称为"九经"。到宋朝时期,宋人又将《论语》《孝经》《尔雅》《孟子》四种加上去,于是有"十三经"之称。宋儒朱熹把《礼记》中的《大学》《中庸》单独列出,与《论语》《孟子》合在一起,称为"四书"。"五经""十三经""四书"成为古代儒家基本经典。

(一)《易经》

《易经》也就是《周易》,被儒家列为经书之首。《易经》之"易"字,即为《周易·系辞》所云"生生之谓易"之义,即变化无穷、生生不息的意思。因为天地万物无一不在变化之中,《易经》则是展现这种变化所必须遵循的理则,故名之曰"易"。《易经》分为经和传两个部分。经的部分以八卦为基础。《易经》以两个符号,即阳(—)和阴(--)连叠三层,配演而成,组成八卦。八卦即乾、坎、艮、震、巽、离、坤、兑。八卦相互重叠,就成为六十四卦。八卦为经卦,六十四卦为别卦,每卦有六爻,每卦有卦辞,每爻有爻辞,就是《周易》"经"的部分。解释经的部分称"传",传有十篇,即《彖传》(上、下)、《象传》(上、下)、《系辞》(上、下)、《文言传》《说卦传》《序卦传》《杂卦传》,也称"十翼"。相传伏羲画八卦,文王重卦,周公作爻辞,孔子作十翼,说法不一。现在所说的《周易》或《易经》,则包括了经传全部。

(二)《尚书》

《尚书》被儒家列为五经之一,是中国最古老的一部史书,是先秦时期历史文献的汇编,相传由孔子编选而成。《尚书》包含的史实,上起传说中的尧舜,下迄春秋中叶的秦穆公,时间约相当于公元前2200年至公元前600年左右。《尚书》的体例,一般分为典、谟、训、诰、誓、命六种,基本都是训下和告上之词,相当于后世帝王的诏令和臣僚的奏议。主要内容分为两类,一敬天法祖,二讨伐逆命,即所谓"国之大事,在祀与戎"。《尚书》篇章大多文字典雅,语言质朴,保存了商周二代,特别是西周初期的不少重要史料。

(三)《诗经》

《诗经》是中国最早的诗歌总集。该书大致成书于春秋时期,共305篇,分为"风""雅""颂"三大类:《风》有十五国风,《雅》有《大雅》《小雅》,《颂》有《周颂》《鲁颂》《商颂》。大抵是周初至春秋中叶的作品,产生于今陕西、山西、河南、山东及湖北等地。诗篇形式以四言为主,主要采用赋、比、兴的艺术手法,生动描绘了古代社会生活的全貌,语言优美朴素,音节自然和谐,对两千多年来中国的文学有深远的影响。

（四）"三礼"

"三礼"是记述周代礼乐文明制度的三部儒家著作，即《周礼》《仪礼》《礼记》。礼是儒家学说中的核心部分，礼制有着维护社会等级秩序的作用，所以"三礼"之书一直被历代统治者所重视。

《周礼》又称《周官》，是一部谈论政治制度的书。全书分为六个部分，即六官：天官冢宰（宰掌邦制，统领百官）、地官司徒（职掌民政，主管土地和人口）、春官宗伯（职掌祭祀和礼仪）、夏官司马（职掌军政）、秋官司寇（职掌刑法）、冬官司空（职掌百工营造）。其中冬官部分失传，汉代以《考工记》补之。《周礼》的内容主要是周王室官制和战国时代各国制度，融汇了儒家的政治理想，是研究先秦政治、经济制度的重要资料。

《仪礼》原来称作《礼》，汉人称为《士礼》，对《礼记》而言，又叫《礼经》。《仪礼》是儒家传习最早的一部书，相传为孔子所编订。《仪礼》主要讲述生活礼仪。现存的《仪礼》17篇，内容涉及七个方面的礼仪：一是成年礼，如《士冠礼》；二是婚礼，如《士昏礼》；三是交往之礼，如《士相见礼》；四是宴饮之礼，如《乡饮酒礼》；五是射礼，如《乡射礼》《大射礼》；六是丧礼，如《丧服》《士丧礼》；七是祭祀之礼，如《特牲馈食礼》。通过《仪礼》，可以考见古代宫室、舟车、衣服、饮食等日常生活情形，以及宗教信仰、亲族制度、政治组织、外交方式等历史情形，故其历史价值不容忽视。

《礼记》是"三礼"之中最为庞杂的，其中杂汇了先秦至汉朝的有关礼的文字。西汉流传的关于说礼的文字据说有200余篇，后经戴德、戴圣整理编订为《大戴礼记》与《小戴礼记》两种，后来东汉郑玄为《小戴礼记》作注，《小戴礼记》遂成为通行本。《小戴礼记》共49篇，内容庞杂，大约可分四方面：解释《仪礼》或与《仪礼》有关的内容；记述各种礼制与礼节；记述孔子及其弟子言论；理论性很强的专题论文，如《学记》《中庸》等，其中有很多精辟的论述。

（五）《春秋》

《春秋》既是儒家经典，又是中国现存最早的编年体史书。相传，孔子为了教学的需要，以《鲁春秋》为主并兼春秋列国史料增删而成《春秋》，采用的是鲁国纪年。记事时间，上起鲁隐公元年（前722），下迄鲁哀公十四年（前481），共记载了242年史事。《春秋》记载的内容主要是统治者的政务活动，如战争、会盟、访聘、交涉之事，还记载了一些重要的自然现象，如日食、星变、地震、山崩、大水、大旱等。《春秋》文字极其简略，尤其讲究文字褒贬，寓有微言大义。继《春秋》之后，后世有《公羊传》《谷梁传》《左传》等三部解释《春秋》的重要著作，是为"春秋三传"。

(六)"四书"

"四书"是《大学》《中庸》《论语》《孟子》的合称。南宋大儒朱熹将《礼记》中的《大学》《中庸》两篇单独析出,将之与《论语》《孟子》并列,并给它们进行详细注释,写成《四书章句集注》,"四书"之名始立。朱熹在《四书章句集注》中,通过对这四部儒家经典的解释,阐发了自己的理学思想体系,其中重点阐发的"存天理,灭人欲"的思想主张,有利于维护君主专制统治,从而受到统治者的重视。此后,《四书章句集注》长期成为古代科举取士的标准参考书。

《大学》和《中庸》把个人的修身养性看成是经世治国的前提和基础,对孔孟的有关思想做了重要阐发和补充,成为南宋以后理学家讲伦理哲学的主要纲领。《论语》主要记录儒家创始人孔子及其弟子的言论和思想,《孟子》记录了儒家思想的重要阐发者孟子的言论和思想。"四书"的重要概念范畴和思想,受到了以朱熹为代表的宋代程朱理学家的极力推崇,对程朱理学思想体系的形成有着深远影响。

二、道家、佛学经典

(一)《老子》

《老子》是道家创始人老子的著作,因其分为《道经》《德经》两个部分,又称《道德经》。老子姓李,名耳,字伯阳,谥曰聃,春秋后期楚国苦县人,曾任周王室的柱下史,掌管王室图籍,据说孔子曾向其问礼。老子考察宇宙和各种事物的演变规律,认为宇宙是运动的、变化的、循环的。老子用"道"这一范畴来说明宇宙万物的演变,认为"道"是宇宙的本体,因此,他提出了"道生一,一生二,二生三,三生万物"的观点。《老子》一书中还有着丰富的辩证法思想,提出"有无相生,难易相成,长短相形,高下相倾"等命题,认识到一切事物都是有着正反两方面矛盾对立的统一体。而且,他还认识到,事物发展有着向对立面转化的倾向,如"祸兮福之所倚,福兮祸之所伏"。在物质生活方面,老子强调知足常乐和清心寡欲。老子主张"无为而治"的政治观,主张统治者舍弃一切为己取利之心,一切应依天地自然法则行事,以潜移默化的方式引导社会大众,达到"我无为而民自化"的理想境界。老子还倡导"复归于朴"的历史观,梦想回到人类氏族社会的原始状态。

(二)《庄子》

《庄子》是战国时期道家代表人物庄周的著作,又称《南华经》。庄子继承和发展了老子的思想,因而与老子并称"老庄"。庄子名周,宋国蒙人。庄子继承了老子关于"道"的思想，又发挥"物物者非物"的以精神本体为第一性的天道观，在认识论上有着严重的相对主义，对现实人生则宣扬"知其不可奈何而安之若命"的宿命论。在哲学思想上，庄子看到一切事物都处于变动之中，却忽视了事物质的稳定性和差别性，主张齐物我、齐是非、齐生死、齐贵贱，追求绝对的逍遥境界。在政治上，庄子也主张"无为"，反对人间一切的措施，要求社会毁掉文明，回到最原始的人畜不分的混沌世界之中去。庄子的哲学，是痛苦时代酝酿出的哲学，是为解脱人生痛苦而产生的。他淡化物质层面的追求，走进了一个更高的人生境界与层次。

（三）《六祖坛经》

《六祖坛经》为佛教禅宗经典，全称《六祖大师法宝坛经》，由禅宗六祖惠能（一作慧能）口述，弟子法海整理成书。《六祖坛经》的成书和传布，促进了佛教的进一步中国化。惠能是唐代僧人，为禅宗南宗创始人。他的禅法主要以融摄佛教心性论的般若无所得的思想为理论基础，主张心性本净，佛性本有，强调自识本心，自见本性。具体说来，惠能的佛学思想要旨有二：一为自性本空，其偈"菩提本无树，明镜亦非台，本来无一物，何处惹尘埃"，体现的就是这一思想；二为顿悟成佛，主张破除佛教教理烦琐的思辨推理，认为"一切众生，皆有佛性"，只要"明心见性"，即能"见性成佛"，提倡"直指人心，见性成佛"的简易法门，更易于为普通百姓接受。因而，禅宗南宗最终成为影响中国最广的佛教宗派。

三、文史经典

（一）《史记》

《史记》是西汉史学家司马迁所撰，全书贯穿着"究天人之际，通古今之变，成一家之言"的宗旨。《史记》记事贯通古今，上起传说中的黄帝，下迄汉武帝太初四年（前101），时间跨度长达3000余年，是中国第一部纪传体通史，影响深远。《史记》内容广博，举凡政治、经济、军事、文化、交通、民族等方面无所不包，是一部社会历史百科全书。《史记》记载的地理范围广阔，甚至延伸到了今日中国的版图之外，西至中亚，北到大漠，南到越南，第一次把历史撰述的时空扩大到了时人所知的地理范围。《史记》取得了巨大的史学成就。它在中国史学上具有无可比拟的学术地位。另外，其文学价值也很高，被后世誉为"史家之绝唱，无韵之《离骚》"。

（二）《资治通鉴》

《资治通鉴》是中国古代第一部编年体通史，著者是宋代史学家司马光。《资治通鉴》记事时间上起周威烈王二十三年（前403），迄于后周世宗显德六年（959），记载了1362年的史事。全书正文294卷，200余万字，规模宏大。拟定丛目之后，司马光在刘恕、刘攽、范祖禹三大助手的帮助下完成了长编的撰写，最终由司马光独自删削定稿，所谓"是非予夺，一出君实笔削"。如《唐纪》部分的长编原来有六七百卷，司马光用了三四年时间反复删削，最后锤炼定稿为81卷，可见司马光为此书付出了巨大心力。《资治通鉴》引征书籍多达300余种，网罗宏富，体大思精。该书具有明确的资政鉴戒的宗旨，史实考订严谨，叙事完整清晰，创造了极高的史学成就，把编年体史书推向了新的高峰。

（三）《楚辞》

《楚辞》是西汉刘向编撰的一部楚辞作品集。楚辞是屈原在楚地民歌乐曲的基础上创造的新诗体，它以楚地的乐调、语言、名物创作而成，具有"书楚语，作楚声，纪楚地，名楚物"的鲜明特征，散发出浓郁的楚地文化特色。《楚辞》收录了屈原和宋玉的诗歌28首，还将贾谊的《惜誓》、淮南小山的《招隐士》、严忌的《哀时命》、东方朔的《七谏》、王褒的《九怀》及刘向自己的《九叹》合并收入。东汉王逸补入自己的《九思》，成为今天看到的《楚辞》全部作品。屈原的作品除了《离骚》外，还有《九歌》（11篇）《卜居》《天问》《渔父》等，共25篇。屈原以诗言志，凡是楚地的山川草木、政情民俗、祖宗行事、神灵信仰，以及战国时期流传的先民神话、思想学说，作品中都有所反映。《楚辞》为古代文学开创了新面目，是继《诗经》后中国诗歌文学的又一高峰之作，对后世的文学发展有深远的影响。

（四）《文选》

《文选》为南朝梁昭明太子萧统所编纂的一部诗文总集，共收录了先秦至梁作家130人，作品514篇，皆为"事出于沉思，义归乎翰藻"的独立成篇的文章。全书编排的标准如其《序》中所言，是"凡次文之体，各以汇聚。诗赋体既不一，又以类分。类分之中，各以时代相次"。该书总体上划分为赋、诗、杂文3大类，又细分为赋、书、序、论、诔、哀、行状、墓志、碑文、祭文等38小类。这样的分类，反映出文体辨析在当时已经进入非常精细的阶段。

四、少数民族文化经典

中国自古就是多民族国家，很多少数民族都有自己的民族语言文献，这些文献也是中华优秀文化的重要组成部分。限于篇幅，这里仅介绍蒙古族、藏族、维吾尔族、女真族和满族的历史文献。

（一）蒙古族历史文献

在蒙古族的历史文献中，最重要的是《蒙古秘史》《蒙古黄金史纲》和《蒙古源流》三部蒙文著作，学界称之为蒙文三大典籍。

《蒙古秘史》是蒙古族的第一部历史文献，最早是口耳相传的口碑文献，后于窝阔台汗十二年（1240）被整理成书。这是一部有关成吉思汗家族的编年史，共计12卷，重点记述了成吉思汗经过艰苦奋斗建立蒙古汗国的经过，还记述了蒙古南征金、夏，收复畏兀儿，进兵中亚，远征欧洲的业绩，涉及蒙古族的起源、氏族部落的发展、部落战争、部落联盟的形成等情况，以及当时社会生产力、生产关系、社会组织、政治军事制度、社会意识等多方面的内容，反映了12、13世纪的蒙古社会历史状况。

《蒙古黄金史纲》原名《诸汗源流黄金史纲》，不分卷，作者佚名，约成书于明代万历、天启年间。该书认为蒙古族源出印藏。全书分为两部分，第一部分为印藏王统，第二部分为蒙古王统。第二部分又分两段，前一段从孛儿帖赤那叙述至元顺帝妥懽帖睦尔，后段从必里克图汗叙述至林丹汗，两段中又插入永乐帝登基以后明朝诸帝纪年。该书对于蒙古鞑靼、瓦剌两部族的历史叙述颇详，较为系统地勾勒了当时蒙古的社会政治面貌。

《蒙古源流》八卷，清初蒙古族人撒囊彻辰撰，原名《珍宝史纲》。乾隆年间被译成汉文，命名为《蒙古源流》。该书内容以喇嘛教为纲，以各汗传统之世系为纬，主要记载了元末代皇帝顺帝以下至明末清初林丹汗的世系，以及他们供奉的诸大喇嘛"阐扬"佛教之事，还记述了蒙古各部兴衰治乱之迹，可看作编年体明代蒙古族史。

（二）藏族历史文献

藏文典籍数量丰富，重要的典籍有藏文《大藏经》《格萨尔王传》等。

藏文《大藏经》是世界著名的佛教丛书，它是喇嘛教的著名经典，由《甘珠尔》和《丹珠尔》两大部分组成，均编成于14世纪后半叶。"甘珠尔"意为佛语部，共收书1108种，据称为释迦牟尼亲传，主要是佛教的原始经典。"丹珠尔"意为论部，收书3461种，主要是历代佛门弟子、大译师对《甘珠尔》的阐释和论著。

《格萨尔王传》，藏语称《格萨尔钟》，意为"格萨尔故事"，大约产生于11到13世纪间，或者更早。它是一部藏族民间说唱体的英雄叙事史诗，主要叙述了英雄格萨尔为民除害、抑强扶弱、保护百姓、反对侵略、保卫家乡的事迹。它是在古代神话、传说、故事、民间诗歌、谚语等民间文学基础上产生的，反映了藏族古代社会发展、经济状况、道德观念、宗教信仰、风俗习惯、生活方式等多方面的情况，可称之为藏族古代社会的百科全书。

（三）维吾尔族历史文献

维吾尔族的历史文化源远流长，留下了大量的历史文献。这里仅介绍古突厥文、回鹘文和阿拉伯字母拼写的维吾尔族历史文献。

最古老的突厥语文献产生于公元 6 至 8 世纪的突厥汗国时期。8 世纪中叶，回鹘汗国建立后的一个时期，文字语言仍然沿袭突厥汗国时代的突厥文。现存古突厥文历史文献属于古突厥汗国的，主要以发现于蒙古高原北部的《阙特勤碑》《毗伽可汗碑》《暾欲谷碑》为代表，它们是研究突厥汗国历史的主要史料。回鹘汗国时期保存下来的历史文献主要有《回鹘英武威远毗伽可汗碑》《保义可汗碑》，它们是研究回鹘汗国历史和民族关系的重要史料。

回鹘文是回鹘西迁建立高昌王国后使用的文字，留下的历史文献不多，有石刻《亦都护高昌王世勋碑》《亦都护布赫里格达寺碑》等，还有社会经济文书《赋通买奴契》《定慧大师买奴契》等，反映了 13 世纪末到 14 世纪初吐鲁番地区蓄奴的史实与社会经济状况。

伊斯兰教在十四五世纪成为天山南北占统治地位的宗教，阿拉伯字母文字这时也逐渐成为维吾尔人的通行文字，以此文字书写的历史文献大量出现，其中尤以《突厥大辞典》《福乐智慧》《拉失德史》最为著名。《突厥大辞典》是第一部用阿拉伯文拼写和解释突厥语词汇的词典，为研究黑汗王朝时期的维吾尔族历史提供了丰富可靠的资料。《福乐智慧》是一部长篇叙事诗，全诗 85 卷，1300 多行，熔哲学、伦理、文学和语言于一炉，保存了古代维吾尔族人文学、语言、哲学、宗教等多方面的珍贵史料。《拉失德史》是一部关于察合台汗国历史的著作。全书共分两编，第一编记述了从秃黑鲁帖木汗到拉失德汗统治时期的历史，第二编则以作者出身的杜格拉家族活动为线索，回忆了察合台后裔再分裂之后的重要历史事件，是这一时期最重要的一部历史著作。

（四）女真族历史文献

金代女真人参照汉文创制了女真文字，使用了 400 余年后，至明中叶渐废。现在流传下来的女真文字书籍极少，只有明代所编的《华夷译语》中所收的《女真馆来文》《女真馆杂文》，其中保留了女真诸部向明朝廷所上的表奏，是研究明代女真史的重要文献。除此之外，女真文石碑铭文具有重要的史料价值，其中以《大金得胜陀颂碑》最为重要，镌刻于金世宗大定二十五年（1185），是记载金太祖完颜阿骨打举兵抗辽的功德碑，也是目前发现的镌刻时间最早、文字最多的女真文碑刻，还是金代唯一有汉文对译的女真文官方碑刻。

（五）满族历史文献

满文作为清代之国文通行了 300 年，有老满文与新满文之分。老满文只通行了

30余年，现存文献仅有著名的《满文老档》一部。《满文老档》是皇太极时期一部官修编年体史书，详细记载了从清太祖丁未年（1607）到清太宗崇德元年（1636）的政治、军事、经济、文化等方面的史实，并收录了当时后金与明朝、朝鲜，以及与明叛将毛文龙等的往来文札。此书是研究清入关前满族的兴起、发展情况的珍贵文献。用新满文书写的史书，主要有清代历朝实录、圣训、方略及传记等。满文文书极为丰富，中国第一历史档案馆所藏的150余万件档案中，包括制、诏、诰、敕、表奏、题本等，大多是满汉合璧的，还有很多档案特别是军机要务的档案只用满文书写，是汉文中难以见到的史料，价值尤为重要。清代遗留的满文碑刻数量也很多，大多是满汉合璧碑，也有专门的满文碑刻，都具有独特的史料价值。

以上仅介绍了几个民族的历史文献。其实，除了上述文献外，老彝文文献、东巴文文献、老傣文文献、古壮文文献和老白文文献等民族文献也具有较高的历史价值，值得珍视。

参考文献

[1] 裘锡圭：《文字学概要》，商务印书馆2006年版。
[2] 钱存训：《书于竹帛——中国古代的文字记录》，上海书店出版社2004年版。
[3] （日）藤枝晃：《汉字的文化史》，新星出版社2005年版。
[4] 饶宗颐：《战国楚简笺证》，上海出版社1957年版。
[5] 张舜徽：《中国文献学》，华中师范大学出版社2004年版。
[6] 汪荣祖：《史学九章》，生活·读书·新知三联书店2006年版。

传统史学、文学与艺术

第一节 传统史学

中国素以史学发达而著称于世。从最早的历史传说,到先秦时期史学的初兴,再到秦汉时期正史的创立,以至后来各类公修私纂史书的蓬勃发展,中国传统史学给我们留下了丰富而宝贵的遗产,值得我们今日不断去学习和借鉴。

一、传统史学发展概况

中国史学发展的源头可追溯至远古历史传说。所谓远古,是指有文字记载以前的原始社会。在这一时期,就文明起源、远古祖先、生产生活等关乎原始人类生存与发展的重大事件,初民们创造了最初的历史传说。

然而,传说毕竟还不是严格意义上的历史记载,中国最早的历史记载是殷商的甲骨文和西周的金文。甲骨文又称卜辞,是商王朝的占卜文书。卜辞的内容涉及农事畜牧、田猎战争、祖先祭祀等方面。作为最初的历史记载,卜辞有两个特点:其一,初步具备历史记载的形式,即具备一个完整的叙事所需要的时间、地点、人物和事件等基本要素。其二,具备了历史记载的意识。卜辞中有关祭祀先祖的记载,便涉及殷人的王朝世系。金文因铸在铜器上,故又被称为铭文和钟鼎文。与卜辞相比,金文在历史记载的完整性上有了进一步的发展。首先,金文在叙事的详细性和完整性上要超过卜辞,如著名的《大盂鼎》,就完整叙述了周康王册命贵族盂这一历史事件的首尾始末。其次,金文在历史意识上超越了卜辞,产生了以史为鉴的意识。《大盂鼎》云:"我闻殷述(坠)命,惟殷边侯甸,与殷正百辟率肆于酒,故丧师。"[1]可以说,对历史作用的认识,推动了这一时期历史典册的出现。殷商时期便有了记载"殷革夏命"的典册。今天我们所能看到的最早的历史典册,是《尚书》中属于西周时期的作品。这些历史典册中强烈的以史为

---

[1] 上海博物馆:《盂鼎 克鼎》,上海博物馆1959年版,第15页。

鉴意识，融入中国传统史学的血液之中，成为其优良传统之一。

西周末年至春秋时期，出现了最初的国史。所谓国史，是指周王朝及各诸侯国的史书。这类国史，按时间顺序加以编写，故具有编年体史书的形式。所谓编年体，即杜预所说的"记事者以事系日，以日系月，以月系时，以时系年，所以纪远近、别同异也"[1]。编年体的出现，推动了国史的蓬勃发展，仅《墨子》书中所记，便有"周之春秋""燕之春秋""宋之春秋""齐之春秋"，甚至还有"百国春秋"的说法。国史的发展，又推动了春秋战国时期私人著史的出现，代表性著作如孔子《春秋》、左丘明《左传》等。《春秋》是中国现存的第一部编年体史书，记载了从鲁隐公元年（前722）至鲁哀公十四年（前481）的历史。该书在遣词造句和史事编排上都遵循一定的书法，也就是《礼记·经解》所说的"属辞比事而不乱"[2]。当然，《春秋》作为史学著作的不足也是明显的，即其叙事过于简略。这一点，便需要由成书于战国时期的《左传》弥补了。《左传》也是一部编年体的史书，记事范围的上限与《春秋》相同，下限延长至鲁哀公二十七年（前468）。在记事上，《左传》比《春秋》远为详赡，篇幅大约是《春秋》的十倍。在叙事上，《左传》的优点也很突出，善于叙述事件的原委，重视事件的前因后果，从而有利于克服编年体的局限。《左传》的文笔历来为学者所称赞，尤其是它对战争和外交辞令的生动描写。《左传》无疑可以代表先秦时期史学发展的高度。

秦汉大一统为史学的进一步发展创造了条件，也提出了新的时代要求。西汉司马迁的《史记》便是这一历史大背景下史学发展的优秀成果。《史记》是中国第一部纪传体通史，开创了纪传体通史这一史学体裁。所谓纪传体，是指通过记叙人物活动反映历史事件的史书体裁，其主干内容是帝王的本纪和人物的列传，并辅之以书（志）、表等内容。所谓通史，是指《史记》的记载范围从黄帝一直到汉武帝时期。《史记》开创的纪传体，成为后世史学的模范。东汉时期的班固，在继承和发展司马迁《史记》的基础上，创作了中国第一部纪传体断代史《汉书》。《汉书》在体例上仿效《史记》，以本纪、列传为核心，辅之以志、表，在记载范围上，以西汉一朝为限，突出王朝的地位。《史记》《汉书》在纪传体的创立及其本身的史学成就方面，为后世"正史"的蓬勃发展奠定了深厚的基础。

魏晋南北朝隋唐时期是中国古代史学的大发展时期，无论是史书的种类还是史书的数量都远超秦汉时期。在史书的数量上，《汉书·艺文志》共著录西汉人所著史书6种343篇，而《隋书·经籍志》共著录史书817部13264卷，这其中除极少数为东汉人所撰外，其余都是魏晋南北朝至隋时人所著。在史书的种类方面，《隋书·经籍志》设立史部，分史书为13类，大致确定了中国古代史书分类的原则和方法。唐朝时期另有两部具有开创性的著作问世。刘知几的《史通》是中国

---

[1]《春秋左传正义·春秋序》，阮元《十三经注疏》，中华书局1980年版，第1703页。
[2]《礼记正义·经解》，阮元《十三经注疏》，中华书局1980年版，第1609页。

第一部史学理论专著，系统总结了史学发展至唐代的成果。杜佑的《通典》则是中国第一部典制体专著，开创了典制体这一新的史学体裁。

宋元时期，传统史学得到进一步的发展，并呈现出一些新的特点。首先，编年体史书较前一时期有很大的发展。与前期"皆拟班、马，以为正史"[1]不同，司马光《资治通鉴》的问世，推动了一批编年体史书的问世。其次，通史在史书撰述中的地位大大加强。与此前以断代史为主不同，通史类著作的编撰重新成为史学界的风尚。《资治通鉴》《通志》《文献通考》相继问世。再次，出现了新的史书体裁。袁枢的《通鉴纪事本末》开创了纪事本末体，朱熹的《资治通鉴纲目》开创了纲目体。最后，典制体史书受到推崇和重视。王溥的《唐会要》是最早的断代典章制度体史书。郑樵《通志》中的《二十略》、马端临的《文献通考》都是典制体史书的鸿篇巨制。

明代史学呈现出一些新的特点。首先，官修实录极为发达。从建文至崇祯年间，共纂修实录13部，计2909卷，统称为《明实录》。其次，方志学兴盛。仅据《中国地方志联合书目》的著录，明代的方志便有900多种。最后，私家著史风气浓厚。与官修史书相对的私家稗史在有明一朝发展很快。《明史·艺文志》杂史类著录217部2244卷，故事类著录106部2121卷，传记类144部1997卷，这些书的主体都是私家稗史。方志学、私家稗史的兴盛，标志着史学由庙堂至民间的社会化发展。

清朝史学的发展，表现出明显的阶段性特征。明末清初的史学，以经世致用为宗旨。黄宗羲的《明夷待访录》、王夫之的《读通鉴论》、顾炎武的《日知录》等都是这一时期史学的代表性著作。乾嘉时期的史学则从重经世致用转向以考证精详为旨趣。王鸣盛的《十七史商榷》、赵翼的《廿二史札记》、钱大昕的《廿二史考异》和崔述的《考信录》等，都是代表这一时期史学研究高度的名著。乾嘉时期的史学虽以考证为主流，但也出现了一部史学理论方面的名著，即章学诚的《文史通义》。与刘知几的《史通》侧重于史法不同，章学诚的《文史通义》重点在于讲史意，他提出的"六经皆史""史德"等主张，代表了中国古代史学理论发展的高峰。

二、传统史学的主要体裁及代表性著作

中国传统史学在数千年的发展与积累中，逐渐形成独具特色的史书体裁，而每种体裁又都有自己代表性的杰出著作，它们构成了中国传统史学中最重要的部分。

中国传统史学中最早出现的史书体裁是编年体。编年体以时间为经，以历史

---

[1]《隋书·经籍志二》，中华书局1973年版，第957页。

事件为纬，有利于展现历史事件前后的关联及历史发展的连续性。编年体最早出现在西周末年的国史中，而今日可见最早的成熟的编年体史书是孔子编纂的《春秋》。《春秋》是孔子在鲁国国史的基础上编纂而成的，记载了242年历史，中间无一年缺失，首尾具备。在内容上，《春秋》以鲁国为中心，兼记周王室和各诸侯国的政治、军事等活动。在记载方法上，《春秋》严格按照年、月、日的顺序逐条记载史事，并特别重视标明春、夏、秋、冬四时的变化，即使期间无事可记，也将"夏四月""秋七月"等标明，以示季节更替及时间的连续。《春秋》的独特价值体现在它的属辞比事上。属辞，是指遣词造句要遵循一定的书法。如在对人物去世的记载上，《春秋》便根据人物身份的不同，规定了不同的用辞。《公羊传》曾对此解释道："天子曰崩，诸侯曰薨，大夫曰卒，士曰不禄。"[1]天子、诸侯、大夫、士身份的不同，决定了记载他们去世时的不同措辞，这便是《春秋》在属辞上的书法。比事，是指排比史事，也要遵循一定的书法。如首先是以鲁国为中心安排史事，称鲁国为"我"；其次在史事的选择上，专选当时重要的历史事件加以记载，即当时人所说的"国之大事，在祀与戎"[2]。

自《春秋》起，编年体已趋成熟，后人以编年体创作的史书亦可谓宏富。因编年体出现最早，故《隋书·经籍志》将其称为"古史"，并收录自《春秋》后的编年体史书34部666卷。在中国传统史学宝库中，谈到编年体史书，便不可不提它的另一部代表性著作，即司马光主编的《资治通鉴》。《资治通鉴》是一部鸿篇巨制的编年体通史，记载范围从周威烈王二十三年（前403）至后周世宗显德六年（959），时间跨度达1362年。如书名所示，该书突出的是以史为鉴，"专取关国家盛衰，系生民休戚，善可为法，恶可为戒者，为编年一书"[3]。当然，《资治通鉴》能够在中国传统史学中占有重要地位，还在于它本身的史学价值。首先，史料丰富。除正史外，还引用了丰富的文献，总数当在300种以上。其次，重视考证。司马光等人在史料、史实的考证上做了大量的工作，相关的内容后汇集成《资治通鉴考异》一书。最后，影响巨大。它的问世推动了相关领域史学的发展，如李焘等人续、补《资治通鉴》的工作，袁枢以《资治通鉴》为基础写了《通鉴纪事本末》，开创了纪事本末体，而《资治通鉴纲目》这种纲目体的问世，也与《资治通鉴》密切相关。以《春秋》《资治通鉴》等为代表的编年体，作为传统史学的"二体"之一，其丰富成果无疑是中华优秀传统文化的重要组成部分。

中国传统史学的另一史书体裁是纪传体。与编年体以时间顺序为中心安排史事不同，纪传体以人物为中心撰写历史。纪传体虽然以人物为中心，但在对人物事件的安排上，仍然以编年为主要方式，特别是纪传体中的帝王本纪，受编年体

---

[1]《春秋公羊传注疏·鲁隐公三年》，阮元《十三经注疏》，中华书局1980年版，第2203页。
[2]《春秋左传正义·鲁成公十三年》，阮元《十三经注疏》，中华书局1980年版，第1911页。
[3] 司马光：《资治通鉴·进书表》，中华书局1976年版，第9607页。

的影响更深。纪传体的创立始于司马迁的《史记》。《史记》是一部纪传体通史，记载范围从传说中的黄帝一直到汉武帝太初年间。它主要由五个部分组成：12篇本纪、10篇表、8篇书、30篇世家和70篇列传，共计130篇。本纪记帝王，表列国家大事，书存典章制度，世家录诸侯，列传叙臣民兼及少数民族历史。司马迁创作《史记》有其明确的著史目标，即"欲以究天人之际，通古今之变，成一家之言"。所谓"究天人之际"，是要通过探讨天与人之间的关系，解释历史发展的原因。如在《史记》的《秦楚之际月表》中，司马迁便将天命理解为历史发展的客观趋势，以解释刘邦的称帝及汉初的布衣将相之局。"通古今之变"是要通过探讨古今间的"变"与"常"，分析历史的进程。"变"，是注意历史进程中不断变化的方面，例如从分封制向郡县制的转变；"常"，是注意历史进程中相对稳定的内容，例如民心在历代政权变革中的常效性；"通"，是要把历史贯通起来考察，总结出发展变化的道理。在"究天人之际，通古今之变"的基础上，史学家对历史的治乱兴衰得出自己的认识与理解，最终"成一家之言"。

《史记》以其出色的史学价值和文化价值，为后世史学家所称道，也成为他们竞相模仿和借鉴的对象，其中班固《汉书》的出现，标志着纪传体史书体例的进一步完善。与《史记》相比，《汉书》在编纂上有以下两个新的特点。首先，在记载范围上，与司马迁的通史不同，班固的《汉书》以西汉一朝为断限，突出王朝史的地位，纪传体断代史遂成为后世正史的主流。其次，在史书体例上，对《史记》的五个部分做了适当的调整。因为西汉已无春秋战国时的诸侯，故《汉书》将"世家"删除，又因《汉书》本已有"书"字，故将《史记》的"书"改称"志"，其中的《刑法志》《五行志》《艺文志》等都是《汉书》的首创。纪、表、志、传四个部分，首尾具完，始末清晰。尤其值得重视的是断代史《汉书》中的通史精神。《汉书》虽为断代史，但在它的"表"和"志"中，多有通史的叙述。如《百官公卿表》概述先秦以来官职的设立；《刑法志》概述秦汉刑罚的流变；《五行志》概述春秋以降的天人感应现象及历代学者对天象的解释等。这种通史精神是班固对司马迁的继承，也为后世的断代体正史所继承，凝结为中国史学的一个优良传统。作为传统史学"二体"之一的纪传体，自司马迁、班固的天才般创造后，便成为史学撰写的主流。《隋书·经籍志》称其为正史，我们通常称说的二十四史，都是纪传体史书。

唐以前，中国传统史学的主要体裁是编年体和纪传体。至唐中叶杜佑《通典》问世后，典制体成为中国传统史学的又一重要体裁。所谓典制体，是指以典章制度为记载对象的一种史学体裁，它是对纪传体中"志"（"书"）部分的专门研究，是史学发展至一定阶段的产物。《通典》是第一部典制体通史，全书共200卷，分食货、选举、职官、礼、乐、兵、刑、州郡、边防九门，每门之下又再分子目。九门的设置与排序，涉及国家制度的各个方面，也蕴含着杜佑对国家治理的思考。《通典》除"典"字外，还讲究一个"通"字。所谓"通"，是要求对某一典章制度有一个贯通的认识,对其间的因革损益一一加以考察,实际上也是通史精神的体现。对此,后来学者都有很高的评价。马端临评论道:"肇自上古,以至唐之天宝,凡历代因革之故,粲然可考。"[1]《通典》的出现,为典制体的发展奠定了坚实的基础,后世在《通典》的基础上,又陆续出现"三通""九通"和"十通"。"三通"除《通典》外,还包括南宋郑樵的《通志》和元朝马端临的《文献通考》。"九通"除"三通"外,还包括清朝乾隆年间编纂的《续通典》《清通典》《续通志》《清通志》《续文献通考》《清文献通考》六部典制体史书。"十通"是"九通"再加上清末成书的《清续文献通考》,它们构成了中国传统史学中典制体史书的主体部分。

从编年体,到纪传体,再到典制体,中国传统史学的体裁愈益丰富。它们虽然体裁各异,侧重不同,但又具备一些共性,如通史精神,如以史为鉴,这些共性无疑是中国传统史学最重要的特质和最优秀的传统,当然也就成为中华优秀传统文化的核心内容之一。

第二节 传统文学

中国传统文学按照有文字记载的作品梳理,从遥远的传说时代到五四新文化运动,时间跨度超过 3500 年。从文学史视角剖析,先秦文学的主要成就体现为原始歌谣、神话、历史散文和诸子散文。秦汉文学则以汉赋为标志,政论文与史论文也成就骄人,史传文学大放异彩,汉乐府和文人五言诗在文学史上具有标杆价值。魏晋南北朝是文学走向自觉时期,各种体裁的文学创作进入高潮,诗坛名家辈出,南北民歌各逞风骚,小说创作造就了大量的文学典故,理论建树具有典范意义。隋唐时期国力强盛,社会繁荣,诗歌表现出特有的天朝气度和文章中心,大家风范成为后世效仿的榜样,小说的经典篇章为后世所景仰,新兴的歌词优雅缠绵。宋元时期的诗歌、词、小说、散文、戏剧与讲唱文学,更是辉煌繁富。明清两朝,传统的诗词文章再度高涨,而小说与戏剧则达到了难以逾越的高峰。

一、先秦文学

先秦文学是指秦统一以前中国古代文学,主要包括先秦的诗歌、散文、神话和歌谣等。

先秦诗歌以《诗经》和楚辞为代表。《诗经》原先只称为《诗》或《诗三百》,汉代被确定为儒家经典后方称《诗经》。它收录了西周初年至春秋中叶 500

---

[1] 马端临:《文献通考·自序》,中华书局 1986 年版。

年间的诗歌 305 篇,按照其产生地域和音乐特征的不同,分为"风""雅""颂"三部分。"风"是十五国风,是各地区的乐调,共 160 篇。"雅"即正乐,是朝廷音乐,有《大雅》31 篇,《小雅》74 篇。"颂"是宗庙祭祀音乐,分《周颂》31 篇、《鲁颂》4 篇、《商颂》5 篇。"风、雅、颂"的另一含义是指艺术手法,与"赋、比、兴"合称"诗六义"。

楚辞是指以具有楚国地方特色的乐调、语言、名物而创作的诗赋,其明显的特征是"书楚语,作楚声,纪楚地,名楚物",是《诗三百》流行三百年之后,屈原在楚地民歌乐曲基础上创造的新诗体,语言上最大的特点是使用语气词"兮"。屈原的代表作《离骚》,是文学史上第一篇浪漫主义抒情长诗,具有典范意义。"《国风》好色而不淫,《小雅》怨诽而不乱。若《离骚》者,可谓兼之矣。"[1]《离骚》之外,屈原还有《九歌》等 25 篇作品,同时的宋玉、景差、唐勒等也是重要的楚辞作家。因与汉赋的特殊关系,故屈原的作品又称屈赋。

先秦散文主要是指诸子散文和历史散文,诸子散文重在说理,历史散文重在叙事。先秦诸子散文中,《论语》记载了孔子及其弟子的言行,由孔子弟子及再传弟子纂录而成,是孔子政治、教育、哲学思想的结晶,就其文体而言,属于语录体。全书没有专题论述,同一篇中各章之间也无直接关联,但言近旨远、词约义丰、形象生动、说理透彻,思辨的逻辑性和文学的形象性有机结合,成为 2000 多年来中国知识分子的精神坐标。《孟子》七篇,记录孟子的谈话,由孟子和其弟子共同编著。全书多采用对话体,长于论辩是其最基本的文学特征,多用比喻、善于推理是其写作技巧,气势浩然、间不容发是其风格特征,平实晓畅、精练准确是其语言特征。《庄子》是继《老子》之后最重要的道家经典著作,"其文则汪洋辟阖,仪态万方,晚周诸子之作,莫能先焉"[2]。《庄子》代表了先秦诸子散文在文学上的最高成就。全书分内篇 7 篇,外篇 15 篇,杂篇 11 篇。一般认为,内篇为庄子自己所写,外篇及杂篇是庄子后学所著。《庄子》善于通过形象的寓言故事阐述深奥的哲学道理,想象奇特丰富,文笔恣肆夸张,充满着浪漫主义色彩和幽默讽刺的笔调,对后世的文学语言产生了极大的影响。《墨子》《荀子》《韩非子》《吕氏春秋》等作品,也是先秦诸子散文中成就较高、影响深远的名作。文学史上虽有"秦世无文"之说,但李斯写于公元前 237 年的《谏逐客书》则不亚于诸子佳篇。

先秦历史散文主要是历史著作,国别体代表是《国语》,编年体作品有《春秋》和《左传》,国别体杂史著作以《战国策》最为重要,在文学上具有不可替代的重要价值。

神话是关于神的故事,是先民认识自然、认识自我所幻想出来的神格化的自

---

[1] 司马迁:《史记·屈原贾生列传》,中华书局 1982 年版,第 2482 页。
[2] 鲁迅:《汉文学史纲要》,《鲁迅全集》第九卷,人民文学出版社 2005 年版,第 375 页。

然界和人的故事。神话对中国文学的风格手法有着深远的影响。神话故事今多保存于《山海经》《穆天子传》《庄子》《楚辞》《淮南子》等典籍中。

先秦歌谣散失零乱，部分作品得以保存至今，如《击壤歌》《越人歌》《卿云歌》之类，主要依赖于其他史料典籍的记载。

二、两汉文学

汉代文学的主要体现是诗歌、散文、赋和史传文学。两汉四百余年，不仅是社会政治经济昌盛的时期，也是封建文化的高涨期。无论是作家的文学素养，还是作品的数量质量，抑或是其思想深度和艺术水平，都对后世产生了广泛的影响，价值取向、审美风尚、文体样式等方面也成为后世学习的典范。汉代的诗歌可以分为文人诗和乐府诗两部分，后者代表了汉代诗歌的最高成就。"乐府"具有两个含义：汉代的音乐机关和乐府诗。今存汉乐府诗均保存在宋代郭茂倩所编的《乐府诗集》中，《陌上桑》和《孔雀东南飞》是其中的经典之作。汉代文人诗歌善于向乐府诗学习，并逐渐形成了五言体式，《古诗十九首》标志着汉代五言诗的成熟，保存于梁昭明太子所编选的《昭明文选》中。

汉代的散文，主要指政论文和史论文，如贾谊的《论积贮疏》《过秦论》、桓宽的《盐铁论》等。

汉赋早期是对楚辞的继承，称骚体赋，从西汉中叶到东汉中叶称汉大赋，通过主客论难、抑客扬主的手法，竭尽夸张之能事，达到开阔恢宏的艺术效果。枚乘的《七发》、司马相如的《子虚赋》和《上林赋》等，标志着汉大赋的成熟。东汉后期，文人趋向于表达个人生活，形成了言情小赋的创作高潮，张衡《归田赋》、赵壹《刺世疾邪赋》等作品，是杰出的代表。

汉代的史传文学主要成就在于司马迁的《史记》和班固的《汉书》。《史记》不仅是中国历史上第一部纪传体通史，更是第一部传记文学作品，塑造了众多鲜活的历史人物形象，并为后世文学作品提供了大量的经典素材。"虽背《春秋》之义，固不失为史家之绝唱，无韵之《离骚》矣"[1]。《汉书》是第一部纪传体断代史，记载西汉的历史，经过班彪、班固、班昭和马续四人之手方告完成。《史记》和《汉书》中的优秀传记作品如《陈涉世家》《廉颇蔺相如列传》《李广苏建传》等常被选入教材，流传甚广。

三、魏晋南北朝文学

魏晋南北朝文学是指从东汉建安到隋统一之前这一时期的文学，诗歌、散文、

---

[1] 鲁迅：《汉文学史纲要》，《鲁迅全集》第九卷，人民文学出版社2005年版，第435页。

辞赋、小说和文艺理论、文学批评等方面均取得了卓著的成就。东汉后期朝政昏暗，百姓生活困苦，导致了黄巾起义的爆发，在镇压农民起义的过程中又形成了军阀割据混战的局面。特殊的时代触发了中国文学的觉醒。

魏晋南北朝的诗歌，发展比较复杂。自汉献帝建安元年（196）至汉亡（220）的 25 年间，中原大地战火纷飞，百姓罹难，哀鸿遍野。以曹操为代表的一批诗人面对"白骨露于野，千里无鸡鸣"的悲惨现实，以诗歌广泛反映了汉末的社会生活和百姓的苦难，表达建功立业、重安黎庶的愿望，形成了慷慨激昂、雄浑悲凉的诗歌风格。这就是文学史上通常所说的"建安风骨"。曹操、曹丕、曹植、孔融、王粲、陈琳、徐干、阮瑀、应玚、刘桢和女诗人蔡琰是这一时期的重要作家。魏统一北方以后，政权很快控制在司马氏家族手中，嵇康、阮籍在正始年间表现出不合作的态度，成为正始文学的代表性人物。晋统一之后，太康年间形成了一个文学创作的高潮，时有"三张、二陆、两潘、一左"之称。左思《三都赋》出，致"洛阳纸贵"。晋室南迁，诗风日下，在玄言诗之后出现了分流。齐、梁、陈三朝，一部分诗人贪图享乐，生活糜烂，在君王和士大夫的共同推动下形成了宫体诗的创作高潮。另一部分诗人注重诗歌的艺术探索，在音韵学成果基础上研究诗歌的声调格律，以沈约、谢朓为代表的"永明体"开诗歌律化之先河。而谢灵运、谢朓则在玄言诗中发展了山水诗，为诗歌创作提供了新的典范。同时代的陶渊明厌倦官场的污浊和人为的阶层分隔，归隐田园，诗酒自娱，写出了大量田园诗。"邻曲时时来，抗言谈在昔。奇文共欣赏，疑义相与析"〔1〕透露了诗人愉悦田园的情趣。

南北朝的乐府民歌在文学史上有独特的地位。南朝民歌的代表作是《西洲曲》，北朝民歌的代表作是《木兰诗》。这一时期的散文创作主要有学术散文著作，如杨衒之的《洛阳伽蓝记》、郦道元的《水经注》等。还有奏章书信名作，如诸葛亮的《出师表》情真意切，李密的《陈情表》深情动人，丘迟的《与陈伯之书》富有感召力，陶弘景的《答谢中书书》、吴均的《与宋元思书》美景迷人，曹丕的《与吴质书》品评精准，孔稚珪的《北山移文》纵横开阖。辞赋是这一时期的重要文体，也是乱世中文人施展才情、寄托灵魂的工具，王粲的《登楼赋》愁肠百结而思归，曹植的《洛神赋》唯美唯情而令人神往，江淹的《恨赋》《别赋》曲尽人情，陶渊明的《归去来兮辞》寄情自然，庾信的一曲《哀江南赋》几多离思几多愁。这一时期的文艺理论成就，主要有陆机的《文赋》、刘勰的《文心雕龙》、挚虞的《文章流别论》等。

小说创作的丰硕成就不仅在于出现了刘义庆的志人小说《世说新语》、干宝的志怪小说《搜神记》等，更在于对小说的定位认知和对体裁艺术的开拓。

---

〔1〕 陶渊明：《陶渊明集》，人民文学出版社 1956 年版，第 35 页。

四、隋唐五代文学

隋唐五代文学指从隋王朝建立到北宋统一之前这段时间的文学。隋朝文人既有北齐、北周旧臣卢思道、薛道衡、杨素等，也有南朝梁、陈入隋的江总、许善心、虞世基等，呈现南北风格合流的形态。唐代是中国文学的高峰期，不仅诗歌达到了后世难以逾越的顶峰，散文呈现多元化发展的局面，成为后世学习的榜样，小说也取得了卓著的成就，还创造了新的文学样式——词。

唐诗一般分为四个时期：初唐、盛唐、中唐、晚唐。初唐王绩的《野望》已经是成熟的五言律诗，稍后的沈佺期、宋之问进一步规范了诗律。王勃、杨炯、卢照邻、骆宾王进一步使五、七律成熟并改造了歌行体，结束了六朝淫哇在初唐的延续。陈子昂则在《修竹篇序》中明确提出注重"兴寄"，继承"建安风骨"等诗歌主张，"即要求它壮大高昂，足以反映正在走向全盛时期的封建社会的精神面貌"[1]。贺知章、张若虚、刘希夷、张继等也是初唐的重要诗人。从开元进入盛唐，以王维、孟浩然为代表的山水诗派和以高适、岑参为代表的边塞诗派是盛唐精神的集中体现，祖咏、裴迪、常建、储光羲、王之涣、王昌龄、李颀、王湾是盛唐重要的山水诗和边塞诗作家。

李白和杜甫把唐诗推上了不可逾越的巅峰，被称为中国诗歌史上的双子星座。李白的《将进酒》《行路难》等写出了诗人的真实情感，《蜀道难》《梦游天姥吟留别》等篇章呈现出豪放超迈的气势。杜甫是时代的录像机，用诗歌记录了那个时代主要的事件和社会现实，《同谷七歌》《秋兴八首》是杜甫沉重思绪的反映，"三吏""三别"《前出塞》九首、《后出塞》五首等作品，是乱世的历史剪影，《登高》《南征》勾勒了诗人颠沛流离和历经劫难的人生。"安史之乱"不仅使中国封建社会发生了转折，也使诗歌发生了变化，中唐诗坛明显缺乏盛唐的精神气象。钱起、卢纶、吉中孚等"大历十才子"的作品，反映了这段时间唐代诗人精神物质两匮乏的事实。从贞元到元和形成了中兴的气象，以韩愈、孟郊为代表的诗派，李绅、白居易、元稹推动的新乐府运动，刘禹锡、柳宗元、韦应物等后起诗人，把唐诗推向了又一个高潮。李贺也是中唐的重要诗人。晚唐时期，诗坛充斥着今生已矣、盛世不再、往日不可追、来日难期的梦幻般的黄昏情调，李商隐、杜牧的创作及温庭筠、罗隐、陆龟蒙、皮日休、杜荀鹤等人的诗篇集中反映了晚唐诗人的心态。

四六骈偶文是唐代的主流文体，不仅用于官府文书，也用于文人的书函往来和日常应用文，王勃的《滕王阁序》文笔优美，辞采飞扬。晚唐杜牧的《阿房宫赋》是文赋的开山之作。

---

[1] 罗宗强：《隋唐五代文学思想史》，上海古籍出版社1986年版，第85页。

唐传奇明显继承了六朝志怪志人小说的创作经验，借鉴史传文学和神话的传统，取得了卓著的成就，蒋防的《霍小玉传》、白行简的《李娃传》、元稹的《莺莺传》、李朝威的《柳毅传》、沈既济的《枕中记》和《任氏传》、杜光庭的《虬髯客传》、李公佐的《南柯太守传》等，是唐代传奇的代表。

词起源于盛唐，中唐时期引起了文人的兴趣。李白名下的《菩萨蛮》和《忆秦娥》被称为"百代词曲之祖"，但"盛唐时期，还不可能出现风格如此'老成'的词作"[1]。词成熟于中唐，刘禹锡与白居易的唱和标志着词走向兴盛和文人化，张志和、皇甫松、温庭筠等是晚唐的重要词人。

后梁、后唐、后汉、后晋、后周在中原建立政权，史称五代。五代文学主要指西蜀词派和南唐词派。西蜀词人的作品和温庭筠的主要词作，经五代赵崇祚编撰《花间集》而被称为"花间词"。《花间集》收集了温庭筠、皇甫松、孙光宪、韦庄、和凝、薛昭蕴、牛峤、张泌、毛文锡、牛希济、欧阳炯、顾敻、魏承班、鹿虔扆、阎选、尹鹗、毛熙震、李珣等人的500首词作。其中，除温庭筠、皇甫松、孙光宪之外，其余都是西蜀的文人。南唐词派的代表人物是南唐二主（中主李璟、后主李煜）和冯延巳，其中以李煜成就最高，《虞美人》《浪淘沙》《乌夜啼》等千古传唱。

五、两宋文学

两宋文学创作呈现出承前启后的状态，作家多，作品多，进步与落后，积极与消极对比明显，女性作家占有一定的地位。诗、词、小说总结了过去，戏剧开拓了未来。两宋文人在文学、哲学、史学、艺术、自然科学等各方面的修养均远远高于前代。所以，就单一文学题材而言，除宋词之外，无一高于其他各代，但综合成就是任何一代都无可比拟的。

宋初诗歌承继五代遗风，并没有取得突出的成就。以杨亿、刘筠、钱惟演等人为代表的西昆体，李昉、王禹偁等白体诗作家和魏野、林逋等晚唐体诗人为宋诗先导。北宋中叶，欧阳修、梅尧臣、苏舜钦等人发起的诗文革新运动端正了宋代诗文的发展方向，此后的王安石、曾巩、苏轼等人均取得了卓著的成就。以黄庭坚为代表的"江西诗派"是中国文学史上最大的文学流派。"靖康之乱"改变了宋诗发展的方向，吕本中、曾几、陈与义等人关注时局，其诗作以抒发爱国情感为主。稍后的陆游、杨万里、范成大和尤袤，是"中兴四大诗人"。随后的永嘉诗派和江湖诗派，是宋诗多元化发展的重要成就。南宋灭亡，爱国主义诗歌创作再度形成高潮。文天祥的《过零丁洋》《金陵驿》、汪元量的《湖州歌》《越州歌》、及谢翱、林景熙、郑思肖等人的诗歌蕴含历史沧桑，"用饱蘸血泪的笔，写下了南

---

[1] 杨海明：《唐宋词史》，江苏古籍出版社1987年版，第72页。

宋亡国的伤心史"[1]。

宋词承唐五代而来，男欢女爱、离情别趣、翠眉粉黛、歌喉舞姿成为传唱的主题。晏殊、欧阳修、晏几道、柳永、秦观、周邦彦、李清照等，多关注于此。苏轼于剪红刻翠之外，屹然别立一宗，开创了豪放词风。南宋前期，爱国情感和抗敌呼号成为词坛的主旋律。张孝祥、张元干、岳飞、李纲、朱敦儒、叶梦得等词人的笔下，洋溢着爱国热情。陆游的诗、辛弃疾的词代表了南宋爱国主义文学的最高成就。南宋中叶，姜夔、张炎、吴文英等格律派词人和宋末蒋捷、周密、刘辰翁等人，也都是重要的爱国词人。

唐宋古文八大家，宋代就占了六家，他们分别是欧阳修、苏洵、曾巩、王安石、苏轼和苏辙。司马光、"二程"（程颢、程颐）、周敦颐、陈亮、叶适、吕祖谦、陆游、陆九渊等，也是宋代重要的散文作家。

宋代的小说有文言和白话两个系列。文言小说主要是笔记；白话小说称为话本，包括小说、讲史、说经、合生（声）四类，对后世的长篇章回小说和世情小说产生了重要影响。辽代文学的主要代表作家有耶律洪基、萧观音、萧瑟瑟、李俨等作家。金代文学是中原文学的延续，北宋的文学传统在金代得到了较好的继承。金室南迁之后，文学创作进入了高潮，出现了王若虚、元好问等优秀诗人。

六、元代文学

元代文学的主要成就不仅体现在新兴的文学样式——元曲上，还表现在对传统诗词的继承和发扬上，并且元代后期还出现了对后世影响巨大的南戏。元曲包括元杂剧和元散曲两大类，是代表一代文学成就的文学样式。元杂剧的基本体制是一本四折演一完整故事，"元剧这一体制，系以散曲中具有宫调的套数——套曲作为唱调，以四个套数作为一本"[2]。一般由一个角色演唱，每折用一个宫调内的若干支曲子组成的完整套曲，一韵到底。其角色主要是正旦和正末，正旦主唱的为旦本戏，正末主唱的为末本戏。有的剧本还加有楔子，放在开头则交代故事的缘由，放在折与折之间则起到连接过渡的作用。元代前期的杂剧中心在大都（今北京），后期的创作活动中心在杭州。元杂剧代表作家及作品有关汉卿及其《窦娥冤》《救风尘》《望江亭》，马致远及其《汉宫秋》，白朴及其《墙头马上》《梧桐雨》，康进之及其《李逵负荆》，纪君祥及其《赵氏孤儿》，王实甫及其《西厢记》。郑光祖是元代后期最杰出的戏剧家，其《倩女离魂》演绎了一则优美的爱情故事。元末南戏的《荆钗记》《白兔记》《拜月亭》《杀狗记》被称作"南戏四大传奇"，高明的《琵琶记》是南戏最高成就的代表。

---

[1] 程千帆、吴新雷：《两宋文学史》，上海古籍出版社1991年版，第487页。
[2] 周贻白：《中国戏曲发展史纲要》，上海古籍出版社1979年版，第149页。

元散曲是继词之后产生的新的抒情性文学样式，它可以分为小令和套数两种。小令即单个的只曲，套数则由同一宫调的若干支曲子连缀而成。散曲与词有着严格的区别。

元代前期诗坛多是宋金遗老，受元好问及江湖诗派影响较大，主要诗人有刘因、戴表元、李俊民、赵孟頫等。虞集、杨载、范梈、揭傒斯被称为"元诗四大家"。元代后期的主要诗人有倪瓒、王冕、杨维桢和萨都剌等。元代诗歌有着明显的时代特色，风格上更接近唐诗。元代的词和散文也取得了引人注目的成就。

七、明代文学

明清时期，中国文学的发展呈现出更多元的局面，诗文全面高涨，小说戏剧高度繁荣，词与散曲创作也取得了一定的成就。明代文学发展背景十分复杂，一般分为三个时期：从明初到成化末（1368—1487）为前期，从弘治到隆庆（1488—1572）为中期，从万历到明末（1573—1644）为后期。

明初诗文在数十年的高压政策下，形成一个暗淡期，仅有少量由元入明的诗文作家作品以及明代的权贵文人及其作品，其中以高启为代表的吴中文人群成就最高，宋濂、刘基也是重要的作家。而后的御用倾向明显，形成了以杨寓、杨荣、杨溥为代表的台阁体诗文。以李东阳为代表的"茶陵派"，以李梦阳、何景明为首的"前七子"，以李攀龙、王世贞为首的"后七子"，反对"台阁体"，提倡复古，初步扭转了明代诗文的创作局面。唐顺之、王慎中、茅坤、归有光等唐宋派则努力将诗文创作朝着人性化方向发展，取得了超越"前七子""后七子"复古思潮的创作成就。归有光的《先妣事略》《项脊轩志》等作品，亲切感人。"公安派""竟陵派"等流派和李贽、徐渭等作家的出现，掀起了明代诗文的创作高潮。晚明小品文创作是明代文学创作的又一个辉煌。陈子龙被称为明诗殿军。

明代是中国古典小说创作的高峰期，《三国演义》《水浒传》《西游记》《金瓶梅》被称为"四大奇书"，《封神演义》《西游补》《新列国志》等也是重要的长篇白话小说。明代的短篇小说有白话和文言两个系列，白话小说以《喻世明言》《醒世恒言》《警世通言》和《初刻拍案惊奇》《二刻拍案惊奇》为代表，与宋元话本有着密切的关系，"或存旧文，或出新制"[1]。明代文言笔记小说也有相当的发展。

明代戏剧成就是多方面的：戏剧品类有杂剧和传奇，剧曲声腔繁富，流派纷呈，搜集整理与研究也取得了极高的成就。明传奇是明代主要的戏剧形式，汤显祖的《牡丹亭》《邯郸记》《南柯记》《紫钗记》及临川派戏剧，沈璟的"属玉堂传奇"及其"吴江派"的戏剧创作和研究成果无疑将明代戏剧的创作研究和演出

---

[1] 鲁迅：《中国小说史略》，《鲁迅全集》第九卷，人民文学出版社2005年版，第204页。

及声腔发展推向了新的高潮。

明代的词和散曲成就虽不能与小说戏剧媲美，也出现了杨慎、王磐等名家。杨慎的《临江仙》（滚滚长江东逝水）家喻户晓。

八、清代文学

清代是中国封建社会最后一个王朝，也是古代文学的收官阶段，这不仅是时间上的分段，也是体裁风格、文学语言和创作精神等方面明确的断代。清代文学有三个发展时期：从清王朝建立到乾隆中期为清前期；乾隆中期以后到鸦片战争为清中期；鸦片战争爆发到新文化运动为晚清时期，又称近代文学。

清代的诗词文成就超越元明，直逼唐宋；小说、戏剧比肩明代，并呈现出更为壮观的场面。

清前期的诗坛颇为可观，"江左三大家"钱谦益、吴伟业、龚鼎孳，以遗民自居的顾炎武、王夫之、屈大均及王士禛、朱彝尊、赵执信、查慎行等，已将清代诗坛浇灌得姹紫嫣红。到清中期，继王士禛"神韵说"之后，出现了沈德潜的"格调说"、翁方纲的"肌理说"、袁枚的"性灵说"等，加之"乾隆三大家"袁枚、赵翼、蒋士铨的创作，已经走向衰弱的古典诗歌有了一次中兴。龚自珍的忧世之吟，又一次体现了知识分子的"天下心"。鸦片战争到辛亥革命之间，诗坛群星璀璨。"同光体"诗群和"宋诗派"成就瑕不掩瑜。林则徐、黄遵宪、张维屏、贝青乔、陈三立等诗人将清诗推向了最后的辉煌。"南社"诗群的创作，也值得关注。

清词就数量而言，超过以往各朝的总和；就质量而言，可与宋词相伯仲。云间词派、西泠十子、岭南诸家、浙西词派、阳羡词派、常州词派林立于词坛，名家辈出，词人众多。朱彝尊、陈维崧、曹贞吉、顾贞观、纳兰性德、张惠言、周济等名家佳篇迭出。

清代散文先有清初三家：魏禧、汪琬、侯方域，以及遗民顾炎武、王夫之、黄宗羲，稍后即是声势浩大的桐城派古文、阳湖派古文。骈文的创作也掀起了一个高潮。

清代的长篇小说取得了辉煌的成就，不仅出现了《水浒后传》《说岳全传》《儒林外史》《镜花缘》《醒世姻缘传》《歧路灯》《红楼梦》等优秀作品，品评研究成就也引人瞩目。文言短篇小说则以蒲松龄的《聊斋志异》和纪昀的《阅微草堂笔记》为代表。《孽海花》《老残游记》《二十年目睹之怪现状》《官场现形记》被称为"晚清四大谴责小说"，有着特殊地位，"所以然以这几部为代表的原因，固然是由于各书在艺术上的成功，更主要的，还是全面的反映了晚清的社会"[1]。

---

[1] 阿英：《晚清小说史》，江苏文艺出版社2009年版，第8页。

清代戏剧在元、明戏剧基础上有新的发展，清初出现了以李玉为代表的苏州作家群，《清忠谱》和《千忠戮》是具有历史纵深蕴涵的佳作。康熙间则先后出现了洪昇的《长生殿》、孔尚任的《桃花扇》，将明清传奇推向新高潮。此后，昆剧逐渐走向衰弱，各地的地方剧种兴起。李渔及其《闲情偶寄》在戏剧史上有着特别重要的地位。

第三节 传统艺术

中国传统艺术是一座蕴藏丰富的文化宝库，从琴棋书画到歌舞筑雕，从编织印染到剪纸刺绣，无所不包，民间流传的各种艺术技艺更是数不胜数。这一历久弥新的精神家园，承载着中华民族的文化基因，镌刻着中华儿女的时光烙印，以其光彩夺目的成就彪炳全球。中国传统艺术具有鲜明的民族特征：艺术内容表现天人合一，艺术活动强调重道尚用，艺术手法注重融会贯通。中国传统艺术在其漫长的美学追求中形成了中和、气韵、意境等独特的审美范畴。

一、传统艺术的渊源与影响

中国传统艺术代表主要有书法、绘画、音乐、舞蹈和戏曲等。中国传统艺术以其浓郁的乡土气息和醇厚的艺术内涵成为人类共同的文化财富。

原始歌舞是中国原始艺术最重要的艺术形式，其起源与原始人的巫术崇拜有关，但最根本的则是生产劳动。据《吕氏春秋》记载，上古葛天氏时期，三个人拿着牛尾，应和着节奏，边歌边舞，赞美人类自身，祈福草木茂盛、五谷丰登，表达劳动的喜悦，是为原始歌舞。据南宋罗泌《路史》称，神农氏发明了犁，教先民耕地，获得丰收，刑天创作《扶犁》舞以歌颂，反映了原始歌舞与劳动的密切关系。

中国历代都有引以为傲的艺术成就。例如商朝的青铜器，西周的乐舞，秦朝的建筑、雕塑，汉代的文赋、壁画，魏晋及南北朝的书法、石窟艺术，唐朝的诗歌、音乐，宋元时期的山水画、瓷器，明清的戏曲、园林等，都极大地丰富了中国传统艺术的风格和流派。

中国传统艺术的成就举世瞩目。早在中世纪，摩洛哥人伊本·拔都塔谈到在世界各地旅行见闻时赞叹："中国是全世界人民中手艺最高明和最有鉴赏力的……确实没有一个民族——不管是基督徒或非基督徒，他们的绘画能赶得上中国人。中国人在美术上的才能是非凡的。"

中国传统艺术对东亚、东南亚国家有着至关重要的影响。中国的书法自古就风靡日本、朝鲜、越南等国。书圣王羲之的作品由鉴真和尚东渡带到日本，受到日本朝廷上下广泛的喜爱。中国的文学也对日本、朝鲜和越南等国产生了巨大影响。唐代白居易的诗在当时就流传到这些国家，受到热捧，其《长恨歌》《琵琶行》等在日本几乎家喻户晓。

中国艺术对西方的影响，最早是通过丝绸之路产生的。中国艺术在文艺复兴时期随同"四大发明"较多地传入欧洲，当欧洲人看到中国瓷器时，非常惊讶工艺品的精湛，将其视为珍宝。达·芬奇的名画《蒙娜丽莎》以中国式山水作为人物背景，显示出中国艺术已经对欧洲艺术产生影响。

17、18世纪以后，欧洲掀起中国艺术热。洛可可时期，中国瓷器成为当时最受青睐的工艺品，上层贵族以其作为美化厅堂和内室的摆设，由此推动了欧洲陶瓷艺术的发展。19世纪后期，中国画引起西方艺术家的普遍重视，从印象派、后印象派等一些西方大师的画作中不难发现中国画的影响，尤其是以线为主的造型手法被许多西方画家所借鉴。

从18世纪初开始，中国的建筑和园林艺术对西方的影响越来越大。欧洲许多建筑中，有的点缀中国式的佛塔、凉亭，有的模仿中国式大屋顶。在德国、法国、瑞士等地，中国式的钟楼、石桥、假山及门窗造型和内部装饰随处可见。同时，中国的文学、戏剧风靡欧洲。1735年在巴黎出版的《中国通志》上，刊登了法国传教士马若瑟翻译的《诗经》《书经》《赵氏孤儿》的节译本。伏尔泰读了《赵氏孤儿》说，"这出中国戏，无疑是胜过我们同时代的作品的"，并把它改编成《中国孤儿》，对欧洲戏剧产生了很大影响。在此前后，《窦娥冤》《灰阑记》《看钱奴》等中国戏剧，以及中国的一些小说和古诗也被译介到欧洲，引起轰动。中国古代诗歌含蓄凝练的风格，对西方诗歌的发展产生了深远的影响。

随着时代的发展，中国传统艺术对世界文化艺术的影响也在不断扩大。美国意象派诗人庞德认为："中国的诗是一个宝库。今后一个世纪将从中寻找推动力。正如文艺复兴从希腊人那里找到推动力一样。"[1]中国传统艺术不仅是中华民族的财富，也是世界的精神财富。

二、书画

（一）书法艺术

中国书法以毛笔、宣纸、墨和石砚为工具，书写者用毛笔蘸取研磨的墨汁，在宣纸上书写文字。这是一种独具特色的艺术门类，它不仅是表达观念的符号，更是表达情感的形态，所谓"字如其人""书为心画"。

象形是汉字最重要的特征，中国书法不仅源于"象"——形而下感性存在的

---

[1] 宋柏年：《中国古典文学在国外·前言》，北京语言学院出版社1994年版。

物象，而且归于"象"——形而上精神境界的意象。中国书法深深扎根于"天人合一""立象尽意"的民族文化沃土中，迥出群流、超越实用而具有独特的审美价值。

中国书法从甲骨文和金文开始，经过数千年的演变，形成了篆、隶、楷、行、草等不同书体，涌现出王羲之、欧阳询、颜真卿、柳公权、黄庭坚等众多卓越的书法家，产生出不同的流派，书法艺术炉火纯青。

篆书是中国最早的书体。在书学史上，甲骨文、金文、石鼓文和秦篆都归属于篆书一类。前三者称为大篆，后者称为小篆。小篆相传为秦朝丞相李斯所创，其传世代表作有《泰山刻石》《琅琊台刻石》等。

隶书是汉代的标准书体，相传为秦始皇时程邈所创。事实上，隶书萌芽于古，趋用于秦，定型于汉。书学史上把隶书的定型转化过程称为"隶变"，隶变彻底地蜕变为具有符号化特征的汉字，是书法史上一次质的飞跃。隶书按发展阶段可分为古隶和今隶，古隶是指秦朝至西汉前期的隶书，今隶是指东汉时期定型化的隶体。隶书的优秀作品多数体现在汉碑之中，如《乙瑛碑》《礼器碑》《张迁碑》《石门颂》等。

楷书又叫"真书"或"正书"，由隶书及隶草演变而来，更趋简化。楷书和隶书都属于符号化的今文字系统。楷书的历史发展颇为复杂，孕育于汉代，形成于三国，盛行于晋代，唐代登峰造极，通行至今，长盛不衰。楷书就大小而言，有小楷、中楷、大楷、榜书；就体系而言，有魏碑、唐碑；就用笔而言，有方圆、藏露、提按等；就风格而言，或端稳凝整，或雄浑茂密，或飘逸潇洒，可谓众美纷呈。楷书的优秀作品有钟繇的《宣示表》、王羲之的《乐毅论》、王献之的《洛神赋十三行》、欧阳询的《九成宫醴泉铭》、颜真卿的《颜氏家庙碑》、柳公权的《玄秘塔碑》、文徵明的《离骚经》等。

行书，又称行押书，是介于楷书和草书之间的一种书体。行书是人们日常生活中最常用的字体，自汉代以来一直风行于世，形成了一个又一个艺术高峰。晋代是行书的第一高峰，东晋王、谢、郗、庾四大家族中涌现出许多行书高手，其中最杰出者是王羲之，他的《兰亭集序》神逸思超，享"天下第一行书"的美誉。唐代是行书发展的第二个高峰，唐代书家在晋代基础上，由楷入行，开创了雄伟壮美、气势恢宏的书风。宋代是行书发展的第三个高峰，开启了一代"尚意"新风。行书大体可分为三类，含隶者谓之隶行，兼楷法者谓之楷行，带草写者谓之草行。行书既能融篆情、隶意、楷势、草韵于一身，又能随时代的变迁而生生不息，既符合删繁就简、书写便利的实用要求，又具有自然率真、生动流美的艺术风格，逐渐成为人们普遍喜爱的书体。行书的优秀作品有王羲之的《兰亭集序》、颜真卿的《祭侄季明文稿》和苏轼的《黄州寒食帖》等。

草书始于汉代。东汉许慎《说文解字》称，"汉兴有草书"，是为了书写简便而在隶书基础上演变而来的，其特点是结构简省、笔画连绵。草书有章草与今草之分，章草相传是汉元帝时黄门令史游所创，今草据记载是东汉张芝所创。章草的代表作有东吴皇象的《急就章》、西晋陆机的《平复帖》等，今草的代表作有王羲之的《十七帖》、智永的《真草千字文》等。草书发展到今天，已经成为一种专供欣赏的书体，在狂乱中尽显优美。

（二）绘画艺术

中国传统绘画可追溯到原始社会时期的彩陶纹饰和岩画，其中的"鱼纹""人面鱼纹""舞蹈纹"等纹饰，已具有一定的构思和情节，反映了当时人们的劳动生活、智慧和审美意趣，是当时最富有艺术性的绘画创作。夏、商、西周及春秋时期，随着社会生产的发展，文化艺术也取得了进步。绘画除在青铜工艺和彩陶上的纹饰有突出表现外，木器、服冕、旗旌、门壁、扆等也无不以画为饰。据记载，当时已出现肖像画和壁画。如《史记·殷本纪》说，商初宰相伊尹为劝诫成汤王而画九主形象；《尚书》称，商代中兴之主武丁曾画傅说像；《孔子家语》云，"孔子观乎明堂，睹四门墉，有尧舜之容，桀纣之像"等。这些记载说明当时的人物画逐渐摆脱工艺品的附属地位，向独立绘画形式发展。

战国时期，思想学术上的百家争鸣为文化艺术的发展提供了有利条件，绘画亦呈现出繁荣面貌。宋国已有专供统治者召唤的"画史"，而据王逸《楚辞章句·天问章句第三》，楚国先王之庙及公卿祠堂亦有"图画天地山川、神灵，琦玮谲诡，及古贤圣、怪物行事"等宏篇巨制的壁画。以毛笔为工具绘制在绢帛上的铭旌帛画（如《人物龙凤图》）是中国绘画发展史上重要的里程碑，标志着绘画艺术已走上独立发展的道路。

秦汉王朝绘画艺术得到空前发展，绘画题材丰富，表现形式多样，具有浓厚的生活气息。秦朝壁画尤甚，颜色有黑、赭黄、大红、朱红、石青和石绿等，饱和度很高，五彩缤纷，规整而多样化，显示了秦文化的艺术特色。汉朝置"秘阁"，开"画室"，立"鸿都学"以集奇艺，绘画艺术迅速发展。题材有狩猎、农耕、宴饮、舞蹈、升天及历史故事、神话故事等，表现形式有彩绘陶画、壁画、画像石、画像砖、木版画、漆画、帛画等，其中以墓室壁画和帛画最为盛行。作品以质朴、稚拙、庄重而富有装饰性的风格，深沉有力的美感，显示了鲜明的时代特征和传统绘画的特色。汉代墓室壁画数量多，分布广，较著名的有洛阳卜千秋墓、内蒙古和林格尔东汉晚期壁画墓、洛阳61号墓等墓中壁画。

魏晋南北朝时期，民族文化交流促进了绘画艺术的发展。人物画注重传神，开创"细密精致而臻丽"的画风；山水画初步确立，但尚处于草创阶段；花鸟画兴起，开始从实用美术中逐渐独立出来。此时出现第一批以绘画为职业或者特别擅长此道的著名画家，如卫协、曹仲达、曹不兴、顾恺之和张僧繇等。顾恺之是这一时期为数不多的有作品流传至今的重要画家之一，其流传作品有《女史箴图》《列女仁智图》《洛神赋图》等几件唐宋时的摹本。时人对其评价，赞其为"三绝",即才绝、画绝、痴绝,将其绘画与书法中的王羲之相提并论。随着士大夫专业画家进入画坛,较完整的画学著作相继出现,如顾恺之的《论画》、宗炳的《画山水序》和谢赫的《古画品录》等,丰富了绘画艺术中的美学思想,促使中国传统绘画的思想性和艺术性迅速提高。

隋朝绘画综合了南北朝以来南北异趋之风,融合了前代的各种形式和表现手法,起到了承前启后的作用。此时,壁画特盛,尤以工整精巧著称的道释画风行一时;卷轴画亦已盛行,描绘人物、台阁和花鸟等类题材的画轴不可指数。绘画名家辈出,其中展子虔、董伯仁为天生奇才,齐名一时。展子虔的人物细描色晕,意度俱足,山水"远近之势尤工","咫尺有千里之趣",现藏于北京故宫博物院的《游春图》传为展子虔所作,被视为中国早期山水画的代表;而董伯仁之台阁画,更以精巧旷绝古今。

唐代绘画进入新鲜活泼、灿烂辉煌的时期。此时,人物、山水、花鸟、鬼神、鞍马、杂画等已明确分科,题材内容、构图、色彩和表现手法都获得空前发展。其中人物画兴盛,尤以道释、肖像、仕女画风靡一时,并出现雄浑奔放、墨彩兼备的"吴家样"和傅彩浓艳、"丰肌肥体"的"周家样"等新画风。被称为"千古画圣"的吴道子绘画题材广泛,有极强的艺术感染力,是盛唐绘画创作的杰出代表。唐人朱景玄在《唐朝名画录·序》中称:"近代画者,但工一物以擅其名,斯即幸矣,惟吴道子天纵其能,独步当世,可齐踪于陆(探微)、顾(恺之)。"周昉工仕女,其笔下女性形象体态丰厚、曲眉丰颊,所着贵妇之衣用笔简劲、色彩柔丽。周昉亦工佛像画,其创制的"水月观音"体态端严,极富艺术魅力,流传甚广。

唐代山水画繁荣,李思训父子工整艳丽的青绿山水与王维笔墨宛丽、气韵高清的水墨山水画风争艳。花鸟画已由稚拙走向成熟,描绘花竹、鹰鹫、鹤雀、蝉蝶等禽鸟、昆虫类的内容俱全;工笔勾填,"或用墨色,如兼五彩",还有局部特写的"折枝花"等,表现手法变化多彩。此外,唐代的壁画也获得长足的发展,以敦煌石窟寺为代表的寺庙壁画发展进入鼎盛期,陕西乾县章怀太子、懿德太子和永泰公主等墓中壁画体现出中国古代墓壁画艺术的很高成就。五代十国绘画承唐代兴盛之势,达到新的发展水平。西蜀和南唐等国君主爱好绘画,设有宫廷画院——翰林图画院。

两宋时期,帝王奖励画道,设立宫廷画院,罗致画家,画家们重视创造革新,宋代绘画迈进了中国绘画史上的鼎盛期。绘画的题材内容、画体、画风皆丰姿多彩,院体画盛行,文人画勃兴,争胜斗艳,呈现出鲜明而绚丽多彩的时代特色。人物画除仕女、圣贤、道释外,描绘田家、渔樵、行牧、婴戏及历史、风俗的画甚多。山水画高度成熟,并占据画坛最重要的地位。画家们在五代山水画的基础上,进一步完备讲究笔墨效果的勾、皴、擦、点、染的技法程式,促进了水墨山水画的空前发展。米芾父子"凭点缀以成形",云山墨戏的"米点山水",奠定了文人画的基础。在花鸟画方面，徐崇嗣、徐崇矩继承其祖徐熙的"落墨花"画法，再创直接叠色渍染的"没骨法"，成为后世意笔花鸟画之先驱。黄居寀继承其父黄筌精工艳丽的画风，其所创"勾勒填色"法成为后来"院体画"的典范画法。同时，赵昌、崔白和法常等变"黄氏体制"，创造了工细与粗放结合的清淡疏洒、活泼自然的新格局。

元代绘画艺术发生较大变革。文人画的蓬勃发展占压倒优势，不以工整秾丽为事，提倡逸笔草草，不求形似，遣兴自娱。作品较多地出现了诗、书、印、画巧妙结合的形式，丰富了传统绘画的文学意味。元代山水画占据画坛主要地位，改变前代先勾后皴的程式，以水墨勾、皴、擦、点、染交替进行，将水墨山水画推向新的高峰。"元四家"（黄公望、王蒙、吴镇、倪瓒）以简淡高逸、苍茫深秀、抒情写意的新画风，完成古代山水画的又一次重大变革，促进了明清山水画各种流派的产生。

明代绘画进入近世绘画的重要发展时期。画家依思想倾向和审美追求的不同，敢于创造革新，因而画风竞出，派别林立。在人物画方面，曾鲸"波臣派"肖像画"墨随笔痕，色依墨态"，"写照传神，妍媸惟肖"。山水画虽较发达，但画风受到帝王好恶的影响，除明初王履提倡师法自然外，大都师古。明代前期工整艳丽的"院体"花鸟画占据主要地位，明中后期强调"士气"的水墨写意花鸟画盛行，画风简约、泼辣、淋漓而豪放。此外，融工、写之长的"钩花点叶"法及"水墨淡彩"之画法独步一时，为清代花鸟画的繁荣奠定了扎实的基础。

清代绘画艺术在各种思想意识的影响下，呈现出错综复杂的面貌。清代肖像画在传统的"写照传神"的基础上，吸收了西洋画明暗法的长处，出现清新巧趣的新画风。山水画空前兴盛，出现了一批具有革新精神的画家，如石涛、八大山人、髡残、弘仁、龚贤和梅青等，从理论到实践都将传统山水画推向新的高峰。清代的花鸟画画风多样，竞放异彩。如清初至嘉庆时，以恽恪为代表的"常州派"，承"院画"遗风和徐熙画法之长，亦受西画影响，其没骨写生逸笔点缀，工整清秀。同时，以石涛、八大山人为代表的革新派崛起，水墨写意，笔墨奇崛高简，意趣冷逸脱俗，气势磅礴；乾隆时，继承石涛、八大山人及明徐渭革新精神的"扬州画派"兴起，作品笔意恣肆，不守成法，强调个性和情感的抒发，名震大江南北。

三、音乐、舞蹈和戏曲

（一）音乐艺术

原始音乐往往与诗歌、舞蹈结合在一起。《毛诗序》中记载："情动于中而形于言，言之不足故嗟叹之，嗟叹之不足故咏歌之，咏歌之不足，不知手之舞之、足之蹈之也。"《吕氏春秋·古乐》中说:"昔葛天氏之乐,三人操牛尾,投足以歌八阕。"这种三五成群、伴以简单的乐器、载歌载舞的表演形式,一直延续至今,为广大群众所喜闻乐见。

中国传统音乐艺术的起源和早期发展与宗教巫术有着密切的联系。原始人由于生产力低下,对许多自然现象无法做出科学的解释,从而产生了原始的宗教,他们希望通过乐舞的形式,同大自然达成"和解",得到神灵和祖先的庇护,消灾去难,逢凶化吉,因此,原始乐舞也就自然而然地与宗教巫术联系在一起。如葛天氏之乐中的《载民》和《玄鸟》,前者含有祖先崇拜的意思,后者则与图腾崇拜有关。又如黄帝时的乐舞《云门》,颛顼(传说为黄帝之孙)时的乐舞《承云》,应该都与图腾崇拜有关。《吕氏春秋·仲夏纪》所载朱襄氏之乐"作为五弦瑟,以来阴气",《礼记·郊特牲》所载伊耆氏之乐"土反其宅,水归其壑,昆虫毋作,草木归其泽",所唱歌词明显与巫术有着密切的联系。另外,在年终时为酬谢与农事有关的神灵而举行腊祭时的乐舞,每逢天旱为求雨而举行祭祀仪式时跳的乐舞《雩舞》等,无不与宗教巫术有关。在原始社会里,音乐常被人们赋予魔术般的力量。

西周到春秋战国时期,中国的音乐得到了很大的发展。此时出现了专业化的乐人——泠人(伶人)、乐正、大师、小师和工等;歌唱在社会各阶层广泛流行,著名的《诗经》和《楚辞》大部分是可唱的歌词;器乐也获得较大发展,乐器已有七十余种;初步形成调、调式、转调、固定音高、节奏、速度等古代乐理观念,音乐哲学、音乐美学也有了相当发展,孔子把音乐作为"六艺"之一加以传授。

秦汉时期开始出现"乐府",以搜集、整理、改编民间音乐为主,李延年是汉代乐府音乐家中重要的代表之一。"相和歌"是汉代重要的歌曲形式,它从"一人唱,三人和"的唱和形式逐渐发展成有乐器伴奏的"相和大曲"。鼓吹乐也是汉代重要的音乐形式,它是一种以吹管乐器和打击乐器为主,兼有歌唱的器乐合奏形式。鼓吹乐又分为鼓吹、横吹和骑吹等。汉代还出现了"百戏",包括角抵、杂技、魔术和歌舞等多种艺术形式。

魏晋南北朝时期,由"相和歌"发展而来的清商乐得到曹氏政权的重视,曹氏专门设立了清商署进行管理。在后来的南北融合中,清商乐成为全国性民间音乐的总称。这一时期,乐器古琴趋于成熟,一大批文人琴家相继出现,如嵇康、阮籍等,出现了《广陵散》《猗兰操》《酒狂》等一批著名琴曲。

隋唐时期,政治稳定,经济繁荣,加上最高统治者对音乐的爱好和提倡,社会上形成了普遍喜爱音乐的氛围,音乐艺术得到全面的发展。宫廷燕乐集中反映了这一时期音乐文化的最高成就,有七部乐、九部乐、十部乐。隋朝建立以后就以法令形式颁布了"七部乐"的燕乐体制。《隋书·音乐志》载:"始开皇初定令,置七部乐:一曰国伎,二曰清商伎,三曰高丽伎,四曰天竺伎,五曰安国伎,六曰龟兹伎,七曰文康伎。"宫廷燕乐还分为坐部伎和立部伎,燕乐中最突出、最辉煌的是大曲，是独树一帜的奇葩。唐玄宗所作《霓裳羽衣舞》就是最有名的一首大曲，它集中了唐代以前音乐、舞蹈艺术的精华，为世人所称道。隋唐还专门建立了音乐教育机构，如教坊、梨园、梨园别教园等，这些机构培养了一大批才华出众的音乐家。

宋元时期，市民音乐得到勃兴发展，音乐的主流由宫廷转向民间，呈平民化趋势，出现了大量的"瓦舍""勾栏"等固定的民间技艺表演场所。这一时期，宋代曲子与元代散曲空前繁荣，说唱音乐高度成熟，戏曲音乐脱胎而出，可谓百花齐放、各领风骚。宋元还是中国戏曲趋于成熟的时代，这一时期的戏曲有杂剧与南戏两大体系。杂剧兴起于北方，逐渐向南方发展，与南方戏曲发生交融。代表性的元杂剧作家有关汉卿、马致远、郑光祖、白朴、王实甫和乔吉甫，被誉为"元曲六大家"。典型作品有关汉卿的《窦娥冤》《单刀会》、王实甫的《西厢记》等。南戏又称为温州杂剧、永嘉杂剧，是在温州一带民间小曲的基础上发展起来的，有独唱、对唱、合唱等多种演唱形式，典型作品有《荆钗记》《白兔记》《拜月亭》《杀狗记》和《琵琶记》等。

明清时期，说唱艺术在宋元基础上得到进一步发展，其中南方的弹词、北方的鼓词等都有很大的影响。歌舞音乐也出现较大的发展，汉族的秧歌、维吾尔族的木卡姆、藏族的囊玛、壮族的铜鼓舞和苗族的芦笙舞等日益丰富和流行。戏曲音乐出现了新的发展，形成了具有代表性的"四大声腔"——海盐腔、余姚腔、弋阳腔和昆山腔。昆山腔经魏良辅等人的改革，很快流传到北方，最终发展为戏曲之冠——昆曲。清代中期，四大徽班奉诏进京演出，徽班艺人与其他剧种艺人频繁交流，吸收其他剧种的唱腔与表演方法，逐渐创造出影响全中国的京剧。

中国是一个多民族的国家，在历史发展进程中，各民族间音乐文化的交流、融合，有力地推动了传统音乐艺术的发展。汉乐府广泛采集全国各地区、各民族的音乐，并在此基础上进行加工提高或改编创造，其中鼓吹乐就源于北部边境的少数民族。西晋时，北部边境诸民族的内徙和晋室的南迁，在某种程度上促进了音乐文化的交融。5世纪末，北魏孝文帝和宣帝南征时所收伎乐，包括江左所传中原旧曲、江南吴歌和楚地西声等，南方的清商乐由此流入北朝。而在6世纪初，南朝梁宫廷里演奏的鼓角横吹曲则有不少是被称为"北歌"的北方鲜卑族音乐。公元383年，前秦的吕光征龟兹，龟兹乐于是被带到凉州，它和传到那里的中原音乐结合起来，形成了别具一格的"秦汉乐"。至于外国音乐，早在4世纪中叶的前凉时便有天竺（印度）音乐传入。其后，中亚安国的音乐和东邻高丽的音乐也于5世纪中叶陆续传入。魏晋以来，陆续从边疆和国外传入了许多新乐器，如曲颈琵琶、五弦琵琶、方响、锣、钹、腰鼓和羯鼓等。隋唐时期的燕乐，包括了汉族、少数民族和外国的音乐。唐贞观时期的十部乐，包括了燕乐、清商乐、西凉乐、高昌乐、龟兹乐、疏勒乐、康国乐、安国乐、天竺乐和高丽乐等。宋代以后，民族间和中外经济、文化交往进一步密切，元代和清代是少数民族统治者入主中原，各民族间和中外音乐文化得到了进一步的交流和融合。

中国传统音乐的分类形式较多。有的把传统音乐划分为歌曲、歌舞音乐、说唱音乐、戏曲、器乐五大类,有的把歌舞音乐并入民歌,划分为民歌、民族器乐、曲艺、戏曲四大类,也有的把传统音乐划分为民间音乐、文人音乐、宗教音乐、宫廷音乐四大类。

(二)舞蹈艺术

舞蹈是最古老的艺术形式之一。在原始社会,舞蹈充当了先民交流思想感情、传授生产技艺和经验的工具。生产劳动是舞蹈产生的源泉,原始舞蹈的动作和节奏与先民的劳动是密切相关的。在内蒙古阴山地区新石器时代的岩画上,刻画着狩猎舞的形象,人扮成飞鸟、山羊、野猪、狐狸等动物,有的头饰鹿角、羽毛,有的戴着尾饰,这种舞蹈的产生,就和原始人的狩猎活动相关。最早的舞蹈是和音乐、诗歌结合在一起的。《吕氏春秋·古乐》载,尧舜时代"以麋革置缶而鼓之……以致舞百兽",《尚书·益稷》中亦有"击石拊石,百兽率舞"的记载,实际上就是原始人在土鼓、石磬之类乐器的伴奏下,模仿各种兽类的形态、动作,边唱边舞。

原始舞蹈的产生,多与初民信仰有关。由于崇拜图腾和迷信鬼神,原始社会逐渐产生了沟通人神的巫。巫在求神福佑或祓除不祥时,边唱边舞,巫舞和民俗祭祀舞蹈由此产生。此外,原始舞蹈的产生,还与原始人的自我感情宣泄、情感交流、健身和氏族战争(尤其是战前操练)等有着一定的关系。

随着社会生产力的发展,人们对舞蹈的审美观念和审美情趣发生了变化,审美需求和审美水平也不断提高。主要表现在:一是由娱神逐渐转变为娱人,并由低级向高级逐渐发展;二是出现了专业舞蹈艺人,开始了专供欣赏的舞蹈艺术创作,推动舞蹈逐渐发展为一门独立的艺术;三是舞蹈逐步摆脱了实物模仿和即兴起舞的原始形态,在动作、表情、节奏、构图和造型上带有更多艺术创造的成分,能够用来表达更为复杂、微妙、深挚的感情。

中国传统舞蹈的发展历程大致如下。

舞蹈是周代宫廷教育的重要内容。《周礼·春官》记载,西周"设乐师掌国学之政,以教国子小舞。凡舞,有帗舞,有羽舞,有皇舞"。周代统治者充分认识乐舞对于政治的作用,制定了较完备的礼乐制度,舞蹈即为礼乐政治的一部分。可以说,周代集周以前舞蹈之大成。

秦代已有乐舞,秦二世曾在甘泉宫"作角抵俳优之观"。角抵为一舞蹈,《述异记》称,"其民三三两两,头戴面(具)相抵"。据《史记·留侯世家》,汉高祖喜好楚地民间舞蹈,他曾对宠姬戚夫人说,"为我楚舞,吾为若楚歌",两人即兴合作歌舞。汉武帝扩大了乐府机构,任命李延年为协律督尉,大力采集民间乐舞。为了政治上的需要,乐府还表演角抵等招待外国宾客。这种舞蹈通常在综合多种民间技艺的"百戏"中表演。角抵戏同时出现在宫廷和民间场合，表明汉民间俗舞的地位。

魏晋南北朝时期，战乱频仍，百姓流动频繁，各民族间乐舞文化得以交流融合。西晋丧乱，关中人士纷纷避难凉州，带去了汉魏乐舞。后凉氐族贵族吕光和匈奴族沮渠蒙逊（北凉国君）把西域龟兹乐与传于凉州的中原旧乐相融合，产生了新型乐舞。

唐代有乐舞机构太常寺、教坊、梨园、宜春院等，集中了大批技艺高超的乐舞伎人，他们重视舞蹈技巧的培养和训练，形成部伎乐舞。部伎舞将许多不同民族、不同风格和不同内容的乐部组建在一起，构成一套系列乐舞。唐代宫廷典庆乐舞包括十部伎、坐立部伎等。十部伎多以民族命名。杜佑《通典》称："凡大燕会，则设十部之伎于庭，以备华夷。一曰燕乐伎……二曰清乐伎，三曰西凉伎，四曰天竺伎，五曰高丽伎，六曰龟兹伎，七曰安国伎，八曰疏勒伎，九曰高昌伎，十曰康国伎。"这种舞蹈规模小，仅有二人或四人，民族（特别是西域民族）特色明显。据《新唐书·礼乐志》，玄宗之后，分部伎为两部，"堂下立奏，谓之立部伎；堂下坐伎，谓之坐部伎"，其中，立部伎规模宏大，气势雄伟。宫廷典庆乐舞重在显示王朝声威，强调礼仪制度，具有明显的政治色彩，也有很高的审美价值，从中亦可见四方来朝、民族文化交融的时代特色，乃舞蹈艺术的一个高峰。

宋代舞蹈最发达的类型是宫廷队舞。宋代舞是以唐代套曲（即"大曲"）为基本结构，分段落进行表演的集体歌舞。队舞遵循规范固定的程式，如"笔竿子"的致词、道白问答、引舞送舞等，主要在宫廷和官府典庆场合表演。《宋史·乐志》载，队舞有"小儿队"和"女弟子队"之别："小儿队凡七十三人……女弟子队凡一百五十三人……致辞以述德美。"队舞以文学（包戏曲）为依托，建立起一套程式化的舞蹈新样式，表达了宋人特别是上层社会雅致的审美情趣。队舞含有较强的故事性和戏剧元素，开启了戏曲舞蹈的先河。元代戏曲舞剧和宗教舞蹈兴盛，元杂剧表演手段中的"科"即做工，包含了许多舞蹈的因素，后来逐步演变为程式化的舞蹈动作。

明清舞蹈呈衰落趋势。随着昆曲、京剧、秦腔、川剧等剧种的盛行和成熟，戏曲舞蹈更加丰富和完备。戏曲表现手段中的"做、打"，基本上都是舞蹈和舞蹈化了的生活动作。戏曲舞蹈借助于演唱、念白等戏曲手段进行综合性的艺术表现，在抒情的同时完美地叙事，实现了从"纯舞"到"戏舞"的转型。有论者指出，这样的转型"实现了舞蹈从主要以抒情向抒情、叙事并重的转化，从单纯的情感表现到刻画人物性格的转化，造就出……新型舞种——戏曲舞蹈"[1]。

中国传统舞蹈艺术是在多民族交流融合中逐渐走向成熟的。这种交流与融合，从夏代就已开始。《竹书纪年》："少康即位，方夷来宾，献其乐舞。"周代的六代

---

[1] 袁禾：《中国舞蹈》，上海外语教育出版社1999年版，第230页。

舞，包括黄帝时期的乐舞《云门大卷》、唐尧时期的乐舞《大咸》、夏禹时期的乐舞《大夏》、虞舜时期的乐舞《大韶》、商汤时期的乐舞《大濩》及周武王时期的乐舞《大武》等，就是华夏各民族间乐舞集中交流和融合的明证。

魏晋南北朝时期，多民族的迁徙流动促进了舞蹈艺术的交流融合。隋代，九部伎中西域乐部就占了六部。唐代，九部伎（乐）发展成十部伎（乐）。随着佛教、基督教、伊斯兰教等教派的流入和发展，宗教舞蹈对中国传统舞蹈也产生了一定的影响。蒙古族、满族入主中国，兄弟民族间的交往更加密切，从而推动了民族间舞蹈艺术的交流和融合。

中国舞蹈讲究手、步、身、眼、法，并以这些要素区别于西方及其他东方舞蹈。"手"实际是指上肢，通过手姿、手形、手位的变化等各种技巧加强舞蹈的表现力。步法讲究虚实，在不断变化的舞步中显示美感。身躯动作强调腰的作用，以腰为轴进行画圆。转、斜、送、顾、盼、眄、流等不同眼神的应用，充分显示了以睛传情的特点。中国舞蹈中的"法儿"，以顺序、方向、力度、速度、幅度和内韵等要素的不同组合，形成了富有中国特色的舞蹈风格和动律美感。

中国舞蹈采用多种手法表现独特的动态意象。通过模拟花鸟鱼虫等自然题材体现自然与人的和谐，利用人或物来象征某种特定的物体、理念和精神，外化人的内心世界，利用哑剧性的舞姿对所表现的对象进行细致入微的写实刻画，给人以真实亲切的感受。由此在虚与实的交融中创造动态审美意象，形成"转似回波""行云流水""绰约闲靡"等美学意味。[1]

(三) 戏曲艺术

中国传统戏剧通常称为"戏曲"，是以歌舞为主要的表现手段，包含文学、音乐、美术、杂技等其他技艺的综合性表演艺术。正如王国维《戏曲考源》云："戏曲者，谓以歌舞演故事也。"中国戏曲最早可追溯至原始初民的歌舞。巫之事神，必用歌舞。后与俳优、音乐相连，先后出现了汉代百戏、六朝伎艺、隋唐歌舞戏和参军戏、宋杂剧、金院本等多种艺术形态，至宋元之际，形成要素比较齐全的戏曲。所以王国维称："后代之戏剧，必合言语、动作、歌唱，以演一故事，而后戏剧之意义始全。"[2]

元明清三代是中国传统戏曲发展的鼎盛期，主要戏曲类型有：（1）南戏。这是北宋末叶至元末明初流行于南中国的戏曲形式。南戏声腔（南曲）大多由宋杂剧、宋词及里巷歌谣综合衍变而来，在流传过程中，又与当地民间小曲、土戏相结合，形成"四大声腔"。（2）北杂剧。这是在宋金杂剧和院本等基础上形成的，先以大都（今北京）、山西等北方为演出中心，元灭南宋后，也逐渐流传至南方。

─────────

[1] 袁禾：《中国舞蹈》，上海外语教育出版社1999年版，第345—352页。
[2] 王国维：《宋元戏曲史》，上海古籍出版社1998年版，第32页。

北杂剧结构比较严整，通常为四折，一剧由一个脚色主唱。演唱曲调称北曲，大多来源于唐宋大曲、宋词和北方民间曲调，显得遒劲质朴。（3）传奇。明代南戏盛行，在南北戏曲交流的基础上形成传奇。李渔在《闲情偶记》中说："传奇者，因其事甚奇特，未经人见而传之，是以得名。"明代传奇作家辈出，成就最高者当推汤显祖。汤显祖是江西临川人，其所创作的《紫钗记》《牡丹记》《南柯记》和《邯郸记》传奇，亦称"临川四梦"。明清易代之际，苏州戏曲作家群突出，李玉是这个群体的领袖人物，著有《清忠谱》等传奇40余种。

清朝前期，社会民族矛盾尖锐，传奇作家们以传奇来抒发兴亡之感，总结历史教训，先后出现洪昇的《长生殿》和孔尚任的《桃花扇》两部杰作，戏曲史家将之视为传奇的"压卷之作"，传奇创作达到高峰，显示了传奇创作最后的辉煌。这一时期还出现了杰出的戏曲理论家李渔。李渔，浙江兰溪人，所著《闲情偶记》中的"词四部"和"演习部"，被后人摘编为《李笠翁曲话》，是一部论及编剧、表演等方面的专著，多有真知灼见。

明清时期形成和发展了众多的地方戏曲剧种及全国性的大剧种"京剧"。继明代诞生的昆山腔、弋阳腔等声腔剧种之后，清代的地方戏曲剧种在全国范围内如雨后春笋般兴起，呈现一派繁荣局面。在目前统计的360多个剧种中，形成于清代的汉族地方戏曲剧种有近200种，占总数的一半有余。比较著名的地方曲种有豫剧、越剧、黄梅戏和评剧等。这些地方剧种以1840年为界限，划分为前后两期，前期主要有梆子腔、皮黄腔和弦索腔等，后期主要有花鼓戏、秧歌戏、滩簧和采茶戏等。

京剧又称皮黄腔，是在早期徽剧和汉剧的基础上，吸收昆山腔、梆子腔等其他剧种的营养，并加进北京的地方特色演变而成的。京剧的奠基始于徽班进京。清乾隆五十五年（1790），为祝乾隆寿诞，"三庆"等四大徽班应征陆续进京演出。嘉、道间徽班艺人与湖北汉调艺人合作，相互影响，并吸收了其他剧种的唱腔与表演方法，历经咸丰、同治两朝的发展，终于在光绪年间形成了相当完整的艺术风格和表演体系。京剧以西皮、二黄为主要腔调，用京胡、二胡、月琴、三弦、笛、唢呐等管弦乐器和锣鼓、铙钹等打击乐器伴奏。《霸王别姬》《群英会》《打渔杀家》和《三岔口》等流传较广。京剧名家辈出，流派纷呈，程长庚、谭鑫培、梅巧玲与杨小楼、梅兰芳、程砚秋、荀慧生、尚小云、马连良、周信芳、盖叫天等，是代表了京派、海派在不同时期、不同流派的京剧名家。由于雅俗共赏，京剧深受广大观众的喜爱，被称为"国剧"。

戏曲具有很强的程式性，表现在人物塑造上有所谓"脚色行当"之分。中国戏曲分为生、旦、净、丑四个基本行当，每个行当又分为几个专行，表演上各具特色。

生行是传统戏曲中出现最早的行当，扮演者都是男性。近代根据所扮演人物年龄、身份的不同，又划分为老生、小生、武生、娃娃生等。旦行，女角色之统称。千姿百态的女性形象，上至皇后贵妃，下至大家闺秀、小家碧玉、风尘女子，都属于旦行。根据所扮演人物年龄、性格、身份的不同，旦角大致划分为正旦（青衣）、花旦、武旦、老旦、彩旦等。净行，又称花脸。脸上用各种色彩勾勒出鲜明的图案，扮演性格、气质、相貌上有特异之处的男性角色。这些角色个性鲜明，或粗犷豪迈，或刚烈耿直，或阴险毒辣，或鲁莽诚朴。净角演唱声音洪亮宽阔，动作大开大阖、顿挫鲜明，为戏曲舞台上风格独特的性格造型。净行根据角色性格、人物身份，大致可归纳为三大类，即以唱功为主的正净，以做功为主的副净，以武功为主的武净。丑行，俗称小花脸、三花脸，与大花脸、二花脸相对而称。丑角扮演人物种类繁多，有的心地善良、幽默滑稽，有的奸诈刁恶、悭吝卑鄙。丑行念白口齿清楚、清脆流利，程式灵活自由。丑行大致可分为文丑和武丑两类。

艺术凝聚着民族的情感和智慧，反映着民族的性格和历程，应该让青年一代更多地了解丰富多彩而又深邃博大的传统艺术。我们无法将传统艺术点滴尽录其中，只希望借此打开一扇窗户，让传统艺术之光照亮青年一代的精神家园，让更多的朋友触碰到高远旷达的生命气象，体会文化建设与艺术传承背后的甘苦。

参考文献

[1] 长北：《传统艺术与文化传统》，福建教育出版社2013年版。
[2] 黄会林、史可扬等：《中国传统艺术研究》，北京师范大学出版社2010版。
[3] 顾建华、欧阳周：《中国传统艺术》，中南工业大学出版社1998版。
[4] 袁禾：《中国舞蹈》，上海外语教育出版社1999年版。
[5] 叶长海、张福海：《插图本中国戏剧史》，上海古籍出版社2004版。
[6] 孙继南、周柱铨：《中国音乐通史简编》，山东教育出版社1990年版。
[7] 杨飞：《中国绘画》，中国文史出版社2004年版。

第五章 传统生命信仰与人生修养

歌德在《西东合集》中说:"世界历史唯一真正主题是信仰与不信仰的冲突。"信仰是对某种理论、学说、主义的信服和信赖,并用以作为行动指南。信仰的本质要素是价值选择、价值取向和价值认同,最高价值是生命的终极关怀。生命信仰将生命不朽视为终极目的和终极价值,强调生命存在本身就是世界存在的价值和意义。作为价值创造的源头动力,信仰是对生命尊严与创造力的不二信心。所以列夫·托尔斯泰认为,信仰就是生命,就是生命动力。中国《周易》标举"大德曰生",认为生命产生生命,生命永远不朽。"生命不朽论"与"世界末日论"反映了东西方两种不同的人生信仰,也带来两条不同的修养道路。《孟子·尽心下》曰:"可欲之谓善,有诸己之谓信。充实之谓美,充实而有光辉之谓大,大而化之之谓圣,圣而不可知之之谓神。"在人生修养的征途上,人们通过自觉努力,把善良的本性充实扩大,既有道德的内在人格又有充盈的外在形象,才是"善、信、美、大、神、圣"统一的不朽生命。生命信仰通过证悟宇宙生命之大道,以求得个体生命的升华与解放。故罗曼·罗兰主张,信仰作为一种行为,只有被实践时才有意义。信仰与修养一体两面,是即知即行、知行合一的关系。信仰使修养充满信心,修养实质上就是信仰的人生实践。修养造就历史,历史见证信仰。本章以"中国传统的生命信仰""内圣外王的人格修养"和"伦理至上的道德修养"三节论述中国传统的生命信仰和人生修养。

第一节 传统生命信仰

一、儒学生命不朽观

《周易》被尊为"群经之首",自春秋战国儒、墨、道等诸子,至宋明儒、佛、道各家的生命观,都不同程度地渊源于《周易》天人合一的气化生命说。《周易·系辞下》曰:"天地之大德曰生。"此"生"即源自"元气"的"生命"。《周易·说卦》曰:"乾,天也,故称乎父。坤,地也,故称乎母。"《周易·系辞上》曰:

"夫乾，其静也专，其动也直，是以大生焉。夫坤，其静也翕，其动也辟，是以广生焉。广大配天地，变通配四时，阴阳之义配日月，易简之善配至德。"阴、阳即阴气与阳气互动，阴阳之道生生不息，宇宙万物无不是阴阳二气开显出的生命之象。《周易·系辞下》描述这种阴阳二气创生万物的过程曰："天地氤氲，万物化醇。男女构精，万物化生。"

"易道阴阳"，"易"字上为日，下为月，日阳月阴，阴阳二气结合产生变易。阴阳之义配日月，日月之道，情伪相感，这种变易即是生命之象：阳为乾、为天、为男，阴为坤、为地、为女，阴阳结合，相摩相荡，正是宇宙间永恒的生生不息的生命力所在，由此发挥出生命繁衍动力。《尚书·泰誓》"天人合气""天人合性""天人合德"诸说，在《周易》中得到系统表达，蕴含着开放的理解方式，是中华生命信仰的源泉。阴爻和阳爻是对生命阴阳二气的抽象，乾卦和坤卦在原始意义上是男、女性别表征，八卦或《周易》六十四卦都由阴爻和阳爻以不同方式排列组合而成。

"生生之谓易"，生命包含生命，生命孕育生命。《周易·系辞上》曰："一阴一阳之谓道，继之者善也，成之者性也。"这是《周易》中简易、变易和不易的真谛。乾卦《卦辞》曰，"乾：元，亨，利，贞"，指生命周期反复，讲述种子从萌芽、生长到成熟，以及又将开始新的生长周期之过程。"精气为物，游魂为变"，生为气之聚，死为气之散；气有聚散往来，人有生死寿夭，是生命不朽的经典表述。《荀子·王制》曰："水火有气而无生，草木有生而无知，禽兽有生而无义，人有气有生有知亦且有义，故最为天下贵。"气有清浊、明昏、全偏、厚薄、纯杂之不同，人因清、精、明、全、厚、纯之气而生，故人为万物之灵。

"人之所宝，莫宝于生命。"[1]人类社会生活的延续和发展，依赖于人自身的生产、物质生活资料的生产和精神生产。物质生命不朽需要精神文化的保障，追求文化生命的不朽才是中国传统生命信仰的核心内容。这在《左传·襄公二十四年》所载范宣子与叔孙豹论不朽中有充分表述：

> 宣子曰："昔匄之祖，自虞以上为陶唐氏，在夏为御龙氏，在商为豕韦氏，在周为唐杜氏，晋主夏盟为范氏，其是之谓乎？"

> 穆叔曰："以豹所闻，此谓之世禄，非不朽也。……太上曰有立德，其次有立功，其次有立言，虽久不废，此之谓不朽。"

唐代学者孔颖达在《春秋左传正义》卷三五中，对立德、立功、立言三者分别界定说，"立德谓创制垂法，博施济众"，"立功谓拯厄除难，功济于时"，"立言谓言得其要，理足可传"。后人将"立德"简化为"做人"，将"立功"简化为"做事"，将"立言"简化为"做学问"。"做学问""做事"都要先学"做人"，

---

[1] 李延寿：《北史·源贺传》，中华书局1974年版，第1023页。

凸显做人（立德）、做事（立功）与做学问（立言）之关系，强调成就信仰和人生价值选择的重要性，说明追求精神生命不朽，是超越个体生命而追求永生、超越物质欲求而追求精神升华的文化生命不朽。

二、道学生命不朽观

"道"是道家和道教的最高信仰。在生命形成问题上，道教信奉老子"道生一，一生二，二生三，三生万物"的宇宙生成论，认为天地万物，包括人皆由道衍生而来。道家生命哲学以"道生—气化—德成"为中心，其核心信仰是其生命不朽观。老子理想的生命不朽观认为，生命源于永恒之道，生命演化自然永恒又反于永恒，与道一起超越；葛洪现实的生命不朽观认为，生命本不朽，悟道存真，长生不死。道家对生命本体精神永恒的追求，与道教对于现实生命的个体生命无限的追求，合成"道不死，气不灭"的生命不朽观。

道教对于"生"持无限虔敬的态度，高度礼赞生命之神圣，以生死为人生第一要事。道教教义的精华就在于教人怎样去争取长生不老和肉身永存。虚化神、神化气、气化血、血化形、形化婴、婴化童、童化少、少化壮、壮化老、老化死、死复化为虚、虚复化为神、神复化为气、气复化为物，气化不断，犹环之无穷。陶弘景《养性延命录》主张靠人的主观努力去延长生命乃至长生不死，认为人发扬主体能动性，再加上运动养生法，就可超越生命的自然之限。长生不死的手段以静养、动养和医药养生为主，泛称"道教医学"，也就是常说的中医养生学。

中医经典《黄帝内经》秉承元气生成论和气化生命说，把元气、精气、真气看成是构成生命体的基本物质和生命原动力，认为阴阳二气是万物胎始，天地万物和人都是天地阴阳二气交合的产物；阴阳二气是先天永恒运动的元气，其基本方式就是升降出入，加上后天水谷之气和自然清气的补养，构成生命的健壮丰美。《黄帝内经》不仅是一部伟大的医学巨著，也是一部杰出的养生著作。孙思邈强调养生可以延寿，认为人的寿夭不是固定不变的，关键在于摄养；强调养性即养善性，其要义是治未病之病；要人注意生理卫生和心理卫生，"顺则生人，逆则成仙"，追求肉体长生和精神不死统一。企图通过炼精化气、炼气化神、炼神合道、炼道合虚的修炼步骤，使形—气—神—道互相转化、步步互融，达到形神俱妙的境界。《太平经·起土出书诀》说，"夫人命乃在天地，欲安者，乃当先安其天地，然后可得长安也"，主张"天地与我并生，万物与我为一"，呼吁保护宇宙良好生态体系，以获得万物并生、人物共存、持久发展的生态力与生命力。

道教生命信仰是一种行动哲学，鼓励人们在行动中体验生命真谛，证实生命不朽，实现对生命的理想追求。特别强调善行道者求之于身，要人们"善保身中之道"。因为道是宇宙万物中永恒的存在，道无始无终，长生不灭。所谓身中有道，就是将生命的本质视为道，就有使人身长生的可能。道教内丹学生死观，由肉体不死变为追求精神不死，即成神仙。神仙长生说重视生命的极点，认为"我命在我"且神仙可学，主张在生命化育和生死循环中奋进不息。道教内丹家讲"圣胎圆成""阳神出壳"。所谓圣胎非肉体凡胎，即所谓"纯阳长生之体"，是精、气、神在丹田中凝成的阳神，实际上指人的精神生命，是精神超越和精神不死的一种追求。

三、佛学生命不朽观

佛教典籍中的"命"有两种：一指命根；二指心识。命根是生命得以在世间存在的根本。原始佛教教义持不生不灭论，中国化佛教将其诠释为生命不朽说，认为人生是五蕴和合、生死轮回和因果报应中的一个段落。

中国化佛教重视探究人生实相和追求生命本源，重视缘起论、佛性说，以及六道轮回、生死解脱等生命理论和修行方法，包含万物含生、众生平等、缘起缘灭如环之无端等思想。缘起思想是佛教教义的根本，强调万事万物都是相互依存、相持而有，一切法皆依赖一定条件产生和消亡，一切生命都由众多因缘聚集及因果联系而存在，蕴、处、界是组成生命的基本要素，包含物质与精神两方面。由色、受、想、行、识五蕴，随六处而有眼识、耳识、鼻识、舌识、身识、意识等认识作用，加上地、水、火、风四大，从不同侧面论证了有情众生是色与心、物质与精神和合的生命。

汉译佛经将人体物质部分名为"色蕴"，精神部分名为"受蕴""想蕴""行蕴""识蕴"。"色蕴"指人体物质元素。如：人体中的骨骼是地的元素，属坚性；人体中的水分是水的元素，属湿性；人的体温是火的元素，属暖性；人体可以俯仰屈伸，行动进止，是风的元素，属于动性。地、水、火、风四种元素，能构造万物，因名"四大"，有形色可见，故名色蕴。"受蕴"指人体感受环境，经过反应而产生情绪。因环境有顺逆，人的感受便有苦乐之分。苦则憎，憎则嗔，嗔则烦恼；乐则爱，爱则贪，贪则生欲。"想蕴"指人类意识的想象力，因外境牵心，故心取境，构成概念，分别是非好丑而产生喜怒哀乐种种意念。"行蕴"是人经过思考判断而付诸言行及心理活动。"识蕴"为意识活动，不同于一般心理学认识。一般认识只限于眼、耳、鼻、舌、身、意等六根，对外界色、声、香、味、触、法等六尘，以及生起见、闻、嗅、味、觉、知等识别作用，但人对物质产生认识，除感受、取舍及意志活动外，还有微细的精神活动及末那识，引生自我观念与执着，产生我见、我慢、我爱、我痴等心理状态，因名意识。

由精神、意识与物质等五蕴所组成的人类生命，成长衰老而至于死，故曰有生有死。但死亡并不等于生命终结，因为此一生结束时又是另一新生开始，实际上是彼此继往开来的过程。人的生命物质部分虽然死亡，但精神部分却永恒不死，特别是作为精神主体的意识，包含人过去所造的业因，引生现世结果，再由现世行为形成种子，成为引生未来生命的主因，遂有过去、现在、未来三世生命流传，生生不已。《楞严经》说："生死死生，生生死死，如旋火轮，未有休息。"生命从不休息，生生不息的生命之流，又因业力种子有善恶美丑之原因，而有六道苦乐之结果。六道轮回是佛教信仰的基础。佛教认为，生命的存在形式有六种，众生因为自身的善业和恶业，在天道、人道、阿修罗道、畜生道、恶鬼道、地狱道等六道之中流转往复，此死彼生。六道中的众生只有人能够修行解脱，人既要珍惜自己的生命，又要慈爱他人的生命。故生命提升要造善业，善见善觉，善修善进，才得自由自在。

宋明理学以心性论为中心，主张心统性情。张载提倡"为天地立心，为生民立命，为往圣继绝学，为万世开太平"，这是三教合一的文化生命不朽论。心性学区分"为学"与"为道"，强调"为学日益，为道日损"。"为学"是一个经验领域的求知过程，其对象主要限于现象世界的特定对象；"为道"则指向形而上的存在根据，其要旨在于把握世界的统一性原理与发展原理。可见"为道"（做人）比"为学"（做学问）难度更大，因此"做学问先学做人"。"做人"是指一个健全人必备的基本素质，它是思想品德、道德规范、世界观、人生观、价值观及各种非智力因素，如情感、意志、毅力等方面的总和。正确反映客观知识叫"学问"，它是生活经验的积累，是人生智慧的源泉，是生命的基本动力，揭示知识与生活、生存、发展的内在联系。一个人再有学问，如果人品不合格，就不可能有大成就。《论语·学而》说："入则孝，出则悌，谨而信，泛爱众，而亲仁。行有余力，则以学文。"意思是要孝敬父母，尊敬兄长，说话谨慎而讲诚信，爱护大众而特别亲近那些有仁义道德的人。做到这些之后，才谈得上学习文化知识。所以儒家认为："孝悌也者，其为人之本与？"强调"孝道"信仰是生命不朽的根本保障。百善百行孝为先，孝行为先是生命不朽信仰的世俗化，在此基础上才有以孝入法、孝治天下与三不朽实现的可能。

胡适将古代"三不朽"称为"三W主义"。"三W"即英文的"Worth""Work""Words"，这三个词的含义与"立德、立功、立言"相近。在《不朽——我的宗教》一文中，胡适由传统的"三不朽论"引发提出"社会不朽论"："'小我'虽然会死，但是每一个'小我'的一切作为，一切功德罪恶，一切言语行事，无论大小，无论是非，无论善恶，一切都永远留存在那个'大我'之中。""社会不朽论"旨在把一己行为与人类的历史发展关联在一起，给有限的个体生命赋予永恒的生命意义。因此，胡适称"社会不朽论"乃是人生的"宗教"，其"教旨"是："我这个现在的'小我'，对于那永远不朽的'大我'的无穷过去，须负重大的责任，对于那永远的'大我'的无穷未来也须负重大的责任。我须要时时想着，我应该如何努力利用现在的'小我'，方才可以不辜负了那'大我'的无穷过去，方才可以不遗害那'大我'的无穷未来。"[1]胡适希望青年人确立社会不朽与文化不朽的信仰,作为人生进取的方向。

第二节 内圣外王的人格修养

人格也称个性,是指人在一定社会与文化中所形成的、旨在调节人与自然、人与社会、人与自身关系的行为准则及实际行为中所凸显出来的精神素质。真、善、美的人格修养是理想人格的培养,理想人格是一个社会、一个民族文化中人们最推崇的人格模范,它典型地体现了该社会文化的基本特征和价值标准。宋代将《大学》位列"四书"之首,提出一套人格修养方案,分为"格物""致知""诚意""正心""修身""齐家""治国""平天下"八个步骤,称为"八条目"。将不朽信仰化为理想人格的追求,为文化传承指明了方向,说到底就是求真、求善、求美的理想和实践,总归为实践人生不朽的"内圣"与"外王"两大途径。

"内圣外王之道"语出《庄子·天下篇》:"圣有所生,王有所成,皆原于一(道)。"内圣是人格理想追求,它表现为:"不离于宗,谓之天人;不离于精,谓之神人;不离于真,谓之至人。以天为宗,以德为本,以道为门,兆于变化,谓之圣人;以仁为恩,以义为理,以礼为行,以乐为和,薰然慈仁,谓之君子。"外王是政治理想追求,它表现为:"以法为分,以名为表,以参为验,以稽为决,其数一二三四是也,百官以此相齿;以事为常,以衣食为主,蕃息畜藏,老弱孤寡为意,皆有以养,民之理也。"[2]生命不朽是内圣与外王结合的产物,它不仅以"内圣之道"解决人的生死问题,而且发而为"外王之用",以其独有的政治观济世度人。换句话说,内圣强调修身养德,外王强调经国济民。内圣与外王统一,才是中国传统学者追求的理想人格。

《大学》第一章曰:"大学之道,在明明德,在亲民,在止于至善。知止而后有定,定而后能静,静而后能安,安而后能虑,虑而后能得。物有本末,事有终始,知所先后,则近道矣。古之欲明明德于天下者,先治其国,欲治其国者,先齐其家;欲齐其家者,先修其身;欲修其身者,先正其心;欲正其心者,先诚其意;欲诚其意者,先致其知,致知在格物。物格而后知至,知至而后意诚,意诚而后心正,心正而后身修,身修而后家齐,家齐而后国治,国治而后天下平。自天子以至于庶人,壹是皆以修身为本。其本乱而末治者,否矣。其所厚者薄,而其所薄者厚,未之有也。此谓知本,此谓知之至也。"

这一段话被奉为《大学》经文,包含"三纲领""八条目"与"七修证"三

---

[1] 胡适:《容忍与自由》,中国工人出版社2016年版,第29页。
[2] 马叙伦:《庄子天下篇述义》,龙门联合书店1958年版,第3页。

大内容。

"三纲领",即"明明德""亲民"和"止至善",是修身的基本原则。

(1) 明明德——彰显善良,行善避恶。

(2) 亲民——助己助人,不断向善。

(3) 止至善——身心和谐,物我统一。

"八条目"指修身的内容和步骤。每一个条目都以前一个条目为条件,而它们本身都以"修身"为根本,前四条是"修身"的方法,后四条是"修身"的效果。

(1) 格物——研究、探索事物本质。

(2) 致知——认清本质,即探究事物发展的本来面目和规律。

(3) 正心——动机纯正,保持心灵安详。

(4) 诚意——意念诚实,发自内心,不矫饰,不做作,不欺人,不自欺,在"慎独"上下功夫,严格要求自己,修养德性。

(5) 修身——提高修养,是格物、致知、诚意、正心功夫的落脚点,又是齐家、治国、平天下的出发点。

(6) 齐家——耕读传家,经营家庭。

(7) 治国——以孝入法,以德治国。

(8) 平天下——布仁政于天下,使天下太平。

《大学》作为儒家思想的总纲领,造就了后世儒家对社会的关心和参与精神,以及自身道德修养的提高过程,统称"内圣外王之道"。兹列《大学内圣外王图解》如图5-1。

"七修证"即心性修炼的七道程序方法。《大学》云:"知止而后有定,定而后能静,静而后能安,安而后能虑,虑而后能得。"宋代理学大师朱熹注解说:"止者,所当止之地,即至善之所在也。知之,则志有定向。静,谓心不妄动。安,谓所处而安。"知止就是有明确的人生目标,有定就是树立坚定的人生志向。用现代语言解释就是:

(1) 知——确定志向,知道自己的价值、目标和归宿,明确人生目标。

(2) 止——归宿与立场,知止即明确做人的原则、底线和立场。

(3) 定——静下心来,坚定不移。

(4) 静——动机纯正,心不妄动。

(5) 安——身心安详,从容有度。

(6) 虑——思虑周到,处事精详。

(7) 得——合理选择,心安理得。

梁启超说:"'内圣外王之道'一语包举中国学术之全体,其旨归在于内足以

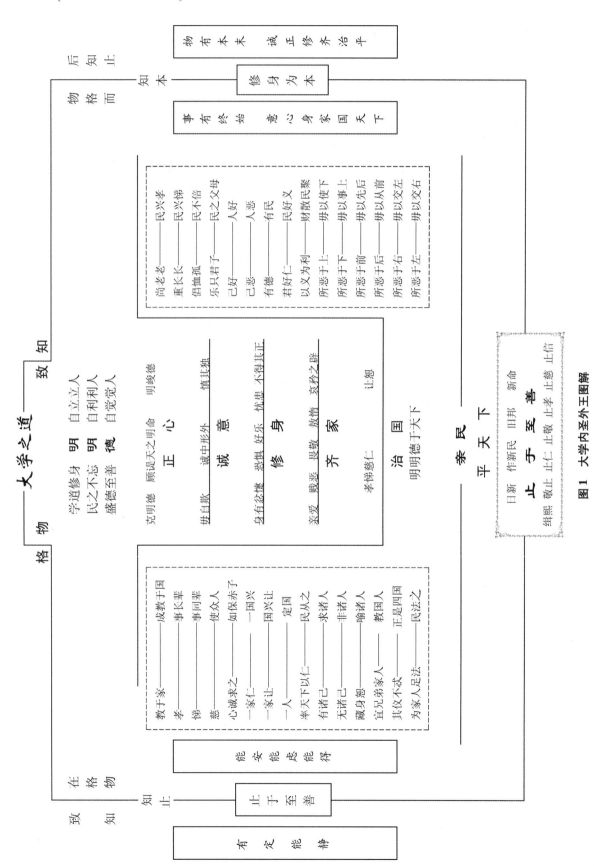

图1 大学内圣外王图解

资修养而外足以经世。"[1]内圣外王作为社会政治理想在整体上已经过时,但作为人格修养之道,体现了自强不息的入世精神。内圣与外王之人格修养,体现了"成己"与"成物"的价值追求,它主张人生在世应有所作为,或以道德,或以文章,或以事功成就自我并造福社会,突出了人的自我价值与社会价值统一。

儒、墨、法三家的内圣外王之道,其所设计的人格是一种道德人格,代表着人们对至善的追求;道、玄、禅三家的内圣外王之道,其所设计的人格则是一种逍遥人格,代表着人们对自由的追求。内圣外王的人格结构一体两面,从形式上代表了实现人生价值的两个侧面,实质上这两个侧面又高度统一。内圣是外王的前提,外王又是内圣的条件,缺少任何一面,人格形态都不完美。对完美人格的追求,便形成了一种理想的人生模式。中国古代知识分子,得意之时便追求道德人格,失意之时便追求逍遥人格,这已成为自觉不自觉的行为定式。

《大学》相传为孔子弟子曾参所作,汉代学者戴圣将它收入《礼记》之中,在宋代前未单独刊印。唐代学者韩愈、李翱把《大学》看作与《论语》《孟子》同等重要的"经典"。宋代朱熹将《大学》列为儒家"四书"之一,成为传统士人第一部必读的文化经典。不仅如此,朱熹还把《大学》章句的前后顺序进行调整,形成经文一章、传文十章,前者为《大学》正式内容,后者对经文进行注解。南宋真德秀对朱熹很推崇,尊之为"百代宗师",著《大学衍义》40余卷,重点阐述三大问题:一是人君要学什么?二是人君要怎样学?三是人君怎样学以致用?

贯穿《大学衍义》始终的纲要是"修身",身修然后家齐国治。这是儒、释、道三家合流以后中国文化发展的新结果。真德秀在抬高君主治国平天下地位的同时,也给君主套上了文化的紧箍咒,强调君主要毫不犹豫地服从天道和天命。

明代学者丘浚著《大学衍义补》160卷,以治平为纲,征引三代以来经典和史籍中治国安邦的具体政策和策略,堪称经邦济世的百科全书。丘浚论治国平天下之法,共有十二"要"。第一要"正朝廷",第二要"正百官",第三要"固邦本",第四要"制国用",第五要"明礼乐",第六要"秩祭祀",第七要"崇教化",第八要"备规制",第九要"慎刑宪",第十要"严武备",第十一要"驭夷狄",第十二要"成功化",其中又以"正朝廷"为核心。"正朝廷"是关于朝廷执政原则的论述,又分为四卷六大子目。《大学衍义补》虽是《大学衍义》的补充之作,但更加广泛地讨论了当时的国家行政及制度问题,自称所载所叙虽前代之事,而于当世"急先切要之务"尤加注意。《大学衍义》"主于理",《大学衍义补》"主于事",其内容包罗宏富,为研究中国古代经济学,尤其是明代前期和中期经济、政治、文化、教育、司法、军事发展,提供了系统资料。

内圣外王之道,既"正其身"又"诚其意",以出世之道寻求入世之利,以入世之利得出世之乐,这就是中国传统人格修养的内在境界。人格修养之道,首先

---

[1] 梁启超:《清代学术概论》,中国言实出版社2014年版,第129页。

讲的是回归内心、修炼自我并完成自我的成长过程。"格物、致知、诚意、正心"在先，"修身、齐家、治国、平天下"紧随其后。现实中人们常常忙于"平天下"而忘记前面的"修身"基础，而修身前面的四步修炼才是真正的文化修养，通过格物、致知、诚意、正心，自己的心才会变得公平公正。有了这些，天下难平也问心无愧。

遗憾的是，在传统中国社会，理想的"内圣"却开出了专制的"外王"，最终成了近代民主革命的对象。现代或将来的中国，能否由"内圣"开出新"外王"？道德学问（内化）能否与事功（外化）结合？我们希望是肯定的回答。《管子·心术下》曰："心安是国安也，心治是国治也。"心安、心治是治身之内圣，国安、国治是治世之外王，二者实则一体一理。美国第36任总统约翰逊在就职演说中说："经过两次世界大战，美国形成了强大的军事工业体系、发达的金融体系和繁荣的科研体系，这三大体系支撑和引导着美国的国家和社会，影响着世界。"他特别奉劝美国民众："不要为种在地里的那点瓜果争斗，要关注人类的公平自由，不允许一个痛苦无助的人遗漏在我们的视线之外。"[1]社会与经济现代化转型，意味着政治文化和民主制度的形成。2014年9月5日，习近平主席在庆祝全国人民代表大会成立60周年大会上指出："人民民主是社会主义的生命。没有民主就没有社会主义，就没有社会主义的现代化，就没有中华民族伟大复兴。"社会主义愈发展，民主也愈发展。习近平主席强调："保证和支持人民当家做主不是一句口号、不是一句空话，必须落实到国家政治生活和社会生活之中。""实行人民民主，保证人民当家做主，必须坚持国家一切权力属于人民的宪法理念。"这正是新外王的目标。新外王要以新内圣为基础，新内圣特别要在以"仁"为核心的系列修养基础上，注入现代人格独立的道德修养，从而由修身到养性，由养性到立己，由立己而觉己，由觉己而觉人，然后才可能产生精神独立与思想自由的新人格。

1958年，现代新儒学家牟宗三、徐复观等人联合发表《为中国文化敬告世界人士宣言》，强调要发展儒家"心性之学"，以建立中国的新道统、新政统和新学统。这就是要从"内圣外王之道"中开出外王事功的新使命，即"儒家第三期文化使命"。这一使命强调"三统并建"，"即重开生命的学问以光大道统，完成民主政体建设以继续政统，开出科学知识以建立学统"，这是新时代内圣外王的新理想。人在通过机能实现意向时，既是一种外在的文化追求，又体现为内在的精神体验。[2]美国文化人类学家林顿在《人格的文化背景》中认为，"人格"与"社会""文化"三者互动。任何人，他作为一个社会成员，在社会结构中居于特定的地位和身份，扮演特定的社会角色，同时他又是文化的享受者、修正者和传承者。每一个社会都存在着"基本人格"和"身份人格"。前者是共同人格因素形成的综

---

[1] 武军：《美国总统就职演说全编》，中国文史出版社2009年版，第304页。
[2] 封祖盛：《当代新儒家》，生活·读书·新知三联书店1989年版，第1页。

合体，后者是个人的基本人格类型。"内圣外王之道"，作为人格理想，通过现代诠释和转化，去掉其落后成分，仍可继续为现代人格修养所参照。

第三节 伦理至上的道德修养

中国传统道德修养，简称修身养性，强调伦理至上。修身主要是通过养生方法使身体健康，养性主要是提升自己灵性及心理素质，使心智本性不受损害，达到生理和心理和谐。基于伦理道德修养为主的修身养性是中国传统文化的精髓，强调家与国相通，忠与孝相连，治家与治国理一分殊，故曰"家者，国之本也"，"父父、子子、兄兄、弟弟、夫夫、妇妇，而家道正，正家而天下定矣"。儒、释、道各家修身养性的论述很多，都以人之本性，即善性和天性当立论前提，强调身心并修与性命双修。修即省察克治，养乃涵育熏陶俟其自化。儒家主张积极入世存心养性以成圣，佛家主张出世修行明心见性以成佛，道家主张逍遥游世清心炼性以成仙（真人）。三教合流以后，明清学人提倡"生以载义"与"义以立生"，以此升华为舍生取义的浩然正气、杀身成仁的道德境界和精忠报国的民族气节。这里择要介绍几点如下。

一、人生大事做人第一

"立德"（做人）、"立功"（做事）、"立言"（做学问）的三不朽观，是历代中国知识人追求人生成就价值的中心信仰。"立德"即树立高尚的道德，"立功"即为国为民建立功绩，"立言"即司马迁所说的成一家之言。在三不朽观中，"立德"有赖于外界评价，"立功"需要投入战场，"立德""立功"必须要先"立言"。于是，文人每以"立言"为要务。如曹丕《典论·论文》说："盖文章经国之大业，不朽之盛事。年寿有时而尽，荣乐止乎其身，二者必至之常期，未若文章之无穷。是以古之作者，寄身于翰墨，见意于篇籍，不假良史之辞，不托飞驰之势，而声名自传于后。"[1]但立言又以"立德"为先。从终极目标上讲，治学的根本目的是为了做人而不是谋生，所谓"读书明理"，首先是指明人伦道理，因为人才是"人"与"才"的合体，只有先成人，然后才能成才，所以说"做学问要先学做人"。从治学的途径上讲，自古有"尊德性"（偏重于道德实践而求仁者，又称"穷理"，穷得物理也）与"道问学"（偏重于认知活动而求智者，又称"尽性"，尽得人性也）之分。有人主张尽心以知天，以仁统智；有人强调穷理以知性，以智统仁。宋明时期理学与心学关键之分即在于此，主敬是道德涵养，穷理

---

[1] 萧统编、李善注：《文选·典论》，上海古籍出版社1986年版，第2271页。

是知识增进,只有将两者有机结合起来,才能既穷得物理又尽得人性,否则必蔽于一曲而暗于大方。用顾炎武的话说,就是要"博学于文,行己有耻"。具体到日常生活中,要时刻注意人格修养,淡泊宁静,严以律己,宽以待人,正人品以正学品。具体到学术研究中,要求治学与做人、立言与立身齐头并进。

二、义利之辨是价值选择的核心内容

义利之辨是中国传统伦理学最基本的问题,也是学术研究和人生价值选择的首要课题。对义利关系的态度,集中体现了中国伦理道德的价值取向。从内涵上看,"义"是指道义、正义,既是人们行为要遵循的道德规范与准则,也是人们进行道德评价的标准;"利"是指利益、名利,既指国家、集体、社会利益,也指个人利益;既指物质利益,也指精神利益,是一个广泛又开放的概念。

义利观以义利关系认识为核心并受义利关系的制约。义利关系主要有物质生活追求与精神生活追求的关系,物质利益与伦理道德的关系,个人利益与社会公共利益的关系,志向动机与利益效果的关系,等等。孔子说:"君子喻于义,小人喻于利。"《大学》说:"君子贤其贤而亲其亲,小人乐其乐而利其利。"荀子主张先义后利,"先义而后利者荣,先利而后义者辱"。孟子主张见利思义和舍生取义,强调"生,亦我所欲也;义,亦我所欲也;二者不可得兼,舍生而取义者也"。义成为主观道德意识、道德判断与客观道德法则和原则的总称。董仲舒概括孔孟义利观,提出"正其谊不谋其利,明其道不计其功"〔1〕。儒家持重义轻利的价值取向,把"义"看作是人安身立命的根本,主张"以义制利""公利为上""舍生取义",强调对利的追求应该以义为准绳,并加以节制。

墨家有不同看法。墨子认为"义,利也",主张义利一致。

宋代学者程颢、程颐在《二程遗书》中指出:"大凡出义则入利,出利则入义。天下之事,唯义利而已。"在此基础上,陈亮、叶适认为道义和功利并不矛盾,功利体现在道义之中,离开功利无所谓道义。叶适说:"古人以利与人,而不自居其功,故道义光明。既无功利,则道义乃无用之虚语耳。"〔2〕清代学者戴震、颜元等明确主张义利不可偏废,理欲应该统一。

从价值导向和目的追求上看,义利关系主要体现为利益与诚信两大问题。市场经济要以诚信为基础,要靠制度来建立。破坏诚信很容易,但要建立诚信不易,诚信破坏之后重建更难。日本现代企业家涩泽荣一在《论语与算盘》中提出了"士魂商才"说,主张商人既要有士的操守、道德和理想,又要有商的才干与务实。公平正义的建立与诚信待人如何实现?诚信主要靠法律维护还是靠道德自律?

---

〔1〕 班固:《汉书》卷五十六,浙江古籍出版社2000年版,第777页。
〔2〕 叶适:《习学记言》卷二,上海古籍出版社1992年版,第12页。

这些既是历久弥新的学术课题,又是知行合一的实践问题。我们应该把义利之辨同名与利、群与己、贾与商、诚信与利益、王道与霸道、道德与功利等关系结合在一起进行思考,看到诚信和利益在长远利益上的一致性。诚者,为人之本;信者,处世之基,诚信永远是为人处世的基本准则。

三、内外超越是修养的基本途径

人生修养的关键途径在于内外超越的成功。[1] 外部超越是指家庭、学校、社会的教育,如"庭训有方""师教有术""遇物而教";内部超越指自身努力,如"自立有道""弗纳于邪""以史为鉴"等。[2]

关于"庭训"与"师教",清朝康熙皇帝的成长经历有一定的代表性。康熙皇帝是中国历史上有作为的帝王之一,文治武功,创造了盛世之局,首先在于其所受的成功的"庭训"与"师教"。他晚年撰写了一部《庭训格言》,详细介绍他从儒家经典中学习的人生修养经验。其训曰:"仁者以万物为一体,恻隐之心,触处发现,故极其量,则民胞物与,无所不周。"又曰:"仁者无不爱。凡爱人爱物,皆爱也。故其所感甚深,所及甚广。"并强调:"凡人养生之道,无过于圣人所留之经书。故朕惟训汝等熟习《五经》《四书》,性理诚以其中,凡存心养性立命之道,无所不具故也。看此等书,不胜于习各种杂学乎?"[3]

所谓"遇物而教",即强调教育方式的灵活多样性和学习方法的自主性。要在理论学习的同时重视实践,特别是文化素质教育,一定要师长言传身教和学生学习实践相结合,在道德教育过程中遇物而教,使道德规范在学生生活实践中自律内化。如明代学者万全《育婴家秘》曰:"小儿能言,必教之以正言。……能食,则教以恭敬,若亵慢之习勿作也。……言语问答,教以诚实,勿使欺妄也。……衣服器用、五谷六畜之类,遇物则教之,使其知之也。或教以数目,或教以方隅,或教以岁月时日之类。"

关于"自立有道",中国古代有智、仁、勇"三达德"的要求,又叫"君子"之道,是对自立之道的基本解释。孔子曰:"君子道者三,我无能焉:仁者不忧,知者不惑,勇者不惧。"其中"仁"是核心。"仁"是什么?简言之就是"泛爱众,而亲仁",就是"克己复礼为仁",就是"己欲立而立人,己欲达而达人",就是"己所不欲,勿施于人"。"己所不欲,勿施于人"即忠恕之道,要求根据自己内心的体验来推测别人的思想感受,达到推己又及人的目的。换句话说,己之所

---

[1] 余英时:《从价值系统看中国文化的现代意义》,《余英时文集》卷12,广西师范大学出版社2014年版。

[2] 余同元:《做学问先学做人》,余同元《明清社会与经济近代转型研究》附录,苏州大学出版社2015年版。

[3] 爱新觉罗·玄烨:《庭训格言》,浙江古籍出版社2013年版,第17、11页。

欲，亦施于人。就推己及人的肯定方面称之为"忠"，即"尽己为人"；就推己及人的否定方面称之为"恕"。推己及人这两个方面合在一起，就叫忠恕之道，亦称"絜矩之道""仁之方也"（实行仁的方法）。曾国藩极力推崇孔孟"自立立人、自达达人"之道，认为孔子所说的"己所不欲，勿施于人"与孟子所说的"取人为善，与人为善"都是"忠恕之道"和"仁义之道"，强调一个人若懂得这些道理才能成大事。

"弗纳于邪"是指学习做人的正当道理，不要因骄傲、矜夸、放纵而走火入魔。君王按照正当道理行事，臣下执行正确的命令，父慈子孝，兄友弟恭，叫作"六顺"。弃"六顺"而取"六逆"的行径，就是祸乱的原因。

"以史为鉴"的基本内涵是"资治通鉴"和"读史明智"两方面。"居今之世，志古之道，所以自镜也"，这是司马迁"究天人之际，通古今之变，成一家之言"的根本途径。魏徵对唐太宗说："殷鉴不远，在夏后之世。臣愿当今之动静，以隋为鉴，则存亡治乱可得而知。"[1]唐太宗就是从这个角度理解"以史为鉴"的意义的。杜牧也强调秦朝覆亡留给后世的教训："秦人不暇自哀，而后人哀之。后人哀之而不鉴之，亦使后人而复哀后人也。"[2]可见"以史资治"乃是"治国平天下"的关键环节之一。但刘知几认为，"以史为鉴"既可"资治"也可"明智"，所以他强调："史之为用，其力甚博，乃人生之急务，为国家之要道。"[3]历史是一面明镜，是好是坏都可以照见自己的影子。所以说历史不光教人学好，也能教人学坏，关键是要如何"读史明智"。要积极地吸取历史的经验教训，以便更好地把握自己，大到治理国家，小到自我修养，都应该走正道而不走邪路。故曰："以铜为鉴可正衣冠，以古为鉴可知兴衰，以人为鉴可以明得失，以史为鉴可以知兴替。"所谓"前车之覆，后车之鉴""鉴古知今""鉴往知来""观今宜鉴古，无古不成今""明镜可以照影，古事可以知今""推陈以出新""返本以开新"等，都说明"以史为鉴"是中国传统文化的核心理念之一，也是中国人生修养的重要方法之一。

真正的内外超越，奠基于信心不二与身心统一。如何实现信心不二和身心统一？纵观古今中外的各种身心关系理论，都难以令人满意地解决这一古老难题。对此，只有继承中国传统形神关系中的身心不二论，承认心灵中的各种现象具有身心合一的根本属性，努力通过改造内心来追求人生健康，才能实现社会平等正义。因此，在人与自然的物质交换中，必须提倡天人合一的价值取向。在人与社会的行为转化中，必须提倡诚信友爱的价值取向。在人与自己的自我意识互动中，必须提倡内部超越的价值取向。三组价值取向的正确选择，才能彰显出人们求真、

---

[1] 欧阳修、宋祁：《新唐书》卷五十三，中华书局1975年版，第1365页。
[2] 杜牧著、罗时进选编：《杜牧集》，凤凰出版社2014年版，第256页。
[3] 刘知几撰、赵吕甫校注：《史通新校注》，重庆出版社1990年版，第631页。

向善、爱美的自我意识的超越。[1] 这就是：

求真（自然科学技术）——人与自然关系的价值选择
求善（社会政治经济）——人与社会关系的价值选择
求美（人文艺术修养）——人与自己关系的价值选择

处理好自己和自我的关系，要珍爱自己，同时还要自我超越。人活在世上，最重要的就是不断实现对自己的超越，才能把注意力从外界收回内心，达到明心见性。

四、读书养心与谦和礼让是修养常课

首先要读书养心。清代学者朱用纯认为，"子孙虽愚，经书不可不读"。也就是说，无论任何人，读书都是第一要事。古人说，读书万卷就会心胸开阔，心性自然开朗。清人张英认为，"读书可以增长道心，为颐养第一事"。他不仅强调读书养心，还提出通过读书内省自律。他说："凡喜怒哀乐、劳苦恐惧之事，只以五官四肢应之，中间有方寸之地，常时空空洞洞，朗朗惺惺，决不令之入。"也就是说要在内心里设城防，并将城门紧闭，不能让喜怒哀乐及劳苦恐惧侵入。不过，"有时贼势甚锐，城门稍疏"，外来干扰混入其内，但要"即时觉察，便驱之出城外，牢闭城门"，使心地仍然宽绰洁净。[2] 读书养心，从内心提高自己，自觉地抵御外来压力，追求超然人生，才能保持天真快乐的心态和健康长寿的身体。

其次要谦和礼让。与人相处，要谦和礼让，淡泊名利。看人要先看别人的长处，处世要与人为善。只有宽广的胸襟、博大的情怀，才能赢得友谊，增进团结。只有度量博大，才能解人之难，释人之迷，扬人之长，谅人之短，从而产生巨大的吸引力和感召力，使人乐于亲近。而胸襟褊狭者往往因为嫉人之贤，妒人之能，讥人之短，扬人之过，无形中形成了一种排斥力，使人避而远之。

谦和礼让与助人为乐相辅相成。待人宽宏大量，遇事忍让，舍得吃小亏，不占他人便宜的人，能够赢得群众支持，人际关系自然和谐融洽，既可保证事业发展，又可促进身心健康。《菜根谭》说："人生减省一分，便超脱一分。"这种超脱，不仅会带来精神愉悦，而且会赢得事业成功。

五、自奉俭约和自强不息是修养基本功

俭约和奢逸，退让与争强，这是两种截然不同的处世态度，其结果迥然相异。孔子曰："奢则不孙也，俭则固。与其不孙也，宁固。"对自己过于奢侈珍爱，往

---

[1] 余同元：《中国文化概要·绪论》，人民出版社2008年（修订）版。
[2] 张英、张廷玉：《父子宰相家训》，新星出版社2015年版，第120页。

往会失去生命活力,使人不思振作和进取。《荀子·非十二子》:"上功用,大俭约而僈差等。"杜甫《送卢十四弟侍御护韦尚书灵榇归上都》诗:"俭约前王体,风流后代希。"罗大经《鹤林玉露》曰:"奢则妄取苟求,志气卑辱,一从俭约,则于人无求,于己无愧,是可以养气也。"饮食节俭,可以养脾胃;嗜欲节俭,可以聚精神;言语节俭,可以养气息非;交游节俭,可以择友寡过;应酬节俭,可以养身息劳;夜坐节俭,可以安神舒体;饮酒节俭,可以清心养德;思虑节俭,可以减少烦恼。人常和悦,则心气自然而五脏安康。

自奉上的"减几分"和处事上的"退一步",同成事上的"增几分""进一步"是密切相关的。注重防微杜渐,不看重物质享受上的满足,而是把注意力放在自我修养完善和精神世界的充实上。诸葛亮的《诫子书》曰:"夫君子之行,静以修身,俭以养德。非淡泊无以明志,非宁静无以致远。夫学须静也,才须学也,非学无以广才,非志无以成学。怠慢则不能研精,险躁则不能治性。年与时驰,意与岁去,遂成枯落,多不接世。悲叹穷庐,将复何及。"司马光的《训俭示康》也教子俭约,列举了许多前贤的真知灼见和正反两方面例子。司马光不仅有言传,而且还有身教。因此,清人陈宏谋主张:"待人要丰,自奉要约,责己要厚,责人要薄。"[1]

《周易·乾卦·象辞》曰:"天行健,君子以自强不息;地势坤,君子以厚德载物。"天的运行刚健有力,君子应像天一般刚毅奋进、奋发图强、自我求新、永不止步。自强要求做到自主、自立、自信、自勉、自责、自尊、自爱、自由、自觉,表现在困难面前不低头不丧气,积极进取,执着追求。不息表明锐意进取没有尽头,但还要自我觉醒和自我超越。自强不息是中华民族几千年来熔铸成的民族精神,这种精神使中华民族历尽沧桑而不衰,永远自立于世界民族之林。作为中华儿女,应有坚强的意志和永不止息的奋斗精神,努力加强自我修养,发展自己的事业,实现远大的理想。

中国历代名贤坚守生命至上的不朽信仰和伦理至上的道德修养,大多因其在人生道路上体现了高尚的道德,或在行动上创造了丰功伟绩而成贤入圣。任何时代的社会文明若要持续发展,都不能没有生命终极信仰及其价值系统的支持。传统社会的现代转型,终结于现代社会核心价值的确立,既是一种文化的继承创新与温故知新,又是一种信仰的返本开新与推陈出新,更是一种持续不断的生命觉醒。传承中华优秀传统文化,必须自觉地开展生命活动中蕴含的价值选择和社会实践,按照正确的道德准则,吸取传统精华,提倡做人,提倡修身,提倡"先天下之忧而忧,后天下之乐而乐"。亚里士多德认为伦理学目的不是知识而是实践。中国传统的生命信仰与人生修养,总是内在地指向知与行和言与行的统一。言行一致、知行合一,是中国人生修养反复强调的不二途径。其他诸如自强不息的进

---

[1] 陈宏谋:《五种遗规·养正遗规》卷下,线装书局2015年版,第33页。

取精神、大义凛然的气节情操、民贵君轻的民本意识、求是务实的现实态度、趋善慎独的思想境界、谦和礼让的道德风范等，都是新时代新文明建设的基因和基石。由此可见，伦理是道德活动、道德意识和道德规范的统一，伦理修养是他律（法律修养）与自律（道德修养）的统一。古代伦理至上的道德修养学说，从客观上适应宗法人伦社会生活的实际，从主观上符合统治者强化统治的要求。传统道德修养最终要落实到每一个历史时期的现实生活中，必须应时损益，与时俱进。

☞ 参考文献

[1] 朱熹：《四书集注》，中华书局1983年版。

[2] 胡适：《不朽——我的宗教》，《新青年》，1919年第6卷第2号。

[3] 牟宗三：《中国哲学的特质》，上海古籍出版社1993年版。

[4] 余英时：《儒家伦理与商人精神》，广西师范大学出版社2004年版。

[5] 吴根友：《老庄生命哲学略论》，《哲学研究》1990年第10期。

第六章 儒学的形成与发展

在浩瀚的中华礼乐文化发展的长河中，孔子具有格外重要的地位。司马迁在《史记·孔子世家》中评价孔子说："孔子布衣，传十余世，学者宗之。自天子王侯，中国言六艺者折中于夫子，可谓至圣矣。"孔子创立的儒家学派在先秦时期被称为显学，汉武帝"罢黜百家，独尊儒术"，儒家文化成为中华传统文化的主流，中华民族精神主要体现在儒家学说中。

第一节 孔子与儒学

一、孔子的先世与生平

孔子，名丘，字仲尼。鲁国陬邑（今山东曲阜东南）人。生于鲁襄公二十二年（前551），卒于鲁哀公十六年（前479）。孔子诞辰相传为阴历八月二十七日（阳历9月28日）。孔子在年轻的时候，其国人就对他寄予厚望，称其为"圣人之后"。

孔子的先世非常显赫，可以追溯到商代的王室。周灭商，封商纣王的庶兄微子启于宋。四传至宋湣公，宋湣公长子弗父何，次子鲋祀。宋湣公不传子而传弟，是为宋炀公。鲋祀弑其叔父炀公，欲以其兄弗父何为君，弗父何让国于弟，自己为卿。弗父何曾孙正考父佐戴公、武公、宣公三朝，非常谦恭，曾三命为卿。正考父之子孔父嘉为宋国司马，为太宰华父督所杀，其子木金父（或说其曾孙防叔）逃到鲁国。孔父嘉即孔子六代祖，因为距离宋国的始祖已经超过五代，其后代以其先人之字为氏，乃曰孔氏。孔防叔生伯夏，伯夏生叔梁纥。叔梁纥即孔子的父亲。他为鲁国军队的勇士，曾为陬邑大夫。《左传》"鲁襄公十年"记载，晋、鲁、宋、卫等诸侯联军攻打小国偪阳，"偪阳人启门，诸侯之士门焉。县门发，陬人纥抉之，以出门者"，其中，"陬人纥"即叔梁纥。叔梁纥初娶鲁国施氏女，生九女而无子，其妾生子孟皮又有足疾，因此晚年求婚于颜氏。叔梁纥娶颜氏女时已超过64岁，于礼制不合，所以《史记·孔子世家》载叔梁纥"与颜氏女野合而生孔子"。

孔子3岁时父亲去世，童年生活比较艰苦，母亲颜徵在带他迁居到鲁国都城曲阜。孔子继承了父亲强健的体魄，"长九尺六寸，人皆谓之长人"，"孔子之劲举国门之关而不肯以力闻"。由于生活所迫，孔子年轻时"多能鄙事"。他曾经给鲁国大贵族季氏当过管理账目的委吏和管理牲畜的乘田，还从事过一种"相礼助丧"的职业。后来，随着博学名声的日隆，孔子便开始招徒讲学，开辟了一条私人讲学的道路。

鲁定公九年（前501），孔子51岁时任中都（今山东汶上县西）宰，一年之后又升为小司空、大司寇。"由大司寇行摄相事"，在夹谷（今山东莱芜境内）之会上担任相礼。定公十二年，孔子提出"堕（隳）三都"。"三都"是指孟孙氏的食邑郕（今山东宁阳北）、叔孙氏的食邑郈（今山东东平）、季孙氏的食邑费（今山东费县北）。由于三桓的反对，"堕三都"的事情以失败告终。鲁定公十三年，"齐人归女乐，季桓子受之，三日不朝，孔子行"。定公与季桓子沉湎于声色，不理朝政。孔子不容于鲁，受到冷落，遂率弟子周游列国。十四年间，到过宋、卫、陈、蔡、曹、郑等国。在此期间，孔子师徒颠沛流离，备尝艰辛，在匡地被围，在郑国都城被人嘲笑为"丧家之犬"，在陈、蔡之间绝粮，弟子疲惫不堪，而孔子"弦歌不绝"。

鲁哀公十一年（前484），孔子返回鲁国，被鲁人尊为"国老"，但是终不能受到重用。鲁哀公十四年西狩获麟，孔子谓"吾道穷矣"。晚年孔子连遭丧子与颜回、子路之死的打击，子贡看望他时，孔子叹曰："泰山其颓乎，梁木其坏乎，哲人其萎乎！"鲁哀公十六年，73岁的孔子离开人世，葬于曲阜城北。

孔子由杏坛设教起，周游列国至晚年归鲁，从来没有停止过他的教育活动，前后持续了四十多年。春秋中后期有不少学者开创私学，孔子是其中最有名、最成功的一位，积累了许多有价值的教育思想和方法。孔子坚持"有教无类"的办学原则。在教学内容上，"孔子以诗书礼乐教"，"子以四教：文（文献）、行（实践）、忠（忠诚）、信（信实）"。孔子教导弟子"毋意（不臆测），毋必（不武断），毋固（不固执），毋我（不自以为是）"。在教学方法上，孔子主张"因材施教"。孔子渊博的学识及其对弟子无私的教导，赢得了弟子们对他的信赖与尊敬。颜渊曾经感叹说"仰之弥高，钻之弥坚"，子贡认为"仲尼，日月也，无得而逾焉"。许多弟子几乎是终身追随孔子。孔门弟子尊敬孔子，服膺孔子学说，不仅造成了很大的声势，而且也实实在在地提高了孔子与儒学的地位。

孔子将自己的人生经历总结为："吾十有五志于学，三十而立，四十而不惑，五十而知天命，六十而耳顺，七十而从心所欲，不逾矩。"孔子毕生对于古代元典倾注了极大精力进行整理和研究。虽然他自称"述而不作"，但其"作"即在"述"中，即通过阐释传统而进行思想与理论的创新，为我们最大限度地保留了"六经"（《易》《诗》《书》《礼》《乐》《春秋》）的原貌。

二、孔子创立儒家学派

孔子在招徒讲学的过程中，创立了儒家学派。早在儒学创立之前，"儒"就已经存在。"儒"在殷商时代是对一种宗教职业人员的称呼。"儒"为人相礼、祭祖、事神，甲骨文中，"儒"字为人沐浴状，"儒"字是从"需"字分化而来，其本义为"濡"。[1]甲骨文中有"儒人"与"丘儒"的记载。孔子不是"儒"之创立者，但是"儒家"之创立者。儒家怀抱着政治理想，"忧道不忧贫"。儒家学派以孔子为宗师，号称"祖述尧舜，宪章文武，宗师仲尼"。

与道家关注天人关系不同，孔子寻求人与人关系的真谛。孔子非常重视人与人关系的研究，所以说早期儒学也可以称为"人学"，亦可称为"仁学"。

孔子强调"仁"，并从各个方面赋予其新的意义。他不是以氏族或宗族的一分子，而是以个体的人来理解"人"的本质，强调个人价值。孔子关于"人"的最多的称谓是"士"。"士"是社会的，而不是宗族的。早期儒学的主要内容是关于"士"修身方面的道德规范和从政方面的治国原则。

孔子思想产生之初，他关注最多的是"礼"。他认为礼的作用是无与伦比的：上层人士"好礼"，以身作则，为民垂范，就会政行令从；下层民众"约之以礼"，就不会犯上作乱。所以孔子对礼的倡导不遗余力。孔子曾教导儿子孔鲤"不学礼，无以立"，要求弟子颜渊"非礼勿视，非礼勿听，非礼勿言，非礼勿动"，呼吁统治者对百姓"道之以德，齐之以礼"。孔子还提出"复礼"的主张，"复礼"必须"正名"，即不同等级的人们，都要严格遵照"礼"所规定的等级名分和相应的行为规范行事，使贵贱有等，上下有序，各安其位。

孔子企图用"礼"的学说改造社会，却事与愿违，处处碰壁。他不得不进一步思考"礼"之不行的深层原因，于是孔子开始越来越多地提到"仁"，议论"仁"与"礼"之间的关系。孔子"仁"的学说得到充分的拓展和完善。

"仁"是孔子思想的核心。据学者统计，《论语》中出现"仁"字有109次之多[2]。"仁"字早在金文中就已经出现，先秦典籍中也常见，如《诗经·叔于田》篇："洵美且仁。"《诗经·卢令》篇："其人美且仁。""仁"都是与"美"相连，指君子仪文美备。孔子赋予"仁"很多新的美好的含义，使之成为具有丰富伦理思想意义的概念。

孔子所说的"仁"是分层次的，第一个层次即"仁者爱人"。如《论语·颜渊》载樊迟问仁，子曰："爱人。""仁"的具体含义是"爱人"，即人人都有同情

---

[1] 徐中舒：《论甲骨文中所见的儒》，《徐中舒历史论文选辑》，中华书局1998年版，第1216—1232页。

[2] 参见杨伯峻：《论语词典》，《论语译注》附录，中华书局1980年版，第221页。

心,有恻隐之心,表现出仁爱的精神。有仁德的人必有一颗博大的爱心,能包容别人。"仁者爱人"要做到"己欲立而立人,己欲达而达人"和"己所不欲,勿施于人"的忠恕之道。《论语·里仁》载孔子对曾子说:"吾道一以贯之。"曾子解释为:"夫子之道,忠恕而已矣。"当然,孔子所说的"爱人"并不是一种"普遍的人类之爱",而是"爱有差等"。

"仁"的第二层含义是"克己复礼"。如《论语·颜渊》载颜渊问仁,子曰:"克己复礼为仁。一曰克己复礼,天下归仁焉。为仁由己,而由人乎哉?""克己复礼"本是古训,《左传》"昭公十二年"载孔子言曰:"古也有志,克己复礼,仁也。"这里所说的"礼"指的是周礼,但并不是原来一成不变的周礼,而是有所损益的周礼。此外,"仁"是人主体内在的意识,是否践行"仁"是完全由自己决定的,实现"仁"必须从自我做起,即"为仁由己"。

"仁"的第三层含义是指人所具有的美好品德,包括孝、悌、恭、忠、信、恕、智、勇、宽、敏等。如《论语·阳货》载子张问仁于孔子,孔子曰:"能行五者于天下,为仁矣。……恭、宽、信、敏、惠。恭则不侮,宽则得众,信则人任焉,敏则有功,惠则足以使人。"孔子还指出"刚、毅、木、讷,近仁","仁者必有勇"等。

"仁"的最高境界是"圣"。《论语·雍也》载子贡问孔子:"如有博施于民而能济众,何如?可谓仁乎?"孔子回答说:"何事于仁,必也圣乎!尧、舜其犹病诸!夫仁者,己欲立而立人,己欲达而达人。能近取譬,可谓仁之方也已。"

孔子的思想,后儒凝练为"内圣外王"。"内圣外王"一词出自《庄子·天下》篇。自宋以来,随着儒道释三教合流,理学出现,随之开始用"内圣外王"来阐释儒学。孔子是内圣外王之道的先师。在孔子的思想中,内圣和外王是统一的,内圣是基础,外王是目的,只有内心不断修养,才能成为"仁人""君子",也只有在内圣的基础之上,才能够安邦治国,施行王者之政事,达到外王的目的。"内圣外王"的统一是儒家追求的最高境界。

孔子对为政有着浓厚的兴趣,他的很多弟子求学也是为了"学而优则仕"。孔子认为,为政必须把德摆在第一位,实行德治,因此他提出了"为政以德"的主张。而且孔子还把"德政"放在非常重要的位置,如《论语·为政》中认为对百姓要"道之以德,齐之以礼,有耻且格"。孔子主张为政德主刑辅,反对一味地滥用刑罚。

在影响政治的诸多要素中,孔子格外重视"民"的作用,特别是"民信"。如《论语·颜渊》载子贡问政,孔子回答说:"足食、足兵、民信。"对于三者的重要性,孔子坚持的顺序是"信、食、兵"。孔子认为为政的三大步骤就是"庶、富、教",在他看来,国家人口众多,这是很不够的,还要让人们富裕起来,最后还要让人们接受教育。这是中国历史上最早的富民主张。此外,孔子也很重视为政的其他细节问题,如《论语·子路》所说"赦小过,举贤才",以及勤政、忠信的问题。

《论语·季氏》篇还记载说:"丘也闻有国有家者,不患贫而患不均,不患寡而患不安。盖均无贫,和无寡,安无倾。夫如是,故远人不服,则修文德以来之。既来之,则安之。"这些光辉的思想可以说影响深远。为政,对内就是谋求"平均""和谐""安定",对外就是修德以招徕远方之人。要以德服人,用文明的方式解决争端。

在义、利关系上,孔子重义轻利。《论语·述而》:"饭疏食,饮水,曲肱而枕之,乐亦在其中矣。不义而富且贵,于我如浮云。"孔子历来提倡"见利思义",认为"君子喻于义,小人喻于利"(《论语·里仁》),主张"君子谋道不谋食""君子忧道不忧贫"(《论语·卫灵公》)。

总之,孔子的学说博大精深,饱含着人文理性精神,充满着与时俱进的变革气息。孔子坚持理想,积极入世,以天下为己任,锐意进取,自强不息,具有强大的人格魅力。孔子既关注传统,又高蹈时代精神,成为中国文化的象征与骄傲,是中华民族的"至圣"。

三、战国时期的儒家学派

孔门弟子继承和发展了孔子的思想学说,成为战国时期儒家学派发展的中坚力量。《韩非子·显学》说:"自孔子之死也,有子张之儒,有子思之儒,有颜氏之儒,有孟氏之儒,有漆雕氏之儒,有仲良氏之儒,有孙氏之儒,有乐正氏之儒。"孔子于"六经"各有所传,孔门弟子"各得圣人之一体",他们掀起了孔子死后儒学南传的第一个高潮,成为中国儒学发展史上不可或缺的重要环节。

曾子是孔子晚年的重要弟子,被尊为"宗圣"。曾子(前505—前432),名参,字舆,鲁国南武城(今山东嘉祥)人,比孔子小46岁。曾子与父亲曾点都受业于孔门。曾子"仁以为己任",重视仁德,而以"孝"为根本。曾子的孝道强调对父母发自内心的爱与敬。相传《孝经》一书即曾子据孔子理论纂集而成。按照《孟子》一书的说法,曾子的弟子也有七十多人。据说孔子之孙子思曾师从曾子,而孟子又学于"子思之门人"。曾子也曾著书立说,《汉书·艺文志》中著录有《曾子》十八篇,今存《大戴礼记》中有曾子十篇著作存世,相传《大学》为后学述曾子之意而成。

孔子晚年招收的弟子卜商,字子夏,生于公元前507年,卒年不详,卫国温邑(今河南温县西)人。孔子死后,子夏讲学于魏国西河地区(大约今山西南部),并且"为魏文侯师"。据《史记·仲尼弟子列传》记载,子夏著名的弟子除魏文侯外,还有田子方、段干木、禽滑釐及吴起等。子夏发明了章句之学,对儒家经典的传播做出了突出的贡献。"六经"的传承与子夏有直接关系。子夏被称为孔门弟子中的"传经派"。

孔子晚年招收的另一弟子言偃，字子游，以擅长"文学"而著称。子游生于公元前506年，卒年不详，吴（今江苏常熟）人，有"南方夫子"之称。子游特别推崇儒家的"礼乐教化"，被称为孔门弟子中的"弘道派"。

战国时期，还有一位颇负盛名的儒学领袖，他就是被尊为"述圣"的孔子嫡孙子思。子思（前483—前402），名伋。《孟子·离娄下》评论说："曾子、子思同道。曾子，师也，父兄也；子思，臣也，微也。曾子、子思易地则皆然。"曾子着力发展了儒家"内圣"之道，以此作为儒家"外王"的基础。子思则紧接着曾子修己"内圣"之道，进一步发展了孔子"修己安民"的思想。此外，子思还阐发了孔子的中庸之道，著《中庸》一书，被收在《礼记》中。另外，《礼记》中的《表记》《坊记》《缁衣》也是子思的作品。这些都见于子思及其学派的著作《子思子》[1]中。

孟子是子思以后儒家学派的又一个伟大的思想家，被尊为"亚圣"。孟子（约前372—前289），名轲，邹人，鲁国孟孙氏后裔，"受业子思之门人"。《荀子·非十二子》载"子思唱之，孟轲和之"。后世称其为儒家中的思孟学派。思孟学派被尊为儒学的正宗。

孟子曾游说讲学于北方诸国。《孟子·滕文公下》载，孟子"后车数十乘，从者数百人，以传食于诸侯"，影响甚大。晚年与弟子著《孟子》七篇。在人性论的纷争中，孟子高扬"性善"之帜，旨在肯定人与生俱来的高贵价值，是为其仁政论奠定理论基础。他针对告子的"无善无恶"论指出："水信无分于东西。无分于上下乎？人性之善也，犹水之就下也，人无有不善，水无有不下。"（《孟子·告子上》）孟子认为人之性善源自"四端"（恻隐之心、羞恶之心、恭敬之心、是非之心），由此化为仁、义、礼、智四德。孟子的"四端说"和"性善论"开启了儒学心性学说的先河。

孟子主张"王道"反对"霸道"，仁政是其政治思想的核心。孔子以"仁"为本的德治奠定了儒家政治思想的基础，孟子继承了孔子的政治思想，以儒家仁爱之德为核心，以民本思想为基础，以"制民之产"为途径，形成了系统的儒家"仁政"思想体系。孟子的"仁政"思想突出强调了"民"的地位，具有强烈的民本色彩。孟子不仅主张"民为贵，社稷次之，君为轻"，还主张贵戚之卿"君有大过则谏；反复之而不听则易位"（《孟子·万章下》）。这种思想在先秦诸子中是绝无仅有的。

孔子讲"仁"，而孟子则是"仁义"并言。《孟子》首章即讲此。孟子见梁惠王。王曰："叟，不远千里而来，亦将有以利吾国乎？"孟子对曰："王何必曰利？

---

[1] 1993年冬天，湖北荆门郭店的一座楚墓里出土了大量的竹简。这些竹简经过整理，可以分为三组。第一组：《缁衣》《五行》《性自命出》《成之闻之》《尊德义》《六德》；第二组：《鲁穆公问子思》《穷达以时》；第三组：《唐虞之道》《忠信之道》。历史学家李学勤认为第一组的六篇简文无不与子思有密切关系，正是已经亡佚的《子思子》的部分。

亦有仁义而已矣。"

在道德伦理观念中的永恒主题"义利之辨"方面，孟子特别强调"义"。《孟子·离娄上》指出："仁，人之安宅也；义，人之正路也。旷安宅而弗居，舍正路而不由，哀哉！"《孟子·告子上》指出："生，亦我所欲也，义，亦我所欲也；二者不可得兼，舍生而取义者也。"

孟子主张培养人的浩然之气与大丈夫品格，这也是战国时期士人崛起的象征。孔子谨守君臣之义，谦虚"自卑"，而孟子自尊。《孟子·滕文公下》："居天下之广居，立天下之正位，行天下之大道，得志，与民由之，不得志，独行其道。富贵不能淫，贫贱不能移，威武不能屈。此之谓大丈夫。"

孟子生活的时代是一个诸子并起、百家争鸣的时代。当时与儒家相对立的，以墨家和杨朱学派势力最大。《孟子·滕文公下》："杨朱、墨翟之言盈天下。天下之言，不归杨，则归墨。"所以孟子以孔子的护道者自居，在继承子思学说的基础上，创立了自己的学说体系。

战国时期还有一位与孟子齐名的儒学大师荀子。荀子（约前313—前238），名况，字卿，战国末年赵国人，曾游学于齐、楚，三为齐稷下学宫祭酒。公元前266年应秦昭王聘请入秦，称赞秦国"治之至也"。十年后至楚，为兰陵令。免官后授徒著书。《荀子》一书32篇中大多为荀子自著。

荀子的性恶论，是其礼法思想的理论基础。《荀子·性恶》载："人之性恶，其善者伪（为）也。"荀子认为人性有两部分：性和伪。性是人先天的本能，是恶；伪是人后天的礼乐教化，是善。他批评孟子的性善论，认为"是不及知人之性，而不察乎人之性伪之分者也"。

与孔子的重仁、敬，孟子的重义、气不同，荀子重礼、法。荀子是儒家学派中最为强调法治者。《荀子·君道》谓："法者，治之端也；君子者，法之原（源）也。"融法于礼，礼法合一。荀子还主张"隆礼尊贤"，"重法爱民"。

荀子的天命观是其礼法思想的重要组成部分。其积极意义在于：第一，指出"天行有常，不为尧存，不为桀亡"，天不以人的意志为转移，应当注重人事。第二，指出人们应当"明于天人之分（份）"，"天有其时，地有其财，人有其治"。人应当发挥自己的主观能动性，不应当靠天的恩赐。顺天时，尽人事，"制天命而用之"。（《荀子·天论》）

荀子还特别倡导积极进取的精神。如《荀子·劝学》载："学不可以已。青，取之于蓝而青于蓝；冰，水为之而寒于水。""锲而舍之，朽木不折；锲而不舍，金石可镂。"《荀子·修身》载："骐骥一日而千里，驽马十驾，则亦及之矣。"

虽然说战国时期儒分为八，但其主流则一贯，那就是曾—孟—荀。这三者可以视为途中三峰。这个发展线索一方面反映了战国时期儒家学派对于孔学精神的发扬，另一方面也是对于社会变革的适应。

第二节 汉代经学与儒家

一、汉初的社会思潮

先秦学术的主干就是从经学发展到子学。夏商西周处于学在官府的时代，也就是经学的时代。春秋战国时期是子学时代，这是文化与学术从贵族普及到广大社会阶层的时代，是一个思想高度解放与发展的时代。子学时代随着秦的统一六国而宣告终结。秦始皇三十四年（前213）焚书坑儒，禁私学，行愚民之法，令"以吏为师"。官学以一种极其残暴的形式复出。西汉初年，诸子之学又开始复兴。儒家有伏胜、叔孙通、陆贾、贾谊、戴德、戴圣、辕固生、申培公等人。黄老学派的学者有盖公、曹参、陈平、汲黯、司马谈等。法家有晁错。纵横家有郦食其、蒯通。阴阳家有张苍。汉初诸子也产生了一批重要的具有学术原创性的著作，如陆贾《新语》、贾谊《新书》、扬雄《法言》、刘安《淮南子》、董仲舒《春秋繁露》等。

汉高祖刘邦凭借武力取得天下，对儒家学说并不感兴趣。陆贾指出"居马上而得之"并不能"以马上治之"，应该"逆取而顺守之，文武并用"，才是"长久之术也"。[1]陆贾因此而著《新语》。但是从汉初高祖到汉武帝以前近七十年的时间，儒家学说并没有被确认为统治思想，此时以道家黄老无为思想作为政治上的指导思想。所谓"黄老"，"黄"指黄帝，"老"指老子。1973年长沙马王堆汉墓出土的帛书中，有《老子》甲本与乙本。《老子》乙本前有《经法》《十六经》《称》《道原》四篇。有学者认为这四篇古佚书就是《汉书·艺文志》著录的《黄帝四经》。帛书把《老子》与《黄帝四经》抄在一起，这就是汉初推行黄老学说的有力证据。黄老之学是战国时期形成与发展起来的学术思想，它以道家思想为中心，兼采儒、墨、法、名、阴阳等诸家学说，特别是将老子无为而治的思想、儒家的仁义思想、法家的法治思想等融合起来，在汉初达到了鼎盛时期。

汉初，曹参为齐相。《史记·曹相国世家》记载，他作为黄老学者盖公的弟子，"其治要用黄老术，故相齐九年，齐国安集，大称贤相"。惠帝二年（前193），萧何卒，曹参为相，"举事无所变更，一遵萧何约束"。司马迁评价说："参为汉相国，清静极言合道。然百姓离秦之酷后，参与休息无为，故天下俱称其美矣。"惠帝之后，汉文帝、景帝及窦太后等人都是黄老之学的信奉者。《史记·儒林列传》记载："孝文帝本好刑名之言。及至孝景，不任儒者，而窦太后又好黄老

---

[1]《史记·郦生陆贾列传》，中华书局1982年版，第2699页。

之术,故诸博士具官待问,未有进者。"汉景帝时,窦太后好《老子》书,召辕固生问《老子》书,辕固生回答说:"此是家人言耳。"太后发怒说:"安得司空城旦书乎?"乃使固入圈刺豕。汉武帝即位初年,郎中令王臧、御史大夫赵绾建议依据儒家学说,"立名堂以朝诸侯",并推荐申培公主持其事,窦太后知道后责备武帝,申培公免归,王臧、赵绾下狱死。一直到"窦太后崩,武安侯田蚡为丞相,绌黄老、刑名百家之言,延文学儒者数百人,而公孙弘以《春秋》白衣为天子三公,封以平津侯。天下之学士靡然乡(向)风矣"[1]。汉武帝最终采用了董仲舒"罢黜百家,独尊儒术"的建议,儒家学说成为汉代的统治思想,黄老之学的影响渐渐衰退。

二、董仲舒改造儒学

建元六年(前135),窦太后去世,汉武帝乾纲独揽。元光元年(前134),汉武帝令郡国举孝廉,策贤良。公羊学大师董仲舒应诏先后三次对策,进献"天人三策",建议"诸不在六艺之科、孔子之术者,皆绝其道,勿使并进。邪辟之说灭息,然后统纪可一而法度可明,民知所从矣"[2]。汉武帝采纳了这个建议,"罢黜百家,独尊儒术","立五经博士",儒学代替黄老之学成为官方政治学说。

董仲舒(前179—前104),西汉时期的儒学大师,他精研《春秋公羊传》。《春秋公羊传》是《春秋》三传之一,成书于战国时期。公羊春秋派认为,孔子据鲁史所作的《春秋》经,虽然文字简略,但其中有"大义"存在于字里行间。《春秋公羊传》重在发挥"微言大义",而不是像《左传》那样重在补充史实。董仲舒援引阴阳家之言来解释《春秋》,把《春秋》变成了天人感应的神学经典。董仲舒提出了三统说,或三正说。夏代以寅月为正月,尚黑,是黑统。商朝以丑月为正月,尚白,是白统。周朝以子月为正月,尚赤,是赤统。这就是"三统"。董仲舒强调,"王者有改制之名,无易道之实"。他认为正朔、服色随朝代的改变可作改变,但作为社会的大道,诸如三纲五常,是永远不能改变的。三统说与五德终始说有抵牾,汉武帝取了三统说中的正朔而去其服色,取了五德说中的服色而去其正朔。

关于《春秋》和《春秋公羊传》的基本精神,董仲舒总结为"孔子知言之不用,道之不行也,是非二百四十二年之中,以为天下仪表,贬天子,退诸侯,讨大夫,以达王事而已矣"[3]。他认为《春秋》以微言大义,别嫌明微,拨乱反正,严守以三纲五常为核心的封建等级制度,树立大一统的权威。

---

[1]《史记·儒林列传》,中华书局1982年版,第3118页。
[2]《汉书·董仲舒传》,中华书局1962年版,第2523页。
[3]《史记·太史公自序》,中华书局1982年版,第3297页。

董仲舒在《天人三策》（即举贤良对策）中说："《春秋》大一统者，天地之常经，古今之通谊也。"将"大一统"视为宇宙间普遍的原则。什么是"大一统"？《春秋》经的第一条记载，鲁隐公"元年，春，王正月"，《春秋公羊传》解释说："元年者何？君之始年也。春者何？岁之始也。王者孰谓？谓文王也。曷为先言王而后言正月？王正月也。何言乎王正月？大一统也。"《春秋》经"元年，春，王正月"，只不过是当时史官记录的体例，但是公羊学派赋予每一个字以重大意义，将大一统思想推广开来。董仲舒所说的"大一统"主要是统一思想。统一思想就是要以儒家思想作为统一天下的思想。

董仲舒对战国以来的儒家思想进行了改造，建立了以儒家思想为中心，兼采阴阳五行学说和黄老之学的一个儒学新体系，即"天人感应"的神学体系。

"天人感应"是商周时期的传统思想，在《尚书》《左传》《国语》等典籍中都有记载。春秋战国时期，社会精英人物对这种思想批评很多，董仲舒恢复并发展了这种思想。它给封建专制君权披上了一层神圣的光环。《春秋繁露·郊义》载："天者，百神之君也，王者之所最尊也。"这种神灵之天，即人格化的上帝，主宰人类社会，天人之间有一种神秘的联系，天能够干预人事，而人君的行为也能感动上天。自然界的灾异和祥瑞表示上天对人们的谴责和褒奖，上天根据人君的表现分别给予惩罚或者奖励。

为了说明天主宰人类社会，董仲舒还提出"人副天数"的理论。无论在肉体还是在精神方面，人都是天的副本。人的行为必定会在"天"上得到反映，天人谴告由此而来。董仲舒宣传君权天授的思想。"《春秋》之法，以人随君，以君随天"[1]，"受命之君，天意之所予也"[2]，即百姓都要服从皇帝，皇帝要顺从上天。皇帝有至高无上的权威，人统一于天，必先统一于皇帝。董仲舒继承了先秦以来的天命观，认为天是有意志并能主宰一切的人格神，天是一种最高的、最普遍的道德原则，所谓"王道之三纲，可求于天"[3]。具体来说，就是"天子受命于天，诸侯受命于天子，子受命于父，臣妾受命于君，妻受命于夫。诸所受命者，其尊皆天也，虽谓受命于天亦可"[4]。董仲舒"三纲"的理论把臣子的义务绝对化，君父对臣子却不受任何道德上的约束。此外，董仲舒还将阴阳五行伦理化。五行的关系被附会成父子、君臣关系。同时，四时关系也是五行关系。"忠臣之义，孝子之行，取之土。土者，五行最贵者也，其义不可以加矣。"[5]在五行中，土为贵，但不主四时中的任何一时，子为父尽孝、臣为君尽忠皆取法于土。孝、忠也被强加于五行，孝和忠是"天之经，地之义"。不仅如此，仁、义、礼、智、

---

[1]《春秋繁露·玉杯》，苏舆《春秋繁露义证》，中华书局1992年版，第31页。
[2]《春秋繁露·深察名号》，苏舆《春秋繁露义证》，中华书局1992年版，第286页。
[3]《春秋繁露·基义》，苏舆《春秋繁露义证》，中华书局1992年版，第351页。
[4]《春秋繁露·顺命》，苏舆《春秋繁露义证》，中华书局1992年版，第412页。
[5]《春秋繁露·五行对》，苏舆《春秋繁露义证》，中华书局1992年版，第316页。

信也被强加于五行。

可以说,董仲舒的《天人三策》与《春秋繁露》,以儒家学说为基础,以阴阳五行为框架,兼采黄老等诸子百家的思想精华,建立起一个具有神学倾向的新儒学思想体系。

董仲舒罢黜百家、独尊儒术,有利于巩固中央集权的大一统局面,儒学成为中华民族精神的主干。这种民族精神有一种强大的凝聚力,是维护统一、阻止分裂的强大的思想武器。当然,把儒学当作社会的统治思想,则对学术、思想有钳制作用,抑制了独立精神的发挥。

三、汉代的今古文学之争

儒家的典籍被尊为"经"是汉代的事情。儒家的经典,最初只有"六经",即《易》《诗》《书》《礼》《乐》《春秋》。《乐》亡于秦火,只剩下"五经"。汉武帝接受董仲舒"罢黜百家,独尊儒术"的建议之后,立《诗》《书》《礼》《易》《春秋》于学官,定为"五经"。有了"经",也就有了"经学"。西汉时期,处于独尊地位的儒学,就是今文经学。今文经学是与古文经学对比而言的。

经过秦代焚书坑儒及秦末农民起义的破坏,西汉初年先秦的古文原本已不容易找到。儒家经典都是用当时通行的隶书体写成的,称为今文经。西汉初年,今文经包括申培公所传的《鲁诗》、辕固生所传的《齐诗》、韩婴所传的《韩诗》等三家诗;出于伏生的《尚书》,分为欧阳、大小夏侯三家;出于高堂生的《礼》,分为戴德、戴圣、庆普三家;出于田何的《易》,分为施雠、孟喜、梁丘贺、京房四家;出于胡母生、董仲舒的《公羊春秋传》。其中,三家诗于汉文帝、景帝时最早立博士。汉武帝时期遍立五经博士,每一经都置若干博士,汉宣帝时今文五经各家全部分立博士。东汉光武帝时期,确定了十四家博士,有"今文十四博士"之学。

古文经是指用先秦篆体文所写的儒家经典。汉代的古文经主要有三个来源:一是汉武帝末年鲁共(恭)王刘余坏孔子故宅,孔壁所出《古文尚书》《逸礼》。二是流传于民间的《毛诗》和费直、高相所传的《易》等。三是秘府中所藏的《周官》和《春秋左氏传》。这些古文经并没有被列于学官。王莽时期曾经列《周官》《春秋左氏传》《毛诗》《逸礼》《古文尚书》五家古文博士,但东汉初即被取消。

今文经学与古文经学不仅是书籍抄本的不同,对经书的理解也有很大的区别。今文经学重在阐释"六经"中的微言大义,而古文经学重在考究史实与音韵训诂,表现出较为朴实的学风。

汉代有四次重要的今古文学之争。

第一次是刘歆与太常博士们的争论。西汉哀帝建平、元寿年间(前6—前1),

刘歆提议立古文经《毛诗》《古文尚书》《逸礼》《春秋左氏传》博士，但是受到太常博士们的强烈反对。

第二次是韩歆、陈元与范升的争论。东汉光武帝建武年间（25—55），尚书令韩歆上疏欲立古文经《费氏易》与《左传》。今文经学派范升以《左传》"不祖于孔子"等理由反对。古文经学派陈元又上疏以《史记》多引《左传》作为古文经可靠性的依据。双方争论不休，光武帝最后决定立《左传》于学官，以李封为博士，但是不久李封病逝，《左传》复废。

第三次是贾逵与李育的争论。东汉章帝建初元年（76）贾逵上奏，《左传》优于《公羊》《谷梁》。今文经学家李育作《难左氏义》，进行反驳。建初四年举办白虎观会议，双方继续辩论。

第四次是郑玄与何休、羊弼的争论。东汉桓帝到灵帝时期（147—182），今文经学大师何休作《公羊春秋解诂》，并"与其师博士羊弼，追述李育意以难二传，作《公羊墨守》《左氏膏肓》《谷梁废疾》"[1]。郑玄乃作《发墨守》《针膏肓》《起废疾》。郑玄是集古文经、今文经之大成者。他融会贯通，网罗众家，在中国经学史上有重要的地位，他与何休等人的论辩其实是今古文经学之争的一个总结。

汉代的经学发展到魏晋，已经日渐沉沦，今文经学家宣扬的"天人感应"、阴阳灾异等神化了的儒家思想很容易与谶纬迷信结合起来，变得烦琐、迂腐。在汉代儒学衰落的基础上，玄学兴起。玄学是儒学与道家思想合流所形成的思想体系，是魏晋南北朝时期流行的一种社会思潮。但是玄学并未成为社会的统治思想。在唐代，有些思想家欲重新恢复儒学的正宗地位，在反对佛、道思想时，也吸收了不少佛学的思辨哲学，这种思想倾向开启了后来宋代理学的先河。

第三节　宋明理学

一、宋明理学的流派

宋明儒学的表现形态是理学。理学或称道学，亦称义理之学，是以传统的儒学理论为基础，同时积极吸收佛教、道教的理论思维而形成的新的儒学思想体系，是中国封建时代后期的统治思想。它是在唐代三教融合的基础上发展起来的。

理学是一种哲学化的儒学。儒学的哲学化经历了漫长的发展过程。唐代中期韩愈的"道统说"，以及李翱修正韩愈的人性学说而提出的"灭情复性说"，为理学的产生开了端绪。北宋是理学的形成和初步发展时期。著名的理学家有周敦颐、

---

[1]《后汉书·儒林传》，中华书局1965年版，第2583页。

张载、程颢、程颐、邵雍,被称为"北宋五子"。南宋是理学的进一步发展及程朱理学统治地位确立的阶段。南宋理学的代表人物有杨时、朱熹、陆九渊、林希逸等。元代则是朱学北传的阶段。著名的理学家有赵复、许衡、刘因、吴澄、郝经、姚枢等。"和会朱陆"是元代理学的一个重要特点,对明代王阳明的思想很有影响。明代的理学思想由"朱学"向"心学"转变。明代初年,朱学占据着统治地位,明中叶,王阳明心学崛起,其"姚江之学"于晚明特别流行。

习惯上,宋明理学被分为两大派别:一是程朱理学,以"二程"(程颢、程颐兄弟)、朱熹为代表。以"理"为最高范畴,后人习惯用"理学"称呼他们的思想体系。二是陆王心学,以陆九渊、王阳明为代表。以"心"为最高范畴,后人习惯用"心学"称呼他们的思想体系。现代学者多认为这种传统的分类不能充分体现宋明理学内部的分化与发展流变,因此将宋明理学分为四派:以张载为代表的"气学",以邵雍为代表的"象数学",以程颢、朱熹为代表的"理学",以陆九渊、王阳明为代表的"心学"。其中,理学与心学是占据主导地位的派别,人们习惯将理学的代表人物概括为"程朱陆王"。

二、理学的集大成者——朱熹

朱熹(1130—1200),字元晦,一字仲晦,号晦庵,晚号晦翁,世尊称为朱子。祖籍徽州婺源(今属江西),但朱熹生于福建尤溪,长期在崇安、建阳讲学,因此传统上称他的学派为"闽学"。朱熹是理学的集大成者,是中国古代最著名的思想家之一。

朱熹19岁登进士第,三年后任泉州同安主簿。后来担任过枢密院编修官、秘书省秘书郎等,但他不喜做官,屡召不起,《宋史·朱熹传》载"仕于外者仅九考,立朝才四十日"。一生主要时间都是著书讲学,培养了一大批出众的弟子。朱熹把《论语》《孟子》《大学》《中庸》合为"四书",并致力于四书的诠释,有《四书集注》《四书或问》等。朱熹的思想研究主要根据他的《四书集注》《朱子语类》《近思录》等著作。

(一)朱熹的天理论

"二程"的思想体系已经将"天理"作为最高的哲学范畴,朱熹对其进行了充分的论证。

朱熹认为"理"先于物而存在。在万物产生之前,它们各自的"理"就已经存在了,这就是宇宙中唯一的、绝对的天理。"未有天地之先,毕竟也只是理。有此理,便有此天地;若无此理,便亦无天地,无人无物,都无该载了!"[1]"理"

---

[1] 黎靖德编、王星贤点校:《朱子语类》,中华书局1994年版,第1页。

成了万事万物的制造者。这是一个超越一切物体的绝对本体,"理"没有形状,永恒存在。

"理"不仅是宇宙的本原、万事万物的本体,还是社会道德规范的总原则。"夫天下之事莫不有理,为君臣者有君臣之理,为父子者有父子之理,为夫妇、为兄弟、为朋友,以至于出入起居,应事接物之际,亦莫不各有理焉。"[1]不仅如此,"未有君臣,已先有君臣之理;未有父子,已先有父子之理"[2]。作为道德总原则的"理"是先于社会道德关系而存在的。

此外,朱熹还吸收了周敦颐《太极图说》的理论,承认"太极只是一个理字",并在此基础上提出"理"生"气"。"天地之间,有理有气。理也者,形而上之道也,生物之本也。气也者,形而下之器也,生物之具也。"[3]"理"与"气"的关系密不可分,"然必欲推其所从来,则须说先有是理"[4]。

朱熹的天理论中,还有一个重要的内容,即关于"理一分殊"的思想。"理一分殊"是宋明理学中讲"一理"与"万物"关系的重要命题。"理一分殊"本是二程对张载相关思想的概括,朱熹则充分论证了这一思想。朱熹认为,把天地万物作为一个总体来看,其中有一个太极(理),而万物中又各有一个太极。由于每一事物的性理与作为宇宙本体的太极是相同的,所以事物的性理虽然禀自太极而来,却不是分割了太极(理)的一部分,事物中充满的性理也就是该事物自身具有的太极,这个关系就叫统体一太极、物物一太极。一物各具有一太极,就是分殊。人们的道德行为中也包含着统一的道德原则。

(二)朱熹的心性论

在朱熹的思想体系里,"心"是指认识能力。"心"的功能在于思。"心"包容天理,蕴含天理。关于"性",朱熹沿用"二程"的说法,把"性"看作是天理在人心中的显现。朱熹特别推崇张载提出的"心统性情"的命题,主张性情不仅互为体用,而且性是心之体,情是心之用,心则是贯统性情的总体。"性"通过转化为"情"而发泄出来,"情"是"性"的外化与显露。"心主性情"是指心对性情的主宰作用。情之未发则为性,此时心中浑具天理,为了保持心之未发的"中"的状态不受干扰,必须有所主宰,有所涵养,因此要以主敬的方法保持未发时的心境的清明和注意力的集中,所谓心主乎性。

"性"的概念在朱熹哲学理念中有两层含义,即"天地之性"与"气质之性"。"天地之性"就是天理。人物之性都是从天禀受而来,天赋予人命与性,即《中庸》"天命之谓性"。"天地之性"是完美无缺、至善至纯的。而"气质之性"

---

[1] 黎靖德编、王星贤点校:《朱子语类》,中华书局1994年版,第262页。
[2] 黎靖德编、王星贤点校:《朱子语类》,中华书局1994年版,第2425页。
[3] 黎靖德编、王星贤点校:《朱子语类》,中华书局1994年版,第1370页。
[4] 黎靖德编、王星贤点校:《朱子语类》,中华书局1994年版,第3页。

则不同，"气质之性"是指天理所寓住的物体由气所聚合而成，而气又有清浊之分，所以会对寓于物体中的天理有所遮蔽。在人所禀受的气质中，有清浊偏正等不同。所禀气质的浑浊偏塞是恶的品质的根源。所以道德品质的先天差异完全取决于气禀的清浊是否隔蔽性理的表现。"性"的内涵，即"仁、义、礼、智"等道德品质，这些内心之性表现出来会根据其"气禀"的程度有所不同。如果"发而皆中节"，合乎节度，就是至善；如果不中节，就会流于恶。因此，要摒弃一切过分的欲望。

（三）朱熹的格物穷理思想

朱熹不同意"二程"将天理、人欲截然对立起来，他认为"人欲中自有天理"。天理与人欲既对立又互相依存。"有个天理，便有个人欲。盖缘这个天理须有个安顿处，才安顿得不恰好，便有人欲出来。"[1]然而，天理与人欲对立毕竟是占主导地位的，"天理人欲，不容并立"[2]，"天理存，则人欲亡；人欲胜，则天理灭"[3]。要完善道德修养，就必须"穷天理，灭人欲"。

"穷天理，灭人欲"也就是格物致知与克己复礼的过程。宋代的理学家从《大学》中的基本概念"格物"和"致知"出发衍生出一整套认识论和道德修养论。程颐解释"格物"说："格，至也，言穷尽物理也。"朱熹关于格物致知的理论比"二程"更加细密。他解释格物致知说："格，至也，物，犹事也。穷至事物之理，欲其极处无不到也。"要做到格物致知，就要"即物而穷其理"，也就是要"因其已知之理而益穷之，以求至乎其极。至于用力之久，而一旦豁然贯通焉，则众物之表里精粗无不到，而吾心之全体大用无不明矣"[4]。由于礼是天理的外在表现形式，所以还要"克己复礼"，克己灭欲，回归天理，恪守礼教是通达天理的唯一途径。此外，朱熹吸收了程颐关于持敬和"涵养须用敬"的思想，特别倡导"主敬涵养"的修养方法，要求做到内无妄思，外无妄动，集中注意力，涵养德性。

三、心学的宗师——王阳明

王守仁（1472—1528），字伯安，自号阳明子，世人尊称他为阳明先生，谥号文成，浙江余姚人。他是明代理学中最有影响的思想家，他倡导的心学复兴运动继承和发扬了陆九渊的心学思想，对程朱理学的冲击很大。顾炎武曾说："盖自弘治、正德之际，天下之士厌常喜新，风气之变已有其所自来，而文成以绝世之资，

---

[1] 黎靖德编、王星贤点校：《朱子语类》，中华书局1994年版，第223页。
[2] 朱熹：《四书章句集注》，中华书局1983年版，第254页。
[3] 黎靖德编、王星贤点校：《朱子语类》，中华书局1994年版，第224页。
[4] 朱熹：《四书章句集注》，中华书局第1983年版，第7页。

倡其新说，鼓动海内。嘉靖以后，从王氏而诋朱子者，始接踵于人间。"[1]

王阳明的主要著作是《传习录》，后人把他的思想资料收集整理为《阳明全书》，共37卷。

（一）"心即是理"与"心外无理"

王阳明年轻时曾努力尝试朱熹所说的"格物穷理"，但一无所得，遂接受了陆九渊"心即理"的观点。34岁时，王阳明被贬官到贵州龙场驿，忽然一夜顿悟，"始知圣人之道，吾性自足，向之求理于事物者，误也"[2]。这被称为"龙场悟道"。王阳明体会到理本来不是存在于外部事物，而是完全存在于我们的心中，认为心即是理，心外无理，心外无物。

王阳明认为心即是理，人的知觉活动有其自然的条理，依据这些自然条理，事亲自然是孝，事君自然是忠，交友自然是信。孝、忠、信等道德准则是人心固有的条理。

所谓心外无理，《传习录》中曰："夫物理不外于吾心，外吾心而求物理，无物理矣。遗物理而求吾心。吾心又何物耶？心之体，性也，性即理也。"所谓心外无物，"天地万物，俱在我良知的发用流行中，何尝又有一物超于良知之外"。存在是感知的结果，没有被心感知的物是不存在的，客观存在的事物是心的产物，是主观意识的体现。

王阳明强调心与物不可分离。"心外无物，心外无事，心外无理，心外无义，心外无善。"可见王阳明之所以强调心外无理主要是因为心外无善，善的动机意识是使行为具备道德意义的根源，因此，善只能是来自主体而不是外物。格物与致知都必须围绕着善的根源入手。对于道德法则的物理来说，"心即是理"有一定的合理性，但是对于自然法则所讲的规律性来说，"心外无理"很难让人接受。不仅如此，"心外无物"说也面临着外界事物客观存在的挑战。

（二）"致良知"与"知行合一"

"致良知"与"知行合一"是王阳明哲学思想的核心。

《大学》提出"致知"，朱熹注《大学》，作"补格物致知传"，把"致知"作为其"天理论"中的一个重要环节，认为"理"乃格物致知而来。王阳明"致良知"就是对朱熹"致知"命题的进一步修正。

"良知"一词，出自《孟子·尽心上》，指的是人自然具有的道德品质，如"恻隐之心""是非之心""羞恶之心""辞让之心"。王阳明吸收了孟子的"良知"

---

[1] 顾炎武著，黄汝成集释，栾保群、吕宗力校点：《日知录集释》，上海古籍出版社2006年版，第1065页。
[2] 《阳明全书·年谱》，中华书局《四部备要》本，第446页。

说,"心自然会知,见父自然知孝,见兄自然知弟,见孺子入井自然知恻隐,此便是良知,不假外求"[1],提出"良知即是天理"。作为"天理"的"良知"就在人的心中,不必外求。"良知"人人皆有,"良知之在人心,不但圣贤,虽常人亦无不如此"。王阳明特别强调良知作为"是非之心"的意义。"良知只是个是非之心,是非只是个好恶,只好恶就尽了是非,只是非就尽了万事万变。"[2]良知作为一种先验的判断力,表现为知是非,知好恶,既包含道德理性,也包含道德情感。致良知,要求人们扩充自己的良知,加强对善恶等道德原则的认识,并把良知所知付诸道德实践。

"知行合一"是体现王阳明思想特色的学说。王阳明所说的"知"是主观形态的知,是知行本体。"行"的范畴亦是非常宽泛,包含学、问、思、辨等。在王阳明看来,知与行的界限并不是很清晰的。王阳明曾说:"今人学问只因知行分作两件,故有一念发动虽是不善,然却未曾行,便不去禁止。我今说个知行合一,正要人晓得一念发动处,便即是行了。发动处有不善,就将这不善的念克倒了,须要彻根彻底,不使那一念不善潜伏在胸中,此是我立言宗旨。"[3]可见意念之动也属于行,一念发动为善,而将善的意念落实到善的行为上,才是真正的知善、行善,而一念发动为恶就是行恶。

关于知与行的关系,王阳明强调,知行是合一的,二者不能割裂。"未有知而不行者,知而不行只是未知","真知即所以为行,不行不足谓之知",知行两个范畴的规定是互相包含、互相联系的,"知是行之始,行是知之成"。知与行不可分离,知以行为实现手段,即"知是行之主意,行是知之功夫"。[4]

第四节　当代儒学的新发展

宋明理学到明末清初受到批判,清代戴震被称为反理学大师,但真正对理学及传统儒学全面否定的还是清末民初,特别是五四新文化运动以后。直到"文化大革命"结束,中国大陆再次出现复兴和重建儒学的学术思潮,称为"现代新儒学"。

一、现代新儒学及其特征

在 20 世纪的中国学术思潮中,"现代新儒学"无疑是非常值得关注的。"现代

---

[1]《阳明全书·传习录》卷一,中华书局《四部备要》本,第 39 页。
[2]《阳明全书·传习录》卷三,中华书局《四部备要》本,第 80 页。
[3]《阳明全书·传习录》卷三,中华书局《四部备要》本,第 75 页。
[4]《阳明全书·传习录》卷一,中华书局《四部备要》本,第 38 页。

新儒学"亦称"当代新儒学"。长期以来,"新儒学"与"新儒家"并没有严格的区分,经常混用。冯友兰早年使用"新儒家"这个词来概括宋明理学,以强调其与先秦儒学的不同。为了与宋明时期的儒学相区别,学界将20世纪20年代以后的新儒学称为"现代新儒学"。关于"现代新儒家"的概念,有很多种说法,其中方克立认为:"现代新儒家是在本世纪20年代产生的以接续儒家'道统'为己任,以服膺宋明儒学为主要特征,力图用儒家学说融合、会通西学以谋求现代化的一个学术思想流派。"[1]

现代新儒学其实是20世纪80年代以后回溯并重构学术思潮的结果。关于现代新儒学的发展轨迹及其代表人物的划分,有不少说法。比较通行的说法是:20世纪20年代至40年代,以梁漱溟、熊十力、张君劢、冯友兰等为代表。20世纪50年代至70年代,港台以牟宗三、唐君毅、徐复观等为代表。20世纪80年代开始,以杜维明、刘述先等为代表。刘述先在整理前人说法的同时提出了"三代四群"的架构:第一代第一群有梁漱溟、熊十力、马一浮、张君劢;第二群有冯友兰、贺麟、钱穆、方东美;第二代第三群有唐君毅、牟宗三、徐复观;第三代第四群有余英时、刘述先、成中英、杜维明。[2]

自从牟宗三逝世之后,有学者称现代新儒学的发展进入了"后牟宗三时代"。现代儒学的发展出现了明显的分化,美国有南北"波士顿儒学",中国大陆有"大陆新儒家"。"大陆新儒家"与"港台新儒家"虽然都致力于推进儒学的"全球化"与"在地化",但他们之间的分歧相当明显。[3]

现代新儒学(或者新儒家)可谓是"返本开新",对传统的儒学,特别是宋明理学有继承,同时又对传统的儒学有所创新,主动吸收西方哲学的精华,丰富自己的思想体系。方克立曾总结说:"现代新儒学和宋明理学(新儒家)之同一个'新'字,一是指它们皆非简单地回归先秦儒学,而是表现了能够融通佛道以至于会通西学的开放性;二是它们都特重儒家'内圣'之学,不离'内圣'为体,'外王'为用的思想格局。"[4]

二、现代新儒学的发展历程

关于现代新儒家思潮发展的指向,刘述先总结为:20世纪20年代新儒家对于五四运动做出回应;40年代新儒家尝试创建自己的哲学系统;60年代港台新儒家由文化的存亡继绝转归学术,为之放一异彩;80年代海外新儒家晋升国际,倡议

---

[1] 方克立:《现代新儒学与中国现代化》,天津人民出版社1997年版,第4页。
[2] 刘述先:《现代新儒学发展的轨迹》,《杭州师范大学学报》2003年第4期。
[3] 参见王兴国:《当代新儒学的新近发展及其面相》,《中国人民大学学报》2015年第5期。
[4] 傅永聚、韩钟文:《现代新儒学研究》,中华书局2003年版,第594页。

与世界其他精神交流互济。[1]

现代新儒学是五四新文化运动的产物,在五四新文化运动中,中国传统文化遭到前所未有的批判,甚至产生了全盘反传统反儒学的激进派。而新文化运动中的保守派,即现代新儒家,力图在现代中国恢复儒家思想的主导地位,重建儒家的价值体系。

1920—1949年是现代新儒学发展的第一个阶段。新儒家们在中华民族生死存亡之际,除了表现出可贵的救亡图存的爱国精神外,还都提出了自己保守中国传统文化的主张,提出了融合中西的富有思想意义的见解。特别是熊十力和冯友兰,为我们留下了两个系统的现代新儒学的哲学体系。

现代新儒学的开创人是梁漱溟。他的《东西文化及其哲学》一书首先将中国文化纳入世界文化结构中加以讨论,认为中、西、印三大文化系统走向了三种不同的人生路向:西方文化的根本精神是意欲向前,中国文化的根本精神是意欲自为调和、持中,印度文化的根本精神是意欲反身向后。他认为,当今只有以孔子为代表的中国文化所表现的人生态度于现实最合理,在全盘西化的社会思潮中,他肯定中国文化和东方文化的价值,特别肯定孔子儒家学说的智慧与精神。这就确定了现代新儒家尊孔崇儒的精神取向。

与梁漱溟同时代的熊十力是公认的现代新儒家学派的一位重要人物。熊十力为现代新儒家构造了一套博大谨严的哲学体系。他接引儒家特别是思孟、陆王内圣心性之学的传统,依靠人内在本性的自我觉悟,重建人的生命本体、人性的尊严。他致力于传统文化精神价值的弘扬、发掘和民族自我的重建。"国人新旧交替之际的生命安顿问题,中西文化问题及人类文化发展的价值导向问题,这是新儒家在其发展中所共同关注的问题,熊十力哲学的意义在于他开启了从本体论(形而上)的层面,从终极意义的层面,谋求解决问题的方向。"[2]

现代新儒学的另一重要代表人物是冯友兰。他的"贞元六书"(《新理学》《新事论》《新世训》《新原人》《新原道》《新知言》),创建了一个庞大的"新理学"哲学体系。冯友兰自命继承了正统中国哲学的精神,代表着中国哲学的复兴。他的"新理学"体系的核心观点是两个世界和四个境界。两个世界是指真际世界和实际世界,真际世界又叫"理世界"。区别两个世界,是新理学的基本观点,其核心是论证理在事先。四个境界是指自然境界、功利境界、道德境界、天地境界。四境界中,天地境界就是儒家追求的"天人合一"的理想精神境界。冯友兰新理学体系是在比较完整意义上综合中西的哲学。

在现代新儒学中,钱穆是在史学领域高举儒学旗帜维护中国传统文化精神的代表。他在《中国近三百年学术史》中反对固执汉宋疆域,指出清学中仍保存宋

---

[1] 刘述先:《现代新儒学发展的轨迹》,《杭州师范学院学报》2008年第1期。
[2] 郑家栋:《当代新儒学史论》,广西教育出版社1997年版,第117页。

学传统，认为宋儒为天地立心，为生民立命，以天下为己任的精神才是中国历史的真精神。

1949—1979年是现代新儒家发展的第二个阶段。这一时期，现代新儒家在大陆已经没有发展的空间，而在港台，则是薪火相传。1950年，钱穆、唐君毅等在香港创办新亚书院。1952年元旦，唐君毅、牟宗三、徐复观、张君劢联名发表《为中国文化告世界人士宣言——我们对中国学术研究及中国文化与世界文化前途之共同认识》。1954年，牟宗三在台湾成立人文学会。1962年，唐君毅、牟宗三等人在香港发起成立一个世界性的东方人文学会。这些活动极大地扩大了中国传统文化与现代新儒学的影响。

20世纪80年代以后，现代新儒学发展到了第三个阶段。由于世界历史和时代思潮的发展，现代新儒学面临前所未有的挑战。1994年底，香港中文大学召开了第三届当代新儒学国际学术会议。成中英在提交的大会论文中，明确区分了"新儒学"与"新儒家"两个概念。他认为"新儒家"是指一个学派，"新儒学"是指一个大致的学术方向，或者说是指一种广义的学术思潮。"新儒家"更多地关涉价值层面的选择、取舍与认同，"新儒学"则侧重于理性的探索与客观的研究。成中英的区分揭示了以熊十力、牟宗三为代表的"新儒家"与新一代儒者所表现出的不同特征。当代儒学的发展正在经历着由"新儒家"向"新儒学"的演变。新儒家的本质特征不在于"为学"，而在于"弘道"，一旦学术、知识的探求成为其主导地位，作为特定学派的新儒家也就失去了其特有的规定性，而消融在当代儒学多元发展的视域中。[1]

参考文献

[1] 杨伯峻：《论语译注》，中华书局1980年版。
[2] 朱熹：《四书章句集注》，中华书局1983年版。
[3] 王阳明：《王阳明全集》，上海古籍出版社2011年版。
[4] 侯外庐：《中国思想通史》（五卷），人民出版社1957、1957、1959、1960、1956年版。
[5] 徐复观：《徐复观论经学史二种》，上海书店出版社2005年版。
[6] 陈来：《宋明理学》，华东师范大学出版社2004年版。
[7] 杜维明：《现代精神与儒家传统》，生活·读书·新知三联书店1997年版。

---

〔1〕郑家栋：《当代新儒学史论》，广西教育出版社1997年版，第101页。

第七章 道教与佛教文化

宗教自远古时期就与人类密切相关，既是人类文化不可或缺的重要组成部分，更在人类社会生活中发挥着显著作用和影响。"宗教"一词的概念界定历来众说纷纭，学界一般倾向于从以下三个角度给出定义：或以信仰的对象为中心来规定宗教的本质；或以信仰主体的个人体验为宗教的基础和本质；或以宗教的社会功能来规定宗教的本质。一般认为，我国古代的宗教主要包括道教和佛教，道教产生自中国本土，具有鲜明的中国特色；佛教传自印度，传播过程中不断与中国本土文化相融合，最终中国化。这两种宗教对中国传统社会都产生了深远影响。

第一节 道家与道教的发展

道教以"道"为最高信仰而得名，相信人们通过一定的修炼可以长生不死，形成以修道成仙为核心的一套理论体系。道教和先秦时期的道家密切相关，但两者并不等同，道家学说可以视为早期道教的最重要理论来源之一。道教的正式形成要到东汉末期，以五斗米道和太平道的出现为标志。魏晋以后，道教中容易被下层民众借用与世俗王权对抗的部分被删除，日益成为一个纯粹的宗教组织。作为我国土生土长的一种宗教，道教是传统文化不可分割的组成部分之一。

一、道家与早期道教

道家和道教是两个不同的概念。道家是学术派别，《老子》《庄子》《列子》《淮南子》等书都是学术著作，并非宗教经典。道家学说以"道"为最高范畴，"道"可以看成是宇宙万物的本源、事物变化的规律，由此主张无论是治国还是修身，都应该顺乎自然、清静无为。道家学说最早由《老子》（又称《道德经》）一书提出，言简意赅、富含哲理，《庄子》再加以继承和发挥，形成最早的与儒家、墨家并列的先秦道家学说。由于《老子》一书作者的生平事迹不详，道家后学为抬高自身地位，与儒家相抗衡，就把地位崇高的黄帝抬出，视老子为黄帝思想的延续，在汉初形成称为黄老术的新道家学说。故司马谈在《论六家要指》中总结阴阳、儒、墨、名、法、道这六家学说，认为各家都讲治国道理，各有长短，唯有道家黄老学说综各家之长，相对而言最为完善。

道教则属于宗教派别，作为宗教的道教需要完善的理论支撑，于是早期道教就紧紧依托道家，与道家结下了不解之缘。实际上，《老子》和《庄子》都不讲炼丹和符箓，反对信奉鬼神和巫术，亦不追求长生不死，更无羽化登仙之说，追求的乃是精神上的绝对自由和解脱。但在同时，道家思想体系中确实含有不少与道教相通的因素，如《庄子》中有不少神人想象："不食五谷，吸风饮露。乘云气，御飞龙，而游乎四海之外。"[1] 这类描述就直接被道教所吸收。借助道家学说理论，道教才得以构筑完成一套独特的宗教神学体系，进而与儒、佛并列。正因为如此，"道教"一词首见于《老子想尔注》，南北朝以后这一称法日益增多，但人们仍习惯于混称道教与道家为"道家"。

道教的正式成型要到汉末，但其历史渊源可以上溯到更为久远的先秦时期，而且有多种来源。

早期的民间宗教和巫术是滋生道教的最早温床。古代社会由于生产力相对低下，盛行各类自然崇拜和鬼神崇拜，日月星辰、山川河流、风雨雷电及动物图腾、城隍土地等都成为先民的祭拜对象，这些祭拜对象有不少后来都被整合纳入道教的信仰系统，典型的如天帝演化为玉皇大帝，天、地、水三神演化为三官。专门和各类神灵打交道、为常人祈福消灾也成为一种专门职业，泛称为巫（女）、觋（男）、卜（负责宗教祭祀礼仪者）、祝（替人决疑难、断吉凶者）。这些巫觋卜祝所进行的诸种鬼神祭祀和巫术活动，就与后世道教符箓派的符咒、斋醮、科仪活动有着密切联系。

战国时期的神仙方士之说是道教的重要源头之一。具备神通是所有宗教中神灵的共同特征，道教信仰的核心是神仙崇拜，神仙的特点是长生不死、神通广大，而长生不死或者说由常人升华为仙，是道教区别于其他宗教教义的重要之处。道教崇拜的神仙早在战国时期就已经出现，《山海经》《庄子》《楚辞》中都有关于神仙的最早想象和描述。此后，北方齐国、燕国地区的一些方士号称能与神仙来往，握有长生不死之法，常人只要服食他们炼制的仙丹，即可羽化成仙。执掌大权的诸侯国君如齐威王、齐宣王、燕昭王等，希望能长期享受人生，都曾派人到渤海中的蓬莱、方丈、瀛洲三山去求不死之药。秦始皇时，受宠信的卢生等方士无法真的拿出长生丹药，无奈之下一逃了之，震怒的秦始皇坑杀数百名方士。不死之药虽然渺不可得，历代帝王和权贵的长生之求却有增无减，于是神仙传说一直盛传不衰，成为道教吸引信徒的重要教义。

阴阳五行学说也是道教的源头之一。五行本指水、火、木、金、土五种物质元素。古代民众在长期的生产实践中，逐步认识这五种物质元素的重要性，视为

---

[1] 郭庆藩撰、王孝鱼点校：《庄子集释》，中华书局1961年版，第28页。

构成自然万物的基本要素。战国后期，齐人邹衍将五行说与阴阳思想相结合，赋予五行以道德属性，用来说明王朝更替的原因和内在规律，于是阴阳五行说大为流行。再经过汉代数位学者的整理，五行与五方、五帝、五佐、五治、五星、五兽、五音、五日等统一搭配，形成一套完整的理论体系，既可以用来解释宇宙构成和王朝更迭，又可以幻化成具有道德属性和有名有形的五方五色神。阴阳五行这套理论体系为道教所吸收，成为道教鬼神系统和内外丹学的重要理论支撑。

西汉时期，本为官方尊奉的道家黄老无为学说流入民间，黄帝、老子成为民间祭拜对象，于是，黄老信仰加上原有的神仙信仰、民间巫术和阴阳五行、谶纬法术，成为早期道教的共同组成部分。

二、道教的发展历程

作为一种较为完整意义上的宗教，道教的成型可以追溯到东汉后期。一般来说，宗教的正式产生要满足一些基本条件，即形成特定的宗教信仰、宗教理论、宗教活动和宗教实体等。东汉时期，这几项条件大体已经具备，特别是《太平经》（又称《太平清领书》）《周易参同契》《老子想尔注》这三部著作的出现，可以视为道教信仰理论体系形成的标志，而东汉后期的五斗米道和太平道则可以视为道教活动和道教实体出现的标志。

东汉后期政治腐败所导致的严重社会危机，促进了道教组织的形成和发展。东汉顺帝时，沛国丰（今江苏丰县）人张陵（又称张道陵）到四川鹤鸣山修行传道，教人悔过，又以符水咒法为人治病，得到大量民众的拥护。受其道者皆出五斗米，以义舍、义米之法互相周济，故称五斗米道，官府则蔑称其为"米贼"。张陵部众以《道德经》为主要经典，立有教规戒律，组织完备。张陵去世后，弟子尊称其为"张天师"，因此五斗米道又称天师道。太平道产生于东汉灵帝时期，由巨鹿（今河北平乡）人张角依托道士于吉等人所传的《太平经》创立。该教利用经书中的善恶承负、周穷救急等社会政治思想发动民众，并以符水和中草药为贫困无力治病的民众看病，因而深得人心，十年间发展到数十万人。

汉灵帝中平元年（184）三月，张角等发动黄巾起义。这是中国历史上第一次利用宗教来发动民众、反抗官府的起义，一度声势浩大，但在统治者的严酷镇压下归于失败。太平道也因此遭到统治者的严厉取缔，最后中绝。与太平道迥异的是五斗米道。张陵之孙张鲁率众在汉中建立起政教合一的政权，后来归降曹操。曹操对张鲁采取既拉拢又限制的策略，封张鲁镇南将军、阆中侯，让其享有高官厚禄，同时又把张鲁和大部分教众从川陕迁徙到中原，天师道遂在北方得到广泛传播，并渐渐得到上层贵族的欢迎。东晋南迁，天师道又随之播传于江南地区。东晋南北朝的许多门阀士族，都是信奉五斗米道的世家，王羲之家族即是其中之一。东晋孙恩、卢循发起反对晋王朝的斗争时，借助的正是天师道。

道教自东汉末产生后，虽发展到大江南北，但和佛教相比，其理论体系仍显粗糙简陋，更为严重的是，道教屡屡成为下层民众反抗统治者的有力工具，从而引起一些道教理论家的警觉。于是，魏晋南北朝时期南方的葛洪、陆修静、陶弘景，北方的寇谦之等学者，对道教教义进行改造和充实，使之更趋理论化、系统化，再加上宫观制度的建立和戒律制度的完善，道教在这一时期发展演变为完备成熟的宗教，并从主要传播于民间的道团上升为官方承认的宗教。魏晋以后，道教理论中容易被利用来与统治者对抗的相关理论和思想被剔除，与世俗王权对抗的色彩日益淡化，和官方保持一致的特点非常明显，道教逐渐成为一个教义系统、仪式固定、组织健全的成熟宗教组织。

唐代的宗教政策比较宽容，佛、道并行，西方宗教也能在唐帝国内立寺传教。不过，唐王朝统治者为自抬身份，与老子攀上亲戚，道教因此受到唐朝廷的优渥扶持。唐玄宗于开元九年（721）迎著名道士司马承祯入京，亲受法箓，成为取得道士资格的皇帝，又于开元二十一年令士庶家藏一本《道德经》，并下令将《道德经》列入科举考试科目。唐代道教在理论建设方面也卓有成效，涌现出很多知名的道教学者，如孙思邈、成玄英、李荣、王玄览、司马承祯、杜光庭等。在这些道教学者的努力下，道教的教理、教义和修炼方术得到了全面整理和发展。

宋代是道教的又一个繁荣期。由于统治者的大力提倡，道教发展迅速，表现为道教理论研究进一步深化，各种道教书籍层出不穷。据统计，现存《道藏》《续道藏》共收录道教书籍计1470余种，其中宋人编著者210多种，约占七分之一。此外，宋代道派林立，符箓派有茅山、阁皂山、龙虎山三大宗派，内丹派有神霄派、天心派，南宋初又兴起太一、大道、全真等派，尤其以全真派为北方第一大派。与此同时，符箓诸派也逐渐汇合，南宋嘉熙三年（1239），宋理宗命第35代天师张可大提举三山符箓、兼御前诸宫观教门公事，正一派取得统领符箓诸派的地位。道教符箓诸派以天师道、龙虎宗为中心，汇聚形成堪与全真教派抗衡的正一教派。

由明而清，道教开始停滞并衰落。朱元璋借助宗教起事，军师刘伯温精通道教方术，但立国后对道教和佛教多加裁抑，洪武六年（1373）诏令限制僧道出家。当然，明代仍然有不少帝王信奉道教、服食金丹，即便有皇帝因此而死。明清时期，礼部下设道录司，是中央管理道教徒事务的官署，府、州、县则设道纪司、道正司、道会司，各级道官一般由道士充任。道教仍分为全真、正一两派，相比之下正一派更为活跃，与权贵关系更为密切。

三、道教教义和派别

（一）道教教义

道教理论主要源自道家学说，因此道家学说中的"道"成为道教一切教义的根本出发点和基本信仰。道教最早的经书之一《太平经》称："元气行道，以生万物，天地大小，无不由道而生者也。"[1]这说明道教创立之初，即以道为宇宙和万物的本源，道在道教理论系统中，实居于核心地位，道教所有教义教理，均由此阐发而来。

由道衍化为三元，三元分别为第一混洞太无元、第二赤混太无元、第三冥寂玄通元。三元化生出三宝，即天宝君、灵宝君、神宝君。三宝君分别治于三清境：天宝君治在玉清境，即清微天；灵宝君治在上清境，即禹余天；神宝君治在太清境，即大赤天。三宝又称三清。三宝君、三清的全称为玉清元始天尊、上清灵宝天尊、太清道德天尊（太上老君），同为道教至高无上之尊神。

道教教义中，承负观和生死观影响中国人较为深远。道教的承负观和佛教的因果报应观较为类似，也是天道循环、善恶报应的意思。《周易·坤·文言》称"积善之家，必有余庆；积不善之家，必有余殃"，《道德经》第七十九章也谓"天道无亲，常与善人"，这可以看成承负说的思想渊源。《太平经》在解释现实社会中行善者反得恶、行恶者反得善的社会现象时，认为由于天道循环，今人所受祸福归结于祖先的善恶行为，即前人有负，后人无辜受过，是为承负。但人作为生命个体并非只能被动接受，可以通过行善积德、尊奉神灵、修习道术等后天努力，帮助自身和后代免遭先人积恶之厄。道教的承负观沿袭和发展了中国传统的善恶报应伦理观，并深深影响了中国普通民众日常行为中的善恶倾向和选择。

道教的神仙观对中国人更是影响深远。道教是一种重生恶死、以生为乐，进而追求长生不死即神仙之术的宗教，主张人的寿命并不取决于包括天命在内的外部因素，而在于自身。人只要修性养生、安神固元，即按照道教所宣称的那一套修炼之术，就能长生久视，最后得道成仙。故道教的生死观和神仙信仰紧密联系。

道教信奉的神仙实际上由"神"和"仙"两部分组成。道教把宇宙分为大罗天、三清境、四梵三界三十二天，共计三十六天，各天皆有帝王、辅助之神，再加上日月星辰、风雨雷电诸神。仙则是凡人得道的结果，随着时代的发展，道教勾画出的仙人不断增多，因此道教的神仙谱系非常庞杂。至高神当然是三清即太上老君、元始天尊和灵宝天尊，道教宫观多筑有三清殿，以元始天尊居中，但论三者的出现先后，则老君最早、灵宝最晚。民间熟悉的玉皇大帝则为三清之化身，两者关系就如先无极后太极一样，所以玉皇为诸天之帝、仙真之王，有征召四海五岳之神的权力。次于玉皇大帝的有：勾陈上宫天皇大帝，掌天地人三才；中天紫微北极大帝，掌天地经纬；后土皇地祇，掌大地山河。这三者与玉帝合称四御。除天帝外，尚有诸大神，包括十方诸天尊、圆明道母天尊（即北斗星）、三官大帝（天、地、水）、真武大帝、南极寿星、东岳大帝，以及英雄神和文化神如关帝、文昌，守护神如城隍、门神、灶神和土地神，行业神和特定功能神如蚕神、财神、

---

[1] 王明：《太平经合校》，中华书局1960年版，第16页。

瘟神等，还有凡人修炼后成的仙如八仙、张陵、王重阳、张三丰等，其谱系可谓包罗万象，应有尽有。

道教内部的派别尊奉不同的修炼方法，主要可分为丹鼎派和符箓派。丹鼎派又分内、外丹派。秦汉魏晋时期丹鼎派盛极一时，术士纵横，号称能炼长生不老金丹和点石成金，不少权贵名士都是信徒。后世归纳为三种烧炼术：神丹、金液和黄白。但炼丹成本巨大，且所用原料砷、铅、汞常含剧毒，容易致人死命，因而隋唐以后丹鼎派不再强调炼外丹，转而倡炼内丹，手段包括吐纳、服气、导引、守一、存思、辟谷及体育锻炼等，典型如全真教派。内丹之说至少可以强身健体、延年益寿，因而得到越来越多人的认同。符箓派施行各类斋醮祈禳，以念咒、画符、施法等方法为民众祈福驱魔，实际操作时辅以推拿、按摩、魔术和中草药物等，施之有效、简单易行，特别在缺医少药的下层民间社会中颇受重视。汉末太平道、五斗米道都属于符箓派，五斗米道后成为主流，衍化为龙虎山正一道。魏晋时出现灵宝、上清诸派，宋末符箓诸派汇集于正一派。

(二) 道教派别

道教派别众多，较为混杂，而以全真和正一两大派别最为著名。

1. 全真道

全真道始创于金初，因始祖王嚞自题所居庵为全真堂而得名。王嚞出生于宋徽宗政和二年（1112），字知明，因追慕陶渊明的高风亮节而取道号重阳子。早年习儒，相传得遇仙人传授口诀，于是悟道出家，并在终南山筑墓穴曰"活死人墓"。后入山东宣扬全真教义，收马钰、丘处机等七位弟子。卒于金大定九年（1169），葬于终南山刘蒋村（今陕西户县重阳宫），从此全真派尊为祖庭之一。

全真道的发扬光大当归功于丘处机（1148—1227）。丘处机字通密，号长春，山东栖霞人，20岁拜王重阳为师。元太祖十四年（1219），丘处机以72岁高龄，偕弟子18人，应诏从山东莱州出发，行程万余里，历时两年多，到达今阿富汗北部觐见成吉思汗，并以"一天下者，必在乎不嗜杀人"[1]等晓谕元太祖，被尊为神仙，全真道也声誉大振，成为北方第一大教派，盛行于元朝。丘处机此行有弟子李志常撰《长春真人西游记》予以记载。全真道明清两代在全国各地包括边远地区都有传播，时至今日，仍是道教最重要的道派之一。

全真道提倡三教合一、三教平等，认为儒、释、道的核心都是"道"，以《道德经》《般若心经》《孝经》为信徒必读经典。修行方法以内丹修炼为主，注重对人身的精、气、神的修炼，继承和发展了内丹修炼的理论和方法，同时兼修外丹符箓。全真道主张性命双修，先修性，后修命，认为修身养性是道士修炼的唯一正道，除情去欲、心地清静，才能返璞归真、证道成仙。全真道的戒律较严，要

---

[1] 宋濂等：《元史·丘处机传》，中华书局1976年版，第4524页。

求道士恪守教规、苦己利人，道士不能婚娶，不能食荤，且须出家住观，平时也须着道服。这是全真道得到民众认可和尊崇的重要原因之一。

2. 正一道

道教经历晋、唐、宋各代的发展，先后出现天师道和上清、灵宝派，分别以龙虎山、茅山、阁皂山为活动中心，形成著名的"三山符箓"，即茅山的上清箓、阁皂山的灵宝箓、龙虎山的正一箓，称为"符箓三宗"。此外还有神霄派、龙虎派、武当派、清微派等派别，多从三山符箓分化而来。金元之际，王重阳在北方创立全真派，盛极一时，天师道为与全真派相抗衡，遂与上清、灵宝等符箓诸派逐渐合流。到元成宗大德八年（1304），第38代天师张与材被元廷授为正一教主，主领三山符箓，于是南北天师道、上清、灵宝等各道教符箓派别都被通称为正一道。

洪武元年（1368），朱元璋召龙虎山张陵第42代孙张正常入朝，以"天至尊也，岂有师乎"为理由，削去其"天师"之号，封为"真人"。此后"天师"成为民间俗称，官方不再认可。明代，官方承认的道教只有全真、正一两派，天师派以外的符箓诸派，包括神霄、清微等，皆被视为正一道的分支。入清之后，清廷从笼络汉人、维护统治的角度出发，对道教加以维护。顺治六年（1649），敕命第52代正一真人张应京掌理道箓，后又授其一品印。但乾隆时贬抑佛道，诏令正一真人不许入朝臣班行，乾隆十七年（1752）甚至降为正五品秩。明清两朝的正一道虽然衰微，但在民间社会中的影响仍然巨大。据康熙六年（1667）统计，全国有道士2万余人，近僧尼总数的五分之一。且随着清王朝疆域的开拓，一些原来道教影响微弱的边远地区，也陆续建立起道观。

正一道奉张天师为首领，以《正一经》为主要经典，以画符念咒、祈福禳灾、超度逝者等为主要宗教活动，因而在民间社会的影响非常广泛，远超全真道。正一道的戒律不甚严格，正一道士可以娶妻生子，可以食荤，也不需要常住宫观，除上殿诵经、作经忏法事之外，平时可以穿俗装。

四、道教与传统社会

鲁迅先生《致许寿裳》信中称，"中国根柢全在道教"，意思是道教体现了中国传统文化的特点，从研究道教入手，可以窥得中国传统文化的内核。的确，道教是中国土生土长的一种宗教，是中国传统社会的产物，比较原汁原味地保存和体现了中国传统文化的要义和特色，这突出体现为道教有着诸多理论来源，并与先秦道家关系密切。

道教对中国社会的影响包括上层、下层两个方面。道教的修道成仙之说主要针对占统治地位的社会上层人士，他们享有各种政治和经济特权，生活富裕，如何更长久地享受人生正是他们所关注和希望的，因而历代道士都能够在统治阶层中觅到知音,秦皇汉武、唐宗宋祖,还有成吉思汗、明成祖等,无不对道教尊崇有加,都希冀道教能够延长自己的生命。至于那些因迷信和服食金丹琼液反误了卿卿性命的将相权贵,更是大有人在。以普通民众为主的社会中下层人士中,道教的道德说教、心理慰藉和养生健体功能则发挥出巨大的影响力,多神崇拜、积善承负等宗教观念也广泛植根民间社会,普通民众把自己无法解决的现实问题诉诸神仙,或者请道士做法事,超度逝者、慰藉生者,获得一种心理上的安慰。当道教把原来流传民间、民众所熟悉的信仰对象,如雷公、土地、关帝、城隍、门神、妈祖、财神、药王等,一一吸纳进道教的神仙谱系,道教和民间社会的联系得到进一步强化。

道教中还蕴含有多种自然科学的知识。例如化学学科,从严格意义上来说,中国古代并无这门学科,道教的金丹家们在长期的炼丹作金试验活动中,积累了大量和物质性质、化学反应规律相关的经验认识,尽管现代化学证明其中有着大量的错误,但科学的发展正是从错误中一步步得来,其学术价值是不容否定的。著名学者李约瑟指出,"东亚的化学、矿物学、植物学和药物学都起源于道家,他们同希腊的前苏格拉底的和伊壁鸠鲁派的科学哲学家有很多相似之处"[1]。当然,道教徒从事自然试验的目标是修仙炼丹,这就决定了道教在自然科技领域内不可能催生近代意义上的自然科学。此外,道教对哲学、文学等人文艺术学科也有不容忽视的贡献,从六朝到明清,涌现出数量众多的以道教为背景或取材道教的小说和诗歌,还有不少作者从道教中获得灵感并创作出优秀作品。

民间社会的各类节俗活动也常常与道教有关。道教神仙的诞辰如正月初一日元始天尊诞辰、正月初九日玉皇诞辰,本为道教庆典,随着道教的流行,影响日渐扩大,逐渐成为民间社会的节俗之一。道教有庆祝三官大帝(天、地、水)诞生的三元节,分别是正月十五日上元节、七月十五日中元节和十月十五日下元节,此后上元节演变为元宵节,中元节演变为鬼节。春节作为我国最盛大的节俗,也明显受到道教的影响,如敬灶神、贴门神、贴桃符、燃爆竹等。

第二节 佛教的发展与中国化

佛教是从印度传入的外来宗教,体系完善、理论性强,是能够与古代中国文化进行平等对话、交流的异质文化之一。佛教自两汉之际传入我国后,发展迅速,对中国文化起了极其重要的促进作用,同时,佛教在中国传统文化的熏陶和影响下,也发展为不同于印度的中国化的宗教。

---

[1] 李约瑟:《中国科学技术史》第二卷,科学出版社、上海古籍出版社1990年版,第175页。

一、佛教传入中国

佛教创立于印度，自创立到衰落，大致经历了原始佛教、部派佛教、大乘佛教、密教等时期。原始佛教指释迦牟尼创教及弟子传承时期，这一时期佛教的教义明确，教团内部意见统一。释迦牟尼顿悟成佛后，提出原始佛教的基本教义为四谛、八正道、十二因缘。四谛指苦、集、灭、道。苦谛指宇宙人生的本质为痛苦；集谛指造成人生苦难的种种原因，主要是对人生欲望的追求；灭谛指断灭产生世俗苦难的根源，最终达到理想境界即涅槃；道谛指达到理想境界的修行方法，概括为八种即八正道。十二因缘从缘起出发，说明人生本质及其流转过程，世间一切事物都是因缘而起的假象和幻影，其起源是无明即愚昧、贪欲。十二因缘实际上构成业报轮回的基础，人们要摆脱这种业报轮回，唯有通过佛教修行，从根源上断灭无明。佛陀由缘起又提出三个著名命题：诸行无常、诸法无我、一切皆苦（后改为涅槃寂静），称"三法印"，亦为佛教基本要义。

在佛陀去世一百余年后，佛教内部因为对教义和戒律的理解不同而分裂成不同部派，这是部派佛教时期。原始佛教的教义较为平实朴素，注意力集中在人生苦难问题上，即人生说教和道德修养领域，部派佛教则转向哲学思辨，试图囊括全部宇宙人生问题，建立起完整的宗教神学体系。公元1世纪左右，大乘佛教兴起。为了显示自己的正统地位，大乘佛教将之前的原始佛教和部派佛教贬称为小乘。乘者，载也。大乘佛教认为小乘佛教只能自救自度，唯有自身才能运载无量众生即普度众生。小乘佛教把佛陀释迦牟尼看成是一个彻底觉悟的人，或者说是教主、导师，而大乘佛教把释迦牟尼完全神格化，建立起偶像崇拜系统，提倡不仅要自我解脱，更要帮助无量众生。大乘佛教在印度的发展历经三个时期：公元1至5世纪初是大乘经典和中观学派形成期，公元5至7世纪是瑜伽行派产生与发展期，公元7至13世纪大乘佛教密教化并渐渐地走向衰落。13世纪末，印度受伊斯兰教国家入侵，佛教被毁，19世纪末，佛教才由斯里兰卡倒传回印度。

佛教初传入中国时当在两汉之际。从西汉末年到东汉初年，西域与中原内地、以及西域人与汉人之间的交往并没有中断，正是在这种交往中，印度的佛教通过西域传到中原地区。中国典籍中关于佛教的较早记载出现于《三国志·魏书·乌丸鲜卑东夷传》裴松之注引《魏略》："昔汉哀帝元寿元年，博士弟子景卢受大月氏王使伊存口受《浮屠经》。曰复立者，其人也。"景卢又作秦景宪，浮屠即佛陀（Buddha），《浮屠经》指描叙释迦牟尼事迹的佛经，复立即复豆，也是佛陀之意。大月氏因受匈奴压迫，于公元前130年左右迁入大夏地区（今阿富汗阿姆河以南），接受原大夏国的佛教信仰，此后不久，《后汉书》就载有明帝夜梦顶有光明的金人，于是遣使往天竺访问佛法，携沙门摄摩腾、竺法兰东还洛阳，建白马寺供奉，又译出我国现存最早的汉文佛经《四十二章经》。

二、佛教的中国化

佛教在中国的流传，大体而言可分为三个阶段：魏晋以前为输入时期，以翻译佛经为主；两晋南北朝为传播时期，佛教学者研究佛经过程中，形成各种学派和师派；隋唐为兴盛时期，并形成具有中国特色的佛教宗派。笼统而言，佛教的中国化自传入内地、与中国原有思想文化接触的第一天起就已经开始，本土佛教学者在理解、阐释佛教中的相关理论和思想时，必囿于自身固有的儒、道思想和名词概念，不可能脱离自身的文化和知识背景。因此所谓中国化佛教，既不同于中国的传统思想，也不同于印度的思想，而是吸收了印度学说、体现了中国文化特色的一种新说。

魏晋以前，佛教在中原地区得到一定程度的流传，此时佛教和早期道教的黄老道、神仙方术有所混淆。《后汉书·楚王英传》载"楚王诵黄老之微言，尚浮屠之仁祠"，同祀黄老与佛陀，说明时人尚不熟悉佛教，误以为与黄老道同。而佛教初入中国，立足未稳，也借黄老之说扩大影响、吸引信徒，两者互张声势、相得益彰。这一情形，与明代传教士利玛窦将基督教主动附会儒学不无相似之处。大致到汉末三国初，佛教与道教开始分途，到西晋时，佛教发展迅猛，影响日益扩大，与道教发生冲突抵牾。西晋惠帝时，天师道祭酒王浮常与沙门帛远论争，愤而作《老子化胡经》，伪称老子入天竺化为佛陀，以诋毁佛教。此后道佛两家之间冲突不断。

魏晋南北朝时期，佛教在中国得到广泛传播。皇帝和达官贵族带头信仰佛教，天竺僧人佛图澄、鸠摩罗什先后被北朝后赵石勒、石虎和前秦苻坚尊为国师，北魏时全国佛寺达到三万余所，出家僧尼达二百余万人。同一时期，佛经翻译也蔚为大观，后秦国主姚兴击败后凉，迎鸠摩罗什入长安，为其提供一流的国家译场长安逍遥园。这一时期的中原佛学，呈现出空前繁荣景象，为之后中原佛学的发展奠定了良好基础。南方自孙吴政权优待佛教后，佛教在江南亦得到快速发展，隐隐与洛阳呈分庭抗礼之势。南朝梁武帝时，仅建康（今江苏南京）一地就有寺庙五百余所、僧尼十余万人，梁武帝萧衍还先后三次出家入寺，以示对佛教的重视。

佛教学者在钻研佛教经典的过程中，各承一说，形成各种学派和师派，其中影响最著的要数般若学和中观学。般若学属于大乘佛教，般若系梵语音译，意为智慧，全称为"般若波罗蜜多"。般若学传入中国时，正是玄学兴盛的时代，般若学和玄学都带有较强的思辨特色，两者互相呼应、彼此激励。一些著名僧侣既以玄学来论述般若学，又借用般若学来发挥玄学，导致般若宗形成不同学派，即"六家七宗"之说。这里所说的"宗"即"派"。这一时期佛教学者对佛学义理的深入研究为隋唐时期的宗派佛教奠定了理论基础。

隋唐时期，在位帝王较为支持佛教，佛教寺院拥有庄园、土地、当铺等，这为宗派佛教的建立奠定了物质基础。于是僧侣学者纷纷创宗立派，诸宗竞起，各擅胜场，从智𫖮建立中国佛教最早的一个宗派即天台宗开始，先后有八个宗派创立，大体可分为三类：注重继承印度佛教教义的三论宗（吉藏创建）、唯识宗、密宗（善无畏、金刚智创建），注重创造性和富含哲理性的天台宗、华严宗（法藏创建）、禅宗，注重宗教实践的律宗（道宣创建）、净土宗。这些宗派佛教中，最能体现中国化特点的要数禅宗和净土宗。

五代以后，佛教的流传以禅宗和净土宗为主，华严、天台诸宗也有所发展，但总体上呈现衰微之势。元代虽有成吉思汗青睐全真道的先例，但后继统治者对佛教同样青睐，特别是忽必烈即位后，在坚持平等对待各类宗教的前提下，对藏传佛教有所偏爱。明清两朝对佛教控制甚严，清朝因为是满洲女真所建，对藏传佛教中的喇嘛教格外重视。相形之下，佛门僧众的素质普遍下降，高僧数量无几，反倒是居士研究佛学者众多，形成佛学在居士而不在寺院的局面。

直到清末近代，伴随着居士佛教的兴起，佛教又有复兴趋势，禅宗、天台、华严、唯识诸宗都重新引起人们的关注。近代以来，中国的传统农业社会逐步解体，传统文化在吸取西方文化的同时，自身也试图对千年未逢之变局提出应对之策，于是佛教应运复兴，并以革新自身的姿态吸引了大批民众。特别是近代居士、学者研究佛学之风盛行，为佛教界提供了众多才智之士。安徽人杨仁山居士与曾国藩同年进士，后入曾国藩幕中督办军粮，痛感于太平天国战争后江南文物荡然无存，于是同好友一起在金陵创设刻经处，刻印佛经。又于1908年冬，在刻经处创设祇洹精舍，以新式教育培养佛学人才。康有为、谭嗣同、章太炎、梁启超等对佛学也有精湛研究，一些学者还在著名高校学府中讲授佛学，如许季平、梁漱溟、汤用彤、熊十力等，佛学遂进入中国哲学史和思想史研究领域，并成为其重要组成部分。

佛教界也积极谋求自我更新。早在辛亥革命前，太虚大师就力倡佛教改革，把人生佛教推进到人间佛教，并主张宗教革新是中华民族走向近代的重要一环。此后，佛教界人士积极举办佛教教育，推动宗教慈善活动，并组建各类佛教团体，深入民间社会的各个方面。总部设在上海静安寺的中华佛教总会于1912年成立，其地方组织一度发展到22个省级支会和400多个县级分会，成为民国初年规模最大的宗教社团之一。

三、佛教与传统文化

佛教对中国传统文化的影响是深远的。古代中国人处于一个相对封闭的地理环境中，疆域虽然很大，但东面和东南临大海，西面接雪山高原，西南高山丛林环绕，北面沙漠戈壁无垠，再加上无论是北边的匈奴、胡人，南面的山越、夷人，还是西面的中亚民族，文明发达程度较之中原华夏民族都有所不逮，因此，汉民族文化程度高于周边四夷的文化正统观很难被撼动。汉民族文化自身的发展也因为缺少与异质文化的碰撞和交流，自先秦诸子百家争鸣盛况后，就呈现出某种衰落迹象。直到佛教传入，中国文化才遇到一次强有力的冲击。难能可贵的是，印度佛教本身也在不断地推陈出新，给中国文化不断输入新鲜血液，更对中国以儒、道为主体的固有文化造成一种刺激，促使两千年来中国传统文化不断地吐故纳新、向前发展。如学者所指出："印度之文化输入于吾国，而使吾国社会思想以及文艺、美术、建筑等皆发生种种之变化。且吾民吸收之力，能使印度文化变为中国文化，传播发扬，且盛于其发源之地，是亦不可谓非吾民族之精神也。"[1]

作为一种自成系统的完整理论体系，早期佛教认为，中国未必是世界的中心，汉民族文化也未必是世界上最先进的，换句话说，最高的真理、最优秀的人物、最正确的生活方式在佛教而不在汉民族文化那里。除此之外，早期佛教还宣称宗教权力可以和世俗王权并立。东晋名僧慧远著有《沙门不敬王者论》，否认出家有违忠孝，认为出家者以精神解脱为志向，不拘泥于世俗利益，有着更高的志趣追求。佛教的这些主张与中国传统文化有着明显冲突，后来佛教有所妥协，渐渐和主流的儒家学说保持一致。

此后，佛教对中国社会产生了巨大影响。对受过良好教育的士人阶层来说，佛教的理论体系严密完整，思辨哲学的倾向十分浓厚，还有逻辑学（因明学）的成分，因此对士人阶层有着强大的吸引力，进而对不注重思辨的中国传统文化构成一种重要补充。从汉末至唐宋，中国传统文化屡屡能摆脱教条、推陈出新，佛教功不可没。对民间社会的广大普通百姓而言，佛教的因果报应、六道轮回观念影响深远，中国传统的积善积恶、余庆余殃和道教的承负说，都不一定会落到自己身上，而佛教认为生命在前世、今世、后世中不停地轮回，善恶果报最终都要落到自己头上，这对普通民众的日常行为有着强大的道德震慑和规范作用。

佛教对中国的语言、文学、绘画、音乐、建筑、雕塑、园林及民俗等都具有显著的影响。直到今天，我国语言文字中仍然保存着大量的佛教名词，如世界、因缘、觉悟、解脱、顿悟、众生、净土、彼岸、刹那、三生、衣钵等，还有不少成语源自佛教，如六根清净、生老病死、心猿意马、唯我独尊、不可思议、大千世界、天龙八部、当头棒喝、呵佛骂祖等，极大地丰富了我国的语言文学宝库，使汉语的表现力更加灵活强大。唐代禅宗兴起后，强调个体的心对外界万物的决定作用，极大地激发了艺术家的灵感和主观能动性。顿悟说主张直觉式思维方式，对意境论等美学理论的形成有直接的催化作用。因此，禅宗对唐以后中国的艺术思想有着重要而深远的影响，几乎所有的艺术领域都可以找到禅宗的痕迹。

当然，佛教在影响中国传统文化的同时，自身也被逐渐同化。陈寅恪先生曾

---

[1] 柳诒徵：《中国文化史》，大百科全书出版社1988年版，第345页。

精辟指出:"释迦之教义,无父无君,与吾国传统之学说,存在之制度,无一不相冲突。输入之后,若久不变易,则绝难保持。是以佛教学说,能于吾国思想史上,发生重大久远之影响者,皆经国人吸收改造之过程。"[1]例如,佛教早期与传统主流观念相抵触的观点,尤其是出家人不敬王者的观点,在后世基本无处觅踪,这是中国传统社会中王权独大所造成的必然结果。又如唐代玄奘师徒创立的唯识宗,其学术兴趣和治学道路非常严谨,采取的是概念思考、逻辑推论的思想方法,这使得唯识宗无法广泛流传,在玄奘师徒去世后即默默无闻。还有普通百姓最为熟悉的观世音菩萨,原为男子身,《华严经》称"勇猛丈夫观自在,为度众生住此山",早期佛教中的观音图像也是男子形象,但南北朝时已出现观音为女性之说,唐宋后观音为女性已经被普遍接受。观音形象由男而女的转变,和中国人的价值观念与审美品位有着直接关系。

第三节　中国佛教的主要宗派

佛教传入中国后,至隋唐时期大体完成了中国化,表现为汉传佛教各大宗派相继建立,主要包括禅宗、净土宗、天台宗、唯识宗、华严宗、律宗、三论宗、密宗八大宗派,汉传佛教的重要思想,几乎都包括在这八大宗派中。尤其是其中的禅宗和净土宗,是汉传佛教中影响最大的两个支派,仍是今天汉传佛教的主流,并广泛传播于日、韩、越等地。此外还有藏传佛教,流传于西藏、蒙古等地。

一、禅宗

禅是梵语的简化音译,全译为"禅那",或称"禅定",指以安静打坐的方式,深入思考佛法,最后领悟大智慧而得到解脱。佛陀当年在菩提树下证得涅槃,实际上就是一种禅定方法。

通常认为,禅宗始祖是南朝梁时由南天竺泛海而来的达摩。[2]达摩带来一种新型禅法,是当时流传的大小乘禅系的一家,到第五代弘忍时,蔚然发展成为禅门一大派别。弘忍门下弟子众多,知名弟子如法如、神秀、慧能等,但弘忍去世时,并未指定具体某位徒弟为衣钵传人,即改以往师徒单传的方式为分头并弘。以弘忍弟子神秀为代表的北宗禅,7世纪末叶至8世纪上半叶盛行于京洛地区,武则天就曾遣使迎请年过九十的神秀入京城,并亲自问道。

---

[1] 陈寅恪:《金明馆丛稿二编》,生活·读书·新知三联书店2001年版,第283页。
[2] 据胡适先生考证,达摩来华"时还在宋亡以前",到7世纪中叶时,"达摩见梁武帝的故事""折苇渡江一类的神话",都还不曾出现。参见胡适《菩提达摩考》,欧阳哲生《胡适文集(4)》,北京大学出版社1998年版,第252页。

弘忍的另一弟子慧能则往南方弘法。慧能禅宗与传统意义上的禅及南北朝各家禅学有了原则性的区别，由此也可以把达摩到弘忍五代法裔相传的过程，看成是禅宗的预备阶段。慧能出生于公元638年，广东人，俗姓卢，家道贫困。唐高宗龙朔元年（661），慧能赴湖北黄梅参礼五祖弘忍。弘忍去世后，慧能回到南方创立南宗禅，门下弟子有怀让、青思、神会、希迁和玄觉等。至唐玄宗开元二十二年（734），慧能弟子神会在河南滑台大云寺无遮大会公开向北宗发难，争夺嫡传正宗之位，此后，南禅宗逐渐压倒北禅宗。

慧能去世后，禅宗南宗分为南岳怀让和青原行思两大法系。南岳怀让系衍生出沩仰、临济宗，青原行思系衍生出曹洞、云门、法眼三宗，合计五宗，再加上临济宗分出的黄龙、杨岐两派，合称五宗七派或五家七派，成为唐宋时期的禅宗主流。入元后，禅宗以临济与曹洞两宗为主，曹洞宗盛于北方，临济宗盛于南方，主要属杨岐派系。明清时期，三教合一、禅净合一之说日渐流行，禅宗开始衰落，清末民初有所中兴。禅宗兴起之际，也流传到国外，8、9世纪时，神秀和慧能两系禅宗先后传入朝鲜；12、13世纪时，日本禅僧明庵荣西和希玄道元先后来华，回国后创立日本临济宗、曹洞宗；17世纪时，福建黄檗山隐元隆琦禅师赴日本创立日本黄檗宗。此后，禅宗日渐流布东亚和东南亚地区。

由慧能开创的南宗禅，否认传统意义上的禅定，不视禅定为获得智慧的必由之路，而把禅解释为自心本性的自然任运，直指个体的主观精神和心理状态。同时，慧能大力提倡顿悟成佛，不立文字，不重禅定，甚至以挥拳踢脚棒打的方式教育弟子，以期实现"直指人心，见性成佛"。如此，既抛弃传统佛教的浩繁经卷和深奥义理，又反对念佛得往净土的简单信仰方式，实质上为佛教开辟出了一条平民化的路向。因此，禅宗是中国佛教创造和革新的产物，也是中国独有的宗派，"它是汉民族以自己的思想方法和生活方式建立起来的，具有极其鲜明的民族文化色彩"[1]。禅宗也成为中国流传时间最长、范围最广的宗派佛教。慧能的说法语录也因此被奉为《坛经》，在佛教中，只有佛说的法才能被称作经，中国佛教僧侣的说法语录被公开奉为佛经的，只此一家。

二、净土宗

净土宗是中国佛教宗派中的重要一支，是指宣扬信仰阿弥陀佛、称念其名号以求死后往生净土的佛教派别，又称念佛宗。净土指佛国即理想世界，与秽土相对。净土思想渊源于印度，但在印度影响一般。据印度大乘佛教诸经中的说法，净土有多种，较有影响的是阿閦佛净土、药师佛净土、弥勒净土、文殊净土、唯心净土和阿弥陀佛净土等。

---

[1] 潘桂明：《中国佛教思想史稿》第二卷，江苏人民出版社2009年版，第589页。

东汉后期，净土信仰传入中国，很快生根发芽并日益壮大，尤其以弥勒净土和弥陀净土信仰最为流行。弥勒信仰和弥陀信仰一样，都属于净土信仰。东汉末弥勒信仰传入中原，两晋时期广泛流行。南北朝时，弥勒菩萨的造像数量甚至多于阿弥陀佛，说明当时弥勒信仰的影响超过了弥陀信仰，为净土信仰的主流。但到南北朝晚期，弥陀信仰在社会上的影响迅速扩大，入唐后，玄宗又于开元三年（715）下诏禁断弥勒教，此后净土宗就主要指弥陀信仰。当然在民间社会中，弥勒信仰仍然具有不可忽视的重要影响，元末发展为民间秘密宗教团体，即白莲教，和道教也联系紧密。元明清时民众多次以白莲教为号召发动起义。

弥陀信仰在两晋流传较广。名僧慧远力倡弥陀信仰，他长期居住庐山，召集庐山僧俗共18人，创立"白莲社"，念佛求生西方弥陀净土，于是后人称净土宗为"白莲宗""莲宗"，并视慧远为净土宗的创始者。不过也有反对意见。据多位知名学者考证，慧远召集18高僧立白莲社之说实为伪托，慧远并非净土初祖，但可以说是净土宗的先驱者之一。净土宗初祖的另一说是北魏时期的昙鸾。他精研弥陀学说，著有注释净土宗基本经典《往生论》的《往生论注》二卷，解说精湛深刻，创立了一套民众化的弥陀净土学说，修行方法简单，强调称名念佛，为净土信仰的传播开辟了广阔道路。唐时净土宗日趋成熟，具有完备的宗教形态。高僧善导继承昙鸾、道绰等，集中国净土学说与仪轨之大成，对净土宗贡献很大，被视为净土宗的实际创始人。也正是在善导那里，称名念佛的修行方式最终确立。

唐代净土宗虽然已经形成成熟的理论和仪轨，具备完全的宗教形态，但并没有自己的教团，也没有法嗣相传制度，故日本佛教界曾名之为"寓宗"或"附宗"，指不独立为一宗，寄寓他宗。也就是说，所谓净土宗，专指净土信仰，信净土者不必有师承，可以同时信任何宗派，任何宗派中人都可以同时信净土，从这个角度看，净土可以普及于佛门各个宗派。所以至两宋时，天台宗、华严宗、禅宗等各派均提倡兼修净土信仰，形成各宗汇归净土的潮流。与此同时，净土宗修行方法简单易行，仅须念佛即可仰仗佛力获得解脱，称为"易行道"，更赢得大量中下层民众信奉，于是风行各地，深入民间社会，一直到明清时期，形成"家家阿弥陀，户户观世音"的局面。晚清佛教衰微，清末民初时由于提倡融混的印光法师的大力弘扬，净土宗再次流传，印光所著《印光法师文钞》曾风行一时。1931年，印光法师驻苏州，将以妙真和尚为首的灵岩山寺立为十方专修净业道场，灵岩山寺成为净土宗著名道场。

净土宗流传到日本后，逐渐成为日本化的佛教，源空创立净土宗，亲鸾创立净土真宗，一遍创立时宗，融通创立融通念佛宗。其中，以净土宗和净土真宗两派最为昌盛，信仰人数最多。

三、其他宗派

天台宗是中国佛教最早创立的一个宗派，创始人是生活于陈、隋之际的智𫖮，因智𫖮常住天台山（今属浙江）而得名。天台宗学说体系相对完整，传教区域比较固定，传承法嗣制度严格，还拥有独立经营和发展的寺院经济。尤其是天台宗理论体系的思辨水平在所有佛教宗派中首屈一指，向来是中国佛教宗派的重要代表。天台宗教义主要依据的经典是《法华经》（全称《妙法莲华经》），故天台宗又名法华宗。智𫖮的思想体系建立在对当时各家学说抉择去取的基础上，所著《摩诃止观》《法华玄义》《法华文句》堪称天台三大部。智𫖮提出"一念三千"之说，认为世界万物本来具足一心，无须另外寻找本原；世界万物本来等同一心，一心与万物并无体用关系。智𫖮以后，门下弟子只能守成，和勃兴的华严、唯识等宗相比，天台宗毫不显眼，直到中唐经过湛然努力，天台宗声势大振，再加上梁肃、柳宗元等居士的护法活动，天台宗呈现中兴之势。会昌灭佛后，天台典籍散佚不全，于是又呈衰势。入宋后，天台宗亦强调与禅宗、净土宗的融合，走上禅净合一、台净合流的道路。公元9世纪初，天台宗传入朝鲜半岛，日僧最澄又将天台宗传入日本，形成日本天台宗，13世纪又发展出日莲宗，至今天台宗在日本、韩国还有较大影响。

唯识宗的开创者是唐玄奘及其弟子窥基，以强调"万法唯识"、无心外独立之境而称唯识宗，以剖析一切法（事物）的相（事物相状）和性（事物本性）来表达"唯识真性"而称法相宗。因师徒二人常住在慈恩寺，又称慈恩宗。以《解深密经》《成唯识论》和《瑜伽师地论》一经二论为基本典籍，又称瑜伽宗。玄奘俗名陈祎，幼年出家，后深感中国流传的佛理异说纷呈，于是立下前往印度取经的宏愿。[1]玄奘于贞观三年（629）西行，历经艰难险阻，辗转抵达当时印度佛教的最高学府——那烂陀寺，不久即成为精通经、律、论三藏的十德之一。数年后玄奘离开那烂陀寺，遍游印度各地名寺，又与印度多位高僧论辩，博得一致赞许。贞观十九年，在印度取得极高荣誉的玄奘返回长安。玄奘印度取经，前后历时17年，途经约110个国家，行程5万余里，带回大小乘佛教经典657部。玄奘归国后，将全部精力放在佛经翻译上，译出大量文笔严谨、质量极高的经书，在中国译经史上占据重要地位。玄奘门下弟子众多，以才气横溢的窥基最为著名。窥基系唐开国功臣尉迟敬德之侄，入门后继承师说，融会诸论，著述宏富，撰写大量有关经论的疏记，唯识宗的发展壮大就是由他一手推动的。唯识宗认为，人在分

---

[1] 在佛教史上，第一位西行求法的汉僧是三国时期的朱士行。他于公元260年跨越沙漠抵达西域于阗（今新疆和田），并终老于当地。第一位到达印度求法的是东晋高僧法显，年过六旬的他于公元399年出发，公元412年返回中原，前后历经14年，到过30多个国家，带回大批经典，并致力于译经事业。

辨世间万物时,很大程度上受到主观之识的影响,这种主观之识来自内心的缘,只有破除这种识,事物的真相即实性才能显现出来。识有八种,最高层曰阿赖耶识。唯识宗还否认众生皆可成佛的观点,认为人是否成佛由有无阿赖耶识中的种子决定,没有种下成佛的种子就不可能成佛。唯识宗的这套理论非常注重逻辑性,也显得烦琐,更和当时众生皆可成佛的潮流不相符合,所以自窥基后仅传承两代,唯识宗就转向衰微了。直至近代,杨仁山的弟子欧阳竟无在金陵刻经处的研究部内设法相大学,唯识宗严谨深入的义理分析才重新吸引了一批专家学者,从而在社会上掀起一股唯识学的研究热潮。

上述天台宗、唯识宗等八大宗派都流传于汉族居住区,属于汉传佛教宗派。中国佛教中还有在藏族地区形成、流传和发展的重要一支,即藏传佛教,俗称喇嘛教。"喇嘛"是藏语音译,意为"上师",是对僧侣的尊称。藏传佛教是佛教和西藏原有的苯教长期互相影响、互相争斗的产物。自印度传入西藏地区的大乘佛教包括显宗和密宗[1],其中密宗更为兴盛。大乘佛教吸取西藏本土的一些神祇和仪式,形成显密共修、先显后密的修行特色,这就是藏传佛教。

藏传佛教的发展演变通常可分为两个时期,以公元7世纪佛教在西藏兴起,至达玛(836—841年在位)大肆灭佛为"前弘期"。松赞干布于7世纪统一青藏高原各部族,建立起以拉萨为中心的吐蕃王朝,又先后迎娶尼泊尔墀尊公主和唐文成公主,两人都携带大量佛像和经典同行,佛教随之传入青藏高原,并在吐蕃王室的支持下得到初步传播。但吐蕃国内影响更大的是本土宗教苯教,这种宗教宣扬万物有灵,对佛教持反对和排斥态度,佛教在与苯教的争斗中缓慢发展。赤松德赞(755—797年在位)当政时,大力弘扬佛教,邀请尼泊尔静命大师和印度密宗莲花生大师入藏,佛教声势大振。836年,反对佛教的西藏贵族发起反击,杀死支持佛教的赤祖德赞,拥立达玛上台。达玛在位五年,掀起严厉的灭佛运动,藏传佛教受到严重摧残。达玛灭佛标志着"前弘期"的结束。

此后百余年,藏传佛教受到毁灭性打击,僧人外逃,西藏佛教史上称为灭法期。一直到公元10世纪后期,佛教才重新传回西藏并开始复兴,此后称为"后弘期"。时吐蕃王朝已经分崩离析,形成多方割据势力,佛教势力也随之各树一帜,形成不同的教派,修行和传承方式各不相同。最早形成的是宁玛派(红教),还有萨迦派(花教)、噶举派(白教)等,影响最为深远的是格鲁派(黄教)。

格鲁派由宗喀巴于15世纪初创立,是藏传佛教中最大、最有实权和影响最为深远的一个教派。格鲁是藏语"善规"的意思,表示该派教义最为完善,常以甘丹寺为主寺,也称甘丹派,又因派中喇嘛戴黄帽,俗称"黄教"。格鲁派提倡学行

---

[1] 密宗主张身、语、意三密相应修行,才能获得出世果报。手结契印即"身密"、口诵真言咒语即"语密"、心作观想佛尊即"意密",三者相应,即身成佛。由此,其他各种以语言文字阐释表述教义的教派,统称为显宗。

并举、显密双修、先显后密,要求僧众恪守戒律,并制定严格的僧伽制度。宗喀巴去世后,教派势力日益扩大。为保证教派的稳定和宗教领导权的和平传递,格鲁派以灵魂转世说为基础,创出别具一格的活佛转世制度,把藏传佛教的教义仪规和贵族上层错综复杂的政治因素巧妙地协调起来。1546年,格鲁派首领根登嘉措去世后,上层喇嘛从吐蕃贵族家族中找出年仅三岁的锁南嘉措,作为根登嘉措的转世灵童。1578年,锁南嘉措和蒙古族土默特部的首领俺答汗在青海会见,后者尊称他为"圣识一切瓦齐尔达喇达赖喇嘛",意为无所不知的坚强的像大海一样伟大的高僧,达赖是蒙古语"大海"的意思。锁南嘉措成为达赖三世,又追认宗喀巴的第一个弟子根敦朱巴为达赖一世,根登嘉措为达赖二世。1587年,锁南嘉措受明朝册封。1642年,达赖五世阿旺·罗桑嘉措在蒙古首领固始汗的支持下,在西藏建立起政教合一的统一政权,并于1652年(清顺治九年)赴北京朝觐,次年受清朝政府册封,取得藏蒙佛教各派总首领的称号。1645年,固始汗又赠给达赖五世的戒师罗桑确吉坚赞以"班禅博克多"的尊号,意思是学识渊博的智勇兼具的伟人,罗桑确吉坚赞被称为班禅四世。罗桑确吉坚赞去世后,达赖五世也为他选定转世灵童。1713年(康熙五十二年),清朝政府正式册封班禅五世罗桑益希为"班禅额尔德尼",意思是智勇双全的珍贵的大学者。从此,达赖和班禅成为格鲁派两大活佛转世系统,世代相传,同为格鲁派教主。在清王朝的支持下,格鲁派在蒙藏地区广泛流行,成为藏传佛教的正统派并执掌西藏地方政权。

参考文献

[1] 任继愈:《中国道教史》,中国社会科学出版社2001年版。
[2] 卿希泰:《中国道教史》,四川人民出版社1996年版。
[3] 葛兆光:《道教与中国文化》,上海人民出版社1987年版。
[4] 任继愈:《中国佛教史》,中国社会科学出版社1985年版。
[5] 潘桂明:《中国佛教思想史稿》,江苏人民出版社2009年版。
[6] 方立天:《中国佛教与传统文化》,长春出版社2007年版。
[7] 汤用彤:《汉魏两晋南北朝佛教史》,上海书店出版社1991年版。

第八章 传统教育与科举文化

与分科细密的西方教育相比较，中华传统教育强调整体综合，也更为推重人文教育。儒学教育由孔子初创，并于西汉前期确立了自身的官方地位，此后历代王朝奉"尊孔崇儒"为教育政策，因此伦理道德一直是具有优先地位的教育目标。同时，道教和佛教教育也极其强调道德教育，注重培养学生的德性和修养而不仅仅强调掌握知识。

科举考试制度始创于隋代，调整并定型于唐宋时期，直至清末下诏废除，共计连续实行了1300年。与前代先后实行的世卿世禄制、征辟制和察举制比较起来，科举考试将选官范围扩展到社会基层，为提升社会流动性提供了制度保障。

第一节 传统教育思想和政策

教育对个人成长和社会发展具有不可或缺的重要意义。自汉武帝采纳董仲舒"罢黜百家，独尊儒术"的建议之后，"尊孔崇儒"的教育政策为历代统治者奉行不替。具有官方地位的儒学教育，志在培养德才兼备的贤能之士，总结出不少有益的教育方法和学习规律。

一、传统教育思想

（一）对教育作用的认识

春秋战国以至晚清的传统教育思想家们，一般从人性论的角度阐述教育对个人成长和社会发展的作用。有关人性的观点大致可分为两大类：自先秦诸子至宋明理学家，或是主张人性为善，或是主张人性为恶，或是划分人性善恶品级和对应人群，共同之处是将人性的特质视作基于先天的恒常之物。而清初的王夫之则与前贤们的看法有所不同，他认为人性是一种经由后天学习而成的"气禀"，因此可以随着生活环境而变化。

孔子没有直接就人性论发表观点，但他强调教育尤其是早期教育在很大程度上决定一个人的习性，所谓"性相近也，习相远也"。每个人的先天素质是接近的，而后天成就却相差很大，造成这种反差的原因就在于各人接受教育的机会与程度大不相同。不过，孔子同时还指出"唯上智与下愚不移"，承认教育对于生而知之的圣人和学而不知的下民，实际影响是微乎其微的。这种思想矛盾，一方面映射出难以避免的时代和阶级局限，另一方面也深刻影响了之后两千余年的教育思想。

战国后期的思孟学派主张性善，并以此为基础论述教育的作用。孟子认为每一个人天生都具有"善端"，儒家推崇的仁义礼智等道德观念都发源于此，所谓"仁义礼智非由外铄我也，我固有之也"（《孟子·告子上》）。如果放弃教育，先天的"善"端就不能够得以保存和扩充；如果接受教育，那么"人皆可以为尧舜"（《孟子·告子下》）。思孟学派对教育本质和作用的表述则更为直接，"天命之谓性，率性之谓道，修道之谓教"（《礼记·中庸》）。天给予人的禀赋称为性，人遵循天赋之性称为道，修明此道而加以推广则称为教，教育的作用，就是促使人将自己天赋的道德意识表现出来。同时，不仅"君子如欲化民成俗，其必由学"，而且"古之王者，建国君民，教学为先"，充分阐明教育对于社会具有重要的作用。

荀子及战国法家的代表商鞅、韩非都主张性恶。荀子认为人的道德意识不是本性所固有的，而是经过后天教育"化性""起伪"才能具备。虽然荀子承认环境对人的成长有重要影响，但他更强调人的主观努力。人通过后天的教育和学习，可以改变本性，使自己"贱而贵，愚而智，贫而富"。商鞅、韩非则认为人的本性自私自利，人与人之间只有利益交换而没有情谊可言，因此需要以严刑峻法来约束他们的行为。

西汉董仲舒提出"性三品"说，以调和性善、性恶论，唐代韩愈和宋明理学家们承袭他的观点。董仲舒将人性分为三品，上品是圣人之性，指的是帝王、周公、孔子这一类天生就具有"过善"之性的人；中品是中民之性，虽然拥有善质却没有体现出善来，是教育的主要对象；下品是斗筲之性，天生缺乏善质，只能用刑罚手段加以惩戒而无须施用教化。韩愈同样主张人性分作上中下三品，但他认为上品之人也应接受教育。

值得一提的还有反对命定论更为彻底的墨子，"夫岂可以为其命哉？固以为其力也"（《墨子·非命下》）。对个人而言，接受教育正是增强己力的不二途径；对社会来说，教育能够推动社会财富的创造。

（二）对教育目标和内容的思考

教育目标决定教育内容，教育内容体现教育目标。教育目标的提出和修正，深刻体现出国家政权和社会发展对于人才的内在要求与需求。

西周及其以前的教育活动局限在统治阶级内部，学校设于官府，教师由在职官吏担任，旨在为国家机器输送军事和管理人才。这些人才需要掌握的知识和技能包括礼乐制度、射箭和驾车技术及基本的书写、计数能力，因此教学内容就以此"六艺"为主。但到了春秋以后，官学渐衰，私学兴起，受教育不再是贵族的特权，教育的对象发生了改变，旧有的教育目标和内容便不再适应新的需求。

自春秋战国以来的两千多年里，传统中国教育的主流，一直是适应和体现大一统政治要求的儒学教育，而儒学教育的目标就是培养"仕而优则学，学而优则仕"的贤能之士。从孔子开始，儒家理想中的贤能之士须德才兼备，对内能够修身正己，对外能够治国安民。作为儒学教育的培养目标，孔子认为贤能之士应当"为君子儒，无为小人儒"（《论语·雍也》）。所谓的"君子儒"，需要具备"修己以敬""修己以安人""修己以安百姓"（《论语·宪问》）的德行和才干。而德行和才干落实到教育层面，前者是以"孝"为基础、以"礼"和"仁"为核心的儒家道德教育，后者则是以孔子审定的"六经"为主体的文化知识教育。道德教育和知识教育并不是并重的关系，"行有余力，则以学文"（《论语·学而》），可见道德教育才是儒学教育的重心所在。

孔子之后的儒家继续坚持这一教育目标，同时注意适时调整以更好地适应时代需求。孟子明确指出教育旨在"明人伦也"，即将"父子有亲、君臣有义、夫妇有别、长幼有序、朋友有信"（《孟子·滕文公上》）的尊卑秩序观念内化为受教育者的行为准则。荀子认为教育的目的是"始乎为士，终乎为圣人"（《荀子·劝学》），实质是明确了教育培养的短期和长期目标。此外，他还特别强调乐教的意义，"声乐之入人也深，其化人也速"（《荀子·乐论》）。

唐宋以后儒学的教育内容，总体趋势是较前代更为丰富，也更注重识字教育与读经教育之间的衔接。柳宗元不主张教育内容局限于儒家"五经"，主张应从其他诸子中汲取营养。朱熹将教育过程划分为小学和大学两个阶段，8岁开始入小学，以《小学》为教材，15岁入大学，以《论语》《孟子》《大学》《中庸》"四书"为教材，"四书"之后再授以"五经"。王守仁不仅认可读经，也赞成书写、弹琴和射箭乃至歌诗等有助于"求其心"的教育活动。清末张之洞主张"中学为体，西学为用"，更将教育内容扩展到西方的学问。

此外，值得一提的还有墨家、道家及法家的教育目标及其内容。墨子虽然也重视道德教育，但以"兼爱"取代儒家所推崇的"礼""乐"，墨家的教育内容也突破传统的"六艺"范围，更为重视培养逻辑思维能力和实用技能。道家提倡"自然之教"，将带有神秘主义的自然之道作为教育内容。法家反对私学和礼治教育，力主推行以耕战为主要内容的法治教育。这三家的教育培养目标不能适应秦汉以来大一统帝国的需求，所以在历史上实际影响有限。

（三）对教育方法和规律的总结

教师教学与学生学习，是教育过程中相辅相成、不可偏废的两个方面，中华传统教育思想在教育方法和学习规律方面进行了不少有益的总结。就教师教学而言，秉承因材施教的原则，采取启发、诱导的形式，循序渐进安排教学，同时做到这三点不仅是充分的，也是必要的。对学生而言，积极主动的学习意愿、学思结合、精勤有恒的学习习惯，更是保证教学效果所不可或缺的。

其一，教师在教学过程中既需要解决统一授课与个别差异之间的矛盾，也需要在动态中把握教学的广度和深度。对此，"因材施教"的教学原则和"启发诱导"的教学方法，是经过实践检验的传统教学思想精华所在。各个学生的禀赋、性格及兴趣是不同的，因此，教师应当根据这些不同，采取"不愤不启，不悱不发"（《论语·述而》）的方式，以调动学生求知的积极性，启发他们通过主动思考得出结论。

传统中国教师的理想特质，首先体现在职业态度方面的责任心上，"学而不厌，诲人不倦"；其次体现在道德实践方面的示范性上，"其身正，不令而行，其身不正，虽令不从"（《论语·子路》）。至于教师在教学活动中的定位，根据韩愈在《师说》中所言，教师的职责有"传道、授业、解惑"，三者之中仍以"传道"居首，对"道"和"业"掌握的有无和程度，是教师之所以为"师"的标准，因此，"弟子不必不如师，师不必贤于弟子，闻道有先后，术业有专攻"。而柳宗元则直接将师生关系定位为相互学习的师友关系，实则与此所见略同。

其二，"学思结合""循序渐进"的学习方法和"温故知新""由博返约"的学习习惯，也是行之有效的教学规律。孔子主张学思结合，"学而不思则罔，思而不学则殆"（《论语·为政》），孔门后学将这一主张具体化为"博学之、审问之、慎思之、明辨之、笃行之"（《礼记·中庸》）这五个步骤，都将学习视作一个连续且反复的实践过程。因此，学习不是一蹴而就的，需要遵循由浅入深、由易到难、由博返约的学习规律，时时勾连起旧知与新知之间的联系，这样才能克服学习者自身的局限，取得良好的学习效果。

二、传统教育政策

夏商西周是奴隶制学校教育从产生到发展直至衰落的历史时期，在这1400多年里，教育活动一直局限在奴隶主统治阶级内部。各级学校的教学内容是以政治伦理、军事技能及文字计算为核心的"礼""乐""射""御""书""数"这"六艺"，除去官府和官员，没有别的教育机构和教育者。这种学在官府、官师合一的教育体制，从春秋开始渐渐难以维持，自孔子收徒讲学之后，适应时代发展需求的私学也步入稳定的高速发展期。

春秋战国时期官学衰落、私学兴盛的局面，离不开周王室衰微、诸侯国争霸的历史背景。同时，兴学最早的儒家已经初步形成了以《诗》《书》《礼》《易》《春秋》即"五经"为核心的经籍教学内容体系，为汉代以后的儒学教育国家化准备了条件。

公元前221年秦统一中国以后，陆续推行了一系列旨在建立和巩固中央集权君主专制国家的措施。在李斯的建议下，从公元前213年开始，秦廷推行"挟书令"，规定除医药、卜筮、农艺种植的书以外，尽行焚毁其余"诗书百家语"等书籍。这实际上是摒绝了私学赖以生存的基础，使得秦代士人只能以朝廷中负责执掌法令的官吏为师。焚书禁学、以法为教和以吏为师的教育政策，深刻体现了秦代政权君主专制的本质。

汉初统治者吸取了秦祚速亡的历史教训，不再以暴力手段强行统一思想，而是采取更为有效的手法。汉武帝在掌握实际权力以前，即已设立五经博士，给予经学事实上的官方学术主导地位，待其掌握实权之后，采纳了董仲舒提出的"独尊儒术"建议，并将之确立为基本国策。儒家思想主张维护贵贱有差的等级秩序，倡导执中的平衡之道，适应了大一统中央集权专制政权的统治需要，由此奠定了此后两千年传统中国文教政策的基调。

崇儒的文教政策，从魏蜀吴到西晋，一直比较弱化，在东晋时期更是徘徊于失控的边缘，到了南朝，才作为维护皇权的手段而有所强化。而从十六国开始，大部分北朝政权将崇儒兴学视作汉化的重要举措之一，但出于治国的实际需要，也因为社会思潮的多元态势，儒学并没有重新占据主导地位。实际上，无论是南朝还是北朝，崇儒政策的弱化与强化，正反映了教育思潮的多元并存格局。

隋唐重建大一统帝国，重新确立了儒家政治思想的统治地位。隋代享国较短，但已着手改变南北经学各出其径的局面，促使两者逐渐融合，为唐初建立统一的新儒学准备了条件。独立而非依附于传统礼制的国子监教育、实科和职业教育制度、新型的科举考试选拔人才制度，这些延续千年的教育制度，都是由国祚短暂的隋朝所创立的。唐朝"贞观之治"的缔造者及其继承者们，坚定执行以"崇圣尊儒"为核心的文教政策。需要指出的是，隋唐两朝虽然尊崇儒术，但也提倡佛道，对儒学与宗教相结合的事实予以承认，这与汉代独尊儒术的教育政策有明显不同。

宋辽金元四朝，国家由分裂割据重新走向统一。北宋在教育政策方面继续推行尊孔崇儒、兼容佛道的路线。南宋中期以后，理学成为主导国家教育政策的官方哲学。而少数民族割据政权辽、金、西夏的教育政策，虽各自带有本民族文化传统特色，但都注重借鉴汉法，以尊孔崇儒为核心。

元朝统治者虽以武力夺得天下，但为适应新形势下的统治要求，仍然选择延续前代王朝尊孔崇儒的教育政策。元代遵用汉法，推崇程朱理学，后者成为官方的统治思想，确立了官学地位。不过，根深蒂固的民族歧视，也在教育政策方面有所反映，汉人尤其是南人在出仕和授官方面与蒙古、色目人有明显的差异。

明朝建国伊始，一方面执行崇儒政策，礼遇人才，另一方面继续保持程朱理学的独尊地位，并首创八股取士。但无论是学校教育还是社会教化，都对士民的思想进行严格的钳制和禁锢。

清代继明而兴，除去继续坚持元明以来尊孔崇儒和推崇程朱理学的基本方针以外，还加大教化推广力度，使儒家学说成为社会大众共同的行为规范。同时，以科举考试和官学为调控，在学校教育和非官学体系中加强专制统治。从实效来看，清朝的教育政策的确达到了强化君主专制统治的既定目标，不过，政治因素深度参与教育过程中，使得教育过分密切地与科举相结合，压制了教育自身功能特性的充分发挥。

晚清以后，帝制社会逐渐向近代社会转型，传统的教育体制已经不能适应时代需求，清廷兴办新式学堂，废除科举制，设立学部，并于1906年颁布上谕，明确规定以忠君、尊孔、尚公、尚武、尚实为教育指导方针。

第二节 传统教育制度与机构的演变

学校的历史源远流长，它的萌芽可以追溯到原始社会时期。起初，教育活动并未取得独立的地位，而是依附于生产和生活实践。伴随着生产发展、社会进步及国家的建立，夏、商时期已经开始出现一些从事教育活动的早期学校，如"庠""序"和"学"。学校教育的真正发展是从西周开始的。

一、官学

西周时期的国学和乡学，分别设置于王城、国都及各级地方行政区域，前者仅对奴隶主贵族子弟开放，而后者则允许部分庶民子弟入学。无论是国学还是乡学，教官均由在职中央及地方行政官员兼任，其中乡学教官中还有一些被称作"父师"和"少师"的致仕官员。教学内容为"六艺"："小艺"（"书"和"数"）和"大艺"（"礼""乐""射""御"），在识字、算数能力的基础上教习礼乐制度和军事技能。

官学在春秋战国时期明显衰落，秦代有所振复。到了汉代，尤其是汉武帝接受董仲舒建议推行"独尊儒术"的教育政策后，官学得到大力扶持，进入一个快速发展的时期。后世中央和地方的学校制度，在两汉时期打下了基础。

汉代中央官学以太学为主体，另外包括始创于东汉明帝时的四姓小侯学及创设于东汉末年的鸿都门学，地方官学则有郡国学。汉武帝元朔五年（前124），太学创立于首都长安，起初招生规模仅有五十余人，但到了元帝时已经扩展到千余人，等到西汉末平帝元始四年（4）时，最多时已经突破一万人。汉光武帝建武五年（29），太学重建于新都洛阳，到了东汉末年，太学累积入学人数突破三万。汉代太学的教师称为博士，主要讲授经学，以儒家"五经"为教材。地方官学设于郡国、县、道、邑、乡、聚，虽然始设于西汉景帝时，但直到平帝时才普遍设立起来，并开始建立起地方各级官学体制。但地方官学的教化功能显然要大于教育功能，课程各自为政，缺乏统一规划，而且时兴时废。

魏晋时期中央官学新设国子学，这使汉代以来的太学发展为太学与国子学并存，成为后世国子监的开端。不过地方官学虽有一定发展，但各地区很不平衡，兴废无定。

隋文帝开皇十三年（593），原先附属于太常寺的国子寺取得独立地位，改称国子学，这是我国设立专门的教育管理结构的开端。到了隋炀帝大业三年（607），国子学改称国子监，下设国子学、太学、四门学及书学、算学（首创）五学。

唐中央官学包括国子监直属的"七学"（后实为"六学"）和旁属的"二馆"、医学、崇玄学和小学。"七学"是指国子学、太学、四门学、广文馆、律学、书学与算学，除律学、书学与算学属于专科学校性质以外，其余四学都属于讲授儒经的大学。国子学和太学分别招收文武五品以上的官员子弟，四门学除招收文武七品至五品官员子弟外，还有超过一半的学额向出色的庶民子弟开放。律学、书学、算学学额不多，但这三学的入学资格放宽到文武八品以下的官员子弟及庶民子弟。唐代地方官学按地方行政区域设立，均由长史管理，府、州、县各有府学、州学和县学，县学以下还有市学、镇学，但非常制。此外，还有设于各府、州的由太医署、祠部直辖的医学和崇玄学。地方官学的招收对象是文武八品官以下子弟及庶民子弟，所学课程是程度较低的儒家经典。唐代学校有别于其他朝代学校的特点是来自临近高丽、百济、新罗和日本等国家的留学生比较多。同时，官学与科举结合的密切程度也非常高。

宋代官学的特点有三：一是管理体制更为完备；二是政府开始对学校提供较为固定的办学经费；三是专科学校品类增加，新设武学与画学。国子学既是全国官学的管理中枢，同时又是最高学府，此外，直属其管辖的还有太学、辟雍、广文馆、四门学、武学、律学、小学等，直属其他中央机构管辖的有算学、书学、画学、医学等，以及特殊的宗学、诸王宫学、内小学、道学等。而地方官学主要是州学与县学，宋初数量较少，"庆历（1041—1048）兴学"时朝廷颁诏命学者达200人以上的准许设立县学，"崇宁（1102—1106）兴学"时更取消此条限制，至此，州、县学广为设立。南宋以后，外部军事威胁等一系列不利因素导致地方官学愈益衰败。胡瑗主持的苏州和湖州州学，是宋代地方官学中的佼佼者，在两地试验成功的"苏湖教学法"核心是分斋教学，经义斋学习"五经"，治事斋学习政治、军事、水利、历算等，同时注重培养学生经世致用的能力。

元代管理中央官学的机构设有国子监、蒙古国子监与回回国子监，体现出鲜明的民族治理特色，更早设立的管理地方官学的机构，分别是诸路儒学提举司与医学提举司。元代国子学的分斋与考试积分办法及其所定黜罚条例，是对宋代三舍法的继承与发展。元代国子学的考试办法与黜罚条例对汉人限制较严，而对蒙古人与色目人的要求较宽，这是民族歧视政策在学校教育领域内的反映。元世祖至元七年（1270）颁令在农村推行社制，以 50 家为一社，每社立学校一所，挑选通晓经书者担任社学教师，农闲时命子弟入学学习。但社学推行了十来年后逐渐遭到废弃。

明代中央官学主要是国子监，地方官学主要是府、州、县、卫儒学，此外还有武学、宗学、医学、阴阳学等。明代国子监于洪武五年（1372）曾实行监生"历事"制。这在中国学校史上是一个前所未有的创举。已完成学业的国子监生被分拨到政府的各衙门实习吏事，实习期限依部门与工作性质的不同而有所区别，少则三个月，多则一年。国子监学生享有优厚待遇，但也置于严苛的管理之下，目的即在于强化明王朝封建专制主义的统治。明廷分别于洪武八年、弘治十七年（1504）颁诏令各地建立社学，延聘教师以教民间子弟。社学的入学年龄一般为 8～14 岁。学生除了学习《百家姓》《千字文》等书外，兼学御制《大诰》与明朝律令，并在读书的同时"讲习冠、婚、丧、祭之礼"。社学中的"俊秀向学"者，准许补为儒学生员。但自明代中叶以后，此项制度渐趋废弛。

清代的学校体系大部分沿袭明代。国子监继续承担太学的功能，国子监与皇族官学之外的地方学校教育，由全国最高教育行政机构即礼部负责管理，地方官学之间互不统属。无论是中央官学还是地方官学，日常教学和培养模式都立足于科举考试，教学功能日渐退化。值得一提的是，清代地方官学仿照宋、元以来的旧制，设有学田充作学校经费。

二、私学

私学兴起于春秋时期，有着深刻的历史和社会背景。西周时期学在官府，但在中央和地方官学接受教育的毕竟只有少数贵族子弟，还有相当数量的奴隶主贵族、庶民及新兴地主阶级子弟，无法从官学体系中获得教育机会。同时，由于周王室衰落及内部权力斗争，部分主管教育的官员及一些失去原有地位的旧贵族，从王都洛阳流散四方，他们将文化典籍和知识带到官府之外的民间。除此之外，这一时期"士"阶层的出现与壮大，以及各诸侯国竞相养士以图王霸之业的现状，也促使这一阶层兴学办学。

早期聚徒办学的有郑国邓析、鲁国孔子和鲁国少正卯等人，以办学规模最大、办学持续时间最长的孔子最为知名。出身鲁国下层贵族的孔子，从 30 岁开始收徒讲学，此后一度短暂出仕，并率领弟子们周游列国，晚年返回鲁国专心著述。他秉持"有教无类"的办学原则，以道德教育为重心，选择并自编《诗》《书》《礼》《易》《乐》《春秋》作为教材。

私学兴起在中国教育史上具有重要意义。自此以后，"学在官府"的旧有局面一去不复返，教育摆脱了依附于政治的角色，逐渐开始确立自身的相对独立地位，教师的职业身份逐渐与官吏的政治身份相分离。更为重要的是，私学的兴起打破了西周及其以前奴隶主贵族垄断教育的局面，为新兴地主阶级及能够负担得起学费和时间的广大庶民提供了受教育的机会，为推动社会进步培养了大批人才。

到了战国，私学出现了兴盛的发展态势，一方面体现为学生人数较春秋时期明显增加，另一方面则体现为诸家私学内容颇为丰富。中后期还出现了著名的稷下学宫，虽然是官办学校，但除去墨家外，战国时期各主要学派的代表人物及其弟子均到此讲学，促进了各派学术的交流和融合。

秦始皇统一六国以后，将专制主义中央集权向政治、经济、社会各个方面进行贯彻，具体到文化教育领域，就是禁止私学，教育倒退到西周及其以前学在官府、以吏为师的局面。虽然吏师制度重新实行之后，并没有禁绝收徒讲学的教育活动，但无疑使教育和文化传承受到了明显损失。两汉时期，私学发展迅速，有教学内容与太学相当的"精舍"（"精庐"），也有教习幼童识字读经的"书馆"。南北朝时期私学教育的特点是：北朝尤其是北魏因着力推行汉化，所以儒学教育取得独尊地位，但南朝因受玄学思潮、佛教影响，故大量教授这些方面的内容，另有天文、历算等内容。隋唐时期的私学均以儒学教育为主。宋代私学既有以蒙学为重点的，也有以科举为重点的。

元代私学师生民族成分多样，这对促进文化交流和中华民族的大融合发挥了重要作用。私学师生除汉族、蒙古族之外，还有契丹、党项、畏兀儿等族及阿拉伯人。如蒙古族的月鲁不花曾受业于名儒韩性；契丹族的耶律有尚曾受业于许衡；先世为大食国人的赡思，青年时代曾从翰林学士承旨王思廉受业；哈剌鲁氏的后裔伯颜，自幼从塾师学习儒经，后受业于黄坦。

明代小学性质的私学如家塾、义塾、乡学等，一般承担蒙学的教导任务，所用教材，除了沿用已久的《三字经》《百家姓》《千字文》《千家诗》等外，还有明代新编的《小儿语》《续小儿语》《龙文鞭影》等。学会读写的学生，还要学读"四书""五经"与写诗、作文等，并学做八股文以为科举考试做准备。

三、书院

书院肇始于唐后期，在南宋时期有了很大发展。究其原因，一是书院能够补充官学教育不足之处，二是适应了两宋时期理学发展的内在需求，三是唐末以来雕版印刷业的发展为书院大量藏书提供了可能。

宋代的著名书院有岳麓书院、白鹿洞书院、睢阳书院、嵩阳书院、石鼓书院、茅山书院、泰山书院与徂徕书院，以及南宋时创建的城南书院、武夷精舍、应天山精舍、竹林精舍、丽泽书院、钓台书院、淮海书院、天门书院、明道书院、白鹭洲书院、鹅湖书院、怀玉书院等。这些书院既有官办也有民办，其中不少书院得到宋廷的经费支持，个别还曾直接改作府学。

南宋理学大家中有不少曾在书院讲学，其中以朱熹在白鹿洞书院时制定的学规最有影响。在《白鹿洞书院学规》中，道德教育被置于书院教育的首位，朱熹明确提出书院的教育宗旨是进行"父子有亲，君臣有义，夫妇有别，长幼有序，朋友有信"的"五伦"教育，明确规定书院生徒的为学顺序包括"博学""审问""慎思""明辨""笃行"五个步骤，并具体规定书院生徒"修身""处事""接物"的"笃行"要求。这份学规由宋理宗在淳祐元年（1241）亲笔手书并赐予太学，从此成为之后八百多年间书院教育的基本方针，是中国书院制度在南宋逐渐走向成熟的一个里程碑。

宋代书院的管理机构日趋健全。山长之下，还有堂长、学录等管理人员，以及一整套经费收支规制。此外，从教育内容和教学形式来看，书院教育体制也臻于完善。集讲学、供祀、藏书功能于一体的书院规制已然在宋代定型。

元代新建的著名书院除太极书院外，还有仁山书院、西湖书院、鲁斋书院、正学书院、草庐书院、静修书院、文学书院、清忠书院、诸葛书院、东冈书院、师山书院、性善书院、历山书院、尼山书院与洙泗书院等。元朝政府较宋代政府大大地强化了对于书院的控制，这在组织管理方面表现得尤为明显。

书院在明前期的一百多年里发展缓慢，直到中期以后由于科举考试的弊端和官学的衰落而重新得到重视，从此步入一个比较快速的发展时期。以王守仁、湛若水为代表的心学派理学家们，为了与垄断官学讲坛的程朱理学相抗衡，把书院视为从事研讨与传播心学派理学的重要基地，积极倡导并从事书院的创建与兴复工作，在书院大力开展讲学活动。

清代书院大致有两类：注重学术或学问传授的书院和注重肄习经史词章之学的书院。前者有清初的东林书院、关中书院、嵩阳书院、鳌峰书院、姚江书院，以传习程朱理学为主；后者以阮元先后创建的杭州诂经精舍与广州学海堂为知名。

第三节 科举考试与科举文化

科举考试是一种通过分科考试来选拔官员和人才的制度，它有一个中心、两个基本条件，即以考试而非征辟或荐举为中心，朝廷设科公开招考，士子"怀牒"自由报考。从隋炀帝大业二年（606）设立进士科，直至1905年清廷下诏废除，科举考试制度在中国连续实行了1300年。

一、科举考试制度

科举制度是在隋唐两代重建和巩固大一统帝国进程中逐渐出现和成熟起来的。汉晋以来，世家大族利用察举制、九品中正制把持官吏铨选的实权，不仅损及专制主义中央集权的统治基础，而且越来越不适应寒门地主势力上升的时代趋势。

无论是拓展大一统政权基础的需求，还是限制门阀势力的需要，科举考试制度都可谓应运而生。

与前代选举制度比较，科举考试制度在科目体系、组织方式和考试内容方面并未完全摆脱察举制的影响。两者的科目体系均为常科考试和制科考试这两大类，两者都由朝廷自上而下负责动员和组织实施；时务策考试内容、殿试程序及制科考试的形式和内容，两者都共同具备。但是，形式和内容方面的相似，显然远远小于实质和精神方面的相异。科举制为士子提供的报考自由度、竞争公平度、录取公开度及考试本身的规范客观度，显然都是察举制难以与之相提并论的。科举考试制度创立的源头虽然可以追溯到隋代，但科举制度基本精神的落实是在唐代，制度内容的逐步完善和大致定型则是在宋代。此后除去必要的局部调整外，元明清三朝的科举制度大体沿袭两宋而处于成熟稳定的发展期，直至清末彻底退出历史舞台。

从科考防弊之例，即可见由唐至宋的制度进步。唐代科举考试为防止考官徇私，一是考官亲属须参加"别头试"，以彰显考试公平，但这一做法没有制度化；二是在考试期间实行"锁院"制，严格禁止考官向考生暗通消息；三是试行糊名制度，但未成定制。但是，权贵请托乃至干预科举，以及行卷、通榜的习惯化和普遍化现象，在唐代科举中非常突出。

宋代科考防弊的力度较唐代严格许多。第一，在解试和省试环节将"别头试"制度化，以防范考官在考试和评卷过程中可能出现的舞弊行为。第二，继续实施"锁院"制度，从源头上切断考官与外界传递消息的通道。第三，通过按榜引座及禁止继烛、夹带和代笔等措施，以杜绝考生在考场中作弊。第四，在唐代试行的糊名制度基础上再进一步，将封弥和誊录制度化，使考卷上的考生身份信息、记号和笔迹无法对考官判卷构成影响。第五，宋代科举废除公荐并禁止公卷，为出身下层的贫寒士子营造一个最大限度的公平竞争环境。最后或许也是最重要的是，针对诗赋和策论这样自由裁决度比较大的考试内容，制定了相对规范的评判标准，以保障评卷的客观公正。

以上防弊措施为元明清所继承，尽管科场舞弊仍然时有发生，但无论如何，上述防弊措施毕竟发挥了正面的积极影响，维护了科举考试的形式公平与公正。

二、科举考试的内容与程式

科举考试是唐宋以后官员选拔的主要途径，按照选拔类型来分，可以分为选拔文官的文举和选拔武官的武举；按照考试频度来分，可以分为按时举行的常科考试和不定时举行的制科考试。下文以文举和常科考试中最为重要的进士科为例，简述这一科目考试的内容和程式。

唐代参加进士科或明经、明法等主要常科考试的考生有两类：生徒和乡贡。

生徒是指中央和地方各级官学选送的在学者，乡贡是指官学体系之外，能够通过县、州两级考试考核的私学学生或自学者。以唐玄宗开元年间为转折期，前一时期是生徒及第的比重多于乡贡，而后一时期则是乡贡的考试表现优于生徒。

唐代进士科考试于每年春天在京师长安举行，由尚书省礼部负责统筹组织，称作"省试"或"春试"。考试共计3场，每日举行1场，夜间也可倚烛答卷，但以3烛为限。

唐代进士科考试的内容大致有帖经、策问、杂文诗赋三类。帖经旨在考查士子对儒家经典字句的诵记能力，考官以孔颖达《五经正义》为依据，任取其中某句，将上下两部分遮掩，用纸帖盖未经遮掩的某行内的数字，要求考生填写所帖之字。策问考查士子对现实问题的思考及表达能力，但也难以避免考生背诵套用旧策的流弊。杂文指"箴、铭、论、表"之类应用文类，而试帖诗赋则非常讲究格律和用典，便利考官批阅和士子习答，某种程度上与明清时期的八股文异曲同工。

考试结束后，由门下省审核考卷，再由尚书省放榜。进士科第一名称作"状头"或"状元"，进士登第者每年不过30人上下。唐代的进士出身仅是做官的资格，还需要经过吏部铨选这一道"关试"才能通往仕途，韩愈和李商隐都曾折戟于此。"关试"主要有身、言、书、判四项，前两者是品貌和口才，"书"指书法，"判"指公文处理和断狱能力，四者之中以判为重，要求参加考试的进士熟悉政事并能以四六骈体文进行表达。但是，本来着眼于实务的吏部试在后期偏重文辞，逐渐与进士科考试的杂文诗赋类同，也就失去了存在的意义，于是在宋代予以取消。

宋代以后，进士科考试由一年一次改为三年一次，同时实行自地方到中央直至皇帝的三级考试制度，其中地方和中央主持的两级考试是逐级淘汰的，而名义上由皇帝亲自主持的殿试则是等额排序而非差额淘汰。

宋代进士科考试内容经历了一个从沿袭唐代到重大调整的反复过程，焦点在于考试内容以诗赋为主还是以经义为主。调整的主要原因是，自唐至宋的两百多年间，诗赋、策论、帖经这些偏重记诵和铺陈的考试形式，无法为朝廷选拔出有实际政务处理能力的人才。王安石在熙宁兴学时期对考试内容做出重大调整：一方面废除诗赋和帖经，另一方面扩大经学考试范围并强调义理，同时强调对社会实际问题的考查。与唐代进士科每科录取30人上下比较起来，宋代录取人数动辄400~500人，士子登第的机会显然大大增加。一方面，宋廷的统治基础扩大，有助于巩固政权；另一方面，宋代进士无须经由吏部考试而可直接入仕，再加上宋代职官设置本就叠床架屋，造成"冗官"现象。

元代进士科考试经历三兴三废的曲折发展历程。元廷的民族歧视和压迫政策体现在三级考试中的每一级都实行分榜录取，蒙古、色目人一榜，汉人与南人一榜。在考试内容方面不再注重诗赋，而以经学为主，经学又以朱熹的注解为依据，这是程朱理学确立官学地位的开始。

明清两代进士科考试内容相较于前代最突出的是八股文风行。八股文也称作"时文"或"制艺",是"四书"义和经义的固定答题格式或路数。八股是指八组对偶句式,即严格按照破题(解析题意)、承题(进一步分析题意)、起讲(代"圣贤"立言)、入题、起股、中股、后股、束股的顺序来铺陈文意,本质上与诗赋的格律一样,是一种编排文章布局的格式。八股文大致从明代成化、弘治年间开始形成,因为这种两股相互排比对偶的文体格式严整,便于标准化答卷和评卷,因此风行明清两代。

在讨论科举制度弊端的意见中,有相当一部分是指向八股文的,认为这种形式僵化而内容空洞的文风,不但需要对明清士子群体的知识贫乏和思想困顿负责,而且导致近代中国发展停滞。但八股文作为一种应试的文体格式,其本身并不足以承载此种谴责,真正有损传统中国社会发展的,是士子们为寻求出路而专门去揣摩科举应试文字,由此导致学问空疏、教育衰败。

三、科举文化的社会影响

科举考试对唐宋以后中国社会产生了深远的影响,它为寒门子弟提供向上流动至官员队伍和统治集团的机会,无论是从广度还是从效度、信度而言,都要超过此前实行的任何一种选官制度。

对照宋代以前和明清时期的进士家庭出身,毛汉光统计新旧两《唐书》所载830名进士的家庭出身,发现其中士族子弟出身的唐代进士高达71%,出身寒门的进士及第者则占总额的15.9%,[1]宋代以前的社会流动由此可见一斑。而何炳棣搜集了20%弱的明代进士、接近28%的清代进士家庭出身状况,发现其中31.1%的举子来自祖宗三代未有一人获得过任何功名的家庭,42.7%的举子来自祖宗三代未有一人超越生员身份的平民家庭,而来自祖宗三代至少产生过一个三品以上官员家庭的举子,占总数的比重是5.7%。[2]

而对于实行科举制度的大一统政权而言,网罗全国范围内的知识精英以扩充自己的统治基础,本就是符合自身根本利益的应有之义。一方面有助于打破官僚集团的封闭和固化,无形之中也消弭了世家大族对专制皇权的威胁;另一方面为官僚队伍持续输入新血,保持官僚体系的活力,提高官员整体文化素质。

不过,在肯定科举考试具有积极社会影响的同时,仍应看到,大凡兴一利而必生一弊,科举制度在实施过程中,也产生了无法克服的内在矛盾与危机,最终

---

[1] 宋大川、王建军:《中国教育制度通史》第2卷《魏晋南北朝隋唐》,山东教育出版社2000年版,第533—534页。

[2] 何炳棣:《明清社会史论》,徐泓译注,台北联经出版事业股份有限公司2013年版,第138页。

导致自身的消亡。

其一,科举制度以网罗乡野遗贤、扩大统治基础为己任,但录取名额有限而失意落第者在在有之,非但不能起到缓和社会矛盾的既定目的,反而将他们推到中央朝廷的敌对阵营中去。每当社会动荡之时,积蓄在落第士子心中的求而不得、愤懑仇恨便以可怕的力量迸发,黄巢与洪秀全就是典型的例子。

其二,科举制度打破世家大族把持官吏铨选的旧局面,强化了君主专制中央集权,但门生和座主之间很快形成盘根错节的多层关系纽带,互为奥援,结党营私,同样削弱了专制主义中央集权的力量。

其三,科举考试内容先后出现重文辞而轻义理、重形式而轻思想的流弊,这种趋势或许是科举考试趋于规范和标准化过程中不可避免的,但它不惟遮蔽应考士子的知识视野和思想格局,也使学校异化为应试之所,最终导致教学职能流于空疏。

参考文献

[1] 李国钧、王炳照:《中国教育制度通史》第1—6卷,山东教育出版社2000年版。
[2] 朱永新:《中国教育思想史》,上海交通大学出版社2011年版。
[3] 刘海峰、李兵:《中国科举史》,东方出版中心2006年版。
[4] 何怀宏:《选举社会及其终结:秦汉至晚清历史的一种社会学阐释》,生活·读书·新知三联书店1998年版。
[5] 王炳照等:《简明中国教育史》,北京师范大学出版社2008年版。

第九章 传统法律与法制文化

在中国，以清末新政为背景而展开的近代法律改革，瓦解了传统中华法系，并与西方进行国际接轨，走上了大陆法系为主的道路。西方的法律概念、术语乃至观念对近代中国影响至深。直到今天，中国法学（法律）界特别是部门法领域，依然深受西方法律话语的重大影响。法国启蒙思想家孟德斯鸠强调，为一国人民而制定的法律，应该是非常适合于该国人民的。如果一个国家的法律竟能适合于另一个国家的话，只是非常凑巧的事。法律应该与该国的政体性质、自然状态、人民生活方式、政制容忍的自由程度等有关系，应该和居民的宗教、性癖、财富、人口、贸易、风俗、习惯相适应，而这些方面综合起来就构成了"法的精神"。[1] 中华"法的精神"沉潜于传统文化之中。优秀的传统法律文化，是现代法治建设须好好挖掘的本土资源和丰富宝藏。

第一节 传统法律的基本面貌

一、法律概念的演变

中国早期法律的概念主要称为"刑"。《左传》云："夏有乱政而作禹刑，商有乱政而作汤刑，周有乱政而作九刑。""刑"的概念，产生于早期中华各部落联盟之间相互征战的过程中，体现出"兵刑合一"的特点。刑的目的，就是对俘虏、逃兵、违反军令者进行惩罚，而且针对人的身体。即使在部落统一乃至国家形成之后，对于不服统治或抗命者，刑依然是最重要的暴力工具。《汉书·刑法志》载："大刑用甲兵，其次用斧钺；中刑用刀锯，其次用钻凿；薄刑用鞭扑。"指的就是不同程度的刑的处罚方式，也体现了早期法律中的报复理念。此种惩罚性的刑，从夏商发展到西周，固定为"五刑"，即墨、劓、剕、宫、大辟。除大辟是各种死刑外，其他四种都是针对人体器官的肉刑。

---

[1] 孟德斯鸠：《论法的精神》，张雁深译，商务印书馆1995年版，第6—7页。

这种以肉体惩罚作为主要目标的刑的概念，到了春秋时代发生了重大变化。春秋时代，王室不振，各诸侯国或为了称霸，或为了图存，大多在土地和户籍方面进行了"变乱旧章"的改革。改革土地制度，主要是从法律上确认已经存在的私田；改革户籍制度，主要是把附着于土地上的劳动者编制起来，以保证赋税收入和兵源补充。这些改革，不仅造就而且强化了新兴地主阶层。为了巩固改革成果，在新兴地主阶层的推动下，一些诸侯国纷纷公布法律。正是在这种背景下，法律开始被称为"法"，如晋有《被庐法》《常法》，楚有《仆区法》《茆门法》，魏有《法经》等。"法"的古体字为"灋"。按《说文解字·廌部》："灋，刑也。平之如水，从水；廌，所以触不直者去之，从去。"可见，"法"虽依然为刑，但已不再仅是刑杀惩罚之意，更多是对公正的一种追求了。法律概念由"刑"到"法"的这种变迁，可谓反映了新兴地主阶层在其政治崛起中与旧有贵族阶层平起平坐的诉求。这种诉求，给法律本身及其以后的发展，奠定了最令人称道的价值基础。

战国时期的变法改革运动，以秦国的商鞅变法最为成功。商鞅"少好刑名之学"，是战国中期法家著名代表人物。公元前361年，秦孝公下令求贤，商鞅携李悝《法经》入秦，受到重用并主持变法。商鞅变法有一个重要内容，就是改"法"为"律"。《说文解字·彳部》："律，均布也。""均"是指古代乐器中调音律大小清浊的工具，故"律"乃指以"均"全面调整好的十二音律。段玉裁对《说文》作注说："律者，所以范天下不一而归于一，故曰均布也。"可见，商鞅改"法"为"律"，显示对法律的规则统一性和效力普遍性的追求。这种追求固然反映了新兴地主阶层已完全在政治上立足，而无须再与旧有贵族阶层讲平等的背景，但客观上使得法律概念的内涵又有了一个巨大的提升和飞跃。从此，自秦汉至明清，除宋称"刑统"及元称"通制"等外，其他各代的基本法典均称为"律"。

由上可见，法律概念由"刑"到"法"再到"律"的演变，包含着古人对法律内涵的认知发展，特别是"法"与"律"概念的递进出现，使得法律不仅被赋予了公正的价值追求，而且还将这种价值追求推向整个国家和社会，体现出作为普适价值的重大法律意义。

二、法律形式的变化

法律形式经历了一个由零散至体系化的发展变迁。具体而言，夏商西周时期的法律形式主要为刑，以及王所发布的诰、誓、命、令等。进入春秋，始有法式。商鞅变法后，法律形式开始出现了"律"这种主要形式。至秦朝建立及皇帝制度确立，法律形式除律外，又有制、诏、程、课、式、法律答问、廷行事等，较为繁杂。至两汉时期，经过三四百年法律的修订和实践，最后形成了律、令、科、比四种主要法律形式。律主要指《九章律》，再加上《傍章律》《越宫律》《朝律》，共六十篇，统称"汉律"。令主要是律的补充形式，一般指皇帝发布的法外诏令，所谓"天子诏所增损，不在律上者为令"，其内容比律更为庞杂。科的本意是一种度量器具，当从秦的程和课发展而来，但更为标准化与类别化，是对繁杂律令中刑罪规定进行分类编定的定罪正刑之法。[1]比为"比附"，即律令无正条时，参照类似律令进行审判，并且一般须报皇帝批准的典型判例，概从秦廷行事发展而来，其在司法中大量运用。

魏晋南北朝时期，法律形式有了进一步合理化的发展。律与令的界限更为突出，所谓"律以正罪名，令以存事制"[2]，并在性质上发展成为专门的刑法典。可以说，中国古代法律在汉魏之间有个质的变化。首先，汉律是诸律并立，律外有律，而魏律是诸律合一，律外无律；其次，汉律是罪名事制不分，魏律则专以定罪正刑为务。这种转变，使得魏律成为专门刑法典有了可能，并从此影响后世各律的性质。在这一时期，法律形式还出现了以格代科。随着魏晋时期将有关刑罚部分专门抽出厘为律，其他则按类归纳为令后，科的使命也就基本完成，并进而演变为格。格的出现，固然与格、科两字读音及字义相近有关，主要当是北魏少数民族政权入主中原后对汉制既仿效又更新的产物。这一时期法律形式的变化，成为隋唐以降律、令、格、式并行的渊源。

至隋唐，法律形式主要固定化为律、令、格、式体系。这四种法律形式，各司其职，各具功能，一如《旧唐书·职官志》所云："律以正刑定罪，令以设范立制，格以禁违正邪，式以轨物程事。"其中律指刑法，目前存留在世的完整唐律是唐高宗永徽年间制定的《律疏》，也即《唐律疏义》；令是国家各项制度的正面性规范；格是强调不得作为的防止违失与邪行的规范；式则是国家制度在具体实施方面的细则规范。宋代法律形式，除因袭唐之律、令、格、式外，灵活性的敕和例成为十分重要的法律形式，并出现了编敕和编例的立法活动。元代法律形式深受两宋编敕和编例的影响，其基本法律形式以条格和断例为主，但内容均繁杂且不规范，出现了某种倒退。明代力图拨乱反正，确立了以律为主要的法律渊源，诰、例等为重要补充的法律形式体系。明代律即指《大明律》，明太祖亲自参与修订，并自始至终以制定一部与唐律媲美的法典为目标，终于在洪武三十年（1397）颁行天下，并贯彻明代始终。为防止"法外遗奸"，明太祖还亲自制定带有特别刑事法性质的《明大诰》，以弥补律文的不足。例在明代的应用十分广泛，成为律、诰之外最为灵便的法律形式，以至于律、例并行。清承明制，但又有变化，法律形式主要为律、条例、则例等。清代的基本法典是《大清律例》，为乾隆五年（1740）颁布，为一部律文和条例合编的法典。因乾隆五年律文颁行时确定不再变

---

[1] 关于汉代有无科，学界有争议，本章持肯定说。参见刘笃才《汉科考略》，《法学研究》2003年第4期；《论汉代法律体系的几个问题》，《当代法学》2004年第4期。
[2] 《太平御览》卷六三八杜预《晋律序》，任明、朱瑞平、聂鸿音校点《太平御览》第六册，河北教育出版社1994年版，第26页。

动，故只能通过制定条例应对新问题，并按照"五年一小修，十年一大修"的原则累朝增修。则例指某一行政部门或某项专门事务方面的单行法规，相当于各行政机构的工作守则和办事规程，以期提高各机关官吏的行政效能。此外，清代还制定了许多使用于少数民族地区的民族法，像《回律》《蒙古律例》《苗例》《钦定西藏章程》等，是特殊意义上的一类法律形式。

历代法律形式总体上越来越合理化、明晰化和简洁化，突出表现在魏、唐、清时代，反映了法律在形式上的发展规律。

三、法典编纂的体例

中国古代的基本法典，主要指律典。律典的编纂，在体例上经历了由不合理到逐渐合理的变化过程。

中国古代第一部系统的成文法典是《法经》，由战国时期李悝在魏国变法时"撰次诸国法"而成。《法经》分为六篇，按内容顺序为盗、贼、囚、捕、杂、具。前四篇以"王者之政，莫急于盗贼"为指导，主要内容是惩办盗贼；盗、贼二篇关乎地主阶级财产、人身等安全保护，囚、捕二篇关乎对盗贼如何劾捕；杂篇则关乎盗贼以外其他犯罪；具篇主要内容是关于加重和减轻处罚的规定，类似于现代刑法的总则篇。如此来看，《法经》虽具一定体系，但将具篇置于最后，合理性显然不足。后来商鞅在秦变法，直接赋予《法经》六篇律的地位。

汉律的基础和核心是《九章律》，乃相国萧何"捃摭秦法，取其宜于时者"而制定。即在盗、贼、囚、捕、杂、具六篇的基础上，在后面增加户、兴、厩三篇，合为九篇，故称《九章律》。户律主要规定户籍、赋税及婚姻之事；兴律主要规定征发、徭役及守备之事；厩律主要规定牛马畜牧和驿传之事。《九章律》比秦六律篇章增多，但并没有注意具律篇作为总则篇的应有地位，而是将其置于中后位置，甚不合理。

至曹魏《新律》，律典的篇章体例和逻辑结构发生了重大变化。不仅将刑事条款尽入于律，所谓"律以正罪名"，从而成为专门的刑法典，而且将汉《九章律》中第六篇具律篇列于律首，并改名为《刑名》，[1]从而成为名副其实的刑法总则篇。这一改动无疑使体例结构变得十分合理，并为以后的晋律、北齐律所肯定和继承。晋律在《刑名》后又增加《法例》一篇。北齐律则将《刑名》和《法例》合为《名例》一篇，并将总篇数设为十二篇，使得律典体例结构更为合理和简明。此后历代相沿未改，直至清末。

---

[1]《晋书·刑法志》载魏《新律序》："旧律因秦《法经》，就增三篇，而《具律》不移，因在第六。罪条例既不在始，又不在终，非篇章之义。故集罪例以为《刑名》，冠于律首。"

四、法律内容的体系

中国传统法律的内容体系到底是什么，学术界对此认知有一个变迁过程。传统观点普遍认为，中国传统法律的整体内容，呈现出明显的"诸法合体，民刑不分"的面貌，同时也将其作为中华法系的基本特征。这种观点认为，从战国时李悝著《法经》起，直到清代《大清律例》，历代具有代表性的法典基本上都是刑法典，这种刑法典同时也包含着民法、行政法、诉讼法等各方面的内容，这种混合编纂的内容结构形式，就是"诸法合体，民刑不分"。与此相近或衍生的还有所谓"诸法混体，以刑为主""民刑不分，以刑为主"等观点，认为中国古代基本法典不仅是刑法、民法等混合不分，而且由于民事问题常常用刑事手段去处罚，因而又是以刑为主的。这些观点其实是错误的。

上述观点的错误体现在两个方面：一是混淆了中国传统法律体系或中华法系与基本法典（律典）的概念，将律典的内容表现作为整个传统法律体系或中华法系的面貌，犯了以偏概全的错误；二是对律典的内容表现做了错误的认知。可以说，任何一种类型的法律都是特定社会关系的产物，而社会关系是复杂多样的，因此，一个有着基本正常秩序的社会，必然要有与各种社会关系相适应的法律规范进行调整方可实现。它们因各自调整对象的不同而划分为若干不同的法律部门，同时又必然具有规范秩序的内在统一性。这些既区别而又不可分割的若干法律部门，便构成了法律体系。法律部门虽是近现代的产物，是一种主观上有意为之的概念，但鉴于古代社会在法律秩序上的基本有效性，客观上也必然存在刑法、民法、行政法、诉讼法、经济法等调整各种社会关系的部门法律，从而使得中国古代的法律体系客观存在着"诸法并存，民刑有分"的内容。至于传统学界将古代传统律典解读为"诸法合体，民刑不分"，只是一种律典编纂形式表象上的认知，其本质并非如此。目前学界已经充分论证，中国古代的律典并非诸法合体，从本质上看就是刑法典。尤其从魏律开始，"律以正罪名"，律典开始真正刑法典化。唐朝法律体系的主体是律令格式诸法，其律就是典型的刑法典。

第二节 传统法律的指导思想

中国传统法律的指导思想，主要是汉武帝时开始确立的正统儒家思想。与先秦儒家思想的纯粹性不同，正统儒家思想实是一个兼容并蓄的体系，即除儒家思想为主体外，还充分吸收了阴阳家、法家、道家、杂家、医家、兵家、农家等其他许多有益于己的思想内容。正因为如此，虽然正统儒家有着神化君权而强化专制的种种不足，但其开放包容而又辩证吸收的态度，也使它获得了某种勃勃生机，能够有效地与道、佛宗教相争而始终居于主导地位。从正统儒家的思想渊源及框架内容来看，其对中国传统法律的指导思想具有积极意义，主要表现在如下几方面。

一、人文关怀

法律指导思想中人文关怀的内容，实际上早在西周初期就已开始确立，后来被先秦儒家肯定，并被正统儒家继承而贯彻始终。

为解决商族遗民不服从的心理症结，以周公为代表的周统治者对其进行了训诫，并确立了"以德配天"的理念。所谓"皇天无亲，惟德是辅"，天命不是固定不变的，而只属于那些有德者。纣王的暴虐使其丧失德性，而武王的爱民使其拥有德性，因此天命转换，理所当然。这样一种上天赞赏注重的"德"，其本质内容即是"保民"。保民的基本表现是保护人民的生命健康，"以德配天"在法律上的精神就是"明德慎罚"。无疑，这是非常难得的人文关怀。

可以说，西周"以德配天"观念的提出，在中国法律思想史上具有里程碑式的意义，标志着中国法律文化从一个"无人"之境过渡到"有人"状态，开始有了人文关怀。夏商属于纯粹的"神权法"时代，人对神顶礼膜拜，在神面前人完全没有自己的位置，法律也体现不出人文关怀。随着西周"以德配天"的提出，人终于在神面前有了一席之地，法律也终于开启了人文关怀之门。正是在"以德配天""明德慎罚"的理念下，西周确立了诸如"矜老恤幼""罪疑从赦"等刑事原则，并为后世所继承。

在人文关怀的法律思想上，汉代文帝及景帝时期的肉刑改革，亦是一个重要发展环节。文帝十三年（前167），缇萦之父受诬当处肉刑，缇萦遂上书皇帝，痛陈肉刑"刑者不可复属"之弊，愿自没为官婢以赎父刑。汉文帝深受感动，遂下令刑制改革，主要是用徒、笞刑取代黥、劓、斩左趾等肉刑。后来汉景帝又将笞数大为降低，还确定了笞刑刑具和方法。可以说，文景刑制改革对肉刑的废除，其人文关怀十分突出，在先秦五刑（墨、劓、剕、宫、大辟）向汉唐五刑（笞、杖、徒、流、死）的发展上成为重要转折点。

人文关怀使得上自天子下至地方官均有一种"父母官"的情怀，关怀着所辖范围的"子民"；而数千年来老百姓期望的"青天"式循良官吏，需要父母般的人格和爱心。像矜老恤幼、谨慎刑讯、录囚、死刑复核、病囚照护、孕产妇行刑照顾等许多方面，均突出体现了人文关怀。

二、天人合一

"天人合一"涉及天地与人的关系，追求两者的合一。像《老子》所谓"人法地，地法天，天法道，道法自然"，董仲舒所谓"天亦有喜怒之气，哀乐之心，与人相副。以类合之，天人一也"，张载所谓"天地之塞，吾其体；天地之帅，吾其性；民吾同胞，物吾与也"，表达的都是天人合一思想；而且从本质看，都是"人合于天"，即人要追求天的步伐，要与天的节奏合拍，要与天共呼吸。从现代语境出发，即要与大自然保持和谐关系。

"天人合一"思想体现在传统法律上，就是具有普遍意义的天理、国法、人情的三位一体。在中国古人看来，法律不一定是一个本于自然正义形成的、有内在逻辑体系的强制性规范体系，而是能预防和解决一切纠纷的公共政治技巧或社会治理艺术，其最终目的就是追求自然秩序中那种"人与天调"的和谐。虽然法的古体字"灋"体现了古人对公平正义的深切期望和执着追求，但公平正义的法律预设和实践，并不仅仅靠逻辑思维和教条执法就能实现，而常常是在情、理、法三者中寻找到一个平衡点。所谓法律不外乎人情，而人情则本乎天理。这就需要立法者和司法者拥有起码的观察法律问题的系统观和整体观。立法者在设定法律时，就已然尽可能将法律问题置入整个社会乃至宇宙进行通盘考察；而司法者在处理纠纷时，也常常会在不违背天理和人情的前提下因事制宜，对法律进行灵活适用，以期真正圆满解决问题。

三、礼法结合

在中国传统法律的指导思想中，礼法结合是一个重要思想。法的制定和运行需要礼的指导，礼的宣扬和贯彻需要法来强制推动。

礼是祭祀仪式的格式化表现，传承性十分突出。随着社会发展，礼逐渐扩大到社会生活的各个领域。至西周建立，周公在夏商之礼的基础上，根据周朝国情，系统制定了周礼，史称"周公制礼"。周礼规模宏大而且细微繁杂，内容涉及各种社会关系，周人将其分类为吉礼、凶礼、军礼、宾礼、嘉礼等"五礼"。西周之礼有着很高的规范效力，如有违背礼制，即会受到刑的制裁，所谓"出礼入刑"，既表达了礼的效力，也体现了当时的礼刑关系。

进入春秋战国，礼崩乐坏，诸子百家学术争鸣。以孔子为代表的儒家，高度肯定礼对社会的规范价值和建构意义。特别是荀子之礼，主张按才智安排等级而反对血缘出身，带有浓重的法的意味，有了礼法合流的某种迹象或倾向。西汉中期正统儒家思想的确立，为礼法的合流或结合创造了条件。"春秋决狱"开启了法律儒家化的历程，而通过儒者以经注律和儒臣直接立法，更是推动了法律儒家化。因为儒家的思想主体是对周礼的继承和发挥，法律的儒家化实质就是儒礼法律化的进程。至唐代法律体系特别是唐律的完成，其"一准乎礼"的特点标志着礼与法已完成了结合。在这个礼法结合的过程中，诸如上请、亲亲相隐、八议、准五服以制罪等制度得以确立。唐代以降，历代均以唐代法律为蓝本而损益发展。

礼法结合在治国层面又可表述为"以礼治国"与"以法治国"的结合。《礼记·礼运》："夫礼，先王以承天之道，以治人之情。"礼乃本于道德、因于人情之物，以礼治国也可谓是以德治国，故礼法结合其实是以德治国与以法治国的结合。当然，在正统儒家思想体系中，德治与法治并非同等重要，而是经由董仲舒运用阴阳五行之"阳主阴助"说建构起来的"德主刑辅"的关系。《唐律疏义·名例》序疏说："德礼为政教之本，刑罚为政教之用，犹昏晓阳秋相须而成者也。"典型地体现了德主刑辅的思想，强调为政者施政要坚持德刑相依而又先德后刑。虽然传统社会的法治常常体现为刑治，但礼治德治依然是主导，即使在刑治过程中，也贯穿着礼德的人文关怀。这种礼法结合或德法相配的治国模式为世界独有，具有重要的法律价值。

四、国家法与民间法结合

所谓国家法，是指经由国家制定或发布出的法律，主要是制定法或成文法，当然也包括具有普遍效力意义的判例。无论国家法呈现什么形态，其本质上体现的都是国家意志，由国家强制力推动执行。所谓民间法，是指国家法之外的存在于民间社会的具有行为约束力的各种规范，其表现形态既有成文的也有不成文的。民间法按其适用范围和内容，可划分为地方风俗习惯、家法族规、乡规民约三大部分。与国家法不同的是，民间法主要通过社会舆论谴责或内部惩戒来实现。如何处理国家法与民间法的关系，成为中国传统法律面临的一个重要问题。

秦代以来，以皇权为核心的国家权力不断增强和扩张，体现国家意志的国家法将触角尽量伸向社会和地方，以期实现社会治理和控制。无疑，国家法在其伸展之时，必然会触及民间法边界，甚至是"侵入"民间法领域，引来民间法的反弹甚至对抗。在这种情况下，一种具有普遍性的法律现象是：国家法的推行，并非采取一种简单的国家至上态度，而是要充分尊重民间法的立场，在最大程度上将两者结合起来。

这种国家法尊重民间法的做法，体现了传统中国在社会治理上的一种智慧，当然也有其深层原因。首先，这是由"家国同构"所决定的。"家国同构"可谓是中国传统社会的一个总特征。在中国早期国家文明的形成过程中，中华大地出现了一系列规模宏大的战争，正是在惨烈战争及保有战争成果的过程中，氏族部落逐渐产生了具有国家组织形态的各种机构，最终形成了国家。也就是说，中国早期国家并非由生产力发展而导致，而主要是由战争暴力直接推动而成，从氏族部落这个母体中直接脱胎而来。虽然外在形态是国家，但内在精神依然是建立在血缘基础上的部落氏族理念，即"家"的观念和伦理。所谓"家国同构"，即家的扩大就是国，国的缩小就是家，两者可谓是同心圆的构造；整个国家实体乃由社会上一个个大小不同的"家"所构成，"家"成为整个国家有机体的"细胞"。因此，国家统治和社会治理必须实行家族本位方针，将家或家族作为法律制定和运行的出发点或基础。传统中国不仅在诸如婚姻、继承等家的法律建制上倾注大量心血，而且对社会上家法族规的自我调整尽量予以尊重。其次，这是由儒家法律思想的伦理性所决定的。先秦儒家总体上强调血缘的亲疏远近在礼制上的重要性。正统儒家继承和发扬了以血缘为基础的伦理思想，不仅将血缘的亲疏和亲情充分运用到立法和司法上，而且从礼因于天理人情出发，在推行礼治之时，将血缘伦理之外的社会伦理充分纳入法律之中。正是受到儒家伦理的影响，地方风俗习惯作为某种"地方性知识"，更是作为维系一方社会秩序的伦理，才获得了来自国家法的某种尊重乃至运用。最后，这是由社会自治的现实需求所决定的。传统中国由于国家机关主要局限于城市，地方官员额编制较少，且职责上行政司法合一，在地域辽阔、复杂及文明发展参差不齐等国情面前，往往体现出司法资源的有限或短缺。这种司法困境，使得社会自治的现实需求十分突出。既然司法资源无法应对社会所有的违法，明智的做法就是将司法资源重点放在防范和打击危害专制统治秩序的犯罪上，而将民间社会那些纷繁复杂的日常纷争留给社会自治去解决。乡规民约就是典型的社会自治，而像地方习惯、家法族规等在某种意义上也是一种社会自治。对这些民间法的尊重，可以说就是对社会自治的明智选择。

当然，国家法对民间法的尊重和认可，并不是无原则的，两者利益焦点不同。一方面，如果某种行为严重危害国家利益或公共秩序，国家法往往会将民间法排除在外。也就是说，国家法与民间法的结合存在某种边界。另一方面，随着国家权力触角的延伸，民间法也会明智地吸收国家法的内容，从而获得被国家法尊重的更多机会，使得自身效力得以强化和伸张。

五、制定法与案例法结合

自秦朝进入帝制时代后，制定法成为一种传统。所谓制定法，即由国家机关制定并公布的成文法，当然也包括君主制颁的成文诏令或法令。可以说，在制定法传统的帝制中国，制定法是法律适用的最重要法源。针对一种法律行为，如果有制定法的明文规定，则制定法就是唯一法源。如就断罪而言，《唐律疏义》规定："诸断罪皆须具引律、令、格、式正文，违者笞三十。"《大明律》与《大清律例》均规定："诸断罪皆须具引律、令，违者笞三十。"司法官必须严格按照制定法进行断罪，否则将受到惩处。

然而，"法之设文有限，民之犯罪无穷"[1]，有限的法律的确难以应对层出不穷的犯罪行为。为有效打击犯罪，传统中国产生了"比"或"比附"这样的法律适用方法或技术。秦代就有"比"，汉代"比"更比比皆是，有大量"决事比"。

---

[1]《十三经注疏·春秋左传正义》，北京大学出版社2000年版，第1413页。

至唐代，法典已明确出现了"比附"一词。所谓"比附"，即当法无明文规定时，比照近似或类似的律令进行审判。其与现代意义的"类推"相似，不同的是"类推"侧重于抽象思考，主要目的在于入罪，而"比附"侧重于情理分析，主要功能在于寻求适当量刑。"比附"散见于唐宋律典中，而到了明清，律典已有"断罪无正条"时的法律适用专门条款了。如《大明律》："凡律令该载不尽事理，若断罪而无正条者，引律比附。"《大清律例》虽略有变化，但基本精神仍然如此。

不过，"比附"毕竟是个案处理，并不具有普遍效力。传统中国为有效弥补制定法的不足，一个重要措施就是将个案比附审断者，经由皇帝批准或中央司法机关组织编纂审核，从而赋予其普遍效力。为与普通法系（或称英美法系）中作为法律主要渊源的"判例法"概念相区别，可称之为"案例法"。这种案例法，在秦代是"廷行事"，汉代是"决事比"，魏晋是"故事"，唐代是"法例"，宋元是"断例"，明清是"条例"。比附所判之案一旦上升为案例法，就具有普遍效力性，可以作为类似案件在"无正条"时直接援引的法源。

制定法与案例法的结合具有重要意义。在司法层面，可有效弥补制定法引用的不足，特别是发生显然背离情理而又无明文规定的行为时，通过案例法可及时打击客观存在的犯罪行为，有效维护和建构以情理为基础的社会秩序。在立法层面，在制定法不足或缺失时，通过司法渠道先行比附，然后以创制案例法的形式实现立法补足，最后被制定法所吸收。如《大清律例》中的"例"，大多数即由通行的案例法修订而来。

第三节 传统法律的主要具体制度

颇具代表性的中国传统法律制度，主要体现在以下几大领域。

一、刑事法律制度

（一）老幼废疾减免刑罚

传统中国自西周"以德配天"思想确立始，即在刑罚上注重"明德慎罚"的人文关怀。这在老幼废疾这些生理机能有欠缺者的刑罚上反映尤为突出，历代均对老幼废疾犯罪者给予一定的减免。之所以减免，一是因为这些生理机能欠缺者"皆少智力"，对社会危害较正常人要轻；二是因为这些生理机能欠缺者"不堪受刑"，让人怜悯；三是基于前两者，减免刑罚恰可树立仁政德治形象以获取民心。

这种刑事制度在西周就已出现，《礼记·曲礼上》："八十、九十曰耄，七年曰悼。悼与耄虽有罪不加刑焉。"就是指八十岁以上的老人和七岁以下的幼童，犯罪免除刑罚。到唐代，这种对生理机能欠缺者的减免规定达到了完备状态。唐律规定，罪犯在年龄或疾病方面符合一定条件，可分别给予某种减免刑待遇：（1）犯流罪以下者，若年龄在七十岁以上、十五岁以下，或身体有"废疾"者，允许收赎。（2）年龄在八十岁以上、十岁以下，或身体有"笃疾"者，一般犯罪不予处罚；若犯盗及伤人之罪，允许收赎；若犯杀人等死罪，亦适用"上请"特别程序，由皇帝决断。（3）年龄九十岁以上、七岁以下，犯死罪亦不处刑。[1] 不仅如此，为充分体现对老幼废疾犯罪者的刑罚减免除，唐律在年龄计算和疾病确定的情形选择上，做出了相当人性化的规定：（1）犯罪时未达到老的年龄标准或无疾病，但事发时达到年龄标准或患有疾病，仍按老、疾处理。（2）罪犯在服徒刑期间达到年龄标准或发生疾病的，依老或疾处理。（3）罪犯在犯罪时尚为年幼，但事发时已长大的，仍按年幼对待。[2] 此种规定，唐代以降均得以沿袭。

（二）亲亲相隐

亲亲相隐是传统中国一个非常有特色也很有价值的刑事制度。在中国传统社会，家庭及家族的和谐与稳定，直接影响乃至决定着国家的和谐与稳定。"亲亲相隐"就是为了实现家族的和谐与稳定而出现的，它的核心就在于对亲情（特别是血缘亲情）的尊重和保护。

亲亲相隐作为一种思想，由先秦儒家首先提出。孔子最早提出了"父子相隐"思想，后被孟子进一步延伸。《孟子·尽心上》："桃应问曰：'舜为天子，皋陶为士，瞽瞍杀人，则如之何？'孟子曰：'执之而已矣。''然则舜不禁与？'曰：'夫舜恶得而禁之？夫有所受之也。''然则舜如之何？'曰：'舜视弃天下，犹弃敝屣也。窃负而逃，遵海滨而处，终身欣然，乐而忘天下。'"孟子为保护父子亲情，宁愿抛弃天下窃父逃亡而知法犯法。

先秦儒家亲亲相隐思想因主要停留于学说层面而未能成为制度。西汉中期，随着正统儒家地位的确立，亲亲相隐的思想终于有了制度化的条件。汉宣帝时诏告天下："父子之亲，夫妇之道，天性也……自今子首匿父母，妻匿夫，孙匿大父母，皆勿坐。其父母匿子，夫匿妻，大父母匿孙，罪殊死，皆上请廷尉以闻。"[3] 此即汉代所谓的"亲亲得相首匿"制。可见，亲亲相隐思想一开始法律化，即扩大了相隐范围，从"父子"扩大到近亲属了。至唐代，"亲亲相隐"又发展为"同居相隐"。《唐律疏义·名例》："诸同居，若大功以上亲，及外祖父母、外孙，若孙之妇、夫之兄弟及兄弟妻，有罪相为隐；部曲、奴婢为主隐，皆勿论。"可见在相隐范围上，又有明显的扩大：既有"同财共居"的家庭成员，又有按服制等级

---

[1] 参见《唐律疏义·名例》之"老小及疾有犯"条。
[2] 参见《唐律疏义·名例》之"犯时未老疾"条。
[3] 《汉书·宣帝纪》，中华书局1962年版，第251页。

的"大功"以上亲,还包括"服虽轻,论情重"的外祖父母、外孙、孙之妇、夫之兄弟及兄弟妻。在此范围内,所有人均可相隐。此外,部曲、奴婢还可为主隐。至明清,相隐范围在"同居相隐"基础上又扩大及于妻亲,连岳父母和女婿也一并列入。而在这些不断扩大范围的相隐制度中,不仅谋匿犯罪的亲属,就是漏露其事或通报消息给罪人使之逃匿,也是无罪的。

值得注意的是,亲亲相隐体现的不仅是一种权利,同时更是义务。因为如此,所以历代法律都对亲属间的告发行为进行处罚,尤其严惩子孙告发祖父母、父母的行为,唐宋为绞刑,明清减轻,除诬告仍处绞刑外,得实者则杖一百且徒三年。若尊长告卑幼,除祖父母、父母即诬告子孙等亦无罪外,其他情况均予处罚,唐宋是虽得实亦有罪,明清是仅诬告有罪。不仅如此,唐以降法律都明文规定不得令得相隐的亲属进行作证,否则违法官吏受罚,唐宋杖八十,明清杖六十。

亲亲相隐犹如一台精密仪器,是一个体系性制度,除相隐这个核心外,它还有其他很重要的制度予以配合。它把握了两个关键:(1)是否亲属犯罪,即对亲属犯罪,必须隐瞒,而对非亲属犯罪,则必须告发;(2)是否一般犯罪,即对一般犯罪,必须隐瞒,而严重犯罪,则必须告发。前者既保护了亲情,又调动了广大民众跟犯罪做斗争;后者则在国家利益与家族利益的冲突上找到了一个极佳的平衡点。可以说,传统中国的亲亲相隐规定,实现了国与家在各自伦理及利益上的双赢。

(三)自首减免刑罚

现代意义上的自首,是指行为人实施犯罪行为后,在被司法机关发现或缉捕归案之前主动投案,如实供述自己的罪行,或者被采取强制措施的犯罪嫌疑人、被告人和正在服刑的罪犯,如实供述司法机关还未掌握的本人的其他罪行。对于自首的犯罪分子,可以从轻或者减轻处罚;其中犯罪较轻的,可以免除处罚。传统中国也有自首,但在条件和结果上存在一些差异。

秦律中已出现自首制度,只是当时称为"自告"或"自出"。如睡虎地秦墓竹简《法律答问》载:"司寇盗百一十钱,先自告,何论?当耐为隶臣,或曰赀二甲。"又有:"把其假以亡,得及自出,当为盗不当?自出,以亡论。"可见,秦朝对自首者依然要进行处罚,但在量刑上有所减轻。唐代出现了自首的明确概念,制度也较为完备。根据唐律,自首制度有以下几方面内容:(1)将自首分为"犯罪未发"和"犯罪事发"两类,前者"原其罪"即免除处罚,后者则减轻处罚。《唐律疏义·名例》律文规定:"诸犯罪未发而自首者,原其罪。"其律疏说:"过而不改,斯成过矣。今能改过,来首其罪,皆合得原。若有文牒言告,官司判令三审,牒虽未入曹局,即是其事已彰,虽欲自新,不得成首。"此说明了是否免除处罚的原因。又该条律文:"其知人欲告及亡叛而自首者,减罪二等坐之。"即对犯罪事发后的自首,减二等处罚。(2)罪犯犯有二罪,若轻罪事发,能自首重罪的，则免其重罪处罚。（3）审判过程中，能自首其他罪行的，则免除自首之罪行的处罚。（4）在犯罪未发下，可遣派他人代为自首，视为本人自首，免除处罚。（5）在犯罪未发下，对法定容隐亲属向官府的告知行为有两种规定：一是如为委托，则称"为首"，按本人自首论，为首者一般也不处罚；二是非为委托，则称"告言"，也按本人自首论，但告言者则按违反相隐制度进行处罚。（6）在代首、为首、告言情况下，如果罪犯本人被追捕仍不投案的，则不以自首免罪论处。（7）自首不实不尽的，按照不实不尽的罪行予以处罚。（8）在盗窃、诈骗财物后而主动向财主坦白其罪的，称为"首露"，视为向官府自首论处。（9）对于杀伤、于物不可备偿、事发逃亡、越度私度关卡、奸淫良人、私习天文等行为，不适应自首免刑规定。唐代的自首规定可称十分完备，除细微处稍有变动外，均被后世所传承。

值得指出的是，古代自首在"犯罪未发"下投案，可得到法定的"原其罪"待遇，而当今只有犯罪较轻的才有可能免除处罚。"原其罪"的规定，乃缘于犯罪未发时的主动投案，是其道德良知的自我回归，法律须尽可能地予以鼓励，以有效地推动教化。

（四）共犯区别首从

共犯是指二人以上共同故意犯罪。共犯区别首从，古今一也。然而，由于观念不同，区分首从的标准却是天壤之别。按当今刑法，组织、领导犯罪集团进行犯罪活动的或者在共同犯罪中起主要作用的，是主犯，其余即为从犯。可见主犯划分有两个标准：一是犯罪的组织或领导者，二是在犯罪中起主要作用。这看似两个标准，但其实均指向共同犯罪行为本身。然而，传统中国对共犯首从的划分，却大大突破了共同犯罪行为的本身限制，在一个更为开阔的视野下展开。以唐律规定为例，呈现出以下几种标准。

（1）一般共犯，造意为首。《唐律疏义·名例》："诸共犯罪者，以造意为首，随从者减一等。"律疏解释说："'共犯罪者'，谓二人以上共犯，以先造意者为首，余并为从。""造意"乃指首倡某种主意者。当然造意为首，也并非绝对。如《唐律疏义·贼盗》"恐喝取人财物"条："若造意不行，又不受分，即以行人专进止者为首，造意为从。"即造意者既没参与恐吓，又无分赃，则为从犯。此为例外情形，一般均造意为首，反映了古人对犯罪源头进行打击的观念。

（2）家人共犯，尊长为首。《唐律疏义·名例》："诸共犯罪者……若家人共犯，止坐尊长。"律疏解释说："家人共犯者，谓祖、父、伯、叔、子、孙、弟、侄共犯，唯同居尊长独坐，卑幼无罪。"可见，家人共犯，不仅尊长是当然首犯，而且只坐尊长。尊长是指"男夫"，即男性尊长。如尊长年八十以上或笃疾，则于法不坐，"归罪于其次尊长"。当然，如属盗窃财物或斗殴杀伤之类的共犯，则按一般共犯处理，但除此之外，均独坐尊长。传统法律之所以将尊长作为首犯并仅坐尊长，缘于尊长为一家之长，负有管教家庭成员的重大义务；如果发生或参与家人共犯，当然就要承担首要及全部责任。

(3) 与监主共犯，监主为首。《唐律疏义·名例》："即共监临主守为犯，虽造意，仍以监主为首，凡人以常从论。"可见，一般外人与监临主守官共同犯罪，即使属造意者，也只是从犯，监临主守官都是首犯。此种标准，明显反映了对监临主守官员职责和道德的义务强化，对于整治和推进吏治具有重要意义。

(4) 事中通谋，专进止者为首。《唐律疏义·贼盗》"共盗并赃罪"条："若本不同谋，相遇共盗；以临时专进止者为首，余为从坐。"即在事前无通谋的共同盗窃中，以在共同盗窃时控制他人犯罪行为、指挥犯罪进退的人为首犯，其余的共同犯罪人为从犯。此种标准，与当今的首犯确立标准基本相同，反映了对共犯行为本身所起作用的关注。

可见，传统中国不仅有针对共犯行为本身的标准，更有着基于犯罪源头、家庭、官场等其他多维度的考量。这种广阔的视野，体现了将各色共犯置入整个社会体系中予以防范和打击的整体性思维。

(五) 保辜

"保辜"是中国传统社会中一项针对人身伤害行为如何定罪量刑的刑事法律制度。具体而言，保辜是指当人身伤害行为发生后，由官府在伤情基础上依法确定一定的期限，待期限结束时再根据受害人的死伤情况，来追究加害人的法律责任；如果期限内被害人死亡的，则以杀人罪论处，如果是期限外死亡，或虽在期限内但因他故而死亡的，则以伤害罪论处；在此期限内，加害人可以（明清是必须）采取积极措施，对受害人进行救治，以减轻自己的罪责。诚如清代律学家沈之奇在其《大清律辑注》中所说："保，养也；辜，罪也。保辜，谓殴伤人未致死，当官立限以保之。保人之伤，正所以保己之罪也。"

汉代已有明确的保辜制度。西汉史游《急就章》就有"疻痏保辜"之说。东汉经学家何休注《公羊传》也说："君亲无将，见辜者，辜内当以弑君论之，辜外当以伤君论之。"至唐终成一项较为完备的制度，并正式确定在律典中。《唐律疏义·斗讼》"保辜"条规定："诸保辜者，手足殴伤人限十日，以他物殴伤人者二十日，以刃及汤火伤人者三十日，折跌支体及破骨者五十日。限内死者，各依杀人论；其在限外及虽在限内，以他故死者，各依本殴伤法。"该条律疏解释说："凡是殴人，皆立辜限。手足殴人，伤与不伤，限十日；若以他物殴伤者，限二十日；'以刃'，刃为金铁，无大小之限，'及汤火伤人'，谓灼烂皮肤，限三十日；若折骨跌体及破骨，无问手足、他物，皆限五十日。"可见，保辜是伤害案的必备制度，其法定期限以伤害手段及程度确定。

按唐律规定，律条中凡殴打人或殴打伤人、故意杀伤人、斗殴杀伤人、谋杀人、强盗杀伤人，应作处罚的，都应实行保辜。唐律还规定，如有致人堕胎、眼瞎、生殖器毁坏、牙齿折断等，皆比照适用以手脚、其他物件、金属利器、汤火伤人的保辜时限，实行保辜。综合可见，保辜不必以殴的行为与伤的结果两者兼具为条件，因有的杀伤罪不使用殴的行为方式，所以有殴无伤或伤而无殴，都实行保辜。此外，虽然唐律规定在限内以他故死亡的，不处杀人罪而处伤害罪，但又规定"假殴人头伤，风从头疮而入，因而致死之类"，即头部创口感染而死亡，则"仍依杀人论"。

保辜制度具有重大价值：（1）最大程度上体现罪刑相应，实现实质正义。伤害案中往往存有内伤，确立一定的期限，潜伏的内伤得以爆发，从而更为公正合理地处罚。（2）最大程度上实现对被害人的救助，体现人道性。为减轻罪责，加害人一般会尽力对被害人进行救助，使得救助在强度和效率上均有很大提高，从而有助于被害人伤情的好转和恢复。（3）最大程度上使得双方当事人矛盾得以缓和乃至消解，从而推动社会和谐。由于救助需要被害人的配合，加害人会尽量取得被害人的谅解，因而在救助过程中双方矛盾往往趋于缓解。这样在将法律纠纷解决的同时，社会矛盾也一同得以解决，有利于和谐。

二、民事法律制度

（一）亲邻优先

"亲邻优先"主要是指田宅交易中的房亲和四邻有优先购买权的制度。这是一种富有中国传统特色的制度。至唐代，亲邻优先制度开始出现。《唐会要》卷八十五载唐玄宗天宝年制度："天下诸郡逃户，有田宅产业，妄被人破除，并缘欠负租庸，先已亲邻买卖。"但此种制度并非针对一般意义上的田宅买卖，而是针对当时出现的"逃户"问题。至五代后周，亲邻优先制度方始明确确立："如有典卖庄宅，准例房亲、邻人合得承当。若是亲邻不要，及著价不及，方得别处商量，不得虚抬价例，蒙昧公私。有发觉，一任亲邻人论理，勘责不虚，业主、牙保人并行重断，仍改正物业。或亲邻人不收买，妄有遮蔽，阻滞交易者，亦当深罪。"[1]

亲邻优先制度的完备出现在宋代。《宋刑统·户婚》规定："应典卖、倚当物业，先问房亲，房亲不要，次问四邻，四邻不要，他人并得交易。房亲着价不尽，亦任就得价高处交易。如业主、牙人等欺罔邻亲，契帖内虚抬价钱，及邻亲妄有遮蔽者，并据所欺钱数，与情状轻重，酌量科断。"至开宝二年（969）进一步规定："其邻以东、南为上，西、北次之，上邻不买，递问次邻。"又绍兴二年（1132）诏："典卖田产，不经亲邻及墓田邻至批退，并限一年内陈诉，出限不得受理。"这些规定表明：（1）在典卖田宅时，亲邻有先后次序，先房亲后四邻。

---

[1]《五代会要》卷二十六《市》，上海古籍出版社1978年版，第416页。

（2）为保证田宅交易的诚信和公平，对业主与中介的虚抬房价、房亲与邻居的恶意低价等行为进行处罚。（3）田宅买卖契书，须有亲邻"批退"即签字画押，表明其放弃了优先购买权。

亲邻优先制度在传统中国具有重要意义：（1）稳定地方社会秩序的需要。传统中国既是宗法社会，又是熟人社会，亲邻优先制既照顾血缘宗亲利益，又兼顾邻居熟人利益，最大程度上排除了外人或陌生人因素，从而推动地方秩序的和谐稳定。（2）保护家族财产不被流失的需要。传统中国的私人田宅，大都为祖辈所留，某种意义上具有家族性，亲邻优先制则使得财产尽可能地在家族内部流转，避免了向外流失，从而维护了家族利益和家族稳定。

（二）典权

所谓典权，传统中国称之"典卖"，是指占有、使用、收益他人不动产的一种权利制度。在典权关系上，出典人以不动产的占有、使用权向典权人换取典价，以其典产的收益抵挡典价利息；典权人通过向出典人支付典价而获取典权；出典人在典期届满时有以典价为额的回赎权，如到期不回赎，则典权人可取得典产的所有权。典权或典卖实为一种不动产用益物权，与以动产作为担保物权的"典当"有着重要差别。

作为一种民事行为，典权萌芽于南北朝时期。《通典·食货》记载北齐武平年间关东风俗："帖卖者，帖荒田七年，熟田五年，钱还地还，依令听许。"此"帖卖"即具有典权的最初形态。进入隋唐，"帖卖""典帖"等词汇和现象频繁出现于民间，国家不得不予以认可。至宋代，典权制度趋向规范化。《宋刑统·户婚》"典卖指当论竞物业"门规定：（1）只有家长才有权典卖田宅。若卑幼骨肉蒙昧家长而为，则典卖无效且"准盗论""钱业各还两主"。（2）典权为要式行为，须双方当事人"当面署押契帖"。（3）出典人对典物有收赎权（回赎权），收赎期限一般为三十年。若原始典契经"证验显然者"，则"不限年岁，并许收赎"；若没有典契或虽有典契但难以辨别的，则限外不能收赎，"见佃主一任典卖"。（4）出典人在寻找典权人时要"先问房亲""次问四邻"，只有这些人不要时，出典人才能典卖他人。（5）禁止重复典卖，违者对出典人、中间人及保人"准盗论"予以处罚。宋代的典权规定对后世影响较大，除元代开始典卖须增加"税契""过割"等条件外，其基本精神沿袭不变。

典卖是"活卖"，而买卖则是"绝卖"，故民间关乎典权的纠纷颇多。至明代，中国历史上首次对"典"（即典卖）与"卖"（即买卖）进行了区分。《大明律集解·户律·典卖田宅》规定："盖以田宅质人而取其财曰典，以田宅与人而易其财曰卖。典可赎，而卖不可赎也。"自此，"典"在立法上得以与"卖"分离，成为一种独立制度。至清代，条例明确规定民间置买产业，"如系典契，务于契内注明'回赎'字样；如系卖契，亦于契内注明'绝卖''永不回赎'字样"，其目的即在于防止纠纷。晚清《大清民律草案》因受西方特别是日本法影响，典权被改造成近现代意义的不动产质权，从而失去了传统特色。至民国，因民间惯习强大，《中华民国民法典》最终否定了不动产质权，将典权专列一章，传统典权失而复归。

典权在传统中国具有重要意义：（1）既可以让出典人得以救急，又可以让其避免丧家败业的道德和生存风险。（2）为扶弱济贫创造条件。出典人多为经济弱者，故回赎仅以典价为限之外，使其于典物价格低减时抛弃其回赎权，即免负担；于典物价格高涨时，则又有向典权人找贴之权利。

（三）拾得物制度

传统中国将"道不拾遗"作为民风淳厚、秩序谐和的一个重要标志。然而，现实中总会有拾遗的行为发生，法律调整也就势所必然。综观历代法律对拾遗行为的规范，可以发现，在唐宋和明清之间有着较大变化。

《唐律疏义·杂律》规定："诸得阑遗物，满五日不送官者，各以亡失罪论；赃重者，坐赃论。私物，坐赃论减二等。"律疏解释说："其物各还官、主。"可见拾得遗失物必须在五日内送交官府，否则将受到相应处罚。《宋刑统·杂律》除基本照录唐律外，还参照唐令进行了补充：凡拾得遗失物，皆送随近官司；所得之物，皆悬于门外，凡有人认领的，经检验具保后给还；若经三十日无人认领，由官府收管并记录在案，张榜附近各处村坊，经一周年还无人认领，则官府没收；没收之后，其物犹在，若还有失主前来认领，只要证据充分，仍还失主。宋律虽然细化很多，但其精神仍然和唐律一样，保障失物人的权益，而拾得人则负有限期无偿送官的义务，从而暗喻着立法者对"道不拾遗"的追求。

至明代，拾得遗失物制度发生了较大转折。《大明律·户律》规定："凡得遗失之物，限五日内送官。官物还官，私物召人识认。于内一半给与得物人充赏，一半给还失物人。如三十日内，无人识认者，全给。限外不送官者，官物坐赃论，私物减二等，其物一半入官，一半给主。"清律对此完全沿袭。明清律虽仍然规定拾得遗失物须五日内送官，却赋予拾得人很大的利益，可获得所拾之物一半价值的报酬，甚至如三十日内无人认领时可获得整个拾得物。此与唐宋律注重保护失物人而完全漠视拾得人利益相比，明清律在保护失物人利益同时，对拾得人的权益予以充分确认。

从"道不拾遗"到"道可拾遗"，反映的正是立法理念由"秩序至上"开始向"重视私权"的某种转变。明代对拾得人"报酬请求权"份额的确立，是基于人性而建构法律的发展规律的体现。虽然这种对拾得人利益的确立可能有过度之嫌，但客观上鼓励了人们拾遗送官，从而保护了遗失物并有助于物归原主。从物权的角度看，明清时期的拾得物制度对当今有重要借鉴意义。

三、行政法制度

（一）职官选任

从隋唐开始，科举成为通常性的职官选任制度。唐代科举分为常举和制举。虽然常举更为人们所看重和追求，但其通过者只是获得为官资格，要被授官还须参加吏部组织的选试。选试包括身、言、书、判四方面，其中试判最难。所谓试判，即以地方狱讼案件或经籍所载的史事为案例，让应试者加以分析，写出判词，以此检验应试者从政的能力和素质。《文献通考·选举十》谓"盖临政治民此为第一义。必通晓事情，谙练法律，明辨是非，发摘隐状，皆可以此觇之"，因而最为人们重视也最难。不仅如此，每道判词还必须写成对仗工整的骈文。因此，对于想进入仕途的举子来说，试判是一个难关考验。像白居易考取进士后，在"举子守选"期间，为应对试判（"书判拔萃科"）积极备考，曾创造了"百道判"的练习题，终于通过，他的"百道判"也成为日后考生学习的范本。为了应对试判，社会上还有其他范本，像张鷟编撰的《龙筋凤髓判》，也是当时十分流行的经典范文。可见，唐代科举尤其是常举选试，能够锻炼和反映士子在"临政治民"方面的综合素质，从而为官僚队伍输送了大量优秀人才。

至宋代，为使下层人士拥有公平竞争的机会，朝廷推行"别头试"，将主考官的亲属及权贵子弟别置考场，另派考官考试。为防止徇私舞弊，还创立"糊名"和"誊录"之法。"糊名"就是将考卷上考生姓名、籍贯等密封起来；"誊录"就是有专门官员对答卷重新誊写，这样便连考生字迹都无从辨认。在科考内容上，扩大律学考试的科目范围，王安石变法时创立的新科明法，其地位甚至超过了进士科。通过科考，宋代选拔了一大批法律修养较高的官员。至明清，由于八股取士，科举失去了真正选拔人才的活力，日益生弊而走向末路，终于1905年废止。

（二）职官考绩

历代统治者十分重视对官员的行政考绩，以图吏治清明，实现长治久安。制度性的官员考核当始于汉代，主要采用"上计"方式。所谓上计，指郡守每到年终，派上计掾和上计吏各一人，将本郡内农业生产、户口增减、治安等情况写在计簿上，到京城汇报，朝廷根据成绩情况进行奖惩。但因两汉考绩制度并不严密，故欺谩避课现象较多。

较为完备的考绩制度出现在唐朝。唐朝的考绩分岁课和定课两种。岁课指由各级政府对所属官吏进行考绩，每年举行一次。定课为全国性各级官吏的统一考绩，由吏部考功司组织，但三品以上官员则由皇帝亲自考绩。唐代流内官考绩的亮点，主要在于实行"四善二十七最"标准。"四善"指"一曰德义有闻，二曰清慎明著，三曰公平可称，四曰恪勤匪懈"，这是所有官员考绩的通用标准。"二十七最"是根据官员职务分类而确定的具体标准，如"铨衡人物，擢尽才良，为选司之最"，"决断不滞，与夺合理，为判事之最"，"推鞫得情，处断平允，为法官之最"，等等。经过考核，根据被考绩对象符合"善"与"最"的数量，分为九等。具体说，即一最四善，为上上；一最三善，为上中；一最二善，为上下；无最而有二善，为中上；无最而有一善，为中中；职事粗理，善最不闻，为中下；爱憎任情，处断乖理，为下上；背公向私，职务废阙，为下中；居官诌诈，贪浊有状，为下下。[1]对流外官考核，则以行能功过情况分为四等：清谨勤公为上，执事无私为中，不勤其职为下，贪浊有状为下下。对于考绩结果，按其等级分别给予俸禄增减、职阶升降的奖惩，有下下考者则解任官职。唐代考绩中通用标准和职类标准相结合、思想道德放在第一位、等级层次丰富等特点对吏治具有重要意义。

清代职官考绩制度出现新的变化，可谓简明而不失全面，具有极强的操作性。考绩由吏部考功司主持，分为"京察"和"大计"两种。"京察"是对京官的考绩，"大计"是对外官的考绩，都是每三年举行一次。考绩官吏的共同标准是"四格八法"。"四格"是：（1）才，指官吏的业务能力，分长、平、短三级；（2）守，指官吏的操守，分廉、平、贪三级；（3）政，指官吏的勤勉情况，分勤、平、怠三级；（4）年，指官吏的年龄，分老、中、青三类。"八法"，就是官员经四格考绩后不合格的八个方面，即贪、酷、不谨、浮躁、罢软无为、才力不及、年老、有疾，朝廷根据不同条目进行不同处罚，从革职拿问到降级调用，再到勒令休致，系统而周延。官员"八法"处分中多源于"守"，其次为"才"，体现了官员考核中德才并重的特点。

（三）监察制度

传统中国监察制度包括两个系统，一是御史系统，一是言谏系统。御史系统主要是通过御史对各级官吏进行监察，言谏系统主要是通过言官对君主进行规谏。此所谓"谏官司言，御史司察"，两者有基本分工，共同构成传统中国的监察体制。

战国时期职掌文献史籍的御史，已有明显的监察职能，但成为制度则在秦朝。秦在中央设立御史大夫，设御史府，掌管天下文书及朝官监察；对地方官吏，则派出监御史以监察。汉承秦制，但更严密。汉武帝时，将全国划分成十三个监察区（即州），分设刺史一人为固定监察官，并按"六条问事"进行监察。西汉末年，改御史府为御史台，东汉时御史台成为"专任弹劾"的中央监察机构。御史制度在唐代有了完备的建构。御史台依然为中央专司监察机构，以御史大夫为领，

---

[1]《新唐书·百官志一》，中华书局1975年版，第1190—1191页。

御史中丞二人为辅。其特色之处在于，按职能分工，将御史台分为台院、殿院和察院。台院主要负责对朝中百官的纠弹，以及参加大理寺审判和处理皇帝交办的案件；殿院主要承担对朝廷礼仪的监察；察院主要承担对尚书省六部的纠弹，并负责对地方州县官吏的监察。唐初将全国分为十道，作为相对独立的监察区，后增为十五道，由察院派出御史去各道进行监察。监察御史行使职能时，主要是对官吏的人品德行、辖区内是否民生保障、赋役不均、冤苦不申等进行监察，如开元时确定的"六察法"就是主要依据。至宋代元丰改制，执政官听御史弹劾立为定制，且军事、宦官等机构也在监察之内，较唐更广更密。元代御史台地位空前提高，与中书省和枢密院鼎足而立。元世祖曾说："中书朕左手，枢密朕右手，御史台是朕医两手的。"[1]明初罢御史台而置都察院，高度强化了御史监察。

言谏现象出现较早，据说夏禹时有"立谏鼓于朝"，商汤时有"司过之士"，周时有保氏"掌谏王恶"，全春秋战国时各国大多设有专职谏官。秦汉时建立了言谏制度，设置谏议大夫与加官给事中，以掌对君王规谏之事，但均无定员。曹魏时设侍中寺为言谏机关，言谏始有了独立机构，设侍中四人，属有散骑常侍、给事中等。晋代将侍中寺改为门下省，长官侍中及属官若干同掌规谏。可以说，魏晋时谏官有了定员和固定品秩，比秦汉有较大进步。至唐代，言谏制度进入了繁荣鼎盛期。谏官在中书、门下两省均有设立，名称有左右散骑常侍、左右谏议大夫、左右补阙、左右拾遗等，左隶门下，右隶中书，给事中则专属门下。唐代谏官地位有不断提高之势。如唐太宗时谏议大夫为正五品上，至唐武宗时定为正四品下。举凡主德缺违、国家决策，谏官皆得谏正，其中给事中掌封驳诏制，权力尤重。唐代很注重谏官，唐太宗曾定制："自今中书、门下及三品以上入阁议事，皆命谏官随之，有失辄谏。"（《资治通鉴·唐纪八》）唐代出现了一大批像魏徵、王珪、褚遂良等有名的谏官，唐太宗也因从谏如流成为历史明君。至宋代，随着皇权的强化，出现了谏官和御史互兼而台谏逐渐混同与合流之势，导致了言谏制度的衰落。至明都察院建立，谏官实质为台官系统所并，至清将六科给事中归并于都察院，实现台谏完全合一，言谏官已从司君之过转变成主要监察百官了，性质已发生变化。

中国古代监察制度从御史与言谏分司到台谏合一的变迁，反映了君主专制的不断强化过程，也使得儒家的道统思想不断弱化乃至崩溃。儒家道统一向强调君道，君主从思想到行为都应遵守道义，否则就被视为无道昏君或暴君。从君臣关系看，臣子当"忠于道"而不是"忠于君"，对于君主过错，臣子必须有权进行规谏。随着皇权的日益膨胀，体现儒家道统的臣子谏诤被不断排挤，最终与御史监察合二为一。

---

[1] 叶子奇：《草木子》，中华书局1959年版，第61页。

四、司法制度

（一）春秋决狱

"春秋决狱"是汉代中期开始确立而基本终于唐代的一项重要司法制度，即直接引用《春秋》为代表的儒家经典经义，作为审判案件的法律依据，故又称"引经决狱"。汉承秦制，汉初法律有着较明显的秦法严酷色彩，已很不适合儒家的伦理立场，但这些法律作为祖宗成法又不可能在短时间内加以改革。针对这种矛盾和现状，唯有通过司法个案将儒家思想进行点滴渗透才较妥当。因此，以董仲舒为代表的汉代儒生官员，便开始以《春秋》等经典的"微言大义"作为定罪量刑的依据，从而开启了中国法律儒家化的司法历程。后世的引经注律也肇端于此。

春秋决狱的核心在于"论心定罪"，即根据当事人的主观动机来定罪。董仲舒《春秋繁露·精华》解释说："春秋之听狱也，必本其事而原其志。志邪者不待成，首恶者罪特重，本直者其论轻。"《盐铁论·刑德》也说："故春秋之治狱，论心定罪。志善而违于法者免，志恶而合于法者诛。"可见春秋决狱特别重视主观心志问题。心志有善恶之分，善恶的评价则以儒家经义为据。从现存的几则春秋决狱的案例看，如按当时汉承秦制的法律判案，当事人均会受到死刑等重罚，但按儒家经义来判，则往往因当事人志善而免除刑罚。可见，春秋决狱确是对抗着当时法律的严苛现实，力图将儒家的伦理道德法律化。经过长期的春秋决狱，许多儒家观念被直接赋予法律的意义，至唐代随着唐律"一准乎礼"而礼法一体，春秋决狱基本上完成了历史使命。汉中期以后传统法律之所以呈现出越来越多的伦理性和人文关怀，进而有着"法律不外乎人情"之说，春秋决狱当功不可没。

（二）轻重相明

"轻重相明"是隋唐宋时期一项重要的司法审判制度，解决的是当"断罪无正条"时如何定罪量刑的问题。轻重相明最早出现在隋代，史载"隋时奸臣侮法，著律曰'律无正条者，出罪举重以明轻，入罪举轻以明重'"[1]。唐宋皆设置"断罪无正条"条规。《唐律疏义·名例》曰："诸断罪无正条，其应出罪者，则举重以明轻；其应入罪者，则举轻以明重。"通俗地讲就是：应出罪的，就举一个重的行为来说明目前这个轻的行为，如果重的行为法律都定为无罪或罪轻，那更何况这个轻的行为呢？应入罪的，就举一个轻的行为来说明目前这个重的行为，如果轻的行为法律都定为有罪或罪重，那更何况这个重的行为呢？对此律疏举例说明：依《贼盗律》"夜无故入人家，笞四十。主人登时杀者，勿论"，则"假有折

---

[1]《新唐书·儒学列传下》，中华书局1975年版，第5702页。

伤，灼然不坐"；依《贼盗律》"谋杀期亲尊长……皆斩"，则"如有杀、伤者，举始谋是轻，尚得死罪，杀及谋而已伤是重，明从皆斩之坐"。《宋刑统》承袭唐律，没有任何变化。

轻重相明是在寻求共同性质的前提下，予以行为轻重程度的一种比较，非常符合法律逻辑。该条的精神在于：在无法穷尽相关行为的情况下，只要本着"法有正条"者的立法目的，把握其本质，就可以将"法无正条"的相关行为进行准确的定位。假有法律正条规定禁止钓鱼，其文并未规定禁止网捕，但因禁止钓鱼的目的在于保护鱼类，而网捕比钓鱼在侵害上更甚，故可援引钓鱼之条来定罪。对于轻重相明，学界往往视为唐宋比附之一种，但按现代学理，则只是一种"当然解释"，而非"类似解释"（即类推）。今人倡导"罪刑法定"，却往往将其僵化理解，并常误读为"法无明文禁止即自由"。"当然解释"者，本质上即符合"罪刑法定"之精神，今人却因法条文字未能明示，而直呼其难以适从。

（三）移乡避仇

"报"是中国文化的一个重要概念，甚至构成了中国社会关系的一个基础。[1] 对于活着的人来说，有恩报恩，有仇报仇，当是人生准则。不过在恩仇之间，报仇则是人们尤其是古人更执着更坚韧的一种人生情感和态度。所谓"父母之仇，不共戴天""君子报仇，十年不晚"等，均表明传统社会有着十分浓厚的报仇观念，并以家族伦理作为支撑。虽然随着国家司法权的日益强大，为了维定社会秩序，传统中国从立法层面越来越严格限制乃至禁止民间复仇，但是面对家仇必报的伦理和情结，往往禁而不止。正是在国法和家仇的张力下，"移乡避仇"制度在传统中国出现了。

移乡避仇作为一种国家强行法，当滥觞于周朝的和难制度。《周礼·地官》："调人掌司万民之难而谐和之……凡和难，父之仇，辟诸海外；兄弟之仇，辟诸千里之外；从父兄弟之仇，不同国。"受周和难制影响，汉魏晋均有杀人移乡避仇的相关规定。至唐代，移乡避仇制以成熟完备的面貌展现出来。《唐律疏义·贼盗律》曰："诸杀人应死会赦免者，移乡千里外。其工、乐、杂户及官户、奴，并太常音声人，虽移乡，各从本色。"律疏解释说："杀人应死，会赦免罪，而死家有期以上亲者，移乡千里外为户。其有特赦免死者，亦依会赦例移乡。"可见，凡杀人犯死罪者，如遇大赦或特赦，不得回归故乡，须强制其移居到千里之外落户；各色贱民也适用该制，但身份不因移乡而改变。当然，移乡避仇的前提是"死家有期以上亲"。"期以上亲"，相当于现代法律中的"近亲属"，因其与死者的亲属关系较近，故复仇伦理情结也较重。若"死家无期以上亲"，或"先相去千里外"，则无须移乡。《唐律疏义·贼盗律》还规定："若群党共杀，止移下手者及头首之

---

[1] 参见杨联陞：《中国文化中"报""保""包"之意义》，贵州人民出版社2009年版。

人。"意谓共犯杀人罪中，只移主犯，不移从犯，此体现出立法者对被害人家属向主犯复仇会更为强烈的考察。

以唐律规定为代表的移乡避仇制度意义重大。传统中国宗法伦理十分浓厚，往往成为国家统治的基础，但私自报仇又必致"冤冤相报"，严重破坏社会秩序。正是在这样的矛盾之中，实行情法避让，虽具消极性，却是没有办法中的最好办法。通过移乡造成空间障碍，不仅可以淡化复仇情绪，而且可以加大复仇难度；不仅可以减轻复仇压力，而且可以实现国法正义。可以说，对于死者家属和杀人遇赦者而言，移乡避仇对双方均有客观利益上的重大保护。元明清时代虽将移乡避仇排除，体现出国家法权在法制层面的整体掌控，但并不意味着私人复仇已经被全面禁止，统治者的困境其实依然存在。在当下中国，虽然法律已全面禁止私自报仇，也没有了传统中国那种频繁的赦免，但诸如故意杀人等刑满释放人员回归家乡后遭遇报复或反报复的悲剧却屡有发生，对此，移乡避仇制或可提供一个借鉴窗口。

参考文献

[1] 孟德斯鸠：《论法的精神》，张雁深译，商务印书馆1995年版。
[2] 张晋藩：《中华法制文明的演进》，法律出版社2010年版。
[3] 钱大群：《唐律与唐代法制考辨》，社会科学文献出版社2009年版。
[4] 刘笃才等：《民间规约与中国古代法律秩序》，社会科学文献出版社2014年版。
[5] 马小红：《礼与法：法的历史连接》，北京大学出版社2017年版。
[6] 梁治平：《寻求自然秩序中的和谐——中国传统法律文化研究》，商务印书馆2013年版。

 传统武术与军事文化

武术被誉为"国粹""国宝",且称之为"国之武魂",博大精深。古代军事文化是中华民族灿烂文化的重要组成部分,是我国历代军事家对战争决策、指挥、统筹及规律方面理性认识的总和。传统武术与军事武艺源远流长。

第一节 传统武术的历史发展

一、传统武术的萌芽

中华武术的起源可以追溯到远古时代的生产活动。为了获取生产资料,先人们在进行狩猎和种植过程中学会了使用石头、木棒等击打野兽的方法。这些简单击打方法多是基于身体本能的、无意识的、随意性的动作,人们还不可能有意识地把这些简单的击打方法作为一种专门技能,但这些简单的击打方法,却是武术的源头之一。

旧石器时代,随着生产力的提高,打制石器有了较大发展,如出现石斧、石刀、石矛等,并开始广泛使用复合工具。进入新石器时代,弓箭得到广泛运用,并成为决定性的武器。随着时代的进步,人类在劈砍击刺技术上积累了更为丰富的经验。当人类有目的、有意识地运用这些格斗技术时,武术开始萌芽。武术的萌芽是以创造锋利工具的能动性、使用工具方法的主动性、运用格斗技能的自觉性为标志的。处于萌芽状态的武术,与基于本能的、自发的、随意的狩猎搏击原始形态相比,已经发生了质的变化,但就其技能,本质上仍属于生产活动范畴。

新石器时代,原始人群为了争夺食物、领地及性选择而经常发生争斗,导致部落战争频繁,这些原始战争推动了军事格斗技能和战争兵器的产生。出于战争的需要,人与兽斗的生产工具逐渐转化为杀人的武器,生产技能也随之转化为军事格斗技能,使用兵器的技艺及战争所需要的格斗技术,也从最初的生产技能中分离出来,成为独立的技术门类;这种运用于原始战争中的军事格斗技能成为武术格斗的源泉。

中国武术的发端也与原始宗教、教育、娱乐等民族文化关系密切，作为原始宗教的主要形式，巫术和图腾崇拜常凭借原始武舞来体现。先人们在进行狩猎、战事等活动前后，都要跳武舞祭祀，幻想以这些劈砍击刺的动作来产生一种超自然的力量，战胜对手，讨伐敌人，慰藉神灵。人们以这种表现战争场面的舞蹈来奉拜其部落的始祖和神物，武舞因此成为原始部落祭祀活动中必不可少的部分。祭祀活动中的武舞是一种融知识、技能、身体训练和习惯培养等为一体的活动，兼具教育和娱乐的功能。武术正是在这样一种原始文化的混沌母体中萌芽、成长。

二、传统武术的形成

夏商周时期，传统武术已经脱离了基本的原始属性，随着阶级、国家的产生，作为一种相对独立的社会现象出现在历史舞台上。"国之大事，在祀与戎"（《左传·成公十三年》），统治者为了维护其统治，就必须掌握一切军事大权。练兵习武得到空前重视和发展，为了提高军队的战斗能力，需要对士兵进行包括格斗技能在内的技术训练。由于当时车战的需要，所以军事训练以射御技术和使用戈矛的技艺为主，"田猎"和"武舞"也成为训练的主要形式。田猎的目的在于训练各种武器的使用和驾驭车马的能力，它是集身体、技术、战术的训练于一体的综合训练。《礼记·月令》载："天子乃教于田猎，以习五戎。"五戎包括弓矢、殳、矛、戈和戟五种兵器；田猎活动包括"空手以搏""手格猛兽"等格斗技能。利用田猎进行军事训练，整个先秦时代都是如此。

武舞是另一种训练形式，由原始的"武舞"发展而来。《尚书·牧誓》："夫子勖哉！不愆于四伐、五伐、六伐、七伐，乃止齐焉。"伐是击刺之意，戈是击兵，矛是刺兵，一击一刺为一伐。这是把战争的队形、阵形与戈矛两种兵器的技击方法结合在一起的武舞式训练。将这种用于战争的格杀技能，按照一定程式来训练，是传统武术由感性认识向理性认识的升华，它使得传统武术由支离破碎向系统化演进，表明早期武术器械已具雏形。武术随着阶级的对立、国家的产生而独立成为一门技艺。

西周时期，学校教育中教授"礼、乐、射、御、书、数"六艺。射御是直接与征战有关的军事技能。乐主要指乐舞，分文舞和武舞两大类。文舞持"帗""羽"等，武舞持"干戚"（干即盾，戚即斧），实际上是一种操持兵械的训练。据《礼记·内则》，十三舞"勺"，成童舞"象"，二十舞"大夏"。十五六岁就要学习武舞，这就形成了以军事体育为特色的教育，有利于武术技艺的提高。

祭祀活动中有持兵械的舞蹈。据《周礼·地官·舞师》载，早期祭天神要跳云门舞，祭地神要跳咸池舞，祭四方神要跳大磬舞，祭山神要跳大夏舞，祭母系祖先要跳大濩舞，祭父系祖先要跳大武舞。此外，战前仪式中也要手持兵器跳舞。这些武舞对后世武术套路的形成有着重要影响。

总之，在夏商周时期，武艺与生产劳动分野，从而进一步与军事、教育和礼仪等政治社会活动相结合，并向着多元化的方向发展。虽然武艺的内容和概念与后世武术之间有一定差异，但它们之间有着一脉相承的渊源关系，传统武术正是在此基础上形成发展起来的。

三、传统武术的发展

在社会急剧变革的春秋战国时代，武术发生了巨大变化。无论在种类上还是在内容上，武艺都有了较大发展，为传统武术的发展奠定了基本格局。春秋初期，车战逐渐衰落，步战兴起，短兵相接的战斗形式突出了对技击格斗的要求。因此，各国都十分重视士卒的选拔与训练。作战形式和兵器的改进与提高，为武术的发展创造了更为有利的条件。同时，兵种的变化，也带来了军事训练的变革。军事训练的形式由早期田猎式向着按身体训练与军事技术、战术不同要求的分类训练演进，身体训练与击刺格斗的技术训练日益受到重视。军事训练内容丰富多样，既有投石、超距、阵法、队形等练习，又有角力及器械的练习。徒手格斗非大战之计，兵器技艺使用成为军种武技的主体。

民间武术的兴起是春秋战国时期武术的一项重要变化。随着社会的变革，统治者在军队和教育方面垄断武术的局面被打破，武术开始走向民间。春秋初期，管仲在齐国要求士大夫举荐"有拳勇股肱之力，秀出于众者"（《国语·齐语》），说明齐国不乏"有拳勇"拔萃的人物。"齐人隆技击"，说明齐国习武之风盛行。南方吴越之地，盛称"宝剑之乡"，出产精美的青铜剑，出现了干将、欧冶子等颇负盛名的造剑匠师。吴越地区也是击剑盛行之地，"吴王好剑客，百姓多疮瘢"。越国出现了"手战之道"的越女。楚国百姓喜击剑，那里也出产"奇材剑客"。北方赵国的赵惠文王养"剑士夹门而客三千余人，日夜相击于前"（《庄子》）。民间武术的勃兴，还表现在社会上出现了侠士、游侠之类的职业武士。职业武士的出现，对武术技艺的提高和发展有着重要影响。

随着民间武艺日盛，武术开始向庞杂化方向发展。以个人技艺为主的手搏、角力等徒手搏技，在民间有了广阔的市场。《管子·七法》载，"春秋角试……收天下之豪杰，有天下之骏雄"，"举之如飞鸟，动之如雷电，发之如风雨，莫当其前，莫害其后"。从春秋战国开始，随着武术活动的竞技化、社会化和娱乐化等社会功能的发展，武术从较为质朴单纯的军事技艺演变成色彩绚丽、丰富多姿的武术文化。

从秦至隋唐，传统武术进一步完善和发展。套路形式的刀舞、剑舞、双戟舞等出现，对抗性的手搏、角力进一步发展；徒手和器械项目内容进一步丰富。随着步骑战的发展，兵器的形制、种类、质量都发生了重要变化，长兵、短兵和远兵等构成了古代兵器的完整系列。兵器形制的不断改进，种类的不断增加，意味着使用方法的复杂化、多样化，不仅丰富了武艺的内容，也对学习和使用兵器的手段和方法提出了更高的要求，不同攻防技术动作连接起来的练习形式，即套路已见雏形。同时，道教某些养生功法被引入武术习练之中，促进了武术与传统养生的结合，对武术从军事中相对独立出来产生了重要影响。另外，程式化的武舞也促进了武术套路技术的丰富和提高。

宋元时期，商品经济的繁荣为传统武术的发展奠定了深厚的基础，传统武术体系基本形成。这主要表现为拳械和套子武艺进一步丰富，出现了单练和对练等表现形式，同时也出现了打擂比武的"露台争交"；传统武术形式出现了多样化的特点，以民间结社的武艺组织蓬勃兴起，如弓箭社、角抵社和相扑社等，出现了大量以练武卖艺为职业的民间艺人。传统武术逐渐从军事活动中独立出来，形成鲜明的特色，沿着自身的规律不断向前发展。

明末农民大起义及清代民间秘密宗教的兴起，对传统武术的发展产生了一定影响。这一时期，传统武术呈现蓬勃发展的繁荣局面，流派林立，以程宗猷、茅元仪、戚继光等为代表的军事将领对宋以来的武艺进行了系统的整理、归纳和总结，把原本以口传身授为主要传承方式的武术，用明确的文字、绘图记录下来，作为学习的范本。清代大量武术专著问世，如吴殳的《手臂录》、王宗岳的《太极拳论》、苌乃周的《苌氏武技书》和黄百家的《内家拳法》等，这些著作包含了拳械的图谱、口诀、技法和拳理的阐述，以及练气诀、养气论等内容，进一步丰富和发展了武术理论。明清时期，不同风格的拳术和器械大发展，著名的太极拳、八卦掌、形意拳、八极拳等拳种均形成于此时。

近代以降，随着冷兵器的消亡，武术基本上从军事中脱离出来，成为强身自卫的运动。随着时代的变迁，传统武术也逐渐成为近代中国体育的重要组成部分。19世纪60年代以后，由于受近代西方体育传播的影响，传统武术也发生了某些变化，一度曾有人把传统武术作为中国式体操，试图用近代运动的形式对传统武术进行改造。民国期间，由于政局动荡，战火不断，各种思潮激烈交锋，传统武术受到一定程度的负面影响，但在"强国强种"理念的号召下，总体来看仍呈不断发展的态势。

第二节　传统军事文化

一、传统军事文化的演变

在冷兵器时期，中国军事科技长期处于铸剑锻刀阶段，军事活动基本上以使用大刀、长矛等冷兵器为主，军事文化的主要成就表现为主张慎战、义战的战争观、奇正结合的致胜观、德法并用的治军观、全面、系统的制胜观，等等。

先秦时期是中国传统军事文化的奠基阶段。早在夏代，军队打仗就开始使用青铜制造的戈、钺、镞等兵器和战车。春秋战国时期，诸侯争霸，战争频繁，造就了一批著名军事家，如孙武、吴起、孙膑、尉缭等，他们大都坚持禁暴、救乱、除害的义战主张，并对政治、经济、科技、地理环境与战争的关系及决定战争胜负的天、地、法、道、将等因素有了更加全面的认识。他们将仁、信、忠、严、勇、智等作为将帅素质的基本要求，并总结出了"知己知彼""集中兵力""兵不厌诈""占据主动""谋而后战""力争全胜"等作战指导原则，使这一时期的军事文化思想达到相对完备、高超和成熟的程度。

中古时期，铜铁兵器取代了青铜武器，步兵、骑兵取代车兵成为作战的主要兵种，发生了大规模的骑兵集团作战、水上交战、水陆协同作战，涌现出项羽、韩信、曹操、诸葛亮、刘裕、李世民、李靖、郭子仪等一批著名军事将帅，产生了《三略》《淮南子·兵略训》《唐太宗李卫公问对》《太白阴经》等兵书。他们整理、消化、运用先秦军事文化思想，提出了着眼全局的战略概念，形成了以"以强制强""以骑制骑""怀柔和亲""移民实边"等一套比较完整的国防思想。

从北宋开始，火药箭、突火枪、铁火炮、火蒺藜、火球、火铳、地雷、水雷等火器开始大量运用于军事，出现了装备鸟枪、火炮的神机营和火器营，在作战样式、军事训练和海防思想等方面发生了较大的变化，造就了一大批著名将帅，如赵匡胤、岳飞、成吉思汗、忽必烈、朱元璋、戚继光、努尔哈赤、郑成功、曾国藩、左宗棠等，出现了《武经总要》《武经七书》《武备志》《火攻挈要》《火龙神器阵法》《练兵实纪》等多部新军事著作。

晚清以降，西方资本主义列强恃其坚船利炮侵入中国，刺激了中国军事文化的变革。林则徐、魏源等创造性地提出了"师夷长技以制夷"的著名战略思想，由政府决策、科技研究、经营管理、理论宣传等方面人士组成的洋务派创建了中国近代军事工业和新式军事学堂，对装备了新式武器的新军进行武器运用、技术掌握和战法以及诸兵种合同战术等新法训练，并全面变革军事制度，出版了《战术学》《战法学教科书》《战略学》《大战学理》《军制学》《兵器学》等一批军事理论著作和译著。1910年，清政府陆军部颁布了《新定步兵操法》，强调步兵必须有顽强的攻击精神、熟练的军事技术，强调军纪、士气和各兵种协调一致。袁世凯的《训练操法详晰图说》、徐建寅的《兵学新书》和蔡锷编撰的《曾胡治兵语录》等开始进行融合中西军事思想的尝试。中华民国的成立结束了2000多年的封建专制统治，加速了外国军事文化在中国的传播。为了维护民主共和制度、反对窃取革命成果的封建军阀的独裁统治，孙中山先生领导资产阶级革命党人发动了讨袁、护国、护法和北伐战争，形成了以革命主义建军、以革命党要有革命军、武力与国民相结合、建立党代表和政治机关为主要内容的新的建军思想。北洋政府和孙中山还提出了发展海军、建设空军的思想，中国武装力量开始形成陆海空三军体制，作战指导思想也发生了重大变化。

二、兵家文化

兵家文化是以战争作为研究对象的科学文化，涉及自然科学、社会科学乃至哲学等众多文化领域，出现了法兵家、儒兵家及道兵家等不同气质的兵家文化。

先秦时期，在北方地区，不少法家具有兵家的身份，而不少兵家也同时具有明显的法家气质。吴起是著名的兵家，在魏国为将时与诸侯大战 76 次，其中全胜 64 次，平手 12 次；奔楚之后，又统率楚军，"南平百越，北并陈蔡，却三晋，西伐秦"（《史记·孙子吴起列传》），取得了赫赫战绩。所著《吴子兵法》，成为历史上与《孙子兵法》齐名的不朽兵学经典名著。《史记》载，吴起担任楚相之后，"明法审令，捐不急之官，废公族疏远者"，雷厉风行地进行变法，俨然法家。商鞅是法家，又是一位杰出的兵家。《荀子·议兵篇》说："齐之田单，楚之庄跻，秦之卫鞅，燕之缪虮，是皆世俗之所谓善用兵也。"《汉书·刑法志》亦称："吴有孙武，齐有孙膑，魏有吴起，秦有商鞅，皆禽敌立胜，垂著篇籍。"足见在战国和秦汉人的眼中，商鞅还是一位名将。

《汉书·艺文志》在总结先秦文化时便将兵家单独列出，并将兵家划分为兵技巧、兵权谋、兵阴阳、兵形势四大类，涉及地理学、天文学、医药学、器械制造等诸多内容。春秋战国时期思想空前活跃，人们对战争问题各抒己见，开创了非兵家论兵的传统。

兵家与道家关系久远。《老子》是道家最重要的典籍，但不少人认为《老子》其实是一部兵书；范蠡是一位著名的兵家，其用兵思想对后世产生了很大影响，同时他也是道家黄老家派的开山鼻祖；张良是刘邦的主要谋士，他的道家风骨更是无人不晓；一直到唐代的李泌、李筌，这种道家与兵家相兼的现象依然十分突出。道家的恬淡与超越，使道兵家大多自觉地将功遂身退作为自己的人生选择。

儒家对兵家的影响首先是在吴起身上体现出来的。吴起属于法兵家，但他曾经做过曾子的弟子，有儒家背景。尽管后来法家对他的影响远远超过了儒家，但儒家思想还是在他身上打下了烙印。吴起将儒家对"德"与"义"的追求融入了兵家的战争观之中，因而他在兵家中首先提出了"义兵"的思想。他认为，战争可以划分为五种："恃众以伐"的为"强兵"，"因怒兴师"的为"刚兵"，"弃礼贪利"的为"暴兵"，"国乱人疲、举事动众"的为"逆兵"，"禁暴诛乱"的为"义兵"。只有义兵才是举顺天人的，所以得到人民的拥护，而行不合道、举不合义的非正义之兵，即使能暂时获得某些利益，也终将失败。

儒家文化对兵家的影响特别体现在以"易"演兵上。《易经》原是占卜用书，其核心内容是阴阳八卦的推演，但其中包含着丰富的辩证法思想。著名军事家如孙武、孙膑、韩信和李靖等都精通《易经》，并将之运用到军事实践中。李靖在

《唐太宗李卫公问对》中专门论述了阴阳、八卦与用兵的关系，他所创制的六花阵由诸葛亮的八阵图演化而来，而八阵图就是根据八卦方位部署兵力的。明代抗倭名将俞大猷与其师赵本学所著《续武经总要》，即用《易经》中阴阳燮理、八卦组合的辩证思想，系统阐述了战争中阵法的运用。被兵家奉为圭臬的著名《三十六计》更是深受《易经》的影响。在《总说》中，该书开宗明义，用易理说明全书宗旨。在三十六计中，用阴阳燮理来进行解释的共有六条，其余的三十计也都通过六十四卦中的卦象和爻辞来进行解说。由此看来，《易经》对兵家文化的影响深远。此外，儒家还极力宣扬"仁战"，主张"仁者无敌""以德服人"，反对"以力服人"。孟子则提出了"天时不如地利，地利不如人和"的军事观，得到了古代兵家的广泛推崇。

三、兵法文化

兵法是历代军事家、政治家对政治、战略、战术、编制、阵法、作战、指挥、战备等问题的军事理论和实践的总结。它所揭示的战争中克敌制胜的谋略、斗智斗勇的方法，以及战争中的普遍规律、深邃的辩证法思想等，早已超越时空，跨越国界，成为世界各国的共同财富。

孙子兵法把研究战争的普遍规律作为目的，深刻论述了战争的致胜因素，分析战争胜败的经验教训，强调"庙算"（军事决策）的重要性，以及战争与政治、经济、外交、天文、地理等各因素之间的关系，指出将帅发动战争、组织战争和指挥战争要审时度势，谨慎为之，绝不可轻率用兵。

孙子强调，要以谋略战胜敌人，而不是单纯依靠强力，强调斗智而不是斗力。在近处采取行动要装作在远处行动，在远处采取行动要装作在近处行动；敌人贪利就用小利引诱它；敌人混乱，就乘机击败它；敌人力量充实，就注意严加防范它；敌人兵力强盛，就暂时回避它；敌人卑辞慎行，就要设法使它骄傲起来；敌人来势汹汹，就要设法挫败其气焰；敌人休整良好，就要千方百计地使它疲惫不堪；敌人内部和睦，就要用各种计策离间它们。要在敌人意想不到的环节发动袭击，要在敌人没有设防的情况下发动进攻。

孙子认为，战争指挥的最高境界在于"不战而屈人之兵"；夺取敌人的城池而不使用强攻的形式，毁灭敌人的国家而不需要持久作战。务必要以全胜的谋略争胜于天下，使军队不至于疲惫受挫，获得胜利，此为谋攻，谋政还包括采取政治斗争、外交斗争、经济斗争等综合手段。"必以全胜争于天下"，用兵应因势利导、因敌制胜，发挥人的主观能动性，诱使敌人走向失败，力求以最小的损失获取最大的战果。拥有十倍于敌人的兵力，就要四面包围敌人；拥有五倍于敌人的兵力，就主动进攻敌人；拥有一倍于敌人的兵力，就设法分割敌人；与敌人实力相当，就要战胜敌人；兵力弱于敌人，就要坚守不出；各方面条件都不如敌人，就要避免接触。

用兵作战有如水流动,避开高处而流向低处,用兵的规律就是要避开敌人坚实的地方而攻其薄弱的地方。水根据地势的高低而流向不同的方向,军队则要根据具体的敌情而采用适当的取胜策略。所以,用兵作战没有固定不变的模式,就像水流没有固定的形态一样。

在战略和战术上,应争取主动,抢占先机,尽可能做到"致人而不致于人",即我方能灵活驾驭敌军行动,而敌方对我方无计可施。失去了整个战争的主动权,就难免遭遇失败的命运。

知己知彼,百战不殆。必须实事求是,摸清敌情,才能下定作战决心;否则,单凭主观臆断,意气用事,贸然兴兵,必然导致失败。指挥作战必须出人意料,变化无穷;要将虚实、奇正巧妙地运用到战争中,进而欺骗敌人,驾驭敌人。强调准确地选择进攻的主要方向和目标,以压倒敌人的优势展开进攻,速战速决。在决定战争胜负的种种因素中,孙子兵法将"人和"置于各因素首位,认为政通人和、上下一心是战胜敌人的首要法宝。

诸葛亮的兵法文化强调:第一,用兵打仗,要培养、教育士卒懂得"甚爱"与"不足爱"。将领要用"不足爱"来培养士卒的"甚爱",只要让他们懂得了"甚爱"与"不足爱",就可以用兵打仗了。也就是说,通过教育训练,提高官兵的思想觉悟,让他们懂得爱与憎。不言而喻,爱与憎,可以出战斗力,爱与憎就是战斗力。第二,用兵打仗要审"三权",灵活使用。他认为,士卒的素质分上、中、下三等,使用时就应该根据不同情况,用其所长,避其所短。作战时,要根据敌我双方的情况而审时度势,灵活处之,这样往往会取得"以一权而致二"的战果。他以孙膑赛马的故事来说明审"三权"的意义,指出孙膑赛马的方法并非"马说",而是"兵说"。第三,用兵打仗要"避坚攻瑕""避实击虚"。作战时,要避开敌军的坚实之处,攻其薄弱之点,概而言之,就是避实击虚。这既是用兵致胜的重要法则,也是一条重要的作战原则。

四、兵书文化

中国历代兵书浩如烟海,汗牛充栋。长期以来,这些兵书一直放射着绚丽的光彩。中国古代兵书按内容可分为兵制类、兵器类、兵法类、阵法类、兵略类、城守类、训练类、名将传类、军事地理类、类书类、丛书类、综合类等。

《孙子兵法》,"武经七书"之一,简称《孙子》,又称《吴孙子》《孙武兵法》,春秋末期孙武所著,是我国现存最著名、最早的军事著作之一,也是世界最古老的军事著作之一。《史记·孙子吴起列传》载,孙武,齐国人,后投奔到吴国,以其著作兵法13篇晋见吴王阖闾,后被任命为将军,曾"西破强楚,入郢;北威齐晋,显名诸侯"。《孙子兵法》现存共13篇,即计篇、作战篇、谋攻篇、形篇、势篇、虚实篇、军争篇、九变篇、行军篇、地形篇、九地篇、火攻篇和用间篇。虽然只有短短五千余言，内容却包罗万象、博大精深，涉及战争的方方面面，包括战争规律、哲理、谋略、政治、经济、外交、天文、地理及气象等，堪称古代兵学理论的宝库和集大成者。该书总结了春秋末期及其以前的战争经验，自问世以来，就被尊为"兵学圣典"，对后世影响颇深。北宋神宗于元丰三年（1080），下诏将它定为"武经七书"之一。目前，社会各界极为推崇《孙子兵法》，将之称为"东方兵法的鼻祖""武经的冠冕"等，一股国际性的孙子兵法研究热早已兴起。

《司马法》，"武经七书"之一，又称《军礼司马法》《司马穰苴兵法》。其作者和成书年代颇有争议。据《史记·司马穰苴列传》记载，穰苴乃春秋末期齐景公时人，本名田穰苴，因曾任司马一职，故称司马穰苴。他出身卑微，为田家媵妾所生。齐相晏婴认为他"武能威敌，义能附众"，文武兼备，遂推荐给齐景公。景公与他谈论军事后，非常高兴，任命他为将军。他严于治军，执法不避权贵，在出兵前诛杀了齐景公派来做监军的宠臣庄贾，因为庄贾延误了点兵的时间。据《史记·司马穰苴列传》记述，田氏后人"用兵行威，大放穰苴之法，而诸侯朝齐"。齐威王即位后，命大夫们追记商朝时的古司马兵法，并把穰苴的用兵之法附于其中，故称《司马穰苴兵法》。《司马法》是一部以追述古代军事中各种规定为主的兵书，自问世以来，就受到历朝历代兵学家和统治者的高度重视。

《吴子》，"武经七书"之一，又称《吴子兵法》《吴起兵法》，战国时期著名政治家、军事家吴起所著。吴起，卫国左氏（今山东曹县人）。善用兵，与孙武齐名，合称孙吴。初任鲁将，破齐有功。因被疑，遂投魏，任大将。后又遭陷害，逃到楚国，任令尹，助悼王实行变法，促进了楚国的富强，曾北胜魏国，南收扬越，夺取苍梧。后被楚旧贵族杀害。《汉书·艺文志》曾著录《吴起》48篇，而现存的《吴子》仅6篇，约5000字。有人认为它是伪托之作。实际上，今日所看到的《吴子》6篇，十有八九就是原《武器兵法》中的一部分，只不过是经后人加工、整理而已。宋晁公武《郡斋读书志》著录为3卷，并由唐代陆希声类次为之，共6篇。该书是吴起军事思想的重要组成部分，是对《孙子兵法》的继承和发展，它反映了战国初期治军作战的新经验和新水平。由此看来，早在战国时期，《吴子》便已盛行于世。战国末期的韩非子说："境内皆言兵，藏孙吴之书者家有之。"汉代司马迁也说："《吴起兵法》世多有。"可见其影响之大。宋神宗元丰年间，被列入"武经七书"，颇受重视。

《六韬》，"武经七书"之一，又称《太公六韬》。它包括文、武、龙、虎、豹、犬六韬，共60篇，近2万字。因全书是以周文王、周武王与姜太公的问答对话形式写成的，故旧题周吕望撰。吕望，姜姓，吕氏，字子牙，人称太公望，是西周的开国功臣，杰出的政治家、军事家。但是，宋以后的历代学者考证认为，此书无论是内容还是文字、语言风格，都绝不是商周之际的作品，而很有可能是战国中后期的作品，只是为了扩大影响才假托吕尚的大名。该书总结了前人的理论，又有许多新的创见，有些地方甚至超过并发展了《孙子兵法》等兵书的论述，是一部集先秦军事思想之大成、具有独立体系和特色的军事巨著，对后世有极大的影响，曾造就了一代又一代名将，被人们认为兵家权谋的始祖。

《三略》，"武经七书"之一，又叫《太公兵法》《黄石公记》《黄石公三略》《黄石公兵法》《圯上老人兵法》，相传作者为汉初道家隐士黄石公。北宋神宗元丰年间被定为"武经七书"之一。黄石公也就是《隋书·经籍志》所说的"下邳神人"。相传《三略》原是姜太公的兵法之一，后由黄石公整理修订，于下邳（今江苏邳州）的圯桥上传授给张良。张良熟读后，以此辅佐汉高祖推翻暴秦，打败项羽，平定天下。由于张良功高盖世，声名显赫，因而《三略》也身价倍增，影响甚为深远。但是，古今许多学者从思想体系、语言、引文等方面考证，认为《三略》既非张良所受之书，亦非黄石公所著，很有可能是西汉末年精通兵法、熟知张良事迹、拥护汉室的隐士所编。该书分为上略、中略、下略三部分：《上略》设礼赏，别奸雄，著成败；《中略》差德行，审权变；《下略》陈道德，察安危，明贼贤之咎。书中直接讲军事艺术、作战指挥的内容较少，而讲政治策略、谋略手段的则较多，在权谋的运用上有独到之处。

《三十六计》又称《三十六策》，见于《南齐书·王敬则传》，三十六计指中国古代三十六个兵法策略。该书至今无准确年代和作者考证，但它真正成为一部兵书，大概是明清之际的事情。全书不分卷，共分为六套计，即胜战计、败战计、攻战计、混战计、并战计、敌战计。每套各包含六计，总共三十六计。其中前三套是处于优势情况下所用之计，后三套是处于劣势情况下所用之计。每计基本上以广为流传的成语典故定名，生动形象，易懂易记。每计都有解语和按语，解语前半部分多引用兵法，后半部分多引自《易经》，说理性较强，不容易懂。按语是对解语的解释，一般先从理论上阐述，再举实例进行佐证。各计的内容，多属古代兵家的诡谲之谋，可以说《三十六计》是中国古代兵家计谋的总结和军事谋略学的宝贵遗产，是一部专讲军事谋略的兵书，包含丰富、朴素的军事辩证法思想。

《孙膑兵法》，又称《齐孙子》，战国中期齐人孙膑撰。孙膑是孙武的后人，相传他早年曾经与庞涓同拜在鬼谷子先生王栩门下学习兵法。庞涓先出师，任魏惠王的将军，深知才能不及孙膑，于是用阴谋把孙膑招到魏国，施以膑刑（一种割去膝盖骨的酷刑）后囚之，故后人称其为孙膑。孙膑后来被齐国使者偷载回齐国，得到大将田忌的重用，田忌又将他举荐给齐威王，"威王问兵法，遂以为师"。他数次击败魏军，杀死了魏大将庞涓，"以此名显天下，世传其兵法"。《孙膑兵法》实际上是对《孙子兵法》军事理论的最大丰富和最好补充。与《孙子兵法》务实的特点相比，《孙膑兵法》更注重军事理论的哲理性、原则性，更具备抽象的理论高度和宏观视野。

第三节 传统军事文化对传统武术发展的影响

一、士兵的选拔促进了传统武术的发展

战争是最高形式的暴力冲突,而传统武术则是战争手段的一种。古代中国的统治者,早已把战争上升为国家的重要事项,非常重视士兵的武艺训练,正所谓"国之大事,在祀与戎"。在周代,只有贵族才能充任战士,并受到包括射、御在内的武艺教育。春秋战国时期,极为重视士兵的武艺训练,所以才出现了对战士的不同称谓,如"技击""武卒"等,更有一些政治家颁布了以射箭输赢来判断官司的法令,以此来提高国人射箭的积极性。

先秦时期对士兵的选拔已有较多的论述,包括"选车士之法""选骑士之法"。无论是车士还是骑士,选拔的标准之一都是武艺,对武艺优秀者给予优厚待遇。西汉时期,古代中国面临北方匈奴族的强大军事威胁。著名政治家晁错在《言兵事疏》中分析认为,战争双方各有优势,北方匈奴民族吃苦耐劳,善骑射,军队机动性强,这些是中原无法比拟的。中原军队只有在武器装备、士兵武艺训练、完善正规的车骑大战方面保持优势。这一重要的军事战略主张对传统武术的博大精深、千枝百蔓产生了重要影响。

直到明清时期,中国军队一直都非常重视士兵的武艺训练。著名军事将领戚继光在《纪效新书》中讲明了习武与士兵的种种利害关系,而他本人也非常重视诸门武艺的学习,并对诸门武艺进行了深入研究。中国古代既是军事将领又是武术家的,不在少数。

二、作战方式的变化促进了传统武术器械的演化

人类早期使用的工具或武器是木棍和石器,所以有了《太白阴经》中"木兵始于伏羲,至神农之世,削石为兵"、《吕氏春秋》中"未有蚩尤时,民固剥林木以战矣"、《越绝书》中"黄帝之时,以玉为兵"之说。青铜时代到来,人类把反映生产力水平的最新成果青铜兵器运用于战争。战争最初在北方展开,车战是主要作战形式,双方距离远,所以大量使用弓箭和长兵(殳、戟、戈、矛等)。《周礼·考工记》说:"凡兵无过三其身,过三其身,弗能用也。"这些长兵器都是车战所用。春秋时期,战争由北转南。南方特殊的地理环境(多稻田、水网、丛林、丘陵),使战争形式由车战为主转为步战为主,车兵逐渐取代步兵,贴身近战居多,短兵器更能发挥优势,因此剑被广泛运用于战争。至今,尚有"剑起吴越"的说法。

随着赵武灵王变法图强、胡服骑射的开始，骑兵登上了中国战争的舞台，并成为威力强大的兵种。剑由于轻薄，威力受到极大限制，不能满足实战的需要，从而被"环首大刀"所取代。中国古代战争中阵战是主要作战形式，士兵各司其职，所使用兵器也较复杂。《武经总要》记载：当时刀主要有八种，称"刀八色"，包括手刀、笔刀、戟刀、棹刀、屈刀、掩目刀、眉类刀、凤嘴刀等；枪主要有九种，称"枪九色"，包括槌枪、锥枪、项枪、梭枪、环子枪、大宁笔枪、素木枪、单钩枪、双钩枪等。有了"十八般武艺"之说，即枪、叉、弓、弩、矛、锤、鞭、剑、链、挝、斧、钺、铳、铜、戈、戟、牌、棒等，这些兵器绝大部分是随战争的不同需要而产生的。

三、军事将领对传统武术发展的贡献

中国古代军事将领武艺出众者比比皆是，甚至唐太宗李世民、宋太祖赵匡胤，据传也都是身怀绝技。李世民曾在战场上手刃三千，赵匡胤传下了三十二式长拳。春秋刀的始祖追溯到关羽，梅花枪据称传自罗成，月牙斧是程咬金所创，二十一名枪乃杨家将流传，岳家拳、岳门拳干脆以岳飞姓氏命名，等等。这些虽有依托之嫌，但仍可看出中国古代军事将领和传统武术之间蛛丝马迹的关系。

明代著名棍术家、抗倭名将俞大猷，于嘉靖年间奉命南征，路过少林寺，曾传棍法于寺僧，"众僧所得最深者近百人，其传可永也"。俞大猷著有《剑经》《射法》等杰作，后被收在《正气堂集》卷四，该书是研究俞大猷本人及明代武术的重要史料。戚继光《纪效新书》全文记录了俞大猷的棍法专著《剑经》。俞大猷对少林武术和中国武术棍法的发展功不可没。大名鼎鼎的抗倭英雄戚继光将武艺的训练与实践及对武术的掌握、理解与研究进行了系统的总结，著成了《纪效新书》。这部书既是兵书，也是武学典籍。戚继光创立了长短兵迭用的鸳鸯阵。短兵中他推崇倭刀和倭刀法，长兵中他着重介绍了杨家枪和俞公棍，并从军事实用角度出发，批判了中看不中用的"花枪、花刀、花棍、花叉之法"。他的著作《纪效新书》，是对明代武术的熔铸，也是他多年来对武艺的训练与实践的经验总结，对后世武术的发展做出了重要贡献。

 参考文献

[1] 伊力：《兵家智谋全书》，中州古籍出版社2000年版。
[2] 王道伟、李杜卿：《军事文化》，蓝天出版社2011年版。
[3] 许保林：《中国兵书通览》，解放军出版社2002年版。
[4] 温力：《中国武术概论》，人民体育出版社2005年版。
[5] 余日昌：《法计合韵》，中国人民大学出版社2005年版。
[6] 《武术》教材小组：《武术理论基础》，人民体育出版社2001年版。

古代科技文化

在历史长河中,科技文化为中华民族的绵延发展提供了重要支撑。中国科技文明在特定的自然环境和社会环境里创造和发展。在古代和中世纪,中国科技长期居于世界领先地位,为人类文明做出了杰出贡献。

第一节 古代科学思维方式

中国古代科技在传统科学思维的引导下产生和发展,古代科学思维内容极其丰富,这里对中国古代科学技术具有重要影响的几个方面进行阐述。

一、易、道

《易经》是群经之首、群经之始,思想博大精深,其以易道阐明天道、地道与人道,以阴阳太极之理通贯天地万物。正如《易经·系辞下》言:"古者包牺氏之王天下也,仰则观象于天,俯则观法于地,观鸟兽之文,与地之宜,近取诸身,远取诸物,于是始作八卦,以通神明之德,以类万物之情。"《易经》对中国传统思维影响巨大,并对科技各领域产生重要作用。正如《四库全书总目提要》云:"《易》道广大,无所不包,旁及天文、地理、乐律、兵法、韵学、算术,以逮方外之炉火,皆可援《易》以为说。"熊十力认为,中国古代一切学术思想的根源都在《易经》,《易经》是智慧的大宝藏。《易经》广大悉备,含藏万有,天道、人事、物理无所不包通,范围天地之化,周备其理,曲成万物,穷物之则,因物之宜,裁制万物而不遗其利。《易经》以取象明物理,顺俗以取象,其意在明万物之材质,莫不受成于乾,易言之,即莫不受成于理也。[1]《易经》有具象思维倾向,人类的生产生活实践以取象而为之,早期工具发明与卦有着密切的关联。《系辞传》中列举了结绳、罔罟、耒耜、舟楫、牛马、杵臼、弧矢、宫室等,对应取自于夬、离、益、涣、豫、小过、睽、大壮等卦。

---

[1] 熊十力:《读经示要》,上海书店出版社2009年版,第317、305页。

《易经》之"易"有三义。郑玄认为："《易》一名而含三义，易简，一也；变易，二也；不易，三也。"即易为"简易""变易"和"不易"。"简易"之义即乾坤体性，即阴阳，把握"简易"就把握了事物；"变易"和"不易"是指事物运动变化中的"变"和"恒常不变"。世界永远在变化，"穷则变，变则通，通则久"。由此指出，"有对"是事物运动变化的源泉，相反势力的相推相摩促成变化的方向，事物运动变化过程中对立双方必有一方占据主导地位。事物变化的动力不在外部，而在两种对立力量内部的推摩。阴阳刚柔相摩是事物变化的根本原因。所谓"是故刚柔相摩，八卦相荡。鼓之以雷霆，润之以风雨；日月运行，一寒一暑"。而事物变化会通乃至恒常在于"时"，即"刚柔者，立本者也；变通者，趣时者也"。其刚柔之气，所以改变会通，趋向于时。[1]"时"是阴阳消长变化、自然社会诸物诸事交杂糅合态势的"机"[2]，即"时境""时机"之义。如《易经·乾卦》言："夫大人者，与天地合其德，与日月合其明，与四时合其序，与鬼神合其吉凶。"由此成就了"天人相参"的时机化的天时观。[3]

　　《易经》将天地人融为一体，《周易正义·卷首》云："圣人初画八卦，设刚柔两画象二气也，布以三位象三才。"《易经·系辞下》云："《易》之为书也，广大悉备，有天道焉，有人道焉，有地道焉。兼三才而两之，故六，六者非它也，三才之道也。"即以天道、地道、人道为"三才"，《易经》八卦的设置，亦以三位比喻三才，以上位象征天，以下位象征地，以中位象征人，天、地、人即"三才"。其六画成卦，六位成章，意即阴阳匹配，刚柔相济，象征天地人，表明"易"取天道、地道、人道为基础，阐述自然、社会的普遍联系和变化。

　　道是中国哲学思想中最重要的范畴之一。老子提出"天道自然"，即"人法地，地法天，天法道，道法自然"。天、地、人统一于"道"。"道"是天、地、人的"混成"。《道德经》曰："有物混成，先天地生。寂兮寥兮，独立而不改，周行而不殆。可以为天下母。吾不知其名，字之曰'道'。"天、地、人各有其属，但都遵从于道，即"故道大，天大，地大，人亦大"。

　　"道"高于天，大于帝。"道"是天地自然、社会事物的法则、秩序节律及机制。凡天下事都有道。万有唯道所生、所成、所主，道在万有之中。万物有道，万事唯道。[4]"道"生天地，"道"为"万物万有之要"，万事万物的生、成、化、变等都源于"道"，"万物以生，万物以成"及"序其成"都是"道"。万事万物得道者自然顺达，否则就不稳不安。

　　老子创建了"道生一，一生二，二生三，三生万物"的生成论，道体现了自

---

[1] 黄寿祺、张善文：《周易译注》，上海古籍出版社1989年版，第570页。
[2] "机"通"几"，具有"危""微差""接近"之意，后来发展为自然、生命、社会事物的微妙、枢纽、关键等义。参见李志超《天人古义——中国科学史论纲》，河南教育出版社1995年版，第61—73页。
[3] 张祥龙：《中国古代思想中的天时观》，《社会科学战线》1999年第2期。
[4] 宫哲兵：《唯道论的创立》，《哲学研究》2004年第7期。

然界的统一性与自发性，呈现出自然机制，凡宇宙、地球及其万事万物都不离其中，所谓"得天之道，其事若自然；失天之道，虽立不安"。由此拓展产生各种"道"，即天道、地道和人道。人道可分王道、君道、臣道、礼道、民道，还有仁道、阴阳之道、兵道、霸道，甚至畜道、舟车之道、衣裳之道等，不一而足。天下事都有道，无道则不行。

庄子继承老子思想，把天地称为"形之大者"，并提出"通天下一气耳""天地之一气"，把"天""地"与"气"联系起来，人顺应自然之气而行事，可以通天下。其后，荀子提出了"天人相分"思想，刘禹锡发展了天人关系，从自然法则与社会职能上区分天道与人道，指出"天之道在生殖，其用在强弱；人之道在法制，其用在是非"。

二、元气、阴阳五行

自然观及其宇宙论思想在科学思想发展中具有重要意义。中国古代在自然本原的探索方面，出现过气、阴阳、五行（金、木、水、火、土）及其水、太极、易、道等多种本原说。在诸多本原理论中，元气论得到长足发展。先秦时期形成了以气、阴阳五行学说为代表的科学思想，成为中国古代自然观、宇宙本原理论的主流。

"气"是天地万物的共同本原，万物因气而生，因气而化。气分阴阳，阴阳接，变化起，阴阳和，万物生。"气"除了具有很强的物质性以外，还具有弥散性（连续性、无限性、混沌性）、穿透性、能动性、聚散性、感应性等性质，对各种特性的解释及实践应用形成元气学说。阴阳学说认为，阴阳是一切事物的属性，具有对待、统一、变化的性质，阴中有阳，阳中有阴。阴阳是宇宙间的两种基本力量，构成万事万物运动变化的机制，"一阴一阳之谓道"。万事万物的发生发展都是阴阳气消长变化的结果。五行指金、木、水、火、土，主要是对自然及社会系统复杂事物的总体分属、内在结构及作用机制的阐述。五行配伍体系及"生克制化"之理，阐明事物普遍联系、相互制约的关系，五行的交互作用包括相生、相克、制化、相乘、相侮。任何系统都在各种事物、各种要素相互博弈中取得均衡。

气、阴阳五行学说的建立、成熟和合流，构建了以气为基础，以阴阳五行为架构的天地人宇宙图式。气、阴阳五行学说构成了中国传统思维及其科学思想的主体，形成了中国独特的整体观及有机主义的科学思维观，影响了中国古代科学的发生发展，尤其是对生物体的医学和农学方面产生了深远影响。中国古代科学体系的最大特点是有机主义自然观。

在自然观探索中，古希腊有水、气、火，以及土、水、气、火和无限等几种本原说。米利都学派的代表人物泰勒斯提出"水"为万物的本原，阿那克西曼德指出万物的本原是"无限者",阿那克西美尼主张自然界的基质是唯一的"气"。毕达哥拉斯学派认为"数"是万物的本原,万物起源于一。赫拉克利特认为世界是一团不断转化的活火,世界上一切运行都遵循着道,"一"是唯一的智慧。爱利亚学派的代表人物巴门尼德提出了"存在",而留基波说宇宙是无限的,包括充满和空虚,无数世界由这些元素造成,无数个永恒运动的元素就是原子;德谟克利特提出原子论观点,认为一切事物的本原是原子和虚空。[1]

中国元气论的形成、发展与整体系统思维方式相契合,元气论与阴阳、五行学说的合流,为整体系统思维方式提供了机制、机理的解释,古希腊原子论思想导引了机械论、分析结构的思维方法。

第二节 古代科学体系及其成就

中国古代科学独自产生,在历史发展过程形成了知识体系,主要包括天文学、医学、农学、算学及地理学等学科,在诸多领域都有伟大的成就。

一、天文学

中国古代天文学在宇宙观、天文学理论、天文观测、历法制定、天文仪器等方面取得了杰出成就,在世界天文学史上占有重要地位。

(一)天文理论

春秋战国时期就有了天文方面的思考。如庄子对天地日月运行的疑问,即:"天其运乎,地其运乎,日月其争于所乎?"屈原在《楚辞·天问》中更是对天地自然和人事不断发问,其中蕴含了深刻的天地宇宙问题,如:"上下未形,何由考之?冥昭瞢暗,谁能极之?……九天之际,安放安属?"至战国末期和两汉,这方面的讨论非常激烈,蔡邕对此进行了总结。如蔡邕《天文志》说:"言天体者有三家:一曰周髀,二曰宣夜,三曰浑天。宣夜之学,绝无师法。周髀术数具存,验天状,多所违失,故史官不用。唯浑天者近,得其情,今史官所用,候台铜仪则其法也。立八尺圆仪之度,而具天地之象,以正黄道,名察发敛,以行日月,以步五纬,精微深妙,百世不易之道。"[2] 指出言天三家——盖天说、浑天说和宣夜说,并概括其源流及测天方法。

---

[1] 北京大学哲学系、外国哲学史教研室:《西方哲学原著选读》,商务印书馆1981年版,第15—17页。

[2]《太平御览·天部下》,中华书局1960年版,第8页。

盖天说最为古老，有不同说法，基本意思是，天像个盖子，天、地都是穹形，天圆地方。《周髀算经》指出："天似盖笠，地法覆槃，天地各中高外下。"虞耸在《穹天论》中说："天形穹窿如鸡子，幕其际，周接四海之表，浮于元气之上……日绕辰极，没西而还东，不出入地中。天之有极，犹盖之有斗也。"（《开元占经·穹天论》）《周髀算经》是中国最古老的天文学、算学著作，反映了盖天说理论及其观天计算，对于古代天算的发展具有重要意义。

浑天说的开创者及代表人物是西汉的落下闳。他认为天是圆球，地球在其中，就如蛋黄在鸡蛋内一样。东汉天文学家张衡《浑天仪图注》对其进行了阐述："浑天如鸡子。天体圆如弹丸，地如鸡子中黄，孤居于天内，天大而地小……天转如车毂之运也，周旋无端，其形浑浑，故曰浑天也。"浑天说产生后，不断得到天文家的认同，逐渐取代盖天说成为中国天文学理论的主流。

宣夜说由东汉郗萌提出。他主张天没有形质，宇宙充满着无垠无垠的气体，日月星辰由气承托，飘浮在空中。"天无质，仰而瞻之……日月星象浮生空中，行止皆须气焉。"（《太平御览·天部下》）宣夜说的宇宙观思想极其深邃，因不能与观察相符，所以不被古代天文家所用。

上述三家关于天体的理论探讨，对中国古代宇宙观、天文学的发展具有重要意义，但也存在着理论与天文观测实践的脱节、忽视基于天文观测进行理论构建等问题。

（二）天文观测

中国远古时期就有了天文观察。如《国语·楚语下》载："颛顼受之，乃命南正重司天以属神；命火正黎司地以属民。"《尚书·尧典》载："乃命羲和，钦若昊天，历象日月星辰，敬授人时。"这些传说表明在原始农业时代有专人负责天象观察。《尚书·尧典》中还包含天象与农作时节及其动物自然演替的诸多信息，《诗经》中也蕴含着观天的丰富经验，如"十月之交，朔日辛卯。日有食之，亦孔之丑""子兴视夜，明星有烂""东有启明，西有长庚""定之方中，作于楚宫""七月流火""三星在户""月离于毕"等都与天象观察有关。由此形成了天文天象观察记录的传统。

春秋战国时期，天文学体系初步确立，开始以恒星为背景对日、月、金、木、水、火、土（七曜）进行观察，对星象进行四象、二十八宿及三垣的划分，并开展了大量的星官、星图研究。《史记·天官书》出现了五官〔中官、苍龙、朱雀、咸池（白虎）、玄武〕，《甘石星经》中有了最早的恒星星表，马王堆汉墓出土的帛书《五星占》记载了最早的五星星表。战国时期石申的《石氏星经》是世界上最古的星表之一，唐代《开元占经》对其进行了较好的保存，但其记载位置和恒星数量有出入。[1] 星图绘制肇始于汉代，巫咸、甘德、石申三家的星经中可能也都绘有星图，只是无法证实。据《晋书·天文志》载，陈卓综合这三家星官绘制星图，含星1464颗。属于绘画的星图有唐敦煌星图、宋苏颂星图、明北京隆福寺藻井天文图和明涵江天后宫星图四处。[2] 此外，有石刻星图和坟墓星图。石刻星图如杭州吴越墓内的石刻星象图、苏州宋淳祐天文图和常熟石刻天文图等；坟墓星图除吴越星图系石刻外，还有汉画天象图、北魏星象图、吐鲁番天文图和辽代彩画星图等。[3] 上述丰富的星图体现了我国古代发达的天象观察史。

此外，中国古代十分重视对异常天象的观察，如关于日月食、太阳黑子、彗星、流星雨以及新星和超新星等天象记录为世界最多也最早。这些记录不仅给天文学史研究提供了重要资料，也为现代天体演变及现代天文学研究提供了极为重要的原始资料。

（三）历法制定

由于历法与帝王统治、社会生产和生活实践关系密切，历代王朝重视历法，历法制定及其改历极其频繁，日、月、年、时是历法的基本要素，与此相对应的纪法形成历法的内容主要是干支纪法，这些历法内容体现在历次历法制定与改历之中。中国早期基本使用物候历，以物候特征判定季节，之后进入观象授时阶段，在阴阳合历的背景下，开启历法制定。我国历代历法多达104种。《夏小正》记载了中国最早的历法，其中虽然有物候历的迹象，但已经依据北斗星斗柄所指方位来确定月份。星象包括了昏中星、旦中星、晨见夕伏的恒星、北斗的斗柄指向、河汉（银河）的位置及太阳在星空中所处的位置等。历法的正式确立和制定始于战国，战国的四分历（古六历）是我国最古的历法。在经历黄帝历、颛顼历、夏历、殷历、周历、鲁历以后，我国出现了较为成熟的历法，其中最著名的有西汉的太初历、东汉末的乾象历、南北朝时期的大明历、隋代的皇极历、唐代的大衍历、南宋的统天历、元初的授时历等。元代郭守敬主持创制的授时历最为精确，其精度与公历《格里高利历》相当，但比西方早采用了300多年。清代康熙年间的《历法考成》，是以汤若望的《新法历书》为基础的中西合法。此外，皇历和迷信历注也十分流行。皇历除了月建大小、节气、朔、望、两弦等天文历法外，还包括几龙治水、几人分丙、几日得辛、几牛耕田、十二生肖图、六十年甲子、男女九宫生属表等内容。在月日中，含有"宜忌"之类的迷信内容，例如某日宜祭祀，某日忌出行，某日喜神在何方，等等。这些历法在民间盛行，在普通民族的生活中发挥了重要作用，成为中国古代天文学文化的一个重要侧面。

---

[1] 陈遵妫：《中国天文学史》，上海人民出版社2016年版，第427页。
[2] 陈遵妫：《中国天文学史》，上海人民出版社2016年版，第444—461页。
[3] 陈遵妫：《中国天文学史》，上海人民出版社2016年版，第461—489页。

二十四节气是中国历法的主要内容。二十四节气的完整名称出现在《淮南子·天文训》中。《太初历》把二十四节气纳入历法，明确了二十四节气的天文位置。节气是根据太阳在黄道（地球绕太阳公转的轨道）上的位置进行划分的，每一节气对应于太阳在黄道上运动15°的位置，反映了太阳的周年视运动，其在公历中日期相对固定。二十四节气的命名反映了季节变化、物候现象、气候特点的规律，对于农时安排、农业生产及生活实践产生了重要影响，节气文化与岁时节令一起，作为中国古代特有的时间节律文化现象，对古人把握、驾驭时间具有无可替代的作用。

中国传统历法是阴阳合历，它以回归年为一年，以朔望月为一月，一个回归年为365天，一个朔望月为29.5天。为了弥合回归年与朔望月的差距，需要间隔若干年添加一个闰月，这样阴阳合历平均每年也是365天左右，春秋以后采用19年置7闰的方法。

（四）天文仪器

中国最古老、最简单的天文仪器圭表，是春秋以前测量正午日影长度的天文仪器。表为立竿，圭为卧尺，测日影长度，从而确定节气。《周礼·地官》云："以土圭之法测土深，正日景（影），以求地中。"

在各类天文仪器中，成就最高者当属浑仪和浑象。浑仪创制于西汉，为了准确观测天体和天象的位置，耿寿昌、贾逵等发明了以赤道为坐标的天文观测仪器——浑仪，经历各个朝代的改进发展，渐趋合理、精良。西汉落下闳改制了浑仪，唐代李淳风制成浑天黄道仪，使得赤道、黄道和白道坐标可以直接从仪器上读出。元代的郭守敬先后创制和改进了十多种天文仪器，如简仪、高表、仰仪等。浑象由张衡创制，是世界上第一架用水作动力的浑象。浑象显示天象，类似现代的天球仪。宋代苏颂、韩公廉制造了水运仪象台，其台共分三层。上层浑仪，用来观测日月星辰的位置；中层是浑象，旋转并显示天象；下层设木阁，木阁分五层，每层有门，每到一定时刻有木人报时。整台仪器以水为动力，引导机轮转动循环，以带动整个仪器运行。其设计之新颖、结构之复杂、制作之精良，代表了人类历史上最早的机械制造，体现了古代自动浑象的最高成就，堪称现代天文观测仪器、报时仪器之始祖。

二、农学

传统中国以农为本，"农本说"是治国理政思想的核心，贯穿于整个传统中国社会，古代农业在丰富的农学思想引导下，走向精耕细作的发展道路。自然的农业经济支撑着传统中国社会的绵延和发展。化学家李比希称中国农业耕作方法为"无与伦比的农业耕作方法"，不少国外科学家称中国农学为"家学"。

（一）农业思想

中国农业思想富有哲理，提倡人与自然的协调统一，具体到农业生产中就是天、地、人、物的和谐统一，人们通过农业生产实践协调农作物与外界环境条件。天、地、人、物相协调统一的系统观贯穿于传统农业发展的始终。从理论体系上看，农业思想由哲学思维天地人"三才"引申而来，"夫稼，为之者人也，生之者地也，养之者天也"（《吕氏春秋·审时》）。农业生产遵守时宜、地宜、物宜的"三宜"原则，所谓"合天时、地脉、物性之宜，而无所差失，则事半而功倍"。"三才论"在农业生产中的运用，为农业精耕细作奠定了理论基础。

在传统哲学思维的引领下，农学思想指向了气、阴阳五行、循环观和尚中观等方面。元气论是传统农业的自然观，气的消长变化导致植物的生、长、化、收、藏；阴阳学说是农作物生长的发育观；五行理论为农业提供了框架和结构；循环观即圜道观，是农业生产和生态系统的循环观；尚中思想构成了农业生产的优化观。中国古代农学思想极其丰富，在时气、土壤、物性、树艺、畜牧、耕道、粪壤、水利、农器、灾害等各个方面都形成了系统的观点和方法，在此引导下，产生了轮作复种、间作套种、合理密植、土壤轮耕、合理施肥等精耕细作的农业方法。

重"农时"是农业思想的精髓。传统农业以"农时"为核心，为历代农学家所关注。《吕氏春秋》强调"顺应天时""不误农时"，由此形成了农家"月令派"，即把天象、气候、物候和农事活动等全部联系起来，对应在十二月里，视自然运动与人类生产生活实践为有机联系的整体。农业生产实践就是要针对农业生产的特点，遵照自然规律，协调农作物与外界环境条件的关系。

在农业生产中要遵守"时宜"原则，即"凡农之道，候之为宝"。《吕氏春秋·审时》指出了禾、黍、稻、麻、菽、麦等六种主要农作物"先时""后时"和"得时"的利弊。适时者事半功倍，不适时者歉产歉收。《氾胜之书》强调天时、地宜对农作物生长发育的重要性，"得时之和，适地之宜，田虽薄恶，收可亩十石"。《齐民要术》继承重农时的传统，指出："顺天时，量地利，则用力少而成功多，任情返道，劳而无获。"认为"得时"可以利用耕作及施肥措施来协调土壤的水肥气热状况。该书还收集了关于农时、作物生长的农谚，对后世农业生产有着重要影响。

（二）耕作栽培制度及其农业耕作方法

在农业哲理和农业实践的双重作用下，中国古代农业形成了轮作复种、间作套种、土壤轮耕、合理密植、合理施肥的精耕细作传统。作物轮作与土壤轮耕构成了耕作制度的主要内容。所谓作物轮作，是指作物轮回循环的种植方式。中国在世界上最早实行作物轮作制，战国以前轮作制就已创始。《吕氏春秋·任地》记载了禾麦轮作，即所谓"今兹美禾，来兹美麦"。战国、两汉时期就有了麦禾、麦豆轮作，麦禾轮作较为普遍。土壤轮耕，是指针对不同作物种植采取不同的土壤耕作措施，即在作物轮作的基础上，实行土壤的合理轮耕，两者有机配合，施行作物种植与土壤耕作的循环，以取得农业收成。春秋战国时期，黄河流域逐渐废弃了轮荒耕作，开始了土地连种方式，创始轮作复种制，产生了土壤轮耕方式。汉代人认为"禾春生秋死，豆夏生冬死，麦秋生夏死"（《淮南子·坠形训》），对禾、豆、麦等作物生、长、化、收、藏的认识，为施行麦、豆、秋杂（稻、谷、黍）轮作复种的二年三熟制提供了基础。此后轮作和轮耕相互循环。豆谷轮作是用地和养地的绝好组合。汉代在禾、麦、豆轮作的基础上，确立了豆类作物和谷类作物、绿肥作物和谷类作物合理轮作的基本格局，即施行大豆—谷—黍稷，冬麦—大豆—谷子、黍的豆谷轮作，谷子—小豆（绿肥）—瓜的肥谷轮作种植方式。此后，轮作复种方式呈现多样化格局。在土壤耕作方面，采用深耕与浅耕、耕和免耕、水旱轮耕等方式，改善土壤环境，实行以地养地，用地和养地循环。陈旉《农书》中极力倡导"地力常新"观点，这是对用地养地问题的里程碑式认识。

轮作复种就是优化作物与作物之间的生态关系，主要是连种、复种作物的前后茬安排。轮作复种是中国传统农学的重要创造，可以解决不同作物植株高矮、根系深浅、生育期长短等因素对温度、水分、光照、肥料的不同需求，由此进行合理搭配，促进农业收成。在施行轮作复种的同时，还出现了间作套种。间作套种是指在同一块土地上同时种植两种以上作物的种植方法。其关键是利用时间和空间，根据植物层片结构及性状特点，采取高矮作物、尖叶与阔叶作物、深根与浅根作物相结合，以便充分利用土地空间与太阳能，在有限的土地上和一定的生产周期内生产出更多的农产品。

（三）农业知识体系

以农书为载体，中国古代农业形成了自己独特的知识体系。中国古代农书繁多，体现了农业的兴盛及农业技术、农学理论知识的不断积累。王毓瑚、闵宗殿、王达、天野元之助等学者及有关机构，对中国古农书进行了系统的收集和整理研究。总体上看，中国古农书应该有 2000 种以上。

中国古农书可以大体分为综合性农书和专业性农书两类。综合性农书内容涉及农、林、牧、副、渔等多个方面，包括全国性农书、地方性农书和月令类农书；专业性农书主要针对农业具体门类，各类农书之间有些内容相互渗透。

全国性农书反映了较为广大的地区直至全国的农业情况，以五大农书为代表，即《齐民要术》《农桑辑要》《王祯农书》《农政全书》和《授时通考》。此外，《管子·地员》及《吕氏春秋》"上农"等 4 篇、《氾胜之书》等也属于综合性农书。地方性农书主要针对区域农业实践进行总结整理，针对性和操作性强，涉及农业技术各个方面，如耕作栽培、农田水利、田间管理、轮作复种、施肥技术等。

地方性农书中较为著名的有体现南方特色的《陈旉农书》，浙江的《补农书》，四川的《三农记》，山东的《农圃便览》《农蚕经》，陕西的《知本提纲》，山西的《马首农言》，河北的《泽农要录》，江西的《梭山农谱》《抚郡农产考略》，江淮地区的《齐民四术》，江苏、上海的《浦泖农咨》，广东的《广东新语》，等等。此外，月令体裁的农书也是中国农书的一大特色，其以月令、时令及岁时为体例，主要包括天象、物候、农作物和农事活动等。具有代表性的月令体农书有《夏小正》《四民月令》《荆楚岁时记》《四时纂要》《农桑衣食撮要》等，有些农书专门列出月令体例的内容，如《农政全书》《授时通考》《三农纪》等。

专业性农书涉及大田作物、果树、蔬菜、花卉、蚕桑、畜牧、兽医、水产、农具、农田水利、农副产品加工与贮藏、治蝗等方面。大田作物类农书如《稻品》《江南催耕课稻编》等，果树类农书如《橘录》《荔枝谱》《救荒本草》等，蔬菜类农书如《笋谱》《菌谱》《芋经》《野菜谱》《野菜博录》等，花卉类农书如《洛阳花木记》《全芳备祖》《花镜》《洛阳牡丹记》等，蚕桑类农书如《桑政摘要》《农蚕经》等，畜牧兽医类农书如《伯乐相马经》《宁戚相牛经》《司牧安骥集》《元亨疗马集》等。此外还有种菌、养蜂、放羊、养柞蚕等专书。

古农书大量流传国外，有的被译成多国文字出版发行。世界上许多国家都有中国农书，如大英博物馆、巴黎国家图书馆、柏林图书馆、圣彼得堡图书馆等，分别藏有《齐民要术》《天工开物》《农政全书》《群芳谱》《授时通考》《茶谱》《花镜》《植物名实图考》《王祯农书》等各种农业古籍，成为世界学术文化的一部分。此外，中国古代农学知识深受日本学者的重视。日本在对中国农书翻译和研究的基础上，形成自身的农书体系。历史上，日本学者曾专注中国古农书研究，用力最勤的当属《齐民要术》研究，在日本形成"贾学"。1998年，日本农林水产技术会议事务局编写《关于中国古农书环境保全型农业技术的调查》，引用中国古农书《氾胜之书》《齐民要术》《陈旉农书》《秘传花镜》，以及胡道静的《中国古代农业博物志考》、郭文韬主编的《传统农业与现代农业》等，作为"执务参考资料"，并将书中内容置于实验农场进行农业实践研究。

三、数学成就

数学文化是中国古代文化中的一朵奇葩。中国古代数学在天文学及人们生产生活实践的推动下取得长足发展。数学内容十分丰富，主要指向实用和计算。

（一）数学思想

远古时代中国就有了几何与数字知识的萌芽，有伏羲创造"规""矩"及黄帝创始"规矩""准绳"的传说。《史记·禹本纪》载有禹"左准绳""右规矩"。新石器时期陶器的形状及"结绳记事""刻木记事"，以及甲骨文中的数字系统等，都体现了先民对数学的认知。《易经》对数学思想产生了重要影响。刘徽《九章算术注》序曰："昔在包牺氏始画八卦，以通神明之德，以类万物之情，作九九之术以合六爻之变。暨于黄帝神而化之，引而伸之，于是建历纪，协律吕，用稽道原，然后两仪四象精微之气可得而效焉。记称隶首作数，其详未之闻也。按周公制礼而有九数，九数之流，则九章是矣。"《易经·系辞上》中有诸多关于数的观念思想。其云："易有太极，是生两仪，两仪生四象，四象生八卦。"又有："凡天地之数五十有五，此所以成变化而行鬼神也。"《周髀算经》提到用矩测高望远。受天圆地方思想的影响，中国数学方圆术较为发达。由于不断分割拼补圆、方图形，人们从中引导出丰富的几何学内容。战国时期出现了一些与数学有关的抽象概念。《墨经》有关于几何的定义和命题，例如，"圆，一中同长也"，"平，同高也"，等等，同时还给出有穷和无穷的定义。《庄子·天下》有"至大无外，谓之大一，至小无内，谓之小一"及"一尺之棰，日取其半，万世不竭"等抽象的数学思想，可惜未能得到很好的继承和发展。

数是自然的本质，通世界万物。李冶《测圆海镜》原序言："夫昭昭者，其自然之数也。非自然之数，其自然之理也。数一出于自然。"《孙子算经》更是将"算"视为本原，"算"包括一切自然社会事物。其原序曰："夫算者，天地之经纬，群生之元首，五常之本末，阴阳之父母，星辰之建号，三光之表里，五行之准平，四时之终始，万物之祖宗，六艺之纲纪。稽群伦之聚散，考二气之降升，推寒暑之迭运，步远近之殊同，观天道精微之兆基，察地理从横之长短，采神祇之所在，极成败之符验。穷道德之理，究性命之情。"所有这些无所不包的领域都可以运用数学方法来解决，即"立规矩，准方圆，谨法度，约尺丈，立权衡，平重轻，剖毫厘，析黍絫"。由此，"算"还包括了"数理""命数"和"术"，由"算"探究天地宇宙万物生成化变之理。

中国古代具有发达的数字文化，"万物皆数"是中国古代数学的一个重要组成部分，很多数字都具有十分重要的文化史意义。如一为初始，二为阴阳，三为万物生成转化的基本特征。崇三观念被延续和继承，如"数始于一，终于十，成于三"（《史记·律书》）。此外，四、五、六、七、八、九都有着极其重要的象征意义，关联百姓日常生活的全部。其中"五"具有非常特别的含义，比如天地交午、五行机制；七具有"七日来复"的节律意义；"九"更是如此，含义丰富，被赋予了"多""全""重要""吉祥"等含义，如九鼎、九州等，引申作为"天""帝"等具有崇高地位的符号。《易经》以阳爻为九，乾卦以龙设喻，"九五"爻辞即"飞龙在天，利见大人"，称皇帝为"九五之尊"。大衍之用也在于数，即"大衍之数五十，其用四十有九"。

时节是中国古人把握时间的一个重要取向，与人们实际生产生活密切关联的有四时八节、十二月、二十四节气、七十二候等，由此产生了对四、八、十二、十八、二十四、二十八、三十六、七十二、一百零八、三百六十等数字的喜好。

受《易经》"数有神理"的影响，中国形成了独具特色的"象数"观念和"数理"哲学。人们崇尚的天数、命数、礼数、律数、度数、算数等各类数目，涵盖了社会日常生活的几乎全部内容，比如道理、规律、规范、方略、计策、技艺、方术等内容都可由数来体现。因此，数在计算功能之外，承载着极其丰富的文化功能，这也是世界文化史上的普遍现象。

（二）十进制及其计算方法

十进制位值法在中国起源很早，殷商甲骨文中涉及一、二、三、四、五、六、七、八、九、十、百、千、万等13个作为记数的单字，其中记载有"三万"的大数字，蕴含了十进制位值法的萌芽。东汉数学家徐岳在《数学记遗》中指出："黄帝为法，数有十等。"十进制位值法是中国的独创，对世界文化具有巨大贡献。李约瑟指出："在西方后来所习见的'印度数字'的背后，位值制早已在中国存在两千年了。"对此他给予高度评价："如果没有这种十进位制，就几乎不可能出现我们现在这个统一化的世界。"马克思在《数学手稿》中称其为人类"最美妙的发明之一"。

此外，至迟在春秋末，人们已经普遍使用算筹作为计算工具，并以十进制进行计算。算筹记数的规则为："凡算之法，先识其位。一纵十横，百立千僵。千十相望，万百相当。"（《孙子算经》）这是筹算不同"位"、表示不同"值"的十进制位值法，以纵、横算筹排列表示数目，涉及大数目。筹算不仅能够进行正、负整数与分数的四则运算及其开方运算，还能进行各种特定筹式的演算，以解决某种类型的实际应用问题。在算筹计算的背景下，人们已谙熟九九乘法表、整数。到战国时期，计算技术已经十分发达，战国中晚期有了极其完备的计算用表。从清华简整理的《算表》看，其内容涉及十进制计数方法的运用、乘法交换律、乘法对加法的分配律及分数等，这是中国最早的计算表。对比西方各种数表，无论是时代还是计算内容及功能，都属世界之最。[1]

（三）《九章算术》与数学的奠基

《周髀算经》是中国最古老的一部天文学和数学著作，其中包括运用勾股定理及比例算法测太阳高远及直径的内容。湖北省张家山竹简《算数书》，是已知最早的中国数学著作，其内容极其丰富。[2]它比《九章算术》早约200年，两者关系值得关注。

《九章算术》成书于东汉之前，系统总结了战国、秦、汉时期的数学成就，是

---

[1] 李均明、冯立昇：《清华简〈算表〉的形制特征与运算方法》，《自然科学史研究》2014年第1期。

[2] 《算数书》有"方田""少广""金价""合分""约分""经分""分乘""相乘""增减分""贾盐""息钱""程禾"等内容。

中国数学的奠基之作。该书分方田、粟米、衰分、少广、商功、均输、盈不足、方程及勾股九章，以计算为中心，收有246个问题，内容涉及分数运算，多边形、圆、弓形等面积，比例、开平方、开立方、立体体积公式、工程分配、盈亏、线性方程组及正负数加减、勾股定理等，这些计算中的诸多成就领先于世界，由此奠定了中国数学长期居世界前列的基础。《九章算术》的框架、形式、风格和特点深刻影响了中国和东方的数学，在世界古代数学史上，它可以与《几何原本》相媲美，只不过两者的关注点不同。

（四）《九章算术注》及其数学理论体系

魏晋时期，中国数学体系形成并发展，其中最重要、最具代表性的是刘徽的《九章算术注》。该书在全面论证《九章算术》的公式、解法的基础上，发展了出入相补原理、截面积原理、齐同原理和率的概念，在圆面积公式和锥体体积公式的证明中引入了无穷小分割和极限思想，首创了求圆周率的正确方法，指出并纠正了《九章算术》的某些不精确的或错误的公式，探索出解决球体积的正确途径，创造了解线性方程组的互乘相消法与方程新术，用十进分数逼近无理根的近似值等，使用了大量类比、归纳推理及演绎推理，并且以后者为主。第十卷原名"重差"，为刘徽自撰自注，发展完善了重差理论，此卷后来单行称为《海岛算经》。此外，《孙子算经》《张丘建算经》《缀术》《数术记遗》等数学著作在诸多方面有了重要突破，其中《缀术》显示，祖冲之父子将圆周率精确到八位有效数字，并有球体积及含有负系数的二次、三次方程等内容。

隋唐时期数学继续发展。唐初王孝通撰《缉古算经》，解决了若干复杂的土方工程及勾股问题，且用三次或四次方程解决，体现了中国古代数学家建立和求解三次方程等方面的重要成就。李淳风等奉敕为《周髀算经》《九章算术》《海岛算经》《孙子算经》《夏侯阳算经》《缀术》《张丘建算经》《五曹算经》《五经算术》《缉古算经》十部算经作注，形成著名的《算经十书》，对中国古代数学进行了系统总结。

（五）宋元四大家与数学大发展

经历前期的发展，宋元数学发展进入巅峰。秦九韶、杨辉、李冶和朱世杰等宋元数学四大家，在天元术、四元术和高次方程数值解法等方面取得了辉煌的成就。

北宋贾宪《黄帝九章算经细草》将《九章算术》的具体问题进行理论抽象，对某些类型问题进行概括，创立"贾宪三角"，提出"立成释锁"开方法，其思想与方法对宋元数学影响极大。当然，沈括在数学方面的独到贡献也影响了数学的发展。他首创隙积术，推进了高阶等差级数求和问题，创立会圆术，得到由弦求弧的方法及其近似公式。

南宋秦九韶著《数书九章》，内容丰富，精湛绝伦，其成就之大、题设之多超过以往算经。全书分大衍、天时、田域、测望、赋役、钱谷、营建、军旅、市易等9类81题，上涉天文、星象、历律、测候，下至河道、水利、建筑、运输，以及各种几何图形体积、钱谷、赋役、市场、牙厘、互易等内容，在诸多方面取得杰出成就，尤其是大衍求一术及高次方程的解法，在世界数学史上具有重要地位。该书既代表中国数学的巅峰，也是同时代世界数学成就的标志之一。

南宋杨辉撰有五部数学著作，即《详解九章算法》《乘除通变本末》《田亩比类乘除捷法》《续古摘奇算法》《日用算法》，传世的为前四部。其中《详解九章算法》在前人研究《九章算术》的基础上，对其进行注释、解题和比类，并补充了图、乘除、纂类三卷，还总结了九归等乘除捷算法及其口诀，书中还画出了表示二项式展开的系数构成三角图，称为"杨辉三角"。其他著作还涉及乘除算法、二次方程和四次方程、纵横图、垛积术等内容。

金元时期李冶著有《测圆海镜》《益古演段》。他改进天元术，以考察勾股形与圆的关系，提出170个求圆径长问题，用天元术列出方程，集历代勾股形与圆的关系研究之大成。元代朱世杰著有《算学启蒙》《四元玉鉴》。《算学启蒙》20门259问，体系完整，包括乘除及其捷算法、增乘开方法、天元术等。《四元玉鉴》有24门288问，卷首给出古法七乘方图（改进贾宪三角）等四种五幅，以及天元术、二元术、三元术、四元术的解法范例。创造四元消法，解决了多元高次方程组、高阶等差级数求和、高次招差法等问题，该著作代表了中国古代数学的最高水平。杨辉、朱世杰等人对筹算及乘除捷算法的改进和总结，导致了算盘与珠算术的产生，完成了我国计算工具和计算技术的改革。

第三节　古代技术成就

中国古代技术发明涉及农耕、水利、机械、桥梁、建筑、瓷器、造纸、印刷、冶炼、兵器、印染、纺织等各个方面，习惯所称的造纸、火药、印刷术、指南针四大发明只是其中的一部分。这些发明对于世界文明有着极其重要的意义。正如马克思所说："火药、指南针、印刷术——这是预告资产阶级社会到来的三大发明。火药把骑士阶层炸得粉碎，指南针打开了世界市场并建立了殖民地，而印刷术则变成新教的工具，总的来说变成科学复兴的手段，变成对精神发展创造必要前提的最强大的杠杆。"[1]

---

[1]　马克思：《机器、自然力和科学的应用》，人民出版社1978年版，第67页。

关于中国古代的技术发明，李约瑟列举了26项。[1]在他的指导下，罗伯特·坦普尔提出了中国100项世界第一的发明，撰写了《中国：发明与发现的国度——中国的100个世界第一》。中国学者华觉明等研究认为，中国重大技术发明至少有30项，如粟作、稻作、蚕桑丝织、汉字、十进位值制记数法和筹算、青铜冶铸术、以生铁为本的钢铁冶炼技术、运河与船闸、犁与耧、水轮、髹饰、造纸术、中医诊疗术（含人痘接种）、瓷器、中式木结构建筑技术、中式烹调术、系驾法和马镫、印刷术、茶的栽培和制备、圆仪、浑仪到简仪、水密舱壁、火药、指南针、深井钻探技术、精细耕作的生态农艺、珠算、曲蘖发酵、火箭与火铳、青蒿素、杂交水稻。[2]这里举例介绍。

造纸。作为文字书写的载体，纸张在人类文明史上具有无以替代的特殊意义。公元前2世纪中国已有纸样的物品，作为垫衬物具有麻类纤维纸的特征，因在西安东郊灞桥发现，称为"灞桥纸"。公元前105年蔡伦造纸，被称为"蔡侯纸"。《后汉书·蔡伦传》载："伦乃造意用树肤、麻头及敝布、鱼网以为纸。元兴元年，奏上之。帝善其能，自是莫不从用焉，故天下咸称'蔡侯纸'。"他利用树皮、麻头、破布、渔网造纸。晋朝造纸术传到长江流域，因为造纸原料丰富，造出大量纸张，开始普遍使用推广。纸主要用植物纤维（树皮、大麻纤维等）制成，除了书写以外，还是衣、鞋、帽，甚至是铠甲的原料，还有用纸制作腰带、装饰墙壁等。中国造纸技术大约在公元3世纪以后传入越南、朝鲜、日本、印度等国，8世纪从中亚传入阿拉伯，而后到达叙利亚、埃及和摩洛哥，12世纪传到欧洲。此后，法、意、德、荷、英、俄、美等国也先后建厂造纸，中国的造纸术终于传遍全世界。

火药。火药的发明与炼丹家关系密切。炼丹家在长期实践中，至迟在唐代便发明了火药。孙思邈在《丹经》中第一次提到火药的配方，即硫黄与硝石相配制。唐中期《真元妙道要略》中载有以硫黄、硝石、木炭混合燃烧爆发烈焰，曾公亮在《武经总要》中记载了毒药烟球、蒺藜火球、火炮三种火器的火药配方。宋代《武备志》记载了火箭图，出现"火弩流星箭""一窝蜂""飞镰箭""百矢弧"和"百虎齐奔"等多箭齐发的说法。明代还创造了自动爆炸的地雷、水雷。火药配方8世纪传入阿拉伯，称"中国雪"，波斯人称"中国盐"，13—14世纪经过阿拉伯传到欧洲。

---

〔1〕(a) 龙骨车，(b) 石碾和水力在石碾上的应用，(c) 水排，(d) 风车和扬谷机，(e) 活塞风箱，(f) 平放织机和提花机，(g) 缫丝、纺织和调丝机，(h) 独轮车，(i) 加帆手推车，(j) 磨车，(k) 马具胸带和套包子，(l) 弓弩，(m) 风筝，(n) 竹蜻蜓和走马灯，(o) 深钻技术，(p) 铸铁的使用，(q) 游动常平悬吊器，(r) 弧形拱桥，(s) 铁索吊桥，(t) 河渠闸门，(u) 造船和航运方面的无数发明，(v) 船尾的方向舵，(w) 火药以及和它有关的一些技术，(x) 罗盘针，(y) 纸、印刷术和活字印刷术，(z) 瓷。参见李约瑟《中国科学技术史》第一卷，科学出版社、上海古籍出版社1990年版，第252页。

〔2〕华觉明、冯立升：《中国三十大发明》，大象出版社2017年版。之前华觉明认为中国古代至少有24项大发明，并列举40项供研究参考。参见华觉明《中国古代究竟有哪几项大发明？》，《自然科学史研究》2013年第4期。

指南针。早期指南针起始于司南,"司南"大概用天然磁石制成,放在光滑的刻有方位的"地盘"上,勺柄可以指南。后来用天然磁石磨成细针,就是指南针(水浮、缕悬法),由此而有指南鱼、指南龟、指南车等。春秋战国时代,《管子·地数》载有"上有慈(磁)石者,下有铜金口"。《吕氏春秋·经通》曰:"(磁)石召铁,或引之也。"这是世界上关于磁石性能的最早记载。战国时期《鬼谷子·谋篇》有司南的记载:"故郑人取玉也,载司南之车,为其不惑也。夫度材量能揣情者,亦事之司南也。"《韩非子·有度》中有"故先王立司南以端朝夕"的说法,东汉王充《论衡·是应》有"司南之杓,投之于地,其柢指南"。由此可见,至汉代已经有了指南工具的制作。北宋《武经总要》有指南鱼的记载,沈括在《梦溪笔谈》中记载了水浮磁针的制作方法。南宋创制罗盘,元代航海已完全运用罗盘。指南针在公元12—13世纪传入阿拉伯和欧洲国家。

印刷术。印刷术的发明,开创了书籍的历史新纪元。印刷术与刻印章、石碑雕刻及青铜铸造工艺等密切相关。晋人借鉴古代石刻经验,发明了墨拓技术。隋代在墨拓技术的基础上发明了雕版印刷。隋朝已有雕版印刷术,唐代刻书成风,敦煌发现唐刻《金刚经》,宋代雕版印刷术达到高峰,完成《大藏经》,雕版数目达13万块,费时12年。在雕版印刷全盛的宋代,毕昇发明活字印刷术,起初可能用胶泥刻成单字(泥活字),烧硬后再进行拼版印刷,比雕版印刷节约大量的人力物力,并提高了印刷质量。这是印刷史上的技术革命。雕版印刷及活字印刷术分别于不同年代传入世界各国,促使世界印刷技术发生巨大变革。

瓷器。大约在公元前5000年,中国就有烧制陶器的技术,公元前21世纪(商代)出现了青瓷,公元3世纪青瓷普遍使用,到隋唐时期,产生坚硬、细腻、均匀、半透明的真瓷。宋代是瓷器业的鼎盛时期,江西景德镇瓷器为上品,直到现在景德镇仍是享誉世界的"瓷都"。China"中国"由此得名。此后,官窑、民窑无数。欧洲人在18世纪才得到烧制瓷器的技术。

纺织。中国纺织工艺十分发达,精湛的丝绸闻名于世,著名的"丝绸之路"就是例证。在纺织技术中,要将麻、丝、毛、棉等纤维原料加工成纺织品,首先必须纺成纱线,这就需要纺织机械的支持。中国在汉代以前使用"纺专"(开孔的带杆石盘),汉代出现手摇单锭纺车,其后创造了脚踏三锭纺车和水力纺车。宋末元初,棉纺织革新家黄道婆制成了世界上最先进的纺车,此后,棉纺业得到长足发展。纺车及纺织机械大约在13世纪传入欧洲。

地动仪。公元2世纪,张衡发明地动仪。地动仪内设容器,容器正中立有一根上粗下细的大铜柱,8个连杆一端靠近,一端分别连着8个龙头中的机械装置。如有地震,铜柱会倒向地震波来的方向,通过连杆触发龙口中的"机关",使铜球落下。地动仪开创了人类利用科学仪器观测地震的历史。

水利工程及桥梁建设。公元前3世纪,灵渠、战国渠、勺陂、安丰塘、都江堰等都是中国杰出的水利工程。其中都江堰为战国后期秦国蜀郡守李冰父子组织修建、分水、排沙、防洪、灌溉功能齐全，2000多年以来一直发挥巨大作用。其工程技术的关键是"顺"和"巧"，即顺水顺势，因水因地制宜，巧妙利用自然地形和自然力，进行结构布局。都江堰水利工程是人类利用自然及人与自然关系协调的典范。在桥梁方面有浮桥、索桥，最负盛名的是弓形石拱桥，如河南赵县的安济桥（赵州桥）、北京城西永定河的卢沟桥等。意大利旅行家马可·波罗称卢沟桥是"一座极美丽的石桥，实在是世界上最好的独一无二的桥"。

针灸疗法。针灸包括针和灸，在病人身体的某个部位用针刺入称为针法，用火烧灼某个部位成为灸法。独特的针灸疗法适应内、外、妇、儿、五官等多种疾病的治疗和预防，操作简便，疗效显著。秦汉以后的不同时期，针灸疗法传到朝鲜、日本、东南亚和中亚及欧洲各国，对世界医学做出了杰出贡献。

参考文献

[1] 卢嘉锡：《中国科学技术史》各卷，科学出版社1998—2004年版。

[2] 李约瑟：《中国科学技术史》各卷，科学出版社1954—1999年版，科学出版社、上海古籍出版社1990—2008年版。

[3] 陈遵妫：《中国天文学史》，上海人民出版社2016年版。

[4] 梁家勉：《中国农业科学技术史稿》，中国农业出版社1989年版。

[5] 李文林：《数学史教程》，高等教育出版社、施普林格出版社2000年版。

[6] 程伟：《中国医学史》，清华大学出版社2004年版。

第十二章 传统医药及养生文化

第一节 传统医药文化

一、传统医学的起源与发展

中国传统医学起源于上古时期的经验医学，民间向有"神农尝百草""伏羲制九针"的传说。这是有文字可考的时代。在此之前，原始人类已有用火祛除病痛的经验，由此成为后之"灸"术的源头。针术在石器时代也初具雏形，出现行割刺疗法的石器，如"砭石"。《山海经》载"高氏之山，其上多玉，其下多箴石"[1]，此"箴石"就是战国以前发现的制作针具的石头。根据文献记载，针术和灸术可能是古代人们在实践基础上形成的最早的治疾方法。此外，早期人类在生产生活中积累的关于植物、动物、矿物的认知，也成为后来药物治病的基础。

夏商时期，医学进入巫医时代。这一时期，巫的地位很高。人们认为巫有沟通神鬼的能力，故祭祀、祈祷、占卜及至天文、掌乐诸事皆由巫职掌，医学也不例外，专有治疾之巫。根据《周礼》的记载，巫有分工，司巫、男巫、女巫各司其职；其中，男巫"春招弭，以除疾病"，女巫"掌岁时祓除"，均表明负有一定的治疾之责。[2]不过，巫医治病也并非仅求祈于天地神鬼，仍是要用药的。《山海经》记载了巫即、巫咸、巫彭等十巫在灵山采药的故事，据说其中的巫彭就是医学的创始者。商朝会制汤药的宰相伊尹也曾为巫。另传周人打败殷人以后，各乡都设有巫医治疗机构。晋代出土的《汲冢周书》载"具百药以备疾灾，畜五味以备百草"[3]，也就是用药治病。

春秋战国时期，生产力大幅提高，进入铁器时代，学术、思想上出现了"百家争鸣"的局面。在医学上，医巫开始分离，但医仍受巫势力的影响，人们治病

---

[1] 王学典编译：《山海经》，哈尔滨出版社2007年版，第84页。
[2] 林尹注译：《周礼今注今译》，书目文献出版社1985年版，第270页。
[3] 黄怀信：《逸周书校补注译》，西北大学出版社1996年版，第203页。

往往先巫后药。在具体的医疗技术上，按摩、导引、针砭、灸焫广泛使用，至战国时完全成熟。医学理论也初步形成，相传由黄帝和岐伯论难而成的《黄帝内经》即在这时产生，医学上的"阴、阳、风、雨、晦、明"概念出现。医学形成最初的分科，《周礼》有食医、疾医、疡医（外科）、兽医的分科。食医管理王室饮食，兽医治疗兽类疾病。内科有五味、五谷、五药调养疾病，有五气、五声、五色决定死生。外科则有着药、刮去脓血、去其腐肉的方法，又有攻、养、疗、节等治疗方法。

这一时期，名医有医和、医缓及扁鹊。扁鹊是名闻天下的医者，学医于长桑君，得其禁方和望诊术。他不仅医术高明，且可随俗而变。"过邯郸，闻贵妇人，即为带下医；过洛阳，闻周人爱老人，即为耳目痹医；来入咸阳，闻秦人爱小儿，即为小儿医。"他对医学最重要的贡献在于望诊和切诊，对脉学很有研究。《史记》有言："至今天下言脉者，由扁鹊也。"[1]

秦汉时期，医学一方面受到道家学说的影响，另一方面也受到阴阳五行学说的影响。西周后陆续出现的阴阳、五行这两个概念逐渐结合成一体，并被用于推演各种事物，医家也依据阴阳五行理论解释人体的生理、病理现象并辨证论治。肇端于战国的《黄帝内经》大约在此际成书，主要论述了人体脏腑、血脉、筋骨、生理、病理、诊断、治疗等问题，基本是将人体视为一个互相联系的有机整体，并结合四时代谢、阴阳消长等因素解释疾病的发生及如何施治，强调人与自然的和谐。《黄帝内经》的成书标志着传统医学理论的成熟，其关于阴阳五行、脏腑经络、病因、病机、治则治法及养生学、运气学的论述，为后世医学理论的发展奠定了基础。

秦汉时期著名的医者是齐国名医淳于意。他跟随公乘阳庆深研《黄帝扁鹊脉书》《禁方》《药论》诸书，又拜公孙光为师，得其古精方所传，故医术高超。淳于意诊断疾病注重切脉和望色，治疗方面则偏重药物。他对医学最重要的贡献是注重临床经验的积累，重视诊籍，且不论治愈与否，均有完整记录，成为后世医案之发端。

东汉时期，医学重心渐由黄河流域南移至长江流域，外科和传染病得到重视。名医华佗及张仲景成就斐然，极大地推动了医学的发展。华佗本是通经的儒士，后以医为业。他的医学承自"齐派"（扁鹊一派），识脉辨证、用药、针灸的本领都很卓越，而尤擅外科。他利用草药的毒性发明了麻沸散，开外科手术麻醉先例。据载，他曾使用麻醉法行腹腔手术两次，骨科手术一次，放血一次。此外，他还模仿动物的姿态发明了健身的五禽戏。

幼即习医的张仲景对医学的主要贡献在于辨证施治。由于他生活的荆襄地区年年都有急性传染病流行，死于伤寒者大半，故其感念存殁，"勤求古训，博采众

---

[1]《史记·扁鹊仓公列传》，中华书局2005年版，第2149页。

方"，结合自己的临床经验，著成《伤寒杂病论》一书。伤寒是急性热性传染病的总称，在西汉以前多称热病。仲景对六经深有认识，故对伤寒采用了《素问》的六经分类法，开创了"六经辨证"及"脏腑辨证"相结合论治伤寒及杂病的诊疗模式。可以说，自《伤寒杂病论》产生，中国医学始有四诊、六经、八纲及"理、法、方、药"的辨证论治体系。这是东汉医学最重要的成就。

魏晋南北朝时期的医学在伤寒、脉学、针灸学、本草学、方剂学等方面皆有发展。医学分科渐细，并有人体图的绘制，制药、制丹、制散及针灸方面皆有专门著作。晋代王叔和精通经方，编成《张仲景方》，将仲景之学传至江东。他最突出的贡献是总结前代关于脉诊的阐述及个人临证经验撰成的《脉经》一书，其中"脉法赞""二十四种脉""寸关尺三部分配脏腑"是最有影响的部分，成为后世脉学发展的基础。皇甫谧则将《黄帝针经》《素问》《明堂孔穴针灸治要》三书结合，删繁就要编成最早的针灸学专著《黄帝三部针灸甲乙经》。该书详述了脏腑气血经脉流注、经穴刺入的分寸及下针留呼多少等，非常便于掌握，对针灸的临床应用做出了贡献。

同时，医学的发展受到佛道两教的影响，值得注意的医家有被称为山林医家的葛洪和陶弘景。他们都是隐居山泽的道士，本不以医名，因有求仙之志而有医学上的心得。葛洪撰有《玉函方》100卷，然仅存《肘后备急方》。其书按病名分类，极有条理，且面向劳苦人民，所用之药，多为村落中常见而可备急之药。陶弘景则考证集注本草药物，并在葛洪《肘后备急方》基础上增补著成《补阙肘后百一方》。

南北朝和隋代的医家较少用五行学说解释病源，他们很重视对病因、证候学的研究。这方面的集大成者是巢元方等人撰著的《诸病源候论》。全书论述了1700余种病候，内容极为丰富，也常有珍贵的病史记载，由此成为后世医经之楷。如唐代王焘《外台秘要》、宋代官修《太平圣惠方》等书，必引此书病论冠于首。甚至有人将此书删为简本，作为医学教材。隋炀帝时期，曾出现一部巨大篇幅的经方书《四海类聚方》，共2600卷，颇有价值，然后世不传。

唐代，既习卜易也从儒道的孙思邈在精研经方的基础上，收集了5000多个药方，撰成《千金方》和《千金翼方》二书，被后世尊为"药王"。《千金方》保存了大量古代经方文献，且写入自己的临床经验以证明经方的功效，以为后世参考。编撰上，孙思邈也有其独创的见解，如将妇孺医方列于医学概要卷前，又用脏腑来分系医方，对当时流行的营养病如脚气病（这是当时医家颇感困惑的新病）也有较为详细的记录。《千金翼方》则以本草、养生、烧炼及禁经等为主，传染病中又以"伤寒论证"篇幅最多。二书为唐代以前经方的总集，为后世诸书所法。

王焘撰成于唐代天宝年间的《外台秘要》也是相当有贡献的经方书。它保存了唐代天宝以前几十家的医学理论和医方，特别是一些秘密枢要之方。该书有40卷共1104门，每门皆冠以巢氏《诸病源候论》或《黄帝内经》中有关论述，方论俱有。另外，王焘每方引书，不避烦琐，保存了经方原来的面貌。在治疗方面，王焘不仅使用古方，还采用了民间的单方、验方，以推广民间的医药。该书与孙思邈《千金方》俱可视为东汉以来临床验方的代表性著作，标志着唐以前较高的临床医学水平。

两宋时期，社会安定、生产发展，官方重视医学，故医学得以推进，伤寒学、医方学、本草、妇科、儿科、外科、针灸、解剖、卫生学甚至法医学等皆有发展。由于统治阶级重视医学，设有校正医书局，加之读书人习医成为风尚，以及印刷术的发明，所以古代医籍的整理颇有成就。政府编辑医书也自宋代开始，传有四部最大的医书，即《证类本草》《太平圣惠方》《太平惠民和剂局方》及《圣济总录》。其中《太平圣惠方》是一部以民间验方为主的医集，《圣济总录》基本上以新方为主，均可谓经方学说的新血液。然而，经方也受到新的挑战，渐趋沉寂。这一时期，由于古代医学逐渐失传，不能有完整的医学理论解释病因及诊治，预测病因的五运六气说开始兴起，医家各倡其说，经方陈规被打破。此学说影响很大，宋代考试医学即以运气说为必修科目。

金元时期是中医理论发展的一个转折期，也被认为是传统医学的衰变期。这一时期，战乱频仍，疫病流行，医者多有"古方不能治今病"之感。因此，医者在临床治疗时不再拘守古方而多有变化，新医家相继兴起，各主一说。如刘完素主"寒凉"，张从正主"攻下"，李杲主"补土"，朱震亨则主张"养阴"，皆有其效，故渐形成四家学术争鸣的局面，然医学有门派之见也自此始。此外，金元骨伤科有较高水平，外科、内科、儿科也因为疫疠获得一定发展。唐代已有的饮食疗法，至此也更进一步。元代还吸收了阿拉伯的医学制度，设有回药院，对回药相当重视。

明清时期，医学多有建树，传统医学理论臻于成熟和完善。明代医学承继金元学派竞争的余绪，医家或主寒、温，或主攻、补，各有所持。在医家各派中，仍有笃信古说者，更有不满于医学的门户之见、主张折中各家学说者，其中王肯堂最为突出，《证治准绳》为其大成之作。明代后期，温病学说开始萌芽。薛己、李中梓等针对金元以来用药之弊，创立了温补学派。吴有性则因瘟疫流行研究而成《瘟疫论》，指出温疫与伤寒相似而古书未能分别，提出"杂气致病"说，为温病学的出现打开了思路。清代，温病学说进一步发展，喻嘉言、叶天士、薛生白、吴鞠通、王孟英各有创见，丰富完善了热性传染病治疗问题；刘奎、雷丰、陈耕道等名医在时病治疗方面也颇有建树。温病学的形成是清代医学的最大成就。此外，由于清政府的文化高压政策，考据学兴盛，医学也颇受影响，喻嘉言、黄坤载、张路玉、沈彤等均有医学方面的考据著作。明清时期，中西已有交通，海外药品开始输入，解剖、生理方面的知识也一度由传教士带入中国。中国明代出现"人痘接种"预防天花的方法，并传播到海外。这是医学上的一个新局面。

在医学分科上，隋代医学已有内科、外科、儿科、产科、妇科、耳目、兽医、印度医方等科目。唐代医学则分七科，为体疗（内科）、疮肿（外科）、少小（儿科）、耳目口齿、角法、按摩、咒禁。金分十科，元为十三科，如大方脉科、小方脉科、风科、妇人科、杂病科、眼科、口齿科、咽喉科、正骨科、疮肿科、针灸科、祝由科、禁科。明清基本仍沿袭元代十三科，个别科稍有更易，如无风科、疮肿科、祝由科、禁科则改称外科、伤寒科、痘疹科等。

谢利恒尝言，中国医学"自西周以前为萌芽之期；春秋战国为成熟之期；两汉之世为专门传授之期；魏晋至唐为搜葺残缺之期；两宋至明为新说代兴之期；起自明末，盛于有清，为主张复古之期"[1]，此言可观传统医学之流变。

二、本草学的起源与发展

中国药的起源也很早，"神农尝百草""伊尹制汤液"都是较早关于药的传说。上古人民在采集食物的过程中，发现某些植物、动物有治疗疾病的作用，可以说是药的嚆矢。商周时期，医家已知用药疗疾，《尚书》《诗经》《山海经》中都有关于药的记载。"乌头"或是见于文字记载的第一种药材。[2]酒也是较早使用的药材，"醫"字从"酉"即表明其曾广泛用于医药中。那时，医者已知利用药的毒性来治病，故有"药不瞑眩，厥疾不瘳"一语。伊尹制汤药表明大概在商代以后，人民已知用水煎煮药物，且不限于单味药物，常是多味药合并煎煮，由此成为中药方剂的源头。

春秋战国以前，治病常是药物和针灸并行；战国以后，药物治病成为主流。秦皇汉武时，因迷信神仙之说，炼丹服药之风盛行，更提高了药物的地位。西汉淳于意《诊籍》中，十之八九用药疗病，针砭仅偶行之。这时尚无"本草"一词，各种典籍中的"药"也多指具体药物。"本草"一词，首见于《汉书》"候神方士使者副佐、本草待诏七十余人皆归家"一语。"本草待诏"是官职，可见"本草"此时已成为专门学问，并得到朝廷的重视。汉平帝时，在征召天下英才的诏书中，本草与天文、历算、小学、史篇、方术等并列，可知其地位。《汉书·游侠传》载曾习医、后为游侠的楼护，能"诵医经、本草、方术数十万言"，这表明，本草已与医经、方术分离，成为一门独立的学问，可以说中国传统的药物学至此形成。此后，本草成为中国传统药物的统称，古代药物学著作也常以"本草"名之。

《山海经》中药物原分动、植、矿三类，早期动物药的比例甚至超过植物药，后来植物药的比例才逐渐增加。为什么不以"药"称，而以"本草"为名？后蜀韩保昇的解释最早也最有影响，"按药有玉石、草木、虫兽，而直云本草者，为诸

[1] 余永燕点校、谢观著：《中国医学源流论》，福建科学技术出版社2003年版，第9页。
[2] 朱晟、何端生：《中药简史》，广西师范大学出版社2007年版，第4页。

药中草类最多也"[1]，也就是说药物中草类最多，故称本草。郑金生认为"本草"可有两种解释。一是"本"的原始意义是根，本草可理解为根根草草，也就是用药物最常见的根根草草作为整体代称；二是"本"有推本、查究之意，也可理解为推本研究以草（植物）为主的药物。[2]

战国末期到西汉年间，各类本草著作萌芽，大多皆托古医圣贤之名。东汉以后，这些本草著作陆续被整理问世，《神农本草经》是其中最有影响的著作，在流传中被此后本草学奉为圭臬。它总结了汉代以前的医药学知识，将药按上、中、下三品分为三类，上品药服之可轻身益气、不老延年，中品药主要是抗疾病、补虚弱一类，下品药则是除寒热邪气一类。该书对药品功效的记载，大多与现代科学相合。可以说，《神农本草经》是古代药物学的奠基之作。

汉魏的吴普在《神农本草经》的基础上著成《吴普本草》，载药441种。书中记载了神农、黄帝、岐伯、雷公、桐君、扁鹊、医和、李当之八家之说，但八家对药性、药之气、味（辛、甘、酸、苦、咸）及药物功效方面的认识并不完全相同。该书也是本草学方面的重要著作，有承前启后之功，后之本草家多有取材。南北朝时，陶弘景在《神农本草经》的基础上，深研本草药物，著成《本草经集注》，并将原文及新增内容用朱写、墨写区分，从而使《神农本草经》保留了原貌。该书的重要性还在于它反映了汉末以来300余年间中药的发展情况。可以说，我国的药材、剂型、方剂等，在汉末大体已经成熟。此外，魏晋时期，士人服石服散之风盛行，炼丹术迅速发展，从而也推动了药物学的发展。

唐代本草学的发展得到官方支持，大臣苏敬集合群力，在前代本草著作基础上，修订而成《新修本草》（即《唐本草》）54卷，载药850种，新增药物114种，并分正文、图、图经三部分。正文记述各药气味、效用；图的部分收录各地药物形态图及说明；图经则是药物的形态、采集和炮制方法。《唐本草》保存了陶弘景《本草经集注》体例，新增内容用小字标注，从而使各时期本草文献一目了然，成为后世书写模范。《唐本草》被认为是中国第一部药典，官修药典的方式对后世影响颇深，北宋期间多次官修本草，皆循唐代先例。由于唐《新修本草》甄选严格，故新增药品数量并不多。民间医家陈藏器于是将那些落选药品收录著成《本草拾遗》，药品种类达到692种。另一医家李珣则著成《海药本草》，这是一部以海外传入药物为主的本草书。两书可谓核心本草著作的补充，极大地丰富了药物的种类。

宋代是手抄本草转向版刻的时代，政府曾两次组织修订本草，编成《开宝本草》和《嘉祐本草》。《开宝本草》在唐代《新修本草》的基础上，增补了唐以后本草著作及官修本草未录的精华部分，并补充了若干注解，以纠正前人记述的错

---

[1] 唐慎微：《重修政和经史证类备用本草》，人民卫生出版社1955年版，第25页。
[2] 郑金生：《药林外史》，广西师范大学出版社2007年版，第8页。

误，载药 983 种。其主要贡献即在于将传抄走样的《新修本草》整理成正确的印刷定本。嘉祐重修本草则是中国历史上成效最大的一次官修本草，分为掌禹锡主持的《嘉祐补注神农本草》和苏颂执笔撰成的《本草图经》两部分。前者贡献在于汇辑了大量的前人本草资料，并遵循严格的文献标注体例，前代文献情况一目了然。后者是全国药物调查的成果，注重实际用药、辨药的经验，可谓北宋本草的精华。苏颂《本草图经》每药必有附图，并将民间用药、辨药的知识，与药图、解说相结合，可读性很强，具有较高的学术价值。

此后，元祐年间的陈承将《嘉祐本草》《本草图经》二书合并注解，编成《重广补注神农本草并图经》23 卷。这一时期，以个人之力编集本草最有成就的是唐慎微。他结合《嘉祐本草》《本草图经》及自己搜集的名方秘录，编成《经史证类备急本草》（即《证类本草》）30 卷，其规模与学术价值超越唐宋任何一部官修本草。该书最大的特点是增补了许多极为重要的本草资料，拓展了本草学的内容，并在标注体例上延续了出处详明的传统。

此后，在唐慎微《证类本草》手抄流传的基础上，先后出现修订刊行的《大观本草》《政和本草》及《绍兴本草》。三书均可视为唐著的校勘本，仅稍加补注。但在流传中又有增补，如张存惠晦明轩本《政和本草》即在书中相应位置补充了北宋寇宗奭《本草衍义》的相关内容。《本草衍义》详述了药之性味、效验、真伪及鉴别，在宋代本有影响。故《政和本草》实较唐本丰富，堪称北宋本草之集大成者。北宋南迁后，本草学风一变而为简约实用，故《绍兴本草》主要校订药物的寒热补泻、有毒无毒及临床使用，校订用语不多，故评价不高。然药性、药效的考订，实对临床用药有所裨益。

金元时期，本草著作主要论述常用药，规模不大，却仍有创见。如张元素关于药物归经及药性升降浮沉的理论，李东垣提出的用药须依据四时季节及分经络的准则，等等。此外，较有影响的著作还有朱震亨的《本草衍义补遗》、王好古的《汤液本草》等。这一时期医家最重要的贡献是构建了中医药理体系，促进中医从经验用药走向理论用药。

明代接续本草传统的是李时珍的《本草纲目》。该书以《证类本草》为基础，系统记述了各种药物知识，纠正了以往本草书的一些错误，并附有药图药方。所收药中，还包括各民族及印度、波斯等外来药品。其创见体现在编纂体例上，药物分类与前代本草学有很大不同，基本依据药物的自然属性如形态、气味、毒性、来源等将药物分类。这种自然物质分类法，很符合进化的规律，在当时无疑是先进的。另外，李著《本草纲目》，除辑录本草资料外，还有他个人对药物的观察、临床用药体会及考订品评，故药物分项中设有"辨疑""订误""发明"等项。因此，《本草纲目》以其文献数据量、药物分类法及个人见解成为本草学的斐然之作，颇有空前绝后之势。

清代本草学偏向临床实用方面，没能产生比肩《本草纲目》之作。医药大家赵学敏广阅文献并采访200多人著成《本草纲目拾遗》，收录药品900多种，并纠正了《本草纲目》的一些错误，搜罗之广也不在李时珍之下，可谓清代中期以前的药物总结。所收药以地方草药居多，并有部分少数民族用药及海外传入之药。嘉庆、道光年间的吴其濬广搜各地植物标本，参考古代本草文献著成《植物名实图考》及《植物名实图考长编》，其特点在于附图精细，植物名实来源、药用价值考订详实，也纠正了以往本草书的一些错误，在植物学及本草学上都有重要的参考价值。

此外，明末清初，有一批医者认为金元以来的医学渐趋平庸，用药逐渐背离《神农本草经》，因此，为扭转临床用药的简单平庸之风，这些医者以尊经为旗号，对《神农本草经》及后世常用药进行了探讨，深化了对药性的认识。他们更重视药物的功效，注意将药物的运用与辨证论治结合，以更好地发挥药之治效，如陈修园《神农本草经读》、徐大椿《神农本草经百种录》及黄元御《长沙药解》《玉楸药解》。明末李中梓《药性解》《本草征要》《本草通玄》和清代汪昂《本草备要》等，也从其他角度丰富了中国临床用药的内容。

综观本草学的发展脉络，可以看到，历代药物品类不断增加，人们的认知也更加丰富，历代医家在探索药品药性、药效等方面做出了前赴后继的贡献。

三、传统医药文化观

传统医学是中国文化传统的重要组成部分，反映出中国文化最基础的面相。在传统医学的诊疗模式中，不论是阴阳五行的基础理论，还是望闻问切的四诊法，或是切割、针灸、推拿等辅助诊疗法，均渗透了传统文化的影响。

传统医学最重要的基础理论"整体观"即受到古代"天人合一"哲学观的影响，主张人体内部及内外整体的和谐统一。这一观点认为人与自然是一个统一的整体，天、地、人三才密不可分，互相影响。人的生命活动与天地、自然息息相关。同时，人体也是一个有机统一的整体，皮毛、肌肉、筋经、脏腑、骨骼等各有其功能又彼此联系及制约，在协同作用下共同维持着人体的统一平衡及生命活动。从整体观念出发，传统医学认为脏腑之间相互制约与影响，疾病的发生、发作是整体功能失调所致，同时也与自然环境相关。因此，诊治疾病时应注重人作为整体的各种外在表现，从整体着眼治疗局部的疾病。

同时，整体观也和阴阳五行观相结合应用到医学中。阴阳五行学说是产生于先秦时期的哲学思想，也是传统医学形成时的奠基思想。阴阳是事物相互对立、相互依存的两个方面，"万物负阴而抱阳"，宇宙间一切事物或现象都可以用阴阳来划分，如天地、昼夜、内外、气血、寒热等。并且，阴阳始终处于运动的状态，会在一定条件下相互转化、此消彼长，还可无限再分。古人根据阴阳学说解释世间万物，医家则借来解释人体的生理、病理现象，并进一步用于疾病的诊断与施治。传统医学认为人体只有阴阳平衡，才能维持正常的生命活动，否则疾病就会发生。五行学说则认为宇宙间一切事物都可归为木、火、水、金、土五类。这五类物质相生相克、相乘相侮，形成一个循环往复、动态平衡的世界。自然界一切事物皆受此生克制化法则的支配。医家于是以五行配五脏，解释人体脏腑之间以及脏腑与整体、外部环境的关系，并根据生克乘侮的原则阐述五脏的相互影响，疾病的发生、传变及治疗。

基于整体观和阴阳五行学说，传统医学形成了一整套关于生理、病理、诊断和治疗的理论。辨证论治即是在上述观念下形成的对人体疾病辨别分析并治疗的一整套原则和方法，不论是八纲辨证、六经辨证，还是脏腑、经络、六气辨证，皆遵循一定的规律和原则。八纲辨证是通过对疾病外在症状和脉象的分析，将病按阴阳、寒热、表里、虚实八纲归类，以此确定用药方向。辨为表虚寒的，须选择温补类具有发表作用的药物；辨为里热实的，则须选择寒凉类具有泻下作用的药物。六经辨证是根据疾病由浅入深的发展与演变规律，将疾病分为太阳、阳明、少阳、太阴、少阴、厥阴六类病症。六经之"经"，不局限于经络，可以理解为六大疾病分类。每一类病都提纲证，即该类疾病特殊的症候。辨出疾病分类后，再根据《伤寒论》选方用药。脏腑、经络、六气辨证也皆注重观察疾病的外在特征，根据外在表象分析病变的脏腑部位及性质，或辨其属于何经、何脏、何腑之病，或辨其属于风、寒、暑、湿、燥、火六气中的哪一气或者同属哪几气，由此确定病因、病变性质及病机，再根据寒则热之、暑则寒之、火则泻之等原则，选择热药、寒药、泻药等。

四诊法是传统医学特有的诊断方法。四诊即望、闻、问、切。望，即观察病人的气色、神态、体态、容貌等。闻，即听病人的声音气息。问，即询问病人的病史、饮食起居、不适症状、病位、大小便、胃口、寒热感觉、睡眠等。切，即切脉，通过感知脉的沉浮、大小、滑涩、强弱等，探知脏腑的寒热虚实。四诊的目的，在于了解疾病的类型、性质、病源。通过四诊搜集关于疾病的尽可能多的资料与信息，以作为辨证论治的重要依据。

医家运用阴阳五行学说阐释人体生理病理、指导临床时，也常结合天干地支学说。将十天干中的甲乙对应五行中的木，甲木指代胆，乙木指代肝；丙丁对应五行中的火，丙火指代小肠，丁火指代心；戊己对应五行中的土，戊土指代胃，己土指代脾；庚辛对应五行中的金，庚金指代大肠，辛金指代肺；壬癸对应五行中的水，壬水指代膀胱，癸水指代肾。如又将十二时辰对应脏腑经络气机的活跃时间。同时，由于古代历法中每一天、每个时辰均可以对应一个天干地支，因此，对于某些疾病，就可以结合天干地支对应脏腑理论，预测疾病的发生、变化或痊愈。比如，对于肝病，因肝五行主木，肝病病人遇到天干带甲或乙的日子，疾病发作的可能性就高。又因金克木，该病人遇到天干带庚或辛的日子，肝病恶化的几率就高。又因木生火，该病人遇到天干带丙丁的日子，肝病治愈的几率就高。

再比如，由于肝脏经络的气机在丑时最活跃，如果一个人经常相对固定地在丑时醒过来，提示这个人的肝脏可能会或者已经出现病变。

四气五味说也是在阴阳五行观念下发展出来的历代医家临床用药的重要准则。四气即指药物的温、热、寒、凉四性。一般而言，温药多具温中、散寒、助阳、补火等作用，主治各种寒症；寒药则多具清热、解毒、泻火、凉血、滋阴等作用，主治各种热症。五味，指药物的酸、苦、甘、辛、咸。这一划分仍是以阴阳五行理论为基础的。如视东方为酸，南方为苦，中央为甘，西方为辛，北方为咸。每种药物都有各自的性与味，性与味不同，治疗效果就不同。因此，历代医家针对药物的不同性味，结合阴阳平衡原则，总结了一整套用药经验。如芒硝大黄类苦寒的药物，多用于实热之证，即阴药治阳病；牡桂麻黄类辛温的药物，多用于虚寒证，即阳药治阴病。药物四气五味的分类、相互之间的五行生克关系及药物性味的阴阳属性，都是医家用药考虑的要素。如"辛酸甘苦咸，各有所利，或散或收，或缓或急，或坚或软，四时五脏，病随五味所宜也"[1]。一般而言，辛味药能散、能行，常用于表证；甘味药能补、能和、能缓，常用于虚证；酸味药能收、能涩，常用于虚汗证；苦味药常用于热证或湿证；咸味药则能软坚。此外，药物常是多味相兼，故其药效也是多方面的。

可以看到，在传统医学的发展过程中，历代医家总结了一整套与传统文化理念相应的用药原则与理论，如药物的升降沉浮及归经理论。药物的升降浮沉是指药物对人体的不同作用趋向，升是向上，降是向下，浮是发散向上，沉是泻利向下。由于疾病常表现出不同的病势，如上下表里、上逆下陷等，故须选择相应的升降浮沉功效的药物以改善或消除病状。药物的升降浮沉与药之四气五味之性、气味厚薄、入药部位及炮制、配伍等都有关系。一般来说，辛、甘之药，性属温热，多具升浮作用；苦、酸、咸药，性偏寒凉，多具沉降作用。升降浮沉是历代医家总结出来的用药依据之一。归经理论是依据脏腑、经络学说总结出来的用药理论，主要指药物对哪一经或哪一脏腑可发生明显的药效作用，归经不同，药效即不同。药物的不同性味，是其归经的依据。归经理论是历代医家结合医学理论在长期的临床实践中积累起来的用药经验。

医而后药，方能治病。方剂学也是传统医学的重要组成部分。我国古代最初使用单味药治疗疾病，商代开始使用煎煮制成的汤液，即为最早的方剂，这是我国药物史上的一大飞跃。此后，多味药组合治病成为用药主流，渐而形成了遵循一定规则的方剂学。方剂学原则之一即依据辨证结果，将药物按君、臣、佐、使的配伍原则组合起来，从而使药效得以充分发挥，并减少药物之毒或峻烈之性。一般来说，君药为主导药物，臣药则发挥辅助作用，佐药制约药物之毒及峻烈之性，使药则具有引经及调和诸药的作用。方剂组成后，并非一成不变，也常根据

---

[1] 田代华整理：《黄帝内经素问》，人民卫生出版社2005年版，第48页。

病情变化随时加减，包括药味加减、药量加减和剂型更换。方剂主要有汤、丸、散、膏剂等不同类型，其中汤剂最为常用。散剂和丸剂运用的疾病范围与汤剂相比，较为狭窄，在服用方法上也与汤剂有明显区别。散剂如五苓散、当归芍药散等，服用剂量均为一小勺。丸剂桂枝茯苓丸、皂荚丸、肾气丸等，丸子大小要求和每服数量也不尽相同。东汉张仲景《伤寒论》关于猪膏发煎是内服膏剂的最早记载。此后历代都有关于膏方的记载，至明清膏方趋于成熟和完善。

第二节　传统养生文化

一、养生观念的形成及发展

养生，又称卫生、摄生。养是保养、调养、养护之意，生指生命、生存；故养生即是保养、颐养生命，指通过各种方法防御疾病，增进健康，从而延年益寿。"养生"一词首见于《庄子·内篇·养生主第三》"闻疱丁（解牛）之言，得养生焉"。

可以说，人类是在与自然抗争的过程中萌生了最初的养生意识。从穴居到巢居，火的发现和使用，用蚕桑纺衣制布，以及殷商时代出现的与个人及环境卫生相关的活动，皆可谓出于养生的目的。西周时对饮食卫生的重视及春秋时对保健的关注、"不治已病治未病"观念的形成，可谓养生意识的发展。战国时期，诸子学说兴起，既言治国也言治身，对养生之道多有涉及，养生观念逐渐形成。同时，"天人合一"的整体观也影响养生领域，这一观念强调养生应重视人与自然的和谐，不可违背自然规律。

《黄帝内经》即认为养生在于使阴阳平衡，这一平衡既指人体的阴阳平衡，也指人与天地、自然界的平衡。《黄帝内经》言"和于阴阳，调于四时"，"逆从阴阳，分别四时"，其意即指人应调和阴阳，维持身体内部及与自然世界的阴阳平衡，否则就会生病。因为"阴阳四时者，万物之终始也，死生之本也，逆之则灾害生，从之则苛疾不起"，所以"圣人春夏养阳、秋冬养阴"。[1]根据记载，上古真人"提挈天地，把握阴阳，呼吸精气，独立守神，肌肉若一"，"法于阴阳，和于术数"，故"能寿蔽天地，无有终时"。[2]由此可以看到，古代的养生之道非常讲究阴阳平衡，主张通过各种方法使身体保持阴阳平衡的状态，如有失衡，即应通过食疗、药疗、锻炼等方法恢复。在此观念之下，汉代对于保健相当重视，如清洁洒扫专人负责，辎车专载产妇、老人及病人，沐浴、病院、厕所都有专门的

---

[1] 田代华整理：《黄帝内经素问》，人民卫生出版社2005年版，第4页。
[2] 田代华整理：《黄帝内经素问》，人民卫生出版社2005年版，第1页。

设备、军医、军用药物、卫生统计、兽医也均有记载,这些或皆可视为与养生相关的活动。东汉张仲景则明确提出应运用医药的方法进行养生。

早期养生学的核心思想之一即是顺应天地自然,以获得身体方面的强健。马王堆出土的医书显示,早期养生术更关注于"命""形"。不过,中国古人谈养生,并不仅仅关注身体的修养,也相当重视精神心理的调摄,养生之妙,正在于性命双修、形神兼养。所谓"守神全形""保形全神""形与神俱,而尽终其天年"皆指向身体、心理两方面。事实上,身心两方面本是互相联系、互相制约的。不过,在老子学生文子的观念中,养生中最重要的还是养神,其言"太上养神,其次养形。神清意平,百节皆宁,养生之本也;肥肌肤,充腹肠,供嗜欲,养生之末也"[1]。在他看来,养生之本正在于"神",其次才谈得上养护躯体。

文子的观念基本来源于老子的思想。老子主张清净无为,顺应自然,淡看得失,不被外物所扰,处世泰然,从而达到养神保精的目的。他反对厚养其身,认为过度的物质会招致灾祸,故更看重精神层面的修养,也即"养神"。道家的另一代表人物庄子同样重视"神"安,认为虚空恬淡方合自然本性,对养生也有见道之言。他指出"全形"忌过度消耗,应有节制;"养神"则不宜全静,正如水性,虽无杂质才显清澈,但流动方能不腐,若闭塞恐也不能纯清。因此,养生实应劳逸结合,动中有静,静中有动,即所谓"形劳而不休则弊,精用而不已则劳,劳则竭。水之性,不杂则清,莫动则平,郁闭而不流亦不能清"[2]。其言颇合辩证法则,遵循如此阴阳变换的养生之道,方可益寿延年。类似的形神之论、养生之言,战国诸家各有所言,而以道家论述最多,也最有影响。可以说,我国的养生学理论即因此而兴,对当时及后世都有重要影响。

儒家思想对养生学也略有影响。儒家主张"克己复礼",以"礼"为行为准则,要求起居、饮食、思想、行为皆合"礼",故也主张清心寡欲,恰合静心养生之道。同时,儒家也讲究饮食调配,劳逸有度,"礼、乐、射、御、书、数"六艺在客观上也有一定的健身怡情之效。这些有节制、有规律的生活及修心养性或正可视为儒家的养生之道。同样,佛教特别是禅宗的清规戒律在客观上也有养生之效,在养生学的发展过程中或多或少产生了一定影响。

一般而言,魏晋以前的养生思想,受主流思潮及《黄帝内经》影响较大,至魏晋而小有变化。汉魏名医华佗不仅医术高超,对养生术也颇有研究。他观察虎、熊、猿、鸟、鹿发明的"五禽戏"可谓最早的健身术,一时风靡。据称他的学生吴普持之以恒地修习,年九十仍耳聪目明。华佗还研制有延年轻体的方剂——漆叶青黏散,授予另一弟子樊阿,据说樊阿活了一百多岁。

魏晋时期崇尚清谈,对人物的品评月旦逐渐转向外在的气质、精神,养生之

---

[1] 辛妍著、杜道坚注:《文子》,上海古籍出版社1989年版,第68—69页。
[2] 郭象注、成玄英疏:《庄子注疏·刻意》,中华书局2011年版,第294页。

风兴起。高明如嵇康辈,也持养生之说,著有《养生论》《游仙诗》;阮籍也有《达生论》问世。空谈的世风之下,魏晋人物颇受道家思想影响,主张清静无为之外,追慕长生之道,故服石服散服丹之风兴盛,以求长生或美容颜或助房中。但这是养生路上的歧途,服石服散虽可强身甚至美颜,遗患却也很大,何晏甚至因此而亡。隋代巢元方自述自己也曾服石服散,以为确可强身,并言及时人也知弊端,然因近利而无视后患。东晋葛洪修道求仙,尚炼丹养生。他认为人不应受自然节制,而应征服自然,主要方法即炼丹、按摩、导引等,主张通过药物、术数来延命,从而达到养生的目的。唐代孙思邈则深恨此风,表示"宁食野葛,不服五石",主张遇见此方者应立即焚之。[1]然世人迷恋长生、成仙,服散风气一直绵延至唐宋,方为"内丹"修炼术逐渐取代。内丹修炼与外丹炼制不同,主要是通过研习呼吸吐纳来修炼精、气、神,从而达到祛病延年的目的。这种修炼方法类似后来的气功养生,也是古代养生术的重要组成部分。

梁代医家陶弘景也好养生之道,他综合魏晋之前的养生之说著成的《养性延命录》,可以说是最早的一部养生学著作。他在书中将养生法则归纳为顺应四时、调摄情志、节制饮食、适当劳动、节欲保精及服气导引六大类,并特别详细地描述了导引术、五禽戏等,其中导引、服气、按摩的内容几占一半。陶弘景还曾绘有《导引养生图》,惜已失传。

中古时期,在养生诸法中,导引术有相当地位。隋代巢元方《诸病源候论》中论述病源病候时,甚至不列药方而只列养生方、导引方,在很多症候下都记录了导引、吐纳的方法,可以看到他对养生的重视甚至超过了治疗的药方。唐代孙思邈也很看重呼吸锻炼法,认为"气息得理"即"百病不生",曾专门论述导引、行气之法。他对养生颇有心得,论述涉及修性、食疗、按摩导引、老年养生等诸方面。《千金方》一书不仅论医,也谈养生,"养性""食治""退居"皆论养生之法,且综合了佛道儒医各家养生之说。根据自己的医疗体会,孙思邈强调养生实重在"治未病"。

宋元时期,基本延续前代的养生思想,重视四时、生理、情志的调摄等,也更注重饮食的营养和通过饮食进行治疗,元代忽思慧《饮膳正要》即是饮食养生方面的专著。这一时期,唐代孙思邈开启的老年养生问题得到关注,宋代陈直、元代邹铉皆专门讨论了老年人的养生之道,强调老年食治及精神保健等,并作"简妙老人备急方"附于书后。此外,金元医学四家也各有养生之论,如李杲主张调理脾胃,朱震亨主张节欲,饮食清淡。元代王珪《泰定养生主论》及李鹏飞《三元参赞延寿书》是当时影响较大的道家一脉的养生专著,后者也是古代养生理论及方法的集大成之作。

明清时期,养生延寿方面的著作愈加丰富,养生学趋于完善。这一时期仍延

---

[1] 孙思邈撰,刘更生、张瑞贤等点校:《千金方·备急千金要方》,华夏出版社1993年版,第341页。

续前代对老年养生的关注,温补学派出现后更促进了老年养生学的发展,如张景岳主张护顾人体阳气以养生,李中梓则主张调养五脏。龚廷贤深入研究人体衰老原因著成《衰老论》,并辑录延寿秘方编成《寿世保元》。万全则论述了养生四道及五失,指出养生须寡欲、慎动、法时、却疾,五失则为不知保身、不早治病、治不择医、药喜峻利、信巫不信医等,对后世影响较大。冷谦《修龄要旨》、周履靖《赤凤髓》则是偏重于保健方面的养生著述。清代,曾慈山《养生随笔》(又为《老老恒言》)较有影响。他从衣食住行总结养生之法,并为老年人编撰了《粥谱》,非常实用。医家陆懋修也关注老年养生,在《世补斋医书》中谈到"老年治法",并在书中附上了"延寿丹"方。程国彭在《医学心悟》中提出保生四要:节饮食,慎风寒,惜精神,忌嗔怒。赵学敏《摄生闲览》、汪淇《保生碎事》等论保生诸事,也小有影响。郑观应《中外卫生要旨》大概是清季最后一部养生专著,书录中国古代养生、保健诸法,值得注意处是眼光及于域外,述有"泰西卫生要旨",从而开启了一个新的时代。

二、传统养生方法

(一) 饮食养生

传统养生首重饮食,包括饮食卫生、食物摄入量、口味与搭配。饮食要有节,不能贪嗜,若不节制,则易致疾病。《素问·上古天真论》指出上古长寿之人均能"食饮有节,起居有常,不妄作劳","故能形与神俱,而尽终其天年,度百岁乃去"。[1]同时,饮食养生讲究各种口味食物的搭配与营养均衡,不主张偏重摄入某一种口味的食物。如《素问·脏气法时论》中所言"五谷为养,五果为助,五畜为益,五菜为充"[2]。《素问·生气通天论》更是提倡"谨和五味",以使"骨正筋柔,气血以流,腠理以密"。[3]

可以说,中国古代很早就注重饮食,周代已有专司饮食的"食医"。《周礼·食医》篇言"春多酸,夏多苦,秋多辛,冬多咸,调宜滑甘"[4],正是饮食调生之例。春秋战国时期,对饮食卫生的关注更加细致。《论语·乡党》有言:"食不厌精,脍不厌细……"即主张饮食应精细,饮酒要有节,甚至已提出饮食要新鲜,并且要调味,卫生意识可谓相当先进。此后从历代的养生之道中均能看到对饮食的关注。如宋代更注重饮食的营养和食疗,《太平圣惠方》中有 28 种食疗法。元代忽思慧则关注健康人的饮食,指出膳食讲究对养生的重要性,同时还提出一些

---

[1] 田代华整理:《黄帝内经素问》,人民卫生出版社 2005 年版,第 1 页。
[2] 田代华整理:《黄帝内经素问》,人民卫生出版社 2005 年版,第 48 页。
[3] 田代华整理:《黄帝内经素问》,人民卫生出版社 2005 年版,第 6 页。
[4] 林尹注译:《周礼今注今译》,书目文献出版社 2009 年版,第 46 页。

卫生准则，如夜晚不可多食、食后漱口、清早刷牙不如夜晚刷牙，以及妊妇、乳母的食忌等。清代有专为老年人而设的养生食谱问世。

（二）作息养生，四时养生

作息养生，是指劳动、睡眠和休息符合节气变化，心志情绪与节气的变化相适应，人体不要过度消耗。简言之，即日出而作，日落而息。这是受天人合一观念的影响，将人与自然界视为一个整体，主张人与自然保持平衡，失衡或致疾生或致灾害。故养生就是要顺应自然，根据四时节气调整生息，也就是"四气调神""四时养生"。《素问·四气调神大论》针对一年四季的变化，提出了每个季节不同的养生方法，将顺应四时的作息习惯视为养生的根本。如春三月，是万物生长发陈的季节，人应当"夜卧早起，广步于庭，披发缓形，以使志生"，此为"养生之道"；夏三月，是天地气交、万物华实的季节，人应当"夜卧早起，无厌于日，使志无怒"，此为"养长之道"；秋三月，是"天气以急，地气以明"的季节，人应当"早卧早起，与鸡俱兴，使志安宁"，此为"养收之道"；冬三月，是"水冰地坼"的闭藏季节，人应当"早卧晚起"，"去寒就温，无泄皮肤"，此为"养藏之道"。[1]中国地居温带，四时气候变化很大，所以对于四时卫生很是重视。加以农业社会讲究春生、夏长、秋收、冬藏，这些哲理也都应用到了养生中来。

（三）导引术与气功养生

气功是我国传统的养生保健方法，主要是通过配合呼吸的动作、调整气息来达到强身健体、祛病延年的目的。该法的重点在行气，强调气息、身体、精神的三调，其前身或即为古代的导引术。晋代许逊曾将关于行气、服气、导引、吐纳的相关论述命名为"气功阐微"，载于《宗教净明录》一书中，此后遂有"气功"之名。道医葛洪精研养生之道，在《抱朴子》一书中也详细记载了气功养生法。事实上，道家的吐纳、内丹、行气、食气，佛家的坐禅，医家的导引术皆与呼吸行气相关，故皆可列入气功的范畴。

导引术是以形体动作为主，辅以呼吸的养生方法，其中导是"导气"，引是"引体"，是气功中动功的一种，也是运动养生的始祖。我国古代很早就有关于导引术的记载，较为著名的是战国初期的《行气玉佩铭》，该铭以45字记述了行气呼吸的要领，即吸气行之下腹、呼气行之头顶是不可违背的原则。该法关注呼吸、吐纳，庄子称此为"吐故纳新"。马王堆汉墓出土的简帛中，有不少关于导引术的帛书帛画，其中《导引图》不仅描绘了身体各部位的运动图像，还在每式图下标明了可治疗何病。导引术式大多为徒手操练，已有模仿动物姿态的动作编排，涉及的动物有鸟、鹞、鹤、猿、猴、龙、熊等，但无后世华佗的鹿戏和虎戏。

---

[1] 田代华整理：《黄帝内经素问》，人民卫生出版社2005年版，第3页。

华佗的五禽戏也是导引术的发展。华佗观察虎、鹿、熊、猿、鸟的动作并模仿编制成一套健体运动,"以除疾,兼利蹄足,以当导引",其言"体有不快,起作一禽之戏,怡而汗出,因以着粉,身体轻便而欲食"。[1]该法流传后世,颇有影响,历代导引术均在此基础上发展,如东晋葛洪记录过模仿动物的九种导引术势,梁朝陶弘景描述了"狼踞鸱顾"术。唐宋在术势种类上又有发展,至明代周履靖则稍改"五禽戏"动作至简易,清人又加入向后顾望的"鹗顾势"和摇头摆尾的"狮舞势",称作"七禽戏"。五禽戏之外,古人还发明了一些舒展活络筋骨的体育锻炼方法,如各种拳术、八段锦、文式和武式易筋经等。运动养生即在此基础上演变而来。

(四)药物养生(丹药)

药物养生,是指通过服用一些具有强身延年功效的药物调理身体的养生方法。在中国历史上,道家炼丹术常用于延年益寿的保健实践,服食丹药为养生常法。魏晋时服食丹药一度走入歧途,寒食散(五石散)成风,唐宋后逐渐销声匿迹。后来人们更倾向于服用一些食药同源的药物(如桂圆、生姜、红枣、芡实、赤小豆等)来达到调理身体的目的。在古代社会里,宫廷保健秘方也常受人们青睐,如保元益寿丹、松龄太平春酒等。人参也是常用的补药,民间誉为"神草"。养生服药并不局限于补药,活血益气、调和五脏的药都常为人服用。

(五)推拿

古人很早就发现,在身体肌肉疼痛或者倦怠的时候,通过按摩揉捏身体某些部位,能使身体和心情得到放松,这是推拿的起源。随着经络穴位理论的发展,人们开始根据疾病或者尚无须服药的轻度不适症状特点,专门针对某些经络和穴位进行集中持续的推拿,并在实践中逐步形成相对固定的推拿、按摩、点拍等手法。

(六)针灸

针灸分为针和灸。针,即通过金属细针穿刺某些特定穴位,用于治疗疾病和调理身体。《黄帝内经》中记载了九针,直径大小不一,并用大量的篇幅探讨了刺法的原理、手法和禁忌。灸,即通过艾草制成的艾炷、艾条,点燃后靠近或者放置于肌肤之上,并根据经络理论选择合适的艾灸部位,将艾草燃烧产生的热量导入体内,达到疏通经络筋骨、活络气血的目的。古人不仅将针灸用于药物治疗,也将其用于日常的保健理疗活动中,以达到养生的目的。

---

[1]《后汉书·方术列传·华佗传》,中华书局1965年版,第2739—2740页。

参考文献

［1］余永燕点校，谢观著：《中国医学源流论》，福建科学技术出版社2003年版。
［2］陈邦贤：《中国医学史》，商务印书馆1998年版。
［3］廖育群：《岐黄医道》，辽宁教育出版社1991年版。
［4］郑金生：《药林外史》，广西师范大学出版社2007年版。
［5］朱晟、何端生：《中药简史》，广西师范大学出版社2007年版。
［6］范行准：《中国医学史略》，北京出版社2016年版。

第十三章 堪舆学与传统建筑文化

中国传统建筑,利用堪舆学进行建筑规划设计,从建筑选址、屋面造型、飞檐翼角、梁柱栏枋到装饰彩画及园林造景,无不显示中华传统营造技艺的高超精湛。在长期的建筑实践中,中华民族特有的堪舆择居及其整体布局方法、木构架梁、园林营造等技术体系,构成了中国传统建筑的典型风格,成为中国与世界建筑史上光辉灿烂的一页。

第一节 景观规划与建筑设计中的堪舆学

一、堪舆学的形成与发展

堪舆学又称风水学,经历了从产生发展到成熟的阶段。作为一种文化现象,建筑堪舆学经历了从无形到有形、从经验到理论的转变过程。纵观堪舆学的发展脉络,基本上可分为如下几个阶段。

有史料记载的堪舆择居术,可以追溯到殷商时期的甲骨占卜。殷墟出土的甲骨文中就有大量关于营建的卜辞,如作邑、作寨、作宗庙、作宫室、作墉、作覆等。周文王根据伏羲氏"仰观天文、俯察地理"的方法,创造了后天八卦,以此来认识和规范世界的事物。《周礼》载:"以土圭之法测土深,正日景,以求地中。"土方氏"掌土圭之法,以致日景,以土地相宅"[1]。可见当时的土圭,不仅可以依靠日景定时、定向,还可用来测量土地和相宅。这种土圭,后来成为定时、定向的日晷,也是后世风水罗盘的萌芽。[2]

春秋战国时期,天文学、地理学等自然学科有了长足的进步,历法、天象记录都已相当完备,这为堪舆学元运九星和诹吉择日理论的萌芽提供了基础。在哲学思想方面,阴阳、五行、元气、八卦诸学说方兴未艾,形成了百家争鸣的局面。

---

[1] 崔高维校点:《周礼·地官司徒·大司徒》,辽宁教育出版社1997年版,第18页。
[2] 李定信:《四库全书堪舆类典籍初探》,上海古籍出版社2007年版,第6页。

五行不仅用以归纳物质的属性，还与季节的变化和空间方位联系起来，与阴阳、八卦等融合。与此同时，战国时期出现的《考工记》及《管子》等著作，总结了筑城的经验，制定和提出了建国（都城）与营国制度，还提出了城市的选址理论。这个时期的哲学和城市规划理论成果为堪舆理论的发展奠定了理论与实践基础。

秦代国祚虽短，但筑长城、建阿房、开驰道、修灵渠，这些重大的土木水利工程，均需要精确的定向定平技术，秦始皇陵的选址和修建应该与堪舆术密切相关。这一时期出现了秦之隐君子体易撰的《青囊经》及青乌子撰的《青乌经》等堪舆著作。

汉代堪舆术已和天文历法中的黄道发生了密切联系。黄道本是指地球绕太阳公转的轨道平面，根据一年中太阳在黄道上的运行轨迹可确定四时季节。后来，它与吉凶卜测、诹吉取日结合产生了皇历。堪舆术与黄道的结合，奠定了元运堪舆和日家堪舆的基础理论。

魏晋南北朝时期，玄学思潮与山水美学的发展，对堪舆学产生了影响。魏时管辂《管氏地理指蒙》、晋人郭璞《葬书》、南北朝王征《黄帝宅经》等书，均是堪舆学中较重要的著述，说明此时的堪舆学得到了汇总归纳。随着堪舆学的发展，堪舆术使用的定向工具罗盘也朝着使用更便捷、方法更丰富的方向发展。由原来的日景方位的十二支土圭，改进为八干四维的天盘、十二支地盘组合的天地双盘，发明了由天圆地方构成的司南，确定方向方位的参照物也由日照改为磁性指南针。[1]

魏晋南北朝至唐后期，阴宅葬地选择越来越受到重视，堪舆学著作也多以《葬经》命名，内容多与阴宅墓葬有关。它们除了继承天人感应和阴阳五行诸法外，亦十分重视对山川形势的审查，讲究宫宅墓穴的向背、方位、排列位置等，西安乾陵因山为陵的葬式已经确认了山川形势在堪舆中的地位。宋元时期，周敦颐《太极图说》中的太极、阴阳八卦图式和阐释理论被堪舆学理论吸收发挥。此时指南针罗盘也被广泛采用，堪舆学的理气内容更加繁复与充实。

堪舆学发展到明清，不仅理论著述增多，而且各分支理论体系也更为发达。关于阴阳两宅的经典堪舆理论到宋代已基本定型，无论形法派还是理气派理论，在明清时期均已从实践中得到应用和发展。明清堪舆学家面临的主要任务是进一步诠释已有的堪舆学经典著作，并结合堪舆实践做出进一步的总结与修正。特别是乾嘉考据学的兴起，更推动了堪舆著作的研究和注释之风。[2]这一时期诸多堪舆学著作多以"辟谬""校补""笺注"的名称出现，如明代谢廷柱《堪舆管见》二卷、徐燉《堪舆辩惑》一卷等皆属此类。官方组织编纂的《永乐大典》《四库全书》《古今图书集成》等大型丛书、类书，收录了诸多经典堪舆著作，许多堪舆学

---

［1］ 陈思璐：《司南漫谈：古代方向中的文化秘境》，重庆出版社2008年版，第117页。
［2］ 刘沛林：《风水——中国人的环境观》，上海三联书店1995年版，第54页。

著作冠以"大成""全书""大全"之名,如明代王君荣《阳宅十书》四卷、陈梦和《阳宅集成》九卷、魏青江《阳宅大成》15卷等。《明史·艺文志》列17部堪舆著作,《清史稿·艺文志》列23部堪舆著作,《四库全书·术数类》列32部堪舆著作。明清时期所兴的编纂之风,为后世堪舆学研究保存了大量的宝贵文献。

二、景观规划中的堪舆学

堪舆学进行景观规划时,主要是对该地的地质情况、地貌地形、水质水源、植被绿化和景观氛围进行综合考量,再加上军事、政治、文化、经济等社会人文因素而裁定。堪舆师选择吉地的次序一般是"先看水口,次看野势,次看山形,次看土色,次看水理,次看朝山朝水"六项。具体做法各家略有不同,一般都提到查看景观风水的五个要素:龙、穴、砂、水、向,即所谓的"地理五诀",其中每一项都有一套选择方法,称为"寻龙""点穴""察砂""观水""定向"。

(一)地质检验

因绵延的山脉在形态上往往与龙相似,故堪舆师将山脉直呼为"龙脉"。堪舆学认为,山的贵贱基于来龙祖山的远近,龙之有祖,犹水之有源,源远则流长。山脉来得绵远者,发福亦绵远,山脉来得短促者,发福亦短促。现代地质科学研究证明,一个山系的形成,要经过一个相当漫长的地质过程。山系越大,山脉越长,形成的时间越长,其地质构造也越稳定。宋代已知高山由坚硬岩石组成,低山多由土质组成。"认宗"还喻示了古人以婉转长远之"来龙"来类比子孙、富贵绵延长远之意。

堪舆学理论还依照五行学说把山形分为金、木、水、火、土五种山体,称为"五星形体",五种山形按五行相生之序排列便是"生龙"。"生龙"也就是指生态秀丽、行止有致、绵延起伏的山体。五星咸备其实就是对变化丰富的山形的追求。此外,"生气"还包含有生态良好的意思,堪舆学认为"石为山之骨,土为山之肉,水为山之血脉,草木为山之皮毛"[1]。

地质地形千姿百态,在景观规划时如何利用也要根据实际情况、具体山形不同而综合考量,但总的原则是首先要避开山势陡峭、生态恶劣、纹理驳杂的山形,因为这些山体在暴雨和地震发生的时候极易形成泥石流和发生滑坡。其次不应选择四周封闭的山形。较为开阔的地形可促进通风,增强空气流动,视野开阔,生态景观良好,如群山环绕的风水宝地,不仅安全无虞,易守难攻,更有助居民逃离危机。因为四周的山峰与茂密的植物能提供良好的隐蔽,可以让人从不同的角度、距离与高度来分析危机,危机逼近时,还有多重的逃亡路线可供选择。河流和山岳间的隙缝亦可作为逃生的出口。理想的风水宝地包含了草地、河畔、溪流、

---

[1] 缪希雍:《葬经翼》,《丛书集成初编》,中华书局1991年版。

森林、山坡及山巅等，不仅可容纳丰富的植物与动物，还可提供当地居民进行各种活动的机会与资源。[1]

（二）水质分析

水是景观设计中的关键要素，堪舆学认为"吉地不可无水"，"地理之道，山水而已"，所以"寻龙择地须仔细，先须观水势"，"未看山，先看水，有山无水休寻地"。堪舆家在进行景观规划时特别重视水的作用。他们认为水是山的血脉，由于水流的弯曲缓急千变万化，故堪舆学家也将水比作龙，称为"水龙"。明代蒋平阶《水龙经》就专门讨论了水龙寻脉的要旨和法则，汇总了上百种关于阴阳二宅的吉凶水局。在无山脉可依的平原地区，堪舆学家择地便是以水代山，"行到平原莫问纵（山脉），只看水绕是真龙"。

建筑选址亦须有水可通舟楫，而后可建，同时要注重预防水患，尽量在河流的屈曲处选址，所谓"金城环抱"，又称"冠带水"等。这种水局被认为是吉利的，除近水之利外，主要考虑的是建筑基址的安全、能否扩展和环境清幽等因素。现代地质学表明，河流在地球自转引起的偏向力和地形地质的阻碍作用下，形成了弯曲婉转的状态，由于水力惯性，河水不断冲刷河流的凹岸，使其不断侵蚀坍岸，而河流凸岸一侧水流缓慢，泥沙不断淤积成陆，既无洪涝之灾又可扩大基址，同时，冠带状的水流给人以良好的视觉感受。

（三）土质测定

景观设计重视基地的土质情况。在古代，择地定位后，为慎重起见，要开挖探井验土。验土以"土细而不松，油润而不燥，鲜明而不暗"为佳。《相宅经纂》卷三"阳宅辨土法"曰："于基址中掘地，周围阔一尺二寸，深亦如之，将原土筛细，复还坑内以平满为度，不可按实。过一夜，次早起看。若气旺，则土拱起；气衰，则凹而凶。"考虑土壤结构对建筑的承载力，古人还总结出了"称土法"："取土一块，四面方一寸称之，重九两以上为吉地；五、七两为中吉；三、四两凶地。或用斗量土，土击碎量平斗口，称之。每斗以十斤为上等；八九斤中等；七八斤下等。"（《相宅经纂》）以此来推断土壤的密实性和地基承载力。

中国幅员辽阔，地形多样，气候多变，土壤多种，按土壤的物理组成，大致可分为沙土类、壤土类、黏土类三种，它们的含水量和耐压性均有差异。常见的土壤是坚固的岩石在持续不断的风化作用下形成的大小悬殊的颗粒，在原地残留或经过不同的搬运方式，在不同自然环境中生产的沉积物，是由颗粒（固相）、水（液相）和气（气相）所组成的三相体系。土壤的三相组成比例关系，决定了土粒

---

[1] 余同元、何伟：《刘伯温堪舆思想的景观生态学诠释》，《明史研究》第12辑，黄山书社2012年版。

比重、含水量、孔隙率等的大小，这些指标是判断地基工程特性的重要参数。一般来说，土壤比重越大，孔隙率越小，就越密实，承载能力就越大，适宜做建筑地基。堪舆学中说的斗土六七斤的凶土相当于有机质土，而八九斤的吉土相当于砂土或黏土，十斤以上的上吉土，相当于密实的碎石土。堪舆学中的土壤称重法是行之有效的，而吉凶观念的本质内涵也就是指承载力大小和透气渗水性好坏。[1]

三、建筑设计中的堪舆学

在中国传统建筑业中，堪舆师要高于一般工匠而处于支配地位，其在基址位置选择、布局、尺寸、方位、施工日期的设计、规划等重要问题上拥有决策权。建筑学者汉宝德认为："自明代以来，风水实际上是中国的建筑原则，风水先生实际上是中国的建筑师。匠人们负责修造，是工程师与装修家，也要符合与星象有关的尺法、寸法。但与生活环境有关的重要决定，却是风水先生负责安排的。"[2]

（一）外形规划

堪舆师从宅基形状到周边环境，凡视线所及，诸如山水的形态与走势，地势高低与倾斜，道路、河流、池塘的位置，甚至与树木的关系等一切能考虑的因素，归纳出多项作为选择宅基和环境好坏的依据。宅形分为金、木、水、火、土五形，皆与吉凶有关，倘若金形枯边，木形举头，水形歪斜，火形尖长，土形下垂，则不吉。宅院外部环境影响也很大。建筑朝向一贯强调地形最佳是前低后高。"四神相应"地形，是后有山丘，前有污池，说明宅基是坡地，污池是雨水冲积自然形成之池，故吉。若池小，一塘死水，污浊不堪，自然是凶宅。皖南徽州村庄的宅前水池，多成半月形状。"凡宅树木皆欲向宅吉，背宅凶。"住宅在林木的环抱之中，如此吉宅，周围的环境景观自然幽美。

（二）内形布局

宅内形主要指居宅内部环境空间的布局，强调宅内环境的重要性，首先是保证房屋的采光，使后面房屋的视线不受阻碍，否则会产生压抑心理。所以规模较大的阳宅，以前面的屋为"案山"，以左右两侧的厢房为护卫，中设天井为"明堂"，房屋排列从后往前次第降低，成错落有序之势。宅内形规划布局的首要之务是开门纳生、旺之气。门是气口和气道，它沟通宅内与宅外这两个空间，上接天气，下接地气，避煞气，迎生气，聚旺气。《阳宅十书·论开门修造第六》云："夫人生于大地，此身全在气中，所谓分明人在气中游者是也。"认为住宅受气于

---

[1] 于希贤：《人居环境与堪典》，中央编译出版社2010年版，第163页。
[2] 汉宝德：《风水与环境》，天津古籍出版社2003年版，第2页。

门,犹如人之受气于口,故堪舆术有"气口"之说。

四、堪舆学的文化内核

风水堪舆本质上是选择理想的生存环境。堪舆思想的可贵之处就是把人视为自然环境的一部分,主张人与自然存生于同一个有机整体,并特别着重于人与居住环境的互动关系。风水观是中国传统环境观的表现形式,"天人合一""人地和谐"思想是中国传统堪舆观的核心。

(一)生态有机

以传统风水观来看,人类居住的大地就是一个充满生命活力的有机体。具体表现在两个方面:第一,宇宙是一个整体有机的系统;第二,大地具有经络穴位。

中国古代气论认为,天、地、人、万物皆由"气"所生成,彼此之间可以相应感通。感通的宇宙充满生机。《易经》把天比作父亲,把地比作母亲,"天地感而万物生","男女媾精,万物化生";《荀子》亦称"天地合而万物生"。大地是整体有机的,就像人体一样具有经络穴位系统,不同部位和区域是相互关联、彼此贯通的。唐代成书的《宅经》,对居住环境的要求就充分体现出大地的有机观。明末著名堪舆师缪希雍曾将医理引入堪舆学,借以指代山川的不同形势。

(二)尊重环境

中国人特别重视家族祖山和风水林的保护。风水林(又称风景林)的荣枯被视为家族或村落兴衰的标志,因此,中国的古村落周围都保留有非常茂盛的森林。环境神圣化与民间信仰有关。湘西苗寨村口常见的大枫树,云南、广西、广东、福建一带村口常见的大榕树,湖南等地村口常见的大樟树,都与当地居民的信仰有关,并被作为"神树"或"堪舆树"保留下来,从而保护了生态环境。[1]

第二节 传统建筑的文化特征

一、传统建筑的发展历程

夏商周建筑结构简明。夏朝建筑一般采用中轴线对称,屋顶盛行重檐四坡式。商代建筑大多采用松散布局,外观由夯土台、屋身和屋顶三部分组成。周朝建筑

---

[1] 关传友:《风水景观:风水林的文化解读》,东南大学出版社2012年版,第209页。

材料丰富，瓦当和砖开始普遍使用。

战国时期，在夯土高台上建造宫室之风盛行，这从齐都临淄、燕都下都遗址中可以推测出来。秦朝建筑恢宏庞大，汉朝古建筑的基本类型已经成型，抬梁式和穿斗式两种木构架形式出现，多层重楼兴起，群组建筑已达到很大规模。

隋唐时期是中国传统建筑体系的成熟时期。唐朝的建筑风格和城市布局规模宏大，气魄雄浑。长安城在隋大兴城的基础上继续拓建经营，成为当时世界上最大的城市。唐朝的住宅，根据主人不同的等级，其门厅大小、间数、架数及装饰、色彩等都有不同的规定，体现了严格的等级制度。这一时期遗存下来的殿堂、陵墓、石窟、塔、桥及城市宫殿遗址，无论是布局还是造型都具有较高的艺术和技术水平，其中雕塑和壁画尤为精美，达到了中国封建社会前期建筑的高峰。[1]

宋代建筑风格出现转变。建筑规模一般比唐朝小，但比唐朝建筑更为秀丽、绚烂而富于变化，出现了各种复杂形式的殿阁楼台。当时流行仿木构建筑形式的砖石塔和墓葬，创造了很多华丽精美的作品。建筑构件渐趋标准化，各工种的操作方法和工料的估算都有了较严格的规定，并且出现了总结这些经验的建筑文献《营造法式》。《营造法式》是北宋政府为了管理宫室、坛庙、官署、府第等建筑工程，于北宋崇宁二年（1103）颁布实施的，是各种建筑的设计、结构、用料和施工的"规范"。此时建筑的特点表现为城市结构和布局发生变化，木架建筑采用了古典模数制，小木作也发展成熟，砖石建筑水平达到新高度，建筑风貌呈现鲜明的地域性特色。

明清时期，木构建筑体系高度成熟。明代各式建筑用砖量大增，大部分城墙和部分长城都用砖包砌，地方建筑也大量使用砖瓦作为主要建筑材料。琉璃瓦的生产，无论是数量还是质量都超过了此前任何朝代。官式建筑已经高度标准化。清朝颁布了《工部工程做法则例》，统一了官式建筑的模数和用料标准，简化了构造方法。民间建筑的类型与数量随之增多，质量也有所提高。各少数民族的建筑也有了发展，地方特色更加鲜明。皇家和私人园林在传统园林基础上有了很大的发展，明末出现了总结造园技术与理论的著作——《园冶》。[2]北京明清故宫就是宫殿建筑群的典范。

二、古代建筑的主要类型

中国古代建筑在长期发展中，为满足不同的需要，逐渐形成若干不同的类型。

（一）功能类型

按建筑的使用性质，可分为居住建筑、官府建筑、礼制建筑、宗教建筑、商

---

[1] 张东月：《中国古代建筑与园林》，旅游教育出版社2011年版，第10页。
[2] 马玉主：《园林基础知识》，中国林业出版社2008年版，第107页。

业手工业建筑、教育文化娱乐建筑、园林风景建筑、市政建筑、标志建筑和防御建筑等。

城市与乡村的住宅，是古代建筑的主体，类型多样，有强烈的地域和民族特色。官府建筑有帝王宫殿、衙署、贡院、邮铺、驿站、公馆、军营、仓库等。以祭拜天地、鬼神等为主的建筑是礼制建筑，如天坛、大享殿、日月星辰之坛、地坛、社稷坛、太庙、祠堂、孔庙、陵墓等。宗教建筑包括佛教寺院、道教宫观、基督教堂等。商业手工业建筑如商铺、会馆、旅店、酒楼、作坊、塌坊、水磨房、造船厂等。教育文化娱乐建筑如国子监、书院、观象台、藏书楼、文会馆、戏台等。园林与风景建筑如皇家园林、寺庙园林、私家宅园、自然风景园林及其内的楼馆台亭榭等。市政建筑如鼓楼、钟楼、望火楼、路亭、桥梁等。标志建筑如堪舆塔、航标塔、牌坊、华表等。防御建筑如城垣、城楼、窝铺、审台等。

（二）形态类型

就单体建筑而言，有楼阁、宫殿、亭、廊、轩、榭、斋、馆、舫、门、桥等。

楼阁：楼和阁起源于干阑，都是两层以上的多层建筑。阁常有储藏作用，如藏书阁。后世带有平座[1]的楼均称为阁。但多数情况下楼和阁区别甚小，常常连用称为楼阁。

宫殿：宫、殿一般是建筑中的最高等级，位置多在中轴线上显要的地方。殿相当于正房，等级相对较高，且规模也较大。早期多为庑殿式，宋代以后也有做成歇山式，甚至重檐的。宫本为高等级的住宅，即像小城一样的住宅，内可有殿，如汉代的建章宫、清代的故宫，后世也有称单体建筑为宫的，如故宫内的坤宁宫。堂本指正房的房屋部分而言，是建筑中接待、办事用的。后来常指一般宅第的厅堂或堂屋，如务本堂。宗祠、衙署、园林等的主要建筑也称为堂。

亭是独立的建筑物，常建在空旷或隐蔽的地方，或山峰或水边，供人驻留、眺望、宴会等。亭多为开敞式，平面可有三角形、方形、长方形、六边形、八边形、圆形、十字形、扇面、梅花、套环（双圆）、方胜、双六角、双八角等，也可三座成组、五座成组等。形体上可有单层和重檐等，并可与其他建筑类型组合。

廊是狭长修曲且有屋顶的过道。多作开敞式，间数不等，构架常常一步架、双步架或三步架，平面形态有单廊、复廊等。它一般用来连接不同的建筑物，或围绕一座建筑周边或前后，也可以独立使用，如相山廊。廊在南北方均有，而以南方地区使用更为多见。

轩本是车的一种称呼。古代车前高称为轩，车后低称为轾。后借指有双层屋面时，内部为轩。江南苏式作法中有各种轩的做法，如茶壶档轩、弓形轩、船篷

---

[1] 平座，中国古代木构建筑的一种基座，即从木构架将不平坦的地形改造为平坦的活动层面，上建屋宇，围以木栏。

轩、菱角轩等。轩还可以组合，如抬头轩、鸳鸯轩、满轩等。故轩不是独立的单体建筑，而是附属在厅堂建筑中的梁架及内屋面部分。

榭本是古代高台上的木构亭状物，是检阅、讲武之所。后也指园林建筑中供休息用的小型建筑，或在水边，或在花畔，形态也随宜而定。

燕居之所称为斋，学舍书屋也称为斋，后来凡专心进修的场所皆可称为斋。

馆原指招待宾客的地方，明清以来的会馆是馆的较大形式。馆也可以是文教类建筑，如学馆。园林中的馆则是用来游览、起居、宴饮等。馆一般是成组的建筑群。

古代建筑中的门有一定的象征意义。形制上有牌坊式门（如乌头门、棂星门）、屋宇式门（如寺庙建筑中的山门、故宫太和门）、墙门（如园林建筑中的月洞门）、阙门。阙门是汉代常用的形式，以望楼立于出入口的两侧，中部为通道，有的上部有门楼。这种形制唐代以后渐不用。

三、传统建筑的工艺与文化特色

（一）以木构架为主的结构形式

中国传统建筑的结构形式是木质框架，即采用木柱与木梁构成房屋的骨架，屋顶的重量通过梁架传到立柱，再通过立柱传到地面。墙体在建筑构架中不承担主要重量，只是起隔断作用。从中国最早的建筑出现到明清时期的几千年间，尽管建筑材料和结构在不断改进，但从总的趋势看，这种木质框架结构的传统始终保存，从而成为中国传统建筑独特的结构形式。[1]大致分为以下四个类型。

抬梁式结构，又称叠梁式结构。这是中国传统建筑木构架的主要形式。它在垂直方向上，重叠数层瓜柱与梁，梁头与瓜柱上安放檩，檩间架椽子，构成屋顶的骨架，形成下大上小的结构形式。这种结构形式构件复杂，要求严格，加工细致，结实牢固，经久耐用。同时由于室内少柱或无柱，内部空间宽敞，门窗安排方便，可以做出美观的造型。

穿斗式结构，又称立贴式结构。这种结构沿房屋的进深方向立柱，柱距较密，柱径较细，用多排柱子连成构件，用枋、檩等把柱子串联起来，形成梁架，再沿檩条方向，用斗枋把柱子串联起来，由此形成一个整体框架。特点是能用较小的料建较大的屋，而且由于形成网状，结构牢固，抗风性能好；缺点是屋内柱、枋多，难以形成较为开阔的内部空间。

井干式结构，是一种不用立柱和大梁的房屋结构。此种结构直接以圆木或矩形、六角形木料平行向上层层堆叠，在木料端部的转角处交叉咬合，形成房屋四

---

[1] 胡颖、汤宗礼、邓文华：《中国传统建筑文化读本》，中国科学技术出版社2008年版，第27页。

壁，在四壁形成后，再在左右两侧壁上立矮柱檩，房屋成形。这种结构建造容易，但使用空间小、结构简陋，森林地区房屋多为此类结构。

下栏式结构，先用柱子在底座做一高台，上面放梁铺板，形成平台。然后在平台上架房，上层住人，下层做杂用。这种结构构造精巧，结构稳固，可避免地面潮湿，通风性能好，常见于中国南方和西南农村。[1]

在上述传统的木结构建筑中，有两种构件技术是特别值得注意的。

榫卯：榫，指榫头，凸出的部分；卯，指卯眼，凹进的部分。榫卯，实质是利用凹凸方式连接构件的技术。一般将竹木或石制构件须连接处制成榫头与卯眼，使之自然连接，不用钉子。这种用榫卯组合的构件坚固自然，被普遍用于建筑的构件组合中。早在河姆渡文化时期，先民已经采用了这种技术。[2]

斗拱：中国传统木构建筑中特有的构架技术，主要由方形的斗和弓形的拱构成。斗拱结构大约在周代就已产生，此后各代在形制上多有创造。斗拱既有结构上的作用，用以承托伸出的屋檐，将屋顶重量直接或间接转移到柱上，同时具有装饰作用，其形状达几十种之多。斗拱也是建筑等级的象征，其层数的多少代表不同的等级。明清以后，由于建筑结构的简化，一般将梁直接放在柱上，致使斗拱的结构作用几乎完全消失，成为纯粹的装饰品。

中国古代建筑木构技术的高度发展，直接影响了匠师的审美倾向，砖石建筑的装饰手法甚至造型也常常模仿木构建筑的轮廓和细部，如汉石阙、牌坊、无梁殿、石亭、塔等。同时也说明，砖石建筑应用远不如木构建筑广泛，且其出现较木构建筑为晚。

（二）设计施工模数化

早在商周时期，建筑设计中已采用了标准的建筑模数，即选定的标准尺度单位，以便于建筑设计的标准化，并针对不同的建筑对象制定相应的建筑模数。如《周礼·考工记》载，"室中度以几，堂上度以筵，宫中度以寻，野度以步，涂度以轨"，表明了以不同精度的度量单位来控制不同大小的建筑空间的情况。

至宋代，李诫奉敕编著《营造法式》，将工匠中长久以来流传的操作规程、技术要领归纳整理成书，该书成为中国建筑史上第一部由官方颁布并推广使用的标准建筑施工典籍。至清代斗口制确立以后，各部分及构件尺寸都是以"斗口"为基本模数的。对于现场施工的工匠来说，只要掌握一套用材标准，则既可保证加工的不同级别建筑中的构件具有标准化节点，又可保证有足够的强度，同时还使建筑群中的每一幢建筑具有适宜的尺度。斗口模数制的进步还在于施工中简化了复杂的尺寸，同一类型的构件，它们的斗口尺寸是相同的，在不同等级的建筑上

---

[1] 王其钧：《中国建筑图解词典》，机械工业出版社2016年版，第68页。
[2] 胡介鸣：《立体构成》，上海人民美术出版社2009年版，第63页。

使用时，只需了解它的斗口尺寸，而不必去记忆它的实际尺寸。

（三）时代性、地域性和民族性并存

传统建筑是特定地区和民族的产物，具有鲜明的地域性，还能够体现出当地的人文环境，比如民族文化、生活习俗、审美追求等。中国地域广大，民族众多，文化源远流长。不同时代、不同地域和不同民族都有其独特的文化特征，建筑综合体现了这些文化特征。即使相同的建筑材料，也因时代、地域和民族的不同而有不同的建筑形式及相异的技术和工艺。在中国，不但南北方建筑的外形、内部格局存在较大差异，即便是一个很小的聚居区域，也会呈现出十分不同的建筑风格。

（四）建筑环境讲究天人合一

在"天人合一"的堪舆学和美学思潮影响下，人们处理建筑与自然环境的关系时不是持着与大自然对立的态度，而是持着亲和的态度，从而形成了建筑与自然环境和谐的意向。正如《道德经》中所说，"天之道"是"利而不害"，是"损有余而补不足"，提倡要善利万物而不与之相争。例如，东晋大官僚石崇在洛阳近郊修建河阳别业（金谷园）："其制宅也，却阻长堤，前临清渠，百木几于万株，流水周于舍下。"诸如此类的描述，文献记载中屡见不鲜。从此以后，那些建置在城市以外的山水风景地带的佛寺、道观、别业、山村聚落都十分重视相地选址，这不仅是为了满足各自功能的需要，也是为了发挥建筑群体在横向铺陈过程中与地形地貌的总体和谐，体现了"天人合一"的审美特征。

▶ 第三节　传统园林文化

一、古典园林的发展历程

园林是在一定的地域范围内，或利用并改造天然山水地貌，或人工叠山理水，结合观赏花木的栽植、观赏动物的豢养及建筑的配设，从而构成一个供人们游赏、休憩和居住的环境。它是人类社会发展到一定阶段的产物，是人们追求至美生活方式的一种物质载体。[1]中国殷商时期的园林以修筑高台为主要手法，旨在达到娱神和娱人的效果。在周代，就已有"囿游"一词，系指"囿之离宫小苑，游观处也"。春秋战国时期，诸侯广筑台榭，出现了一批"高台榭，美宫室"的宫苑建

---

[1] 周志：《浅析现代景观规划设计艺术》，武汉理工大学2007年硕士学位论文。

筑群。这一时期，原本象征天命、只是天子禁脔的台，逐渐成为诸侯贵族园林的主体。随着铁制工具的普及和推广，木构建筑发展到新的水准，宫苑建筑开始由前朝的"团块美"转变为"结构美"，为宫苑园林艺术质量的提高创造了条件。

秦汉时期宫苑兴盛，以秦代咸阳宫、阿房宫及汉代上林苑为其代表。在皇家宫苑获得重要发展的同时，汉代的私人园林也得以大力发展。早在西汉时期，就有皇族及富人私家园林的出现，到了东汉，私家园林有了明显发展。最为著名的便是梁孝王的兔园和平民富户袁广汉的私园。私家园林对于推动中国园林的发展，具有十分重要的意义。

魏晋是中国古典园林发展史上的转折阶段。期间南北各地、各族政权纷纷在各自的都城营造苑囿宫殿，其中最为著名的是邺城名园仙都苑。仙都苑原称"华林苑"，初为后赵石虎所建。北齐武成帝和后主对华林苑进行了大规模的扩充改建，因苑内被增饰得有如神仙居所，故更名为"仙都苑"。武成帝时开始在苑中封土筑五岳，并引水为四海，最后汇入称为"大海"的水池。园内水系延绵，可泛舟通幽。魏晋南北朝时期将自然和人工水景相结合的做法，对后世园林中山水体系的形成具有重要影响。

东晋南朝之际，门阀豪族庄园经济的发展和士族文人隐逸山居之风的日益兴盛，为当时私家园林的发展创造了前所未有的条件。北周庾信的《小园赋》，体现出私家园林对"数亩敝庐""榆柳三两行，梨桃百余树"这种山居隐逸之风的向往，私家园林逐渐具有了后世文人园林的基本特征。同时在苏州等处，宅旁屋后颇为精致的小型文人园林也开始出现。此外，这一时期由于佛教盛行，寺观园林得到了空前的发展，构成中国园林体系中的重要组成部分。唐朝诗人杜牧诗云，"南朝四百八十寺，多少楼台烟雨中"，可见这一时期寺庙园林的盛行。

隋唐的皇家园林规模宏大、内涵丰富，出现了大内御苑（如紫苑）、行宫御苑（如曲江）、离宫御苑（如华清宫）等形式。同时因为唐代文化发展达到高峰，故而寄情山水成为时尚者不在少数，这在一定程度上促进了私家园林和寺观园林的发展。隋唐时期文人开始参与筑园，他们凭借自己对自然风景的深刻理解和审美来规划园林，提高了私家园林的艺术品质，园林艺术开始融入诗情画意，从而为宋代"文人园"的成熟奠定了基础。

两宋年间园林发展的一个显著特点就是文人园的兴盛。这是因为宋代偃武修文的国策增加了文人的数量，一部分仕途失意文人试图以林泉山水来平衡忧愤之心，故而购地营园，将全部的身心投入造园艺术之中。即便是居官显赫也要借助园林之美来排遣愁思、享受生活。司马光的独乐园、苏舜钦的沧浪亭都是宋代私家园林的代表作。宋代园林规模虽趋小，构景却愈趋精致，具备精美细腻的园林景观，在审美上则讲究"重意不重形"。

元代皇家园林比较有代表性的是元大都中的太液池。元大都的宫中禁苑称"万岁山太液池"。其前身是金代的琼华岛，山上玲珑峰石，山下大池环抱。苑囿虽然沿用了前朝的旧苑，但还是依据当时的需要进行了增筑和改造。殿宇形制出现了前所未见的盝顶殿、畏兀尔殿、棕毛殿等形式，殿宇材料及内部陈设也按照元人风俗习惯进行选择，采用多种艳丽的色彩进行装饰，形成了以往所不具备的特色。元代的私家园林主要是继承和发展唐宋以来的文人园形式，其中较为著名的有河北保定张柔的莲花池、江苏无锡倪瓒的清閟阁和云林堂、苏州的狮子林等。

明清时期，中国古典园林的两大代表体系——北方皇家园林和南方私家园林出现了繁盛的局面，其数量和规模大大超越前代，达到了极高的境界。明清两代皇家以巨大的人力与财力不断地营建园林，至清代康乾时期达到高潮。皇家园林多集中于北京地区，其中既有附属于宫廷的御苑（如故宫御花园、乾隆花园及三海），也有建立在郊区风景胜地的离宫如畅春园、圆明园、玉泉山静明园、香山静宜园、万寿山清漪园（颐和园）等。此外，清代统治者在某些地区还建有行宫，如规模宏大的承德避暑山庄等。

明代中晚期是江南私家园林发展的鼎盛时期。在经济繁荣、达官贵人荟萃之地，如江南的苏州、扬州、无锡、松江、杭州、嘉兴一带，私人造园更是出现前所未有的盛况。私人园林虽不若皇家苑囿广阔恢宏，但更注重在有限的空间中容纳丰富的景观，创造出曲径通幽、渐入佳境的动人意境和迷离变化。上海潘允端的豫园、苏州王献臣的拙政园、太仓王世贞的弇山园、扬州郑元勋的影园等都代表着当时造园的最高水平，堪称造园艺术的代表作。

中国古典园林在不同的发展阶段经历了由粗放利用景观到人为地模仿自然景观，最后到在景观之中寻求意境的过程。在这一过程中，中国古典园林发展出了完备的类型体系、独特的造园手法和艺术品位。

二、古典园林的类型

中国古代园林按园林性质的从属关系划分，主要分为皇家园林、私家园林（宅第园林）、寺观园林及自然风景名胜园林。

（一）皇家园林

皇家园林属皇帝及其皇室所有，专供皇室成员居住游乐，在古籍中常被称为苑、苑囿、御苑、御园等。皇家园林一般规模宏大，园中真山真水较多，单体建筑色彩艳丽，形体高大。周文王的"灵囿"，专供皇家狩猎、游乐之用。秦始皇建阿房宫，气势雄伟壮观。汉武帝沿用了秦时旧苑，扩建成汉上林苑，在上林苑中饲养动物，种植果木，开凿昆明池、太液池，营建建章宫，并在太液池中堆出蓬莱、方丈、瀛洲三座神山，奠定了皇家园林一池三山的基础格局。唐代的大明宫、太极宫和长庆宫，都是宫和苑相结合的建筑群。北宋以后，因辽、金、元历代帝曾建都于北京，皇家园林在此得到了发展。明代皇家园林在修建时仍以山、池为主,将太液池向南展拓,形成北海、中海、南海三海相连的水域,并在三海沿岸和池中岛上增建殿宇,使其与紫禁城宫苑相连。清代则兴建了海淀三山五园和河北承德避暑山庄。明清时期是中国皇家园林发展的鼎盛时期。

(二) 私家园林

私家园林多为宗室外戚、王公贵族、士大夫、富商等所有。中国私家园林很可能与皇家园林起源于同一时代。这类私家园林仿皇家园林而建,只是规模较小,装饰朴实。魏晋南北朝时期,社会动荡,士人纷纷逃避现实、隐逸山林,私家园林逐渐增多。石崇的金谷园和山水诗人谢灵运的山居都是这一时期私家园林的代表作,二者均是在自然山水基础上稍加经营而成的山水园。唐宋时期,私家园林进一步发展,代表作有王维的辋川别业和司马光的独乐园。明清时期,私家造园之风兴盛,此时私家园林多为城市宅园,面积虽小却能营造无限境界。正如明末画家文震亨在《长物志》中所说:"一峰则太华千寻,一勺则江湖万里。"著名的南方私家园林有无锡的寄畅园,扬州的个园,苏州的拙政园、留园、网师园等,北方私家园林则有翠锦园、勺园、半亩园等。

(三) 寺观园林

寺观园林属于寺观建筑群范围,是包含寺观建筑、宗教景物、人工山水与天然山水的综合体。东汉时期在洛阳以皇家花园改建成的白马寺为中国第一佛寺。两晋南北朝时期战事频仍,佛教因果轮回的思想深入人心,佛寺建筑兴旺。同时道教思想中取法自然、养生炼丹等观念也赢得了众多追随者,"舍宅为寺"成为这一时期的热潮。唐宋时期,寺观建筑布局形式趋于统一。此时的寺观既是举行宗教活动的场所,也是民众娱乐、交往的活动中心。当时的文人墨客把对山水的审美认知引入寺观建造,这种世俗化、文人化的浪潮促使寺庙园林的建造产生了飞跃。明清时期,寺观园林建造达到高潮。由于清帝极为重视与蒙古、西藏地区宗教领袖的友好关系,所以这一时期出现了许多汉藏风格相结合的寺院,如承德的普陀宗乘之庙、须弥福寿之庙都是著名的范例。[1]

(四) 自然风景园林

自然风景园林在传统中国园林中最具开放性。自然风景园林大多离城市不远,如杭州的西湖、济南的大明湖、扬州的瘦西湖等,都可以划入自然风景园林之中。自然风景园林的内容丰富多彩,亭台楼阁自不必说,时有英雄、名士、孝子、忠臣的陵寝祠堂加以点缀,往往还有道观寺院置于其中,有的还曾是前朝皇家宫苑。这种园林大小不一,自然景色各有不同,但分布最广,为当地人士所珍爱,尤其

---

[1] 孔德建:《中国园林史》,中国电力出版社2008年版,第35页。

是在许多历史文化名城中，更成为不可或缺的组成部分。

自然风景园林是在自然山水中发展起来的，历代都有兴废，有的几经兴废而保留至今。自然风景园林由于它的公用性和地处交通方便的自然景区里，且与民间传说、乡土文化、居民生活关系密切，故四方游客纷至沓来，文人墨客题咏不绝，有的成为著名的历史人文景观。[1]

三、古典园林的文化内涵

（一）构成要素崇尚自然，追求自然

"崇尚自然，追求自然"是中国园林最核心的思想内涵；"虽由人作，宛自天开"是崇尚自然、追求自然的终极目标；"巧于因借，精在体宜"，浓缩自然，再现自然，"手法大成，自然之妙"，是崇尚自然、追求自然的具体技法。

1. 虽由人作，宛自天开

"虽由人作，宛自天开"这八个字可以说是对中国园林美学的经典概括。园林虽自人为，但追求不露人工痕迹的天然美，即所谓的"大巧若拙""大朴不雕"。其主要特点是借鉴自然，以多姿多彩的自然地貌为蓝本，尊重自然，与自然相亲相近。所以中国园林在审美上，受中国"道法自然"思想的影响，师法自然，融于自然，顺应自然，表现自然。山水是中国园林的主体，山水布置尤其讲究自然之意。其一是山水的总体布局合乎自然。园林中山与水的关系要符合自然界山水生成的规律，有山有水，山水相依。其二是每个山水景象本身也要合乎自然规律。如假山峰峦由许多小的石料拼叠合成，叠砌时要仿天然岩石的纹脉，并表现出石纹、石洞、石阶、石峰。水池应作自然曲折、高下起伏之状，并布置出水脉源头。所以，园林构建布局与自然相和谐就成了品鉴中国园林的一个重要审美标准。

2. 巧于因借，精在体宜

"林园巧于因借，精在体宜"是《园冶》一书最为精辟的论断之一，也是中国传统的造园原则和手段。"借"就是借景，即将园外的景物组织到园内所能看到的画面中来，与园内景物浑然一体，从而突破园林的有限空间，丰富园景的层次。借景包括远借、近借、仰借、俯借及应时而借，以达到极目所至俗者屏之、佳者收之、巧而得体的审美效果。

3. 浓缩自然，再现自然

造园不是单纯模仿自然、再现原物，而是要求造园者真实地反映自然，又要高于自然，尽可能做到使远近、高低、大小互相和谐，有机统一。中国园林是人工再现自然景观式园林，体现了传统文化中的天人合一思想。用人工再造自然美，

---

[1] 耿刘同：《中国古代园林》，中共中央党校出版社1991年版，第5页。

从微观中以小见大，用咫尺以穷山水之秀色，是中国人对环境美的一种追求。

造园家抓住大自然中各种美景的典型特征，经过提炼剪裁，把峰峦沟壑一一再现在小小的庭院中，在二维的空间上营造出三维的空间效果，"以有限面积，造无限空间"。大、小是相对的，关键是"假自然之景，创山水真趣，得园林意境"。

（二）构景方法讲究和谐，追求含蓄

讲究和谐，追求含蓄，是中国园林所追求的效果之一。暗喻与象征、藏漏与开合等，都是追求和谐、含蓄效果的具体手法。

1. 暗喻和象征

在处理虚实空间的组合与变化方面，园林艺术通常采取含蓄隐晦的方法，使其隐而不发、含而不露，求得意境之深邃和幽雅，即达到画论中所谓"意贵乎远，境贵乎深"的艺术境界。

传统的造园艺术往往采取欲显而隐或欲漏而藏的表现手法，一草一木、一窗一洞均暗喻某种情趣或哲理。无论是门的形状、景物的图案、屋脊的花饰、檐口的雕刻，或是山、池、树、石，大多带有象征意义，沉淀着传统文化的精华。如松柏树象征坚贞，松树傲骨峥嵘，柏树庄重肃穆，且四季常青，历严冬而不衰。又如园林叠山理水，几尺之山虽小却有一种大气，勺瓢之水虽微却有一种灵气。

2. 藏漏与开合

中国传统园林受传统文化的影响，向来以含蓄为美，利用障景、框景、漏景及各种分割园林空间的手法，来达到"园虽小、景愈深"的艺术效果，其实质就是藏与漏的组合问题。藏与漏的强烈对比是为了加强表现的效果，障景并非都把景物障去，而是把最好的景色藏在后面，不使游人一览无余，通过曲径、漏窗等略展一角，撩人心弦，最后豁然开朗，令人精神一振。

（三）规划布局重视堪舆

中国古典园林的构建以堪舆学理论为指导，在自然山水基础上，辅以宫、廊、楼、阁等建筑，以人工手段效仿自然，透视着不同历史时期的人文思想。

1. 理水叠山中的堪舆学

古人造园为了获得一个"藏风聚气"的生态居所，在选址时注重地形地貌的丰富性和周边环境的生态性。背山面水、负阴抱阳的基址环境总是得到众多造园家的青睐。在丰富的地理自然资源基础上，通过叠山理水等造园技艺使得堪舆结构理想化，同时因地制宜，结合人工景观的营造，形成一个山环水抱、屈曲有情的山水园林环境。从形状上而言，根据堪舆学的基本原则，水以屈曲为上，横向水流呈环抱之势，流去之水盘桓欲流，汇聚之水清净悠扬。此外，曲水还讲究曲的方向。一般来说，内弯处为吉，反弓处不吉反凶，这与现代河流地貌关于河曲的变化规律是一致的。园林对"屈曲有情"的追求，不仅体现在理水上，还体现

在园路布置、小品营建等各个方面。从堪舆学的角度来说，"曲生吉，直生煞"。园路是整个园林的经络和气脉，它与曲水有着相同的聚气作用。吉气能沿着曲折蜿蜒的路径行进与蓄积，煞气则沿着直线穿流，因而"路要环，水要缠"，道路应随地形和景物曲折起伏，以形成曲径通幽、步移景异的观景情趣。曲折有致是古典堪舆的理想追求，园林元素也都应以曲折造型为主，如曲桥、曲岸、曲廊及房屋翘角等，使中国古典园林极富自然气息，使人身居闹市却得山林野趣。

2. 园林象征手法中的堪舆学

在堪舆理论的渗透下，中国园林处处涵盖着法天象地的造景手法，是宇宙微型化和艺术化的产物。中国皇家园林往往以风格大气、庄严著称，从园林布局、景观组织，直至建筑装饰、朝向、宫等细部要素，都有一种"移天缩地在君怀"的宇宙图式感，如秦始皇的大咸阳规划。根据《三辅黄图》记载：秦始皇二十七年（前220），"作信宫渭南，已而更名信宫为极庙，象天极。自极庙道通骊山。作甘泉前殿。筑甬道，自咸阳属之。始皇穷极奢侈，筑咸阳宫。因北陵营殿，端门四达，以则紫宫、象帝居。渭水贯都，以象天汉。横桥南渡，以法牵牛"。在这里，各个宫殿通过模仿"紫宫""天汉""牵牛"等天体星象的相互位置关系，将宇宙图式复现于人间宫苑。除了通过总体布局来模拟天象以外，结合具体的建筑结构、形态等来表达抽象的宇宙概念和自然规律，也是象征手法的另一种表现途径。

3. 园林花木种植中的堪舆学

传统园林中植物营造所遵循的堪舆原理，其实就是通过阴阳五行的相生相克而起到趋吉避凶的作用。根据植物与阴阳五行的关系，参照古典园林植物的一般搭配与栽植原则，便可发现植物的色彩、方位、树形等都是与阴阳五行相匹配的。堪舆理论认为植物有吉凶之别，植物的吉凶性往往是根据谐音、形状、传说等来进行界定的。园林植物的配置强调对应、对比关系，尤其表现在植物的体量、数量和疏密程度上。如树不可过密，应保留林窗，不然导致空间过阴。植物色彩是影响堪舆的另一个重要方面。堪舆学著作中关于植物色彩的论述包括"右树红花，妖媚倾家""右树白花，子孙零落"等，多指宅旁的植物种植。各类园林对于色彩的处理不尽相同。皇家园林彰显皇权威仪，因而以牡丹、海棠等象征富丽堂皇的植物为主，呈现皇家气派；寺观园林彰显庄重肃穆，因而色彩较为凝重，多以冷色、深色植物为主。此外，堪舆学中认为植物种植方位也与吉凶祸福密切相关，园林中植物的五行属性与种植方位应该匹配。如苏州耦园的东花园，西墙边植有梧桐树，因梧桐树五行属金，阴阳属阴，因而靠西墙，表示得阴位、金位。竹子靠东墙种植，桂花树种在最西边，这是因为竹子五行属木，种植于东，桂花树五行属金，种植于西。

综上所述，中国传统建筑历经数千年延续不辍的发展，形成了内涵丰富、成就辉煌、风格独具的建筑体系，在世界建筑史中处于领先地位。中国传统建筑以榫卯为木构件（石、砖构件）的主要结合方法，以模数制为尺度控制和加工施工的手段，在材料选用、结构方式确定、构件加工、施工安装等方面都有其完善的工序和技艺。中国传统建筑文化体现了"天人合一"的建筑思想。从世界建筑文化背景来看，中国传统建筑文化一个极其显著的特点是，各种建筑活动，从选址到规划，从设计到营造，无不受到堪舆学的深刻影响。

参考文献

[1] 梁思成：《中国建筑史》，生活·读书·新知三联书店2011年版。
[2] 李允鉌：《华夏意匠：中国古典建筑设计原理分析》，天津大学出版社2005年版。
[3] 余同元：《传统工匠现代转型研究》，天津古籍出版社2012年版。
[4] （日）渡边欣雄、三浦国雄：《环中国海的民俗与文化·风水论集》，凯风社1994年版。
[5] （日）冈大路：《中国宫苑园林史考》，瀛生译，学苑出版社2008年版。

 # 传统节庆与饮食文化

中华传统节日有着深厚的文化内涵。节庆文化植根于农耕文明之中,不仅是岁时节令的活字典,也涵盖了民族信仰、伦理道德、艺术审美等内容,融载道、载情、载史于一体,浸润于中华民族血脉之中。

俗语说"民以食为天",中华民族五千年文明缔造了中国传统饮食文化。随着历史的发展,中国人的饮食结构不断变迁,阴阳五行哲学、儒家伦理道德、中医营养养生、文学艺术等贯通其中,各民族间的饮食文化相互融合,最终形成了积淀深厚、博大精深的中国传统饮食文化。

第一节 传统节庆文化

一、三大传统节日

中华传统节日,不仅有内容丰富、异彩纷呈的民俗活动,而且蕴含着深厚的文化底蕴,春节、端午节、中秋节等是我国历史悠久、影响广泛的传统节日。

(一)春节

春节俗称过年,已有四千余年的历史。广义的春节,包括除夕和正月。

除夕,又称"除夜""除日""岁除",最早源于古人的祭祀仪式,是古代傩文化的集中体现。每逢岁终之时,古人都要举行腊祭仪式。人们头戴鬼怪或野兽的傩具,装扮成鬼兽的样子,以祭祀祖先,驱赶恶魔,祈祷风调雨顺。东汉应劭《风俗通义》记载:"腊者,猎也,言田猎取兽以祭祀其祖先也。"或曰:"腊者,接也,新故交接,故大祭以报功也。"《礼记·郊特牲》记载:"天子大蜡八。伊耆氏始为蜡。蜡也者,索也。岁十二月,合聚万物而索飨之也。"腊祭是一年祭祀的终结,是酬拜百神、祭祀祖先、欢庆丰收的重要节日。

西汉时,汉武帝于太初元年(前104)颁布诏令,要求全国施行夏历,以十二月为岁终,以正月为岁首,将正月初一称为"元旦"。此后,腊祭失去了岁终的含

义。汉代以后，人们以农历腊月三十为除夕，以正月初一作为元旦，这一习俗一直沿袭至清末。1911年，中华民国南京临时政府废除农历纪年，采用国际通行的公历纪年，将农历正月初一定为春节，将公历1月1日定为元旦。

守岁。相传人们为了防止年兽袭扰，聚在一起守着碎竹节，以作防备。除夕守岁之俗可追溯至魏晋时期。西晋周处《风土记》云，"至除夕达旦不眠，谓之守岁"。守岁之风盛于隋唐。唐人在除夕黄昏之后便燃烛守岁，达旦不寝，以迎接新年到来。杜审言《守岁侍宴应制》中对宫廷除夕守岁有详细记载："季冬除夜接新年，帝子王孙捧御筵。宫阙星河低拂树，殿廷灯烛上薰天。"

春联。春节时用红纸书写贴在门上的对联，民间俗称"门对""春帖"，传说源于神荼和郁垒的神话故事。东汉张衡《东京赋》称，"度朔作梗，守以郁垒，神荼副焉，对操索苇"，于是，人们用桃木削成神荼和郁垒的形象置于门前。后来，人们在桃木板上写上两人姓名挂在门前，称为"桃符"。北宋著名文学家王安石《元旦》诗吟："爆竹声中一岁除，春风送暖入屠苏。千门万户曈曈日，总把新桃换旧符。"诗中所指的"新桃"和"旧符"，指的就是桃符。在桃木板上书写春联的习俗，起源于唐末。五代时，后蜀君王孟昶写下"新年纳余庆，嘉节号长春"的联语，被认为是现存最早的春联。

贴福字。春节时，人们在自家门口贴上一个"福"字，而且"福"字要倒贴，表示福到了，寓意福气与幸运的降临。《梦粱录》载："岁旦在迩，席铺百货，画门神桃符，迎春牌儿……士庶家不论大小，俱洒扫门闾，去尘秽，净庭户，换门神，挂钟馗，钉桃符，贴春牌，祭祀祖宗。"[1]贴春牌，指的就是贴福字。

贴年画。年画是独具中国传统元素的工艺品之一，表现形式以写实为主。传统年画多木刻，着力渲染和烘托喜庆氛围，主题多种多样，有花卉、鸟类、动物、神话传说、历史故事等，表达了人们祈祷美好生活的夙愿。各地年画迥异有别，四川绵竹、苏州桃花坞、天津杨柳青、山东潍坊均以出品年画著称，被誉为"中国四大年画之乡"。

门神是年画的一种主题形式。春节时，家家户户有贴门神的传统，上首是威武英俊的秦琼，下首是凶猛威严的尉迟恭，他们都是初唐开国名将。为了守护唐太宗，魏徵亲命秦琼和尉迟恭护佑两旁，以保平安。民间将这两位将军的画像贴于自家门上，以避妖魔鬼怪。

放爆竹。每逢春节来临之际，人们都要燃放爆竹庆贺新年，冀望以"噼噼啪啪"的爆竹声荡除旧日烦恼，迎接新的一年。爆竹已有两千多年的历史，民间称之为"爆仗""炮仗""鞭炮"。《诗经·小雅·庭燎》载有"庭燎之光"，是用竹竿制作的火炬。竹竿燃烧后，竹腔爆裂，发出"噼噼啪啪"的响声，这就是爆竹的起源。火药发明以后，唐代爆竹的原料主要是硝。宋代，人们将硝石、硫黄和

---

[1] 吴自牧：《梦粱录》，浙江人民出版社1984年版，第50页。

木炭等填充在竹筒内燃烧,以制作爆仗。后来,人们用纸筒和麻茎装填火药,编成串,以制成鞭炮。

逛庙会。采办年货是人们过年最重要的事情。为了购置年货,人们往往要去逛庙会。庙会,就是在祠庙附近聚会,同时举办祭神、购物、消遣、娱乐等活动,即常说的庙市。据《北平风俗类征》记载,"京师隆福寺,每月九日,百货云集,谓之庙会"。事实上,庙会最早可追溯至远古时期的宗庙社郊制度。《左传·成公十三年》记载,"国之大事,在祀与戎"。为求得祖先及神灵庇佑,人们在宫殿或房舍里祭祀祖先,以祈求风调雨顺、国泰民安。祭祀时,人们要表演歌舞,称庙会戏。

吃年糕。年糕有很多种口味,代表性的有华北的白糕、塞北农家的黄米糕、江南水乡的水磨年糕、台湾的红龟糕等。南方年糕以糯米磨粉制成,北方则以黏黍(俗称小黄米)粉制成。明代刘侗《帝京景物略》记载,"正月元旦,夙兴盥漱,啖黍糕,曰年糕"。南方年糕品种众多,以苏州、广东、宁波三地年糕最好,味道有咸、甜、无味等。

年夜饭。除夕傍晚,一家人团聚在一起吃年夜饭是过年最重要的时刻。每逢除夕,要"设供焚香,放爆竹,先拜天地、家堂、祖先,次以酒肴寿尊长,长幼以序拜,阖家饮食欢乐"[1]。北方的年夜饭以饺子为主,通常将蜜糖、花生、冬枣、栗子、金如意等包进馅里。吃到如意或蜜糖的人,寓意来年日子更甜美;吃到花生的人,寓意健康长寿;吃到冬枣和栗子的人,寓意早生贵子。南方的年夜饭以饭菜为主。皖南一带有肉菜肴宴;浙东一带有"十大碗",寓意"十全十福";鄂东地区有"三蒸"(蒸全鱼、蒸全鸭、蒸全鸡)、"三糕"(鱼糕、肉糕、羊糕)、"三丸"(鱼丸、肉丸、藕丸);赣东北讲究四冷、四热、八大菜、两汤;苏南一带除夕餐桌必有青菜(安乐菜)、黄豆芽(如意菜)、芹菜(勤勤恳恳)等。

(二)端午节

端午,又名端五、重午、重五、端阳等,最早源于上古时期的干支纪年,指的是五月里的第一个午日。饭稻羹鱼的史前先民,世代以种植水稻、小麦为生,对时令节气十分关注。阴历五月初五,是夏季中最重要的农忙时节。端午有用兰草汤沐浴的习俗,又名"沐兰节"。唐宋时,亦称"天中节"。明清时,称之为"五月节""女儿节"等。从史籍记载来看,端午节的来源有三种说法。

祭伍子胥说。春秋名臣伍子胥原本是楚国人,他的父亲与兄弟因遭猜忌被楚平王所杀。伍子胥为躲避株连,连夜逃亡至吴国。伍子胥因才华出众,不久得到了吴王阖闾的赏识。他帮助吴王伐楚攻越,成就宏图大业。吴王在伐越中负伤而亡,其子夫差继位。夫差在伍子胥的辅佐下替父报仇雪恨,大败越国,迫使越王

---

[1] 董鸿图、潘仁樾:《康熙宿州志》,台北成文出版社1983年版,第856页。

投降。伍子胥深知越国必兴兵再起，力谏夫差趁势剿灭越国。夫差偏听太宰伯嚭谗言，决意议和，此后逐渐对伍子胥疏远、猜忌，最终赐剑令其自刎。伍子胥临终前断言，吴国必亡于越国。夫差听闻后勃然大怒，将伍子胥的尸首投入胥江。吴国百姓十分敬重和缅怀伍子胥，遂将其尸首打捞上来埋在胥口（今江苏苏州）。此后，吴越民众敬奉伍子胥为江神、波神，并建有伍相祠，五月初五祭祀伍子胥的风俗延传至今。

悼念屈原说。南梁宗懔《荆楚岁时记》谓，"五月五日竞渡，俗为屈原投汨罗日，伤其死，故并命舟楫以拯之"，又称"屈原以夏至赴湘流，百姓竞以食祭之。常苦为蛟龙所窃，以五色丝合楝叶缚之"。屈原本是春秋时楚怀王的名臣，力倡举贤授能、富国强兵，力主联齐抗秦，遭到贵族子兰等人反对，后被革职流放。在流放途中，他写下忧国忧民的《离骚》《天问》《九歌》等不朽的诗篇。秦军攻破楚国都城郢，屈原眼见祖国遭受欺辱，心力交瘁，遂于五月五日写下绝笔《怀沙》，后毅然自投汨罗江，捐躯赴国。百姓们哀痛不已，自发前往江边凭吊。渔夫们划起小舟，在江上寻觅屈原尸首。渔夫拿出为屈原准备的饭团投入江中，希望喂饱鱼虾蟹，这样它们就不会吞噬屈原身躯。一位老郎中端来一坛雄黄酒洒入江中，说是醉倒江中的蛟龙水兽，以免伤及屈原。后来，百姓们便以划龙舟、吃粽子、饮雄黄酒等习俗来祭奠屈原。

旌表曹娥说。曹娥本是东汉会稽郡上虞（今浙江绍兴）人。《会稽典录》记载："父盱，能抚节安歌，婆娑乐神。汉安二年（143）五月五日，于县江迎伍君神，溯涛而上，为水所淹，不得其尸。娥年十四……遂自投于江而死。"据说其父亲沉溺江中，数日不见尸首，曹娥昼夜沿江号啕大哭。五月五日投江寻父，五日后竟抱出父亲尸首，百姓对曹娥的孝行无不动容。经过人们的口耳相传，朝廷很快知晓此事，遂立碑旌表，以彰孝道。在浙江绍兴一带，百姓在曹娥投江处建有曹娥庙，将曹娥居住的村庄易名为曹娥村，将其殉父之江定名为曹娥江。以后每年五月初五，绍兴百姓便来江边祭祀曹娥。

端午节的主要习俗有以下几个。

镇妖辟邪。古人认为五月"尚恶"，五月五日实为"恶日"。《西京杂记》称："俗谚：'举五日子，长及户则自害，不则害其父母。'"是日妖魔丛生，瘟疫肆虐，遇事不吉，家家户户门前贴上朱色咒符，悬挂艾蒿，家中祭拜钟馗像，以祛除"五毒"侵害。人们踏百草，沐"百草浴"，还有佩戴香包和绑缚五花绳的习俗，以此驱尽瘟疫、辟邪、止恶气。

龙舟竞渡。荆楚和吴越百姓有端午竞渡的风俗。越王勾践灭吴后，十分敬重伍子胥的忠烈，对其惨死深感怜悯惋惜。勾践不仅立坛杀白马、祭奠伍子胥、筑祠于江上，还在越国倡导竞渡，"盖悯子胥之忠而作"。杭州民众建伍子胥祠于吴山，每逢端午时祭祀。战国时，越国被楚国所灭，吴越竞渡的风俗随着楚国疆域的延展遍及南方各地，荆楚民众借竞渡纪念投汨罗江的屈原。

吃粽子。每逢端午节，人们都要浸糯米、洗粽叶、包粽子。粽子，又称"角黍""筒粽"，缘起甚早，花样繁多。周处《风土记》称，江南"俗以菰叶裹黍米，以淳浓灰汁煮之，令烂熟，于五月五日及夏至啖之。一名粽，一名角黍"。南梁吴均在《续齐谐记》中记载，楚人哀悼屈原，"每贮米竹筒投祭"。南北朝时已有杂粽，米中掺杂着肉类、板栗、红枣、赤豆等。唐代时，包粽子使用的米"白莹如玉"，形状有锥形、菱形等。吕原明《岁时杂记》记载，宋代的粽子"名品甚多，形制不一，有角粽、锥粽、茭粽、筒粽、秤锤粽"。南宋时有"蜜饯粽"，即将果品入粽。元明时，粽子包裹料从菰叶变为箬叶，以后又出现了芦苇叶包的粽子，附加料有豆沙、猪肉、松子仁、枣子、胡桃等。江南是最早种植水稻的地方，糯米栽培历史悠久，煮粽传统起源甚早，浙江嘉兴的粽子闻名遐迩。

斗百草。两人用草筋互相拉扯，被拉断的一方视为输，常用草为车前子。《诗经·国风·周南》有"芣苢"一诗，讲述妇孺嬉戏斗草的风俗。宋龚明之《中吴纪闻》记载有"吴王与西施尝斗百草"的趣事。清袁学澜《吴郡岁华纪丽》称端午"结庐蓄药，斗百草"。白居易《观儿戏》，"弄尘复斗草，尽日乐嬉嬉"，所言即斗草风俗。南宋诗人范成大有《春日田园杂兴》诗云："青枝满地花狼藉，知是儿孙斗草来。"

挂艾叶。古人认为五月是恶月，要采集草药，祓除晦气，各地有端午挂艾草于门前以驱邪、祈愿身体健康的说法。在浙江临安的百丈山，存有"玉仙洞""太公潭"等历史遗迹，相传是吴国太伯采制艾叶的地方。

百索。百索即五色丝线，缠于臂上可以避邪。端午系百索的习俗在唐代尤盛，百索是皇帝赐给大臣的节日礼物，窦叔向的《端午日恩赐百索》指的就是这个风俗。五色丝线是一种材质较好的丝绸，端午节时百姓将之系于臂，名曰"辟兵"，祈祷人们不被病瘟纠缠。明代百姓在过端午时，儿女辈用五色彩索缠臂，长辈则以簪艾叶、石榴花驱邪。清代康熙时，百姓将五色丝缠于臂，男左女右，称之"长寿线"。乾隆时，民间用丝绸加蒜粽之类以辟邪。

喝雄黄酒。端午时，人们喜喝雄黄酒或用雄黄酒涂于小儿额头与耳鼻间。雄黄又名鸡冠石，有光泽，呈橘黄色，中医常用此作解毒杀虫药，尤其可以驱逐蜈蚣、毒蛇之类的害虫。东晋葛洪在《抱朴子》中讲述黄帝在炼丹成仙前，"昔圆丘多大蛇，又生好药，黄帝将登焉，广成子教之佩雄黄，而众蛇皆去"，此后"雄黄祛毒"成为民间常用的土方。江南民间传说《白蛇传》记载，许仙在端阳节与妻子白素贞共饮雄黄酒，白素贞现出蛇形。

赐扇。唐代端午有赐扇习俗。未婚男子送"端阳礼"之时，要将最宝贵的扇子馈赠爱慕之人。长安市民在端午时多互赠坠扇，东市竟成扇市。扇的种类有羽毛扇、绸缎扇、檀香扇等。《唐会要》记载，贞观十八年（644）五月五日，唐太宗谓长孙无忌、杨师道曰："五月旧俗，必用服玩相贺。朕今各贺卿飞白扇三枚，庶动清风，以增美德。"太宗还亲自在扇面上题有鸾、凤、蝶、龙等字，以示尊贵。

（三）中秋节

农历八月十五中秋节，又名"八月半""月亮节"。因八月是秋季的第二个月，中秋又名"仲秋"。这一天，月亮满圆，象征团圆，名为团圆节，是阖家欢聚、共叙亲情的重要日子。每逢中秋节，皎洁明亮的月光映照大地，民间则举行赏月、祭月、吃月饼等活动。

中秋节的起源，有三种说法：一是源于古人对月亮的崇拜，二是源于月下觅偶的习俗，三是古人有秋天祭拜土地神的习俗。中秋节演变为节日，源于唐代。《开元遗事》中记载，"中秋夕，唐明皇与杨贵妃临太液池望月"，此后民间纷纷效仿，便有了中秋赏月的习俗。

与中秋节相关的传说、习俗主要有以下几个。

嫦娥。民间传说认为，月宫里住着仙女嫦娥。嫦娥是帝喾的女儿，也称姮娥，美貌非凡。她本是后羿的妻子，受后羿连累谪居下凡。为求两人在世间永生，后羿便去西王母处求得长生不死之药。嫦娥因过不惯人间清苦生活，趁后羿不在家，偷吃全部的长生不老之药，独自奔向月亮。《淮南子·览冥训》："羿请不死之药于西王母，姮娥窃之奔月，怅然有丧，无以续之。"民间流传，月宫有个叫吴刚的人，一年四季总是不停地砍伐桂花树；还有一个常年陪伴在嫦娥身边的玉兔，年复一年地捣药。由于嫦娥被赋予月神的角色，人们认为嫦娥是主宰人间姻缘的神仙，因此，民间将媒人称为"月下老人"。

祭月。俗话说"月到中秋分外明"。据《礼记》记载，"天子春朝日，秋夕月。朝日以朝，夕月以夕"。"夕月"指的就是秋分夜晚祭月。祭月是中秋节最古老的祭祀活动。民间将月亮视为神仙，称为"月神"，说的就是嫦娥。据记载，周天子每逢仲秋时节都要举行盛大的祭祀活动。国都镐京，筑有月坛。祭月时，周天子一身素衣，骑着白马前往月坛祭祀。楚人也有中秋祭月的习俗。《九歌·湘夫人》记载："与佳期兮夕张。"所谓夕张，说的是陈设祭具、布施帷帐，然后在祭月时祭祀湘夫人，后演变成中秋拜月的遗风。

赏月。据说春秋时楚人就有秋夕荡舟赏月之风。唐代李白《月下独酌》脍炙人口："花间一壶酒，独酌无相亲。举杯邀明月，对影成三人。"张九龄的《望月怀远》感慨道："海上生明月，天涯共此时。情人怨遥夜，竟夕起相思。"唐玄宗与杨贵妃在中秋之夜驾临太液池望月，成为千古风流的韵事。

吃月饼。月饼最早源于祭奉月神的祭品，此后品尝月饼与赏月融为一体，月饼成为节日必备品。中秋祭月，"果饼必圆"；各家都要设"月光位"，在月出方向"向月供而拜"。明代陆启泓《北京岁华记》中称："中秋夜，人家各置月宫符象，符上兔如人立；陈瓜果于庭，饼面绘月宫蟾兔；男女肃拜烧香，旦而焚之。"清富察敦崇《燕京岁时记》中说："中秋月饼，以前门致美斋者京都第一，他处不足食也。至供月饼，到处皆有。大者尺余，上绘月宫蟾兔之形。……每届中秋，府第朱门皆以月饼果品相馈赠。"月饼种类繁多,口味各异,主要有广式、苏式、潮式和京式。京式月饼主要流行于京津一带,以素食为主。广式月饼主要流行于广东,以糖为主。苏式月饼主要在苏浙沪一带流行,口味松酥。潮式月饼主要在潮汕等地流行,形状扁平。

二、少数民族的节日

中国有55个少数民族,每个民族都有自己的民族节日,如藏历新年、开斋节、火把节、灯杆节等。这里主要介绍比较著名的两个节日,蒙古族的"那达慕"和傣族的"泼水节"。

(一)那达慕

"那达慕"是蒙古族草原的盛会。据考证,那达慕形成于上古时期,在元代逐步发展起来,在每年农历的七八月份举行。那达慕是蒙古语,意思是"娱乐、游戏"。据说,那达慕起源于蒙古族"祭敖包"的习俗。祭祀敖包,旨在向天神求雨,向地神求草,以祈祷天神保佑风调雨顺,祈求地神保佑牧草繁茂,牧群兴旺,承久太平。祭祀仪式后,人们要举行赛马、射箭、搏克等竞技活动,以示庆祝。

1225年用畏兀儿蒙文铭刻在石崖上的《成吉思汗石文》,是最早有关那达慕活动的文献。石文记载,蒙古大军取得征讨花剌子模的军事胜利,在率军凯旋途中,举行了盛大的那达慕庆祝仪式。

1206年成吉思汗统一蒙古各部,建立蒙古汗国。凡举行大呼拉尔、庆祝成功、祭旗点将、首领子女婚娶时,都会举行那达慕。成吉思汗将摔跤、射箭、赛马作为那达慕主要的三项竞技,并推广成军事训练的主要项目,这三项竞技项目被蒙古人称为男子汉必备的三种技艺。随着历史的发展,那达慕所举办的项目有所拓展,增加了投掷、马球等,场面盛大。

元代,每年农历六月初三日要在上都(今内蒙古自治区锡林郭勒盟正蓝旗境内)或大都(今北京)举行国家级那达慕,又名"诈马宴"。届时,蒙古宿卫大臣及近侍们盛饰名马,穿着贵服参列宴会,设"毡殿失剌斡耳朵(即帐房),深广可容数千人"[1],以观赏"诈马宴"的角力、骑术、歌舞等。元代诗作中有不少关于"诈马宴"的赋诗,如贡师泰的《上都诈马大宴五首》、郑泳的《诈马赋》等,尤以周伯琦的《诈马行》最为著名。

摔跤是那达慕最引人瞩目的项目。摔跤在蒙古语中称为"搏克",摔跤手在蒙古语中叫"搏克庆"。蒙古族的摔跤活动独具特色,不仅表现在服饰上,而且比赛规则也十分特别,被誉为蒙古式摔跤。摔跤手须穿着一种特制的民族摔跤服,上

---

[1] 陈衍:《元诗纪事》卷十一,上海古籍出版社1987年版,第246页。

饰精美的龙形、鸟形等图案，下着绸料制成的套裤，宽大处有褶皱，双膝处绣制五彩图案，腰缠宽皮带或绸带。蒙古社会选举部落首领、定夺汗位继承人或选拔将领等，要以"男儿三艺"中的摔跤能力作为重要的选拔标准。元代将摔跤称为"巴领勒部"，《元史》中的"角抵""方戏"，指的就是摔跤。倘若摔跤成绩较好，还会得到朝廷赏赐。《元史·武宗本纪》记载："至大三年（1310）四月辛未，赐角者阿力银千两，钞四百锭。"

（二）泼水节

泼水节，又名"佛诞节"，是傣族最为隆重、最富民族特色的节日。

泼水节于每年4月13至15日举行，这段时间为傣历新年。泼水节一般要持续3至7天。据说，泼水节源于印度婆罗门教，是一种宗教仪式，后被佛教汲取。是日众僧要去河边沐浴，以洗涤身上的罪恶，祈祷佛祖保佑。随着佛教的广泛传播，泼水节经东南亚传入云南，成为傣族重要的节日。

泼水节的第一天清晨，虔诚的人们要沐浴更衣，身着彩服，纷纷到寺庙拜佛。人们还在寺院里用沙堆砌一座宝塔，然后围塔环坐，聆听佛教僧侣讲经诵法。中午时分，将一尊佛像置于院内，并担来澄澈的清水，施行浴佛礼，用清水为佛像洗去尘埃。

泼水节的第二天，便迎来隆重的泼水活动。在傣族人看来，所泼之水象征着幸福安康，可以消灾祛病，所以泼得越多越好。泼水有文泼与武泼两种。文泼指的是对长者的泼水形式，泼水时舀起一勺清水，一边说着祝福语，一边拉开对方的衣领，让水沿着脊背流下去。武泼则是尽情地自由泼洒。人们纷纷挑着水桶，或手捧脸盆和铜钵，纷涌至大街小巷，逢人便泼洒清水，一片欢声笑语。此外，还要在澜沧江上举行划龙船比赛。龙船是木制的，上面装饰有彩花，格外鲜艳、喜庆。也有仿效孔雀或大鱼形象的木船。赛船上一般坐有数十名男女桨手。比赛开始后，选手们用劲全力划桨，朝终点冲刺。两岸观众人山人海，欢呼喝彩声与欢快激奋的锣鼓声，震耳欲聋。获胜赛手，到主席台前领取奖品，并举行盛大的庆祝宴会。

第二节　传统饮食文化

中国幅员辽阔，物产丰盈，在不同的自然环境下，形成了颇具地域和民族特色的饮食文化。南方以种植水稻为主，故南方人喜爱米食。北方以种植小麦和杂粮为主，故北方人喜爱面食。此外，还有糕点、汤羹等副食。经过历史的发展，还产生了独具地方风味的"八大菜系"，以及供皇室专享的"宫廷菜"。

一、主食

《黄帝内经》认为,"五谷为养,五果为助,五畜为益,五菜为充,气味合而服之,以补精益气"。根据制作原料的不同,主食可以分为米食和面食两大类。

(一) 米食

米食是由大米食材烹制而成的食物。米饭是南方人日常最主要的食物,《周礼》和《礼记》中就有用糯米做饭的记载。早期先民是将大米烹制成蒸饭食用,《诗经》记载:"释之叟叟,烝之浮浮。"秦汉时期,米饭被称为"糒"。《说文解字》中说"糒,干也",指的是干饭,"饭而曝干之也"。利用不同种类的米,可以制作各类米饭,诸如大米饭、小米饭、糯米饭等,吃起来口感各有不同。糯米饭香糯黏滑,营养丰富。小米饭口感较为生硬,但营养价值丰富,易于人体吸收。

汉代时,出现"卵火高",即类似蛋炒饭的食物。在湖南长沙马王堆汉墓发现的竹简中,就有关于"卵火高"的记载。据考证,这是一种用黏米饭加鸡蛋制成的食物。随着生产力水平的不断提高,人们不断对它进行改良,形成了种类繁多、配料各式、炒法不同的蛋炒饭,其中尤以扬州炒饭著称于世。

盖浇饭,就是浇盖菜卤的米饭。盖浇饭可追溯至西周时期,彼时被称为"淳熬",列入当时饮食的八珍之一。《礼记·内则》中记载了淳熬的制法:"煎醢加于陆稻上,沃之以膏,曰淳熬。"醢指的是肉酱,陆稻指的是北方广泛种植的黄米和小米。隋唐时期,淳熬有一个独特新颖的名字——"御黄王母饭",被列入唐代"烧尾宴"中,成为一道传世名菜。盖浇饭用肉丝、鸡蛋做配菜,色形味俱佳。如今,由于地域文化和风俗差异,盖浇饭的做法和用料各不相同,现代常见的烩饭、碟头饭、咖喱土豆饭等,都是现代盖浇饭的一部分。

粥,又被称为"糜",它是将稻米、小米、玉米等五谷食材烹煮至稠糊状而成。《逸周书》称"黄帝始烹谷为粥"。汉刘熙在《释名》中言:"煮米使糜烂也。"随着中医理论的发展,粥逐渐被引入药用。西汉的名医淳于意,就在为齐王治病中使用了"火齐粥"。东汉张仲景在《伤寒论》中记载,"桂枝汤,服已须臾,啜热稀粥一升余,以助药力"。魏晋时,粥的食用和药用功能得到有效融合。宋元以后,粥的种类渐趋丰富。南宋周密在《武林旧事》中记载有七宝素粥、五味粥、糖粥、糕粥、馓子粥、绿豆粥等十余种粥品。明代名医李时珍,在其所著《本草纲目》中就记载有50多种不同类型的粥。清代黄云鹄编纂了中国最早的药粥专著《粥谱》,收录了240多种不同的粥。

米线,是将大米等原料进行加工形成类似面条状的食物,又称为"粲"。北魏时期贾思勰的《齐民要术》中,详细记录了粲的制作方法。宋代米线称为"米缆",能脱水干制。南宋陈造的《江湖长翁诗钞·旅馆三适》中有关于米线的记载:"粉之且缕之,一缕百尺强。匀细茧吐绪,洁润鹅截肪。吴依方法殊,楚产可倚墙。嗟此玉食品,纳我蔬簌肠。匕箸动辄空,滑腻仍甘芳。"明清时期,米线被称为"米栏"。在各地众多的米线中,云南米线最为著名,如蒙自过桥米线、玉溪小锅米线等。

米粉,使用大米为原料,经浸、蒸、煮、压等多道工序,最终制成呈条状、丝状制品。米粉形似米线,却并不是米线,这是由于在其中添加了红薯粉、土豆粉等辅料,使米粉在口感、保存等方面与米线呈现出一定的差异。米粉的制作历史悠久。相传,秦始皇派兵远征南方,秦军多为陕西人,习惯于面食,南方却不产小麦。为此,军中厨师将大米磨制成粉,然后制成面条状,成为最早的米粉。米粉从特征看,质地非常柔韧,弹性十足,水煮后不易烂,干炒后也不易断,还可以搭配各种菜品、汤料等或煮或炒,易入味且口感爽滑。米粉的品种也十分多样,大致可以分成方块米粉、排米粉、湿米粉、干米粉、波纹米粉、银丝米粉等。比较有名的米粉有抚州米粉、长寿米粉、尚文米粉、河源米粉、安义米粉、兴化米粉、常德米粉、桂林米粉和邵阳米粉等。

米豆腐,是一种流行于中国西南地区的独特食物。大米经过淘洗和浸泡,加入水,磨成米浆,再在其中加入碱,经过熬制和冷却,最终形成一块块类似"豆腐"的食物。食用时,将米豆腐切成小片放入凉水中,再捞出来盛入容器,将切好的大头菜、咸菜、酥黄豆、葱花等佐料与汤汁放上即可。在众多的米豆腐中,尤以湘西和贵州米豆腐最为著名。湘西的米豆腐,口感爽滑,气味清香,常用香油与辣椒等配料,汇聚香、辣、鲜等多种味道,让人吃后回味无穷。贵州的米豆腐有思南米豆腐、印江米豆腐、江口米豆腐、贵阳米豆腐等。

(二) 面食

不同于南方人的食用稻米,北方的人们则以面食为主。面食,以小麦磨成面粉后制作而成。中国的面食源远流长,味道多样,品种丰富。传统的面食,在北方有面条、大饼、饺子等,南方则有烧卖、包子、春卷等。此外,各地面食颇具地方与民族风情,如北京的焦圈、天津的狗不理包子、太原的刀削面、兰州的拉面、山东的打卤面、河南的烩面、江苏的蟹黄烧卖、上海的南翔小笼包、新疆的烤包子等。

中国人吃面的历史由来已久。汉代时,出现各类面食,人们称之为"饼"。因为要用水进行烹煮,所以当时的面条就被称为"汤饼"。《齐民要术》记载,有水引饼,"一尺一断,薄如韭叶",与现在的面条十分相似。到了唐代,有一种过水凉面,称为"槐叶冷淘",是用槐树的芽汁加水后,和面制成,诗圣杜甫吃后,留下了"经齿冷于雪"的诗句。宋代,面条的种类已经多样。在南宋孟元老所著《东京梦华录》、吴自牧所著《梦粱录》和周密所著《武林旧事》等文献中,记载的面条食品已经有三四十种之多。宋代出现了为庆贺生日而专门制作的长寿面,苏东坡在《贺人生子》中说，"甚欲去为汤饼客，惟愁错写弄獐书"。元代时，出现了可以长期保存的挂面，明代出现了技艺高超的抻面，清代有五香面和八珍面。根据地域和风味，我国有五大名面之说，即两广的伊府面、山西的刀削面、北方的炸酱面、四川的担担面及武汉的热干面。此外，甘肃兰州的拉面、江南地区的阳春面等也颇为著名。

包子，可追溯至三国时期。北宋高承《事物纪原》中记载，三国时期，诸葛亮带领大军南征孟获，过江时有人劝他用人头祭祀神灵，以求得神灵帮助，诸葛亮不愿杀生，便以猪羊肉制馅，以面皮包裹后，做成人头的形状，用以祭祀神灵。早期的包子称为馒头，到了唐宋时期，包子被称为笼饼，陆游有诗《蔬园杂咏》说道："便觉此身如在蜀，一盘笼饼是豌巢。"据说"蜀中杂彘肉作巢馒头，佳甚。唐人正谓馒头为笼饼"。北宋时，出现了包子之名。南宋都城临安，有专门的"包子酒店"，除各色肉包之外，还销售"灌浆馒头"，类似于现在的灌汤小笼。南宋吴自牧的《梦粱录》列出了包子的花色品种，如水晶包、鹅鸭包、虾鱼包、蟹肉包等。包子与馒头的称谓，直到清代才逐渐分开。吴敬梓在《儒林外史》中写道："厨下捧出汤点来，一大盘实心馒头，一盘油煎的杠子火烧。"这里说的馒头是没有馅的。现在的包子一般用面粉发酵而成，大小依据馅心有所不同。最小的称为小笼包，其他依次为中包、大包。常用的馅心有肉、芝麻、豆沙、干菜肉等。闻名遐迩的包子有天津狗不理包子、上海南翔小笼包、新疆烤包子、广东叉烧包等。

烧卖，又名"烧麦""肖米""稍麦""稍梅""烧梅""鬼蓬头"，是一种以烫面为皮裹馅上笼蒸熟的面食小吃。从形制上看，烧卖的顶端蓬松，如包装好的花束，馅多皮薄，清香可口，兼有小笼包和锅贴的优点。烧卖最早的史料记载，源于14世纪朝鲜出版的汉语教科书《朴事通》，"皮薄肉实切碎肉，当顶撮细似线梢系，故曰稍麦"，"以面作皮，以肉为馅当顶做花蕊，方言谓之烧卖"。明洪楩编著的《清平山堂话本》记载："烧卖匾食有何难，三汤两割我也会。"《金瓶梅词话》中有"桃花烧卖"的记载。清杨米人在《都门竹枝词》中说："烧卖馄饨列满盘，新添挂粉好汤团。"烧卖用面特殊，多以开水来和面。这时面已半熟，再加入冷水和面，增加面成型的能力，然后用中间粗、两头有把的特殊擀面杖擀皮，擀出的皮薄而不平，中间放馅，一提成型，上屉蒸熟。烧卖所用的馅料多为糯米、萝卜、白菜、瘦肉等。

饺子，北方人过春节时喜食。大年除夕包饺子，取谐音"更岁交子"之意。唐时饺子流行，称为"扁食"。明代刘若愚《明宫史·火集》谓："五更起，饮椒柏酒，吃水点心，即扁食也。或暗包银钱一二于内，得之者卜一岁之吉。"清末富察敦崇在《燕京岁时记》中记载："元旦子时，盛馔同离，如食扁食，名角子，取其更岁交子之义。"饺子皮薄馅嫩，味道鲜美，形状独特，百食不厌，民间有"好吃不过饺子"的俗语。如今，饺子已发展出水饺、蒸饺、煎饺等。饺子皮可用烫面、油酥面或粉制作，馅料可荤可素、可甜可咸。各地饺子品种甚多，如广东用澄粉做的虾饺、上海的锅贴饺、扬州的蟹黄蒸饺、山东的高汤小饺、东北的老边饺子、四川的钟水饺等。

饼，历史十分悠久，西汉时已有饼铺。魏晋时，饼的样式渐多，出现了蒸饼、炉饼。蒸饼是笼屉蒸熟的饼，类似于馒头。北宋仁宗时，为避皇帝名讳，改称为炊饼，《水浒传》中的武大郎就以卖炊饼为生。炉饼是在火上烤熟的，又名胡饼、麻饼，类似于今天的烧饼。明代刘若愚《酌中志》记载："二月初二日……各家用黍面枣糕，以油煎之，或白面和稀，摊为煎饼，名曰'熏虫'。"清代蒲松龄《煎饼赋》有云："一翻手而覆手，作十百于俄顷。圆如望月，大如铜钲，薄似剡溪之纸，色似黄鹤之翎。"生动描写了山东煎饼的形状。根据制作工艺和风味的不同，饼可以分为家常饼、宫廷饼、婚宴饼、蒸饼、烤饼、烙饼等。

二、副食

副食是指与主食相对应的辅助性食物，主要有糕点和汤羹两类。

（一）糕点

糕点是指以面粉、米粉、蛋、油脂、糖、乳品等为主要原料，配以各种辅助的馅料、调味料等，经过初加工成形后，再用烤、炸、蒸、炒等烹饪方法制成的食品。糕点是糕饼和点心的统称。糕饼又分为糕和饼两种，成品通过隔火炖、蒸、炊等称为糕，用炉火烘烤制成的称为饼。

糕点起源于商周时期。相传武王伐纣，纣王派闻太师出征。闻太师深谙兵贵神速之道，为减少军队的做饭时间，便命部下制作一种名叫糖烧饼的干粮，即最早的糕点，闻太师也因此被历代糕点业者奉为祖师爷。周代时，已经有了早期的糕点。《周礼·天官》记载，"（笾人）羞笾之实，糗饵粉糍"。糗是指炒面或炒米粉，饵是指糕饵或米饵，粉糍是用米粉或米为原料制作的食品。唐宋时，糕点的制作技术不断提高，长安就有糕点铺，并有专业的饼师。白居易《寄胡饼与杨万州》云："胡麻饼样学京都，面脆油香新出炉。寄与饥馋杨大使，尝看得似辅兴无？"明清时期，传统的制饼技艺得到继承和发展，同时随着各民族的交流，少数民族的糕点制品也传入中原地区。明清御膳房设有专门的饼师，皇帝常以糕点赏赐大臣。晚清时，蛋糕、薄饼等西式糕点传入中国。如今，糕点种类繁多，花样各异，有油酥的、混糖的、浆皮的、炉糕的、蒸糕的、酥皮的、油炸的等。按地域分，则有京式、苏式、广式、闽式、潮式、扬式、宁绍式、川式等。

（二）汤羹

汤羹以液体的汤汁呈现出菜肴的特色，以饮品、调味品、增鲜剂等功能来提升食物质量。明末李渔在其所著《闲情偶寄》一书中总结："宁可食无馔，不可饭无汤。有汤下饭，即小菜不设，亦可使哺啜如流。无汤下饭，即美味盈前，亦有时食不下咽。"汤羹历史十分悠久，相传"轩辕造粥、饭、羹、炙、脍"。商周时，汤羹成为人们日常所食用的重要肴馔。《礼记》记载："羹食，自诸侯以下至于庶人，无等。"唐代孔颖达对此解释说："羹之与饭是食之主，故诸侯以下无等差也，此谓每日常食。"随着烹饪方法和技巧的不断发展，汤羹的品种也不断增加和创新。周代时期，烹制汤羹已经有了肉羹和菜羹的区别。汉代佐饭菜肴，一般都要烹制汤羹，富裕者吃肉羹，贫贱者吃菜羹。魏晋南北朝以后，汤羹发展迅速，其品种与类型日益增多，不但做汤的原料大量增加，烹调汤羹的技艺也得以大幅提升。除传统的肉羹、菜羹外，还有鱼羹、甜羹和各种花样汤羹。《齐民要术》中记载了多种烹羹方法，如羹腥法、猪蹄酸羹、胡麻羹、瓠叶羹、鳢鱼汤等。明清时，由于饮食水平的提高，肴馔种类日益丰富，汤羹已不再作为餐案主菜，但出现了燕窝汤、鱼翅羹等高档汤羹。

汤羹的功用大致可以分为四大类：肴馔、提味、饮料、食疗。肴馔的汤多以菜品的形式出现，用于吃饭时的佐餐。提味的汤主要用于烹调，一般是厨师用来增鲜、提鲜的。饮料的汤则用于配制饮料，既可佐餐，也可日常饮用。食疗的汤则用于养生保健，是一种具有特殊功效的饮品。

三、传统菜系

中国饮食因地域、气候、物产等不同，形成了各地自成体系的烹饪技艺和风味。鲁、川、粤、苏、浙、闽、湘、徽八大菜系，是中国饮食文化的精华和代表。

鲁菜产生于山东一带，以咸、鲜为主，善于把握火候，精于制汤，尤以善烹海鲜著称。烹调技法以爆、扒为独特和专长。著名的菜品有油爆双花、红烧海螺、蟹黄鱼翅、扒原壳鲍鱼、绣球干贝等。

川菜产生于四川一带，食材广泛，味道多变，基本味有酸、麻、辣、咸、甜、苦等六种，擅长对味道主次、浓淡、多寡的把握。菜肴的品式丰富，口味注重清、鲜、醇、浓，尤以麻辣为特色，烹饪的方法也别具一格。著名的菜品有四川火锅、水煮鱼、回锅肉、麻婆豆腐、鱼香肉丝、水煮肉片等。

粤菜产生于广东一带，食材广泛，口味以清、鲜、嫩为主，同时讲究时令，夏秋力求清淡，冬春偏重浓郁。在烹饪方法上，种类繁多，尤以炒、煎、焖、炸、扣、煲、炖等方法见长，注重色、味、香、形。著名的菜品有五蛇羹、烤乳猪、龙虎凤、冬瓜盅、白切鸡、白灼虾、明炉乳猪、挂炉烧鸭、油泡虾仁、红烧大裙翅、清蒸海鲜、虾籽扒婆参、烧雁鹅等。

苏菜主要产生于江苏一带，擅长于炖、焖、煨、焐等技法，菜肴雅丽清新，刀工精细考究，刀法类型多变。在烹饪方法上，追求原味，注重调汤，做出的菜肴酥松脱骨而不失其形，滑嫩爽脆而不失其味。著名的菜品有清汤火方、蟹粉狮子头、鸭包鱼翅、水晶肴蹄、松鼠鳜鱼、西瓜鸡、盐水鸭、清炖甲鱼、鸡汁煮干丝等。

浙菜主要产生于浙江一带，擅长炒、炸、烩、溜、蒸、烧等烹调技法。菜式种类丰富，精致小巧，菜品软脆清爽，滑嫩鲜美。著名的菜品有油焖春笋、西湖醋鱼、苔菜拖黄鱼、龙井虾仁、雪菜大汤黄鱼、木鱼大烤、冰糖甲鱼、锅烧鳗、溜黄青蟹、宁波烧鹅、糟熘虾仁、干菜焖肉、鉴湖鱼味、清蒸鳜鱼等。

闽菜主要产生于福建，以海鲜、山珍为主要原料，以味道为中心，刀工严谨巧妙，擅长溜、蒸、炒、煨、炖等常用技法。在菜肴上，精于汤菜，味道清鲜，特色调味，烹饪细腻。著名的菜品有红糟鸡、佛跳墙、淡糟香螺片、福州鱼丸、闽生果、鸡汤氽海蚌等。

湘菜主要产生于湖南，注重刀工和调味，长于煎、炒、煨、炖、蒸、溜等烹饪技法，以辣为主，辣中带酸，以制作酸辣菜和各色小吃有名。著名菜品有腊味合蒸、剁椒鱼头、安东仔鸡、组庵鱼翅、百鸟朝凤等。各色小吃则有长沙臭豆腐、长沙米粉、刮凉粉、常德（津市）牛肉米粉、口味虾、浏阳火培鱼等。

徽菜主要产生于安徽的皖南地区，以烧、炖、蒸等烹饪手法为特色，注重菜肴的油、色和火功三方面。食材来源强调就地取材，以鲜制胜。精于对火候的把握，功力独到。追求天然食材，注重以食养身。著名的菜品有臭鳜鱼、清蒸石鸡、虎皮毛豆腐、火腿炖甲鱼、问政山笋、一品锅等。

四、宫廷菜

宫廷菜，是指供应古代帝王、皇室享用的菜肴。宫廷菜的发展有着悠久的历史。早在商代，烹饪鼻祖伊尹给商汤所列菜单，可以说是最早的宫廷菜单。周代时，宫廷菜的内涵不断丰富。据《周礼》记载，君王所食用的菜肴，在食材的选用、甄鉴、搭配、加工、火候，以及制成后的色、香、味、形、器等方面均有相应要求，其中规定"凡王之馈，食用六谷，膳用六牲，饮用六清，馐用百有二十品，珍用八物，酱用百有二十瓮"，并将宫廷菜规格化、法制化，对后世影响甚远，"周八珍"成为宫廷菜的典范。秦汉以后，宫廷菜的食材丰富，烹饪方法多样。魏晋时，宫廷菜融入了少数民族风味。元代时，宫廷菜特别注重食疗功效。清代是宫廷菜的鼎盛时期，康乾时期产生了"千叟宴""满汉全席"等。

宫廷菜的特点表现在以下几方面：一是食材广泛，用料精严。历代君王将天下视为己有，天下珍品均进贡给帝王享用。伊尹在给商汤的菜单中，就列有"猩猩之唇，獾獾之炙，隽燕之翠"等名贵珍馐。二是围配镶酿，技法互通。宫廷菜除注重色、香、味、形之外，还讲究围、配、镶、酿等技法。围指以素围荤，以小围大。鸡鸭鱼等荤菜制成后，其外围要用时令素菜围起来，突出主料，有荤有素。配是指菜品的食材要成双结对，协调搭配。镶是指以一种食材点缀在另一种食材中，以增强艺术感或美感。酿是指将食材加工成泥、丝、粒等，涂抹在食材体内，使菜肴成品完整饱满，鲜香异常。三是刀工独特，调味严谨。宫廷菜对刀工有严格要求，每道工序都要求刀工严谨，味、形均要求协调考虑，使用的调料在选择和制作上也颇为讲究。四是菜名雅致，富有诗意。宫廷菜多以富贵吉祥的名字命名，如"龙凤呈祥""二龙戏珠"等。五是餐具精美，规格有序。宫廷菜所用的餐具十分精美，精美典雅、规格有序的餐具与人间美味交相辉映，浑然一体。

☞ 参考文献

［1］赵东玉：《中华传统节庆文化研究》，人民出版社2002年版。
［2］季诚迁：《少数民族节日》，中国社会出版社2011年版。
［3］王学泰：《华夏饮食文化》，商务印书馆2013年版。
［4］赵荣光：《中国饮食文化史》，上海人民出版社2014年版。
［5］董强：《中国民俗文化丛书》，安徽人民出版社2013年版。

中国的世界文化遗产

几千年中华文化，随着时间的冲蚀，历经现代性的筛择，以"物质"形态凝固成"有形"记忆，以"非物质"形态"无形"地流淌在当下社会生活中，汇通合流成我国文化遗产体系，其中的世界文化遗产是历史时期社会发展的一座座巅峰。

第一节　中国的世界文化遗产谱系

世界文化遗产特指依据1972年联合国教科文组织《保护世界文化和自然遗产公约》所遴选的缔约国文化遗产，这里仅指物质类遗产。21世纪初，联合国教科文组织又开展了人类非物质文化遗产的评选和保护工作，这两者合璧成为世界文化遗产的主体。从广义上来说，"全球重要农业文化遗产""世界灌溉工程遗产"和"世界记忆名录"等也等同于世界文化遗产。

一、主体名录

（一）世界遗产之文化遗产

《保护世界文化和自然遗产公约》的独特性在于将保护、再塑自然生态和文化生态并重，这是人类迈向现代文明理性阶段的共识、共举。据此公布的世界遗产名录，有自然遗产、文化遗产（包含文化景观遗产）及文化和自然混合遗产，除自然遗产之外的可统称为世界文化遗产。其标示如图1：

图1　联合国教科文组织采用的世界遗产标示及应用在中国的标示

根据联合国教科文组织 2017 年最新修订的操作指南，列入此类名录必须符合以下一项或多项标准："（i）作为人类天才的创造力的杰作；（ii）在一段时期内或世界某一文化区域内人类价值观的重要交流，对建筑、技术、古迹艺术、城镇规划或景观设计的发展产生重大影响；（iii）能为延续至今或业已消逝的文明或文化传统提供独特的或至少是特殊的见证；（iv）是一种建筑、建筑或技术整体、或景观的杰出范例，展现人类历史上一个（或几个）重要阶段；（v）是传统人类居住地、土地使用或海洋开发的杰出范例，代表一种（或几种）文化或人类与环境的相互作用，特别是当它面临不可逆变化的影响而变得脆弱；（vi）与具有突出的普遍意义的事件、活传统、观点、信仰、艺术或文学作品有直接或有形的联系（委员会认为本标准最好与其他标准一起使用）。"另外，文化景观、历史城镇和城镇中心、遗产运河、遗产线路等特殊的遗产类型，还有更详细的指南。[1]

截至 2017 年，全球已遴选出的世界文化遗产共有 867 处。其中，文化遗产 832 处、文化和自然混合遗产 35 处。[2]中国有 40 处，世界排名第二，详见表 1。

表 1　中国的世界遗产（文化遗产）名录

序号	名录名称	登录年份	扩展年份	所在地域	备注
1	明清故宫	1987 年（北京故宫）	2004 年（沈阳故宫）	北京市东城区、辽宁省沈阳市	
2	秦始皇陵及兵马俑坑	1987 年		陕西省西安市	
3	莫高窟	1987 年		甘肃省敦煌市	
4	长城	1987 年	2002 年（辽宁九门口长城）	黑龙江省、辽宁省、吉林省、河北省、河南省、北京市、天津市、山西省、山东省、内蒙古自治区、陕西省、宁夏回族自治区、甘肃省、青海省、新疆维吾尔自治区	
5	泰山	1987 年		山东省泰安市、济南市	文化和自然混合遗产
6	周口店北京人遗址	1987 年		北京市房山区	

---

[1] 中国古迹遗址保护协会译：《实施〈世界遗产公约〉操作指南》，第 16—17 页，2017 版（中文版），见中国古迹遗址保护协会网站，http://www.icomoschina.org.cn。

[2] World Heritage List，见联合国教科文组织网站，http://whc.unesco.org/en/list/。

续表

序号	名录名称	登录年份	扩展年份	所在地域	备注
7	黄山	1990 年		安徽省黄山市	文化和自然混合遗产
8	承德避暑山庄及其周围寺庙	1994 年		河北省承德市	
9	曲阜孔庙、孔林和孔府	1994 年		山东省曲阜市	
10	武当山古建筑群	1994 年		湖北省丹江口市	
11	拉萨布达拉宫历史建筑群	1994 年（布达拉宫）	2000 年（大昭寺）、2001 年（罗布林卡）	西藏自治区拉萨市	
12	庐山国家公园	1996 年		江西省九江市	
13	峨眉山-乐山大佛	1996 年		四川省乐山市	文化和自然混合遗产
14	丽江古城	1997 年		云南省丽江市	
15	平遥古城	1997 年		山西省平遥县	
16	苏州古典园林	1997 年（拙政园、留园、网师园、环秀山庄）	2000 年（狮子林、沧浪亭、退思园、耦园、艺圃）	江苏省苏州市	
17	北京皇家园林：颐和园	1998 年		北京市海淀区	
18	北京皇家祭坛：天坛	1998 年		北京市东城区	
19	大足石刻	1999 年		重庆市大足区	
20	武夷山	1999 年（福建武夷山）	2017 年（江西武夷山）	福建省武夷山市、江西省铅山县	文化和自然混合遗产
21	皖南古村落：西递、宏村	2000 年		安徽省黟县	
22	明清皇家陵寝	2000 年（明显陵、清东陵、清西陵）	2003 年（明孝陵、明十三陵）；2004 年（盛京三陵）	湖北省钟祥市、河北省遵化市、河北省易县、江苏省南京市、北京市昌平区、辽宁省新宾满族自治县及沈阳市	
23	青城山-都江堰	2000 年		四川省都江堰市	

续表

序号	名录名称	登录年份	扩展年份	所在地域	备注
24	龙门石窟	2000 年		河南省洛阳市	
25	云冈石窟	2001 年		山西省大同市	
26	高句丽王城、王陵及贵族墓葬	2004 年		辽宁省桓仁县、吉林省集安市	
27	澳门历史城区	2005 年		澳门特别行政区	
28	殷墟	2006 年		河南省安阳市	
29	开平碉楼与村落	2007 年		广东省开平市	
30	福建土楼	2008 年		福建省永定县、南靖县、华安县	
31	五台山	2009 年		山西省忻州市	
32	登封"天地之中"历史建筑群	2010 年		河南省登封市	
33	杭州西湖文化景观	2011 年		浙江省杭州市	
34	元上都遗址	2012 年		内蒙古自治区锡林郭勒盟正蓝旗	
35	红河哈尼梯田文化景观	2013 年		云南省红河哈尼族彝族自治州	
36	大运河	2014 年		北京市、天津市、河北省、山东省、安徽省、江苏省、浙江省、河南省	
37	丝绸之路:长安—天山廊道的路网	2014 年		中国(河南省、陕西省、甘肃省、新疆维吾尔自治区),哈萨克斯坦,吉尔吉斯斯坦	
38	土司遗址	2015 年		湖南省永顺县、湖北省咸丰县、贵州省遵义市	
39	左江花山岩画	2016 年		广西壮族自治区崇左市	
40	鼓浪屿:历史国际社区	2017 年		福建省厦门市	

资料来源:《中国的世界遗产》《世界文化遗产在中国》,国家文物局网站,http://www.sach.gov.cn。

从分布来看，世界遗产之文化遗产集中分布在25°N到45°N及100°E到120°E之间，多位于胡焕庸线东南侧，即中国地形地貌第二级阶梯和第三级阶梯上，因为这类阶梯上的地面高程、生物气候适宜于人类活动。从省际或地域上来看，北京及其周边地区以及黄河中下游、长江中下游的文化遗产分布更为密集。[1] 名列在前的有北京（7项）、河南（6项）、山东（4项）、山西（4项）、陕西（4项）等，这与传统农业社会文明发展的地域分布特征基本吻合。

（二）人类非物质文化遗产

2001年，联合国教科文组织公布了首批"人类口头和非物质遗产代表作"。2003年，又通过了《保护非物质文化遗产公约》，并正式启用人类非物质文化遗产称谓。2006年，该公约生效。公约将非物质文化遗产定义为被各社区群体、有时为个人视为其文化遗产组成的各种社会实践、观念表述、表现形式、知识、技能及相关工具、实物、手工艺品和文化场所。它包括以下五个方面：（1）口头传统，及其作为载体的语言；（2）表演艺术；（3）社会风俗、礼仪、节庆活动；（4）有关自然界和宇宙的知识和实践；（5）传统手工艺。[2] 另外还包括"文化空间"。

人类非物质文化遗产共有三种类型："人类非物质文化遗产代表作名录""急需保护的非物质文化遗产名录"和"非物质文化遗产优秀实践名册"，后两者在遗产价值上同于第一种，但它们更侧重于当前现状，即分别处于严重濒危而急需保护、传承有效而堪称典范。其共同标示如图2，且一般与联合国教科文组织的徽标关联使用。

图2 联合国教科文组织徽标及人类非物质文化遗产标示

截至2017年，中国人类非物质文化遗产名录共计登录39项，总数居世界第一，见表2。

---

[1] 曹佩菊、吴立：《中国世界遗产的空间观察与特征分析》，《资源开发与市场》2016年第5期。
[2] 罗薇：《名录申报与非物质文化遗产保护———以"人类非物质文化遗产代表作名录"为例》，《民族艺术》2010年第2期。

表 2　中国的人类非物质文化遗产名录

名录序号	名录类型	名录名称	入选年份
1	人类非物质文化遗产代表作名录（共31项）	昆曲	2001 年
2		古琴艺术	2003 年
3		新疆维吾尔木卡姆艺术	2005 年
4		蒙古族长调民歌（与蒙古国共同申报）	
5		中国书法	2009 年
6		中国篆刻	
7		中国剪纸	
8		中国雕版印刷技艺	
9		中国传统木结构营造技艺	
10		南京云锦织造技艺	
11		中国传统桑蚕丝织技艺	
12		端午节	
13		龙泉青瓷传统烧制技艺	
14		宣纸传统制作技艺	
15		中国朝鲜族农乐舞	
16		格萨（斯）尔	
17		侗族大歌	
18		花儿	
19		玛纳斯	
20		中国蒙古族呼麦	
21		南音	
22		热贡艺术	
23		藏戏	
24		西安鼓乐	
25		粤剧	
26		妈祖信俗	
27		中医针灸	2010 年
28		京剧	
29		中国皮影戏	2011 年
30		中国珠算	2013 年
31		二十四节气——中国人通过观察太阳周年运动而形成的时间知识体系及其实践	2016 年

续表

名录序号	名录类型	名录名称	入选年份
32	急需保护的非物质文化遗产名录（共7项）	羌族农历新年	2009年
33		黎族传统纺染织绣技艺	
34		中国传统木拱桥营造技艺	
35		麦西热甫	2010年
36		中国水密隔舱福船制造技艺	
37		中国活字印刷术	
38		赫哲族伊玛堪说唱	2011年
39	非物质文化遗产优秀实践名册（最能体现《公约》原则和目标的计划、项目和活动）（共1项）	福建木偶戏传承人培养计划	2012年

合计39项（说明：昆曲、古琴艺术、新疆维吾尔木卡姆艺术和蒙古族长调民歌分别于2001年、2003年和2005年入选时，为"人类口头和非物质遗产代表作"。2008年，它们被自然纳入"人类非物质文化遗产代表作名录"。

资料来源：联合国教科文组织亚太地区非物质文化遗产国际培训中心网站，www.crihap.cn。

　　人类非物质文化遗产的分布充分体现出我国文化多元融合的特征。一方面，边疆及少数民族地区分布较多，共计13项，占1/3，这与前述物质类的世界文化遗产呈互补。特别是有关民间歌舞、说唱、史诗等类型的人类非物质文化遗产基本上集中于少数民族，这与少数民族自古以来的生活方式密切关联。而且，边疆及少数民族的人类非物质文化遗产项目承载、传承的往往是一个民族的综合面相，展陈这个民族的过往和现在，蕴含其宇宙观、价值观、审美观及信仰、习俗。例如新疆维吾尔木卡姆艺术，囊括了新疆维吾尔族各聚居区形形色色的木卡姆。其在艺术形式上，将歌、舞、乐、诗融于一体；在艺术来源上，将历史上活跃于西域各古代民族的艺术融为一体。[1]这些"非遗"项目对于某些民族来说，还具有"特别记忆"价值，黎族、赫哲族都是只有语言没有文字的民族，千百年来，黎族传统纺染织绣技艺是黎族人，尤其是黎族女性心灵的书写和记载，赫哲族的伊玛堪说唱这种代代相传、口口相承的形式记载着这个民族的履历和风情。

　　另一方面，同一名录实则综合、融合了全国各地多种流派、风格，例如昆曲、古琴艺术、端午节、中国传统木拱桥营造技艺、中国书法、中国剪纸和中国篆刻等。中国传统建筑木结构营造技艺包含北京四合院传统营造技艺、徽派传统民居营造技艺、香山帮传统建筑营造技艺、闽南民居营造技艺，其风格迥异，但都具

[1]《"中国新疆维吾尔木卡姆艺术"简介》，中国网2009年9月1日，http://www.china.com.cn/zhuanti2005/txt/2009-09/01/Content_7123311.htm。

有木制、榫卯结构、模数制等鲜明共性。即便是流行于全国各地、文化事项相近的端午节，湖北省秭归县"屈原故里端午习俗"、黄石市"西塞神舟会"、湖南省汨罗市"汨罗江畔端午习俗"、江苏省苏州市"苏州端午习俗"（纪念伍子胥）和浙江省的端午习俗各具特色，因此分别作为这项世界文化遗产的子项目。

二、外延名录

这主要包括"全球重要农业文化遗产""世界灌溉工程遗产"和"世界记忆名录"。其中，前两者立足于当今仍在发挥作用，以及其在独特性、创造性、可持续性及人与环境协调性方面的典范和丰碑。而"世界记忆名录"则是收录具有"世界意义"的文献遗产，主要针对手稿、图书馆和档案馆保存的任何介质的珍贵文件及口述历史的记录。[1] 截至2017年，中国的名录情况详见表3：

表3 中国的世界文化遗产之外延名录

名录类型	颁布机构	名录名称	登录时间
全球重要农业文化遗产	联合国粮农组织	浙江青田稻鱼共生系统	2005年
		江西万年稻作文化系统	2010年
		云南红河哈尼稻作梯田系统	
		贵州从江侗乡稻鱼鸭系统	2011年
		内蒙古敖汉旱作农业系统	2012年
		云南普洱古茶园与茶文化系统	
		浙江绍兴会稽山古香榧群	2013年
		河北宣化城市传统葡萄园	
		江苏兴化垛田传统农业系统	2014年
		陕西佳县古枣园系统	
		福建福州茉莉花和茶文化系统	
		甘肃迭部扎尕那农林牧复合系统	2017年
		浙江湖州桑基鱼塘系统	
世界灌溉工程遗产	国际灌溉排水委员会	四川乐山东风堰	2014年
		浙江丽水通济堰	
		福建莆田木兰陂	
		湖南新化紫鹊界梯田	
		浙江诸暨桔槔井灌工程	2015年
		安徽寿县芍陂	
		浙江宁波它山堰	

［1］ 本刊通讯员：《世界记忆工程及其在中国的进展》，《国家图书馆学刊》2004年第2期。

续表

名录类型	颁布机构	名录名称	登录时间
世界灌溉工程遗产	国际灌溉排水委员会	陕西泾阳郑国渠	2016 年
		江西吉安槎滩陂	
		浙江湖州溇港	
		宁夏引黄古灌区	2017 年
		陕西汉中三堰	
		福建黄鞠灌溉工程	
世界记忆名录	联合国教科文组织	中国传统音乐录音档案	1997 年
		清代内阁秘本档	1999 年
		东巴古籍文献	2003 年
		清代科举大金榜	2005 年
		"样式雷"建筑图档	2007 年
		《本草纲目》	2011 年
		《黄帝内经》	
		侨批档案——海外华侨银信	2013 年
		元代西藏官方档案	
		南京大屠杀档案	2015 年
		甲骨文	2017 年
		近现代中国苏州丝绸档案	
		汉文文书（清代澳门地方衙门档案）	

资料来源：华夏经纬网，www.huaxia.com；中国社会科学网，www.cssn.cn；联合国教科文网站，www.unesco.org。

另外，2001 年联合国教科文组织提出保护、公布世界"水下文化遗产"，目前，我国正积极努力成为缔约国。

第二节　物质类文化遗产的世界普遍价值

联合国教科文组织世界文化遗产委员会认为，列入"世界遗产"的首要、关键的条件是具有世界意义的"突出普遍价值"，这是指"罕见的、超越了国家界限的、对全人类的现在和未来均具有普遍的重要意义的文化和/或自然价值。因此，该项遗产的永久性保护对整个国际社会都具有至高的重要性"。[1]中国的相关世界

---

[1] 中国古迹遗址保护协会译：《实施〈世界遗产公约〉操作指南》，第 11 页，2017 版（中文版），见中国古迹遗址保护协会网站，http://www.icomoschina.org。

文化遗产名录，按照其来源及所体现的价值领域，主要可分呈如下。

一、农业生产与灌溉

（一）栽培养殖技术

江西万年的稻作文化系统，从考古发现的1万年前栽培稻植硅石标本，绵延到现代稻作栽培，完整地演示了中国南方稻作文化从原始起源到现代发展的历程。浙江青田县的"稻田养鱼"系统、贵州省从江侗乡的"种植一季稻，放养一批鱼，饲养一群鸭"之"稻鱼鸭"系统，呈现出独具特色的稻田种植、养殖文化，都有千年历史，并保留至今，成为当今重要的生态农业生产方式。云南普洱古茶园与茶文化、福建福州茉莉花种植与茶文化系统，是我国茶树利用发展体系的样板，同时也在经济作物种植之上孕育出的独特的茶文化。在普洱市，3540万年前的宽叶木兰化石、2700年的寨野生古茶树及上千年的人工栽培万亩古茶园等，以穿越历史的鲜活生命昭示着这里是中国乃至世界茶树种植和茶文化的萌发地。良种选育和嫁接技术，是中国古人在栽培方面的突破，绍兴会稽山古香榧群则是"活标本"。江苏兴化垛田传统农业系统及云南红河哈尼梯田是在特殊地形、地貌上开发的农业生产，并形成壮美迷人的景观。因饱受洪涝侵害，兴化先民在沼泽高地垒土成垛，渐渐形成一块块垛田，鲜明地有别于它地的土地利用方式。内蒙古自治区敖汉旗旱作农业系统，新龙洼遗址发现的碳化作物颗粒，证明粟、黍栽培已有8000年历史，这里的农业系统反映敖汉旗是横跨欧亚大陆旱作农业的发源地，也是中国古代农业文明与草原文明的交汇地。[1]

（二）水利灌溉工程

灌溉类文化遗产以历史久长，尤以仍在一方水土中发挥现实功用为特点。因循地理环境、充分利用地势，并创造性地将弱势化为优势，这是诸多灌溉工程体现出的古代智慧。浙江诸暨桔槔井灌，利用几百米山地与几十米平地之差，在村落中密布井眼，现诸暨市赵家镇泉畈村一带就留存上千口农灌古井，其历史多可追溯至12世纪，保留着中国最完整的井渠灌溉工程。[2]湖南新化紫鹊界梯田由苗族、瑶族开凿，在无一口山塘、无一座人工水库的情形下，利用天然系统，引入山泉灌溉。这些灌溉工程无一不是顺应自然的典范。这些灌溉工程孕育、浇灌出中国农业文明时期区域辉煌的版图，如西北的宁夏引黄古灌区、汉中三堰、陕西

---

[1] 白艳莹、邢和平：《敖汉旱作农业系统申报工作介绍》，闵庆文《农业文化遗产及其动态保护前沿话题2》，中国环境科学出版社2012年版，第492—494页。
[2] 李云鹏、谭徐明等：《浙江诸暨桔槔井灌工程遗产及其价值研究》，《中国水利水电科学研究院学报》2016年第6期。

泾阳郑国渠之于黄河流域纯熟的农业文明，西部灌溉工程之于"天府之国"，东部太湖溇港之于"苏湖熟，天下足"的杭嘉湖平原，中部的槎滩陂之于吉泰盆地的鱼米之乡，以及木兰陂拒咸蓄淡灌溉工程、黄鞠灌溉工程之于东南部发达农业，等等。

二、古城与历史城区

山西平遥古城、云南丽江古城、澳门历史城区及鼓浪屿历史国际社区分别是中国北方汉民族、西南少数民族纳西族、中国人与葡萄牙合璧创造及东西方多元文化交融共处的建筑群代表。平遥古城是明清时期县级城市的杰出范例，是现今中国汉民族地区保存最为完整的古城。古城交通脉络犹如龟背纹图，整个城市就像一只巨大的"神龟"；城墙上垛口有 3000 个、小敌楼 72 座，象征孔子的 3000 弟子、72 贤人；中国第一家现代银行的雏形"日升昌"票号也坐落在这里。地方社会治理、儒家伦理、晋商风云等交织在布局严谨的四合院及整体城池中。

澳门历史城区是西方文化融入、浸入中国过程的物化记载，以澳门半岛旧城区为核心的 22 座建筑物组成系列世界文化遗产点，以大三巴牌坊为其形象代表。仅从大三巴牌坊这座巴洛克建筑上，就可见中西文化结合的特色，例如中国传统的雕刻及"十"字架、牡丹、狮子等纹案并肩在一起。世界遗产委员会对其做出了这样的评价："见证了西方宗教文化在中国以至远东地区的发展，也见证了向西方传播中国民间宗教的历史渊源。"它"是中国现存最古老的西式建筑遗产，是东西方建筑艺术的综合体现"。[1]它以建筑的形态诠释了世界文化遗产所倡导的异文化之间彼此和谐、相互尊重的理念。

三、人居类的建筑物

（一）村落聚居

古村落建筑遗产一般体现在独特的地理单元上，宗族、族群将所具有的集体规划和理想，以及财富、审美、伦理、信仰和对共同体的认识等因素融入起居中。皖南古村落西递和宏村是明清时期声名显赫的徽商将在外赚取的财富，源源不断输回故里，并将其对人生的思索落根在故里的体现。村落中既浸透着森严的宗族伦理气味，又洋溢着浓厚的生活情趣，处处泛出书香。这里是儒家文化的集中体现，细微至建筑的转角、厅堂的字画、楹联的寓意等，文化气息、艺术色彩较为浓厚。周易风水理论是古村落选址、布局和建构的依据。建筑采用白粉墙、马头

---

〔1〕 世界遗产中心网站，http：//whc.unesco。

墙、小青瓦、木构架，既体现人与自然的和谐，又具有鲜明的徽派建筑特色和风格。徽派风格的砖雕、石雕、木雕的工艺精神亦凝结在其中。

福建土楼由中原地区举族迁徙来的客家人所建，也称"客家土楼"。外形如飞碟的圆形为特色，还有方形、交椅形等，这样，最大程度上利于集体聚居，显示了漂泊异乡的客家人希望同心一意，为家族建设均贫富、无贵贱的共同理想家园。[1] 开平碉楼与村落体现了华侨漂泊海外积累的财富和心酸。集防卫、居住于一体，因防卫而筑坚固厚实的"高塔"，因侨民而吸纳中西各式建筑样式，有柱廊式、平台式、退台式、悬挑式、城堡式和混合式等多种式样，造型千姿百态。[2]

(二) 古典园林

苏州古典园林这项世界文化遗产包括拙政园、网师园、留园、环秀山庄、艺圃、耦园、沧浪亭、狮子林和退思园等。关于苏州园林的审美，需要最大限度地开启"意象"的大门。首先是风景，苏州园林以鲜明的江南水乡特色建筑及叠山理水、种植花草树木等，创造了城市山林。其次是风雅。园林的造设多以画为本，以诗为题，到处是充满书卷气的诗文题刻，使一山一水、一草一木均能产生出诗情画意，被称为"无声的诗，立体的画"。再次是风骨。园林不但是视觉和心灵的审美，也是审世的，其中浸透着文人士子对"人"与"世"关系的思索，以及他们的品德和节操。与私家园林意趣相异又相投的是颐和园、承德避暑山庄及其周围寺庙等皇家园林，皇家园林与苏州私家园林共同构成了东方古典园林的最高形式。

四、皇室宫苑与陵寝

从秦始皇陵到明清皇宫、颐和园、天坛、承德避暑山庄及其周围寺庙和明清皇家陵寝等世界文化遗产项目，遥相呼应了中国历史上封建专制的大一统王朝的首尾。特别是明清时期皇室宫苑，其中既有体现权力中心的建筑，也有反映日常休闲、精神信仰及生命终点的构筑。而拉萨布达拉宫历史建筑群、元上都遗址以及高句丽王城、王陵和贵族墓葬等是部分中国少数民族最高权力在物质、文化上的凝结。

(一) 明清宫苑建筑体系

故宫是明清两代的皇宫，是世界上现存规模最大、最完整的古代木结构建筑群。承德避暑山庄是清朝的园林式皇宫，以及依照西藏、蒙古的藏传佛教寺庙形

---

[1] 李娟文、游长江：《中国旅游地理》，东北财经大学出版社2002年版，第67页。
[2] 陈文海：《世界文化遗产导论》，长春出版社2013年版，第219页。

式修建的诸多寺庙，显露出安抚、团结边疆少数民族的政治目的。它将统一多民族国家大江南北的地理浓缩于构建中，同时集中了南北古典园林艺术精华，被称为"移天缩地在君怀"[1]。皇家祭坛天坛设计依据周易、阴阳、五行等学说，运用中国古代特有的象征艺术表现手法，处处展示对天人关系的认知。祈年殿以圆形、蓝色象征天，殿内大柱及开间数字分别寓意一年四季、二十四节气、十二个月及一天的十二个时辰等。明清宫苑将古代哲学、美学、数学、力学、生态学镶嵌于建筑体中。

（二）边疆民族建筑遗产

高句丽王城、王陵及贵族墓葬遗产是已经消失的高句丽文明的见证，在东北亚历史与考古中占有重要地位。包含公元1—5世纪高句丽早中期的都城，以及国内城、丸都山城、王陵及贵族墓葬等系列文化遗迹。地面建筑以石块为特色，丸都山城由方整石块垒砌而成，将军坟则由七层巨石修砌，呈截尖方锥体，号称东方金字塔。在王陵及王室贵族墓室内，绘有精美壁画，线条飘逸流畅、内容丰富并具有神话色彩，距今虽已千余年，却清晰艳丽。高句丽王城尤其体现了人类创造力和岩石、森林、河流等自然界的完美结合。元上都遗址，是元代都城遗址，由城址、埋葬群及相关的自然环境和人文环境构成。这是中国历史上唯一一座北方草原游牧文化与中原农耕文化融合的都城建筑，史家将其与意大利古城庞贝相媲美。作为元朝创建最早、历史最久、格局最完整、保存最好的都城遗址，它见证了亚欧大陆在蒙古帝国时期的重大文明转折，以及由此带来的国际多元文化兼容的盛况。[2]

五、自然与文化的互塑

（一）文化景观遗产

世界遗产委员会认为，文化景观遗产"主要由人类创意设计和建造的建筑及其环境景观构成，代表着自然与人类共同作品，它们不是以文化物证为特征，而是以和自然因素、文化联系为特征，强调人与环境共荣共存、人与自然融合"。庐山国家公园、五台山、西湖、哈尼梯田、花山岩画等文化景观遗产，分别依托于山水景观庐山、五台山、西湖、梯田、广西崇左市左江及其支流明江流域两岸的山体。这其中有的体现宗教的烙印，有的体现文人士夫的生活理想；有的是城市发展的景观设计，有的是农业生产的实用创造。例如西湖文化景观，是在千余年历史积淀中所形成的"一城山色半城湖"的湖、城合一的独特城市环境，它是中

---

[1] 罗哲文、曹南燕、张义生等：《中国的世界遗产》，机械工业出版社2013年版，第67—69页。
[2] 罗哲文、曹南燕、张义生等：《中国的世界遗产》，机械工业出版社2013年版，第249、343页。

国历代文化精英秉承天人合一、寄情山水的中国山水美学理论所创造的。这对清代皇家园林和唐朝以来的中国、日本、朝鲜半岛等东亚地区的景观设计和造园艺术均产生过明显的影响。现存的上百处历史文化史迹，为中国传衍至今的佛教文化、道教文化及忠孝、隐逸、藏书、茶禅与印学等悠久的文化传统的发展与传承提供了特殊的见证。[1]

（二）文化与自然混合遗产

与上述不同的是，这项遗产更突出自然的杰作，即在文化、自然方面分别具有世界遗产的价值标准，又称文化与自然混合遗产。中国的文化与自然双重遗产主要有泰山、黄山、武夷山、峨眉山-乐山大佛。高山有灵气，人们在精神文化上对其顶礼膜拜，并以此创造丰富的文化。泰山自秦代以来一直是帝王朝拜的对象，秦至明清，历代皇帝到泰山封禅27次。由于仰慕皇帝的封禅活动和雄奇多姿的壮丽景色，各地文化名人纷至沓来，进行诗文创作。泰山至今保留34座庙宇等古建筑、128处古遗迹、1450多处碑刻和1100余处摩崖刻石等。其中《金刚经》刻在3000平方米的大石坪上，堪称世界一绝。[2]

六、线性文化景观遗存

世界文化遗产的线路遗产被定义为："基于运动的动态、交流的概念、空间和时间上的连续性；涉及一个整体，线路因此具备了比组成要素的总和更多的价值，也因此获得了文化意义；强调国家间或地区间交流和对话；应是多维的，不同方面的发展，不断丰富和补充其主要用途，可能是宗教的、商业的、行政的或其它。"[3]"丝绸之路：长安—天山廊道的路网"，兴起于公元前2世纪—公元2世纪，兴盛于公元6—12世纪，极盛于蒙古帝国时期，直至14世纪随着元帝国的陨灭及海上丝路的兴起而衰落。其在历史时期，打破、跨越了文化地理单元，进行人类历史上最广泛的民族与政权的交融，特别是引发了人类两大类型文化（农耕定居民族与草原游牧民族）在亚欧大陆上的持续融合与发展。同时，以丝绸为主题，开展大宗商贸交流。佛教、琐罗亚斯德教、基督教、摩尼教、伊斯兰教及萨满教、印度教、犹太教等各种宗教随着僧人与商旅的往来而传播到沿途所经地区，传播到华夏各地。同时，带来音乐、舞蹈、壁画等文化方面的深度交流。大运河也具有线性文化景观的特征，同时也是典型的运河遗产。始建于春秋时期吴国开凿的邗

---

[1] 陈同滨、傅晶、刘剑：《世界遗产杭州西湖文化景观突出普遍价值研究》，《风景园林》2012年第4期。
[2] 宋才发：《中国泰山的文化景观及法律保护》，《湖北民族学院学报》2005年第4期。
[3] 中国古迹遗址保护协会译：《实施〈世界遗产公约〉操作指南》，第71页，2017版（中文版），见中国古迹遗址保护协会网站，http://www.icomoschina.org.cn。

沟，是世界上开凿时间较早、规模最大、线路最长、延续时间最久的运河，涉及沿线 8 个省市 27 座城市的 27 段河道和 58 个遗产点。大运河被誉为"中国脐带"，使中国经济资源流动起来，并沟通了经济中心与政治中心，是实现长期大一统国家的要举之一。其在古老科技智慧方面，又被誉为"古代科技库"，特别是水往高处走、如何跨越长江和黄河及无水源地段等问题，显示出工业革命前水利水运工程的杰出成就。

七、考古发现及遗址

周口店北京人遗址，是目前世界上发现的古人类化石最丰富的遗址之一，"不仅是远古时期亚洲大陆人类社会的一个罕见的历史遗迹，而且也生动展示了人类进化的进程"[1]。"北京人"不仅具有典型的"直立人"形态，还用火且保存火种，具有完备的"人"的特征，其发现解决了世界考古史上关于"直立人"是猿还是人的重大争论。殷墟是商代晚期的都城遗址，世界遗产委员会认为其"代表了中国早期文化、工艺和科学的黄金时代，是中国青铜器时代最繁荣的时期……甲骨上的文字对于证明中国古代信仰、社会体系以及汉字这一世界上最古老的书写体系之一的发展有着不可估量的价值"[2]。

土司遗址是土司职级序列中不同等级的土司的治所。湖南永顺老司城遗址是目前国内规模最大、保存最完整、历史最悠久的古代土司城遗址；湖北唐崖土司城遗址以"三街十八巷三十六院"为名，其庞大的气势能够令人想象其历史上显赫的地位；贵州遵义海龙屯遗址是目前中国乃至亚洲保存最好的古军事城堡建筑遗迹之一。从遗址可见自宋代后中央政府针对西南少数民族地区大一统管理的民族政策——土司制度的变迁及其制度设计。

八、儒学与宗教信仰

在中国世界文化遗产体系中，与宗教信仰有关的为大宗。其中，体现佛教信仰的文化遗产主要有五台山、云冈石窟、龙门石窟、大足石刻（佛、道、儒）、承德避暑山庄及其周围寺庙、拉萨布达拉宫历史建筑群、敦煌莫高窟、峨眉山-乐山大佛风景区。而武当山古建筑群、青城山-都江堰主要呈现出道教的遗迹；登封"天地之中"历史建筑群、庐山、泰山、黄山则体现了儒释道多教融合的特点，庐山在明清以后，形成一山兼聚佛教、道教、伊斯兰教、基督教、天主教文化的罕

---

[1] 联合国教育科学及文化组织：《世界遗产大全》，陈培等译，安徽科学技术教育出版社 2011 年版，第 298 页。
[2] 世界遗产中心网站，http：//whc.unesco.

见现象。

(一) 建筑物

曲阜孔庙、孔林、孔府是包括孔子及其后裔的宗庙、墓地和宅邸在内，拥有近千间建筑的庞大建筑群。孔庙是历代封建政权推崇儒学、文人士夫崇敬儒学的最完美体现，同时也反映了元、明、清等各个时期的建筑规制和特点；1000多件汉画像石、孔子圣迹图、石仪、龙柱等反映了石刻艺术的变化和发展；5000多块西汉以来的历代碑刻亦是中国书法艺术的瑰宝。[1] 在古老的宇宙观中，中国是位居天地中央之国，天地中心在中原，中原的核心在郑州登封，登封"天地之中"历史建筑群从汉魏以来，历经唐、宋、元、明、清近2000年的历史，被誉为我国时间跨度最大、建筑种类最多元、文化内涵最丰富的古代建筑群。儒、释、道文化皆扎根于此，并在此建立核心基地，这里从而成为中华文明的核心。中岳庙是中国最古老的道教建筑遗址，它与太室阙是中国古代礼制建筑格局最全面的代表；少室阙、启母阙创建于东汉，是中国最古老的国家级祭祀礼制建筑典范；周公测景台和观星台是中国现存最古老的天文台；嵩阳书院是中国最早的传播儒家理学、祭祀儒家圣贤和举行考试的书院；嵩岳寺塔、少林寺建筑群、会善寺则是中国佛教发展的纪念碑。千余年来，这些建筑广泛地影响了中国其他地区的宗教建筑形制。[2]

(二) 艺术体

莫高窟、龙门石窟、云冈石窟和大足石刻等文化遗产，是佛教在中国的世俗化、民族化的见证，也是人们用壁画、石刻等艺术表达对佛教的虔诚。大足石刻建造于公元9—13世纪，是中国著名的宗教摩崖石刻，包括石刻造像70多处，总计10万多尊，尤以北山摩崖造像和宝顶山摩崖造像最为著名。这些规模宏大、雕刻精美、题材多样、内涵丰富、保存完整的石刻，鲜明地反映了当时的社会生活。其题材不仅以佛教为主，还汇集了佛教、道教、儒家造像艺术的精华。

九、惨痛的历史记忆

目前世界遗产之中，有波兰的奥斯威辛集中营、日本的广岛和平纪念地和塞内加尔的戈雷岛，铭刻着历史上惨绝人寰的行为。这一类型的文化遗产是人类社会的另一种极致，其意在警示后人。我国相类似的有世界记忆名录中的南京大屠

---

[1] 谢宇：《文明的传承：文化与自然博览（上）》，西安地图出版社2009年版，第148—149页。
[2] 常松木：《登封的中国之最》，河南文艺出版社2014年版，第68—71页。

杀档案，将日本军国主义的滔天罪行刻录下来，成为世人的永恒记忆。

第三节　非物质文化遗产的人类代表作

人类非物质文化遗产遴选的核心准则是其对于所在社群、民族的代表性。[1]在中国的人类非物质文化遗产体系中，以传统戏曲、传统音乐、传统工艺美术最为丰富。

一、传统戏曲、曲艺

昆曲、京剧、粤剧等是我国传统戏曲代表。昆曲被誉为"中国戏曲之母"，约有600年的历史；京剧则吸取了昆曲艺术精粹及徽剧、汉剧和秦腔艺术，以北京话为韵白，是近代中国国剧的代表；粤剧是广东传统戏曲之一，源自南戏，流行于岭南地区等粤人聚居的粤语流行地区。藏戏是藏民族艺术、审美的心声。福建木偶戏、皮影戏是艺术家在木偶或皮影之"幕后"作傀偶戏表演的艺术。赫哲族伊玛堪说唱类似于曲艺艺术，是在黑龙江、乌苏里江流域生活的赫哲族人，每逢农历新年时以说唱庆祝，表演时无伴奏，用叶韵和散文体形式徒口讲述的一种艺术。

昆曲：至迟在明嘉靖二十六年（1547），以魏良辅为代表的艺术家完成了对昆山腔的改造，创造了"水磨调"，在声腔音乐方面铸塑了后世昆曲的基本面貌。随后依腔定制的传奇剧本，基本上在声腔音乐、剧本文学方面铸塑了昆曲的特色和品格，契合了主导时代旋律的文人之审美和心声。此后，昆曲以江南文人士大夫为主要媒介，以时尚的劲风，迅速流播，并于万历年间成为"官腔"。这样，朝廷导向作用与江南文化的影响力汇成巨大合力，京畿与江南遥相呼应，形成两大文化磁场强辐射效应，助推昆曲跃居为全国性主导声腔，并掀起了中国历史上戏曲文化最为繁盛的热潮，特别是在以苏州为代表的江南文化圈中尤其如此。昆曲是知识群体融文学、艺术、娱乐于一体的理想生活符号，在其精神文化构成中占据重要成分，甚至衍化为皇权文化统治和社会文化道统的一部分。昆曲品格主要由文人士夫主导，音乐唱腔、剧本文学、舞台表演等方面都体现雅文化特征，代表了中国古典戏剧文学的最高品位，是古典音乐文化的最后遗存，拥有古典戏剧表演的完美体系。[2]

藏戏：藏戏是对藏区戏剧系统的统称。8世纪时，白面具藏戏已初步形成。到17世纪，逐渐形成完整的戏曲形态。由于青藏高原各地自然条件、生活习俗、文

---

[1] 高丙中：《从文化的代表性意涵理解世界文化遗产》，《清华大学学报》2017年第5期。
[2] 李晓：《中国昆曲》，上海百家出版社2004年版，第2页。

化传统、方言语音的不同,所以藏戏的剧种流派众多。其传统剧目和表演中既有西藏本土宗教苯教的神灵和祭仪,也有大量的西藏原始巫术歌舞,并以宗教的虔诚和忠于现实的态度,保留了大量祭祀仪式。演出多以消灾纳祥、酬神醮鬼为目的,带有浓重的仪式色彩。鲜明的宗教、祭祀仪式色彩是藏戏与其他剧种最突出的区别,其表演形式以面具表演为主。[1]

皮影戏:皮影戏是以兽皮或纸板做成的人物剪影,在蜡烛或燃烧的酒精等光源的照射下用隔亮布进行的表演。皮影艺术汲取了汉代帛画、画像石、画像砖和唐宋寺院壁画之手法与风格。[2]表演时,艺人们在白色幕布后面,一边用手操纵戏曲人物,一边用当地流行的曲调唱述故事,同时配以打击乐器和弦乐。皮影戏在我国流播极其广泛,皆具有所在地浓厚的乡土气息。

二、传统音乐、舞蹈

南音、古琴艺术、西安鼓乐在器乐演奏之中,记录着我国传统音乐的悠久年轮。南音是中国现存最古老的乐种之一,两汉、晋、唐、两宋等朝代中原移民把音乐文化带入以泉州为中心的闽南地区,并与当地民间音乐融合形成南音。南音汇集了盛唐以来中原雅乐的精华,后来又吸收了元曲、弋阳腔和昆曲的特长,并与闽南的民间音乐融为一体。词曲清丽柔曼,旋律缠绵深沉,尤其长于抒发旅人怀乡、游子思亲的真挚情怀。南音主要由指套、大谱和散曲三大类组成,是保存我国古代音乐尤其是中原古乐比较丰富、完整的一大乐种。[3]古琴也称七弦琴。由湖北曾侯乙墓的古琴,可以推断古琴在战国时期已经流传于士大夫阶层。在中国传统文化的代表琴、棋、书、画四艺中,古琴排在首位,文人雅士以琴为修身养性的工具,因此,古琴的曲意多充满着中国古代山水画韵味和文人情怀。古琴以减字谱为特色,在形制上,也体现出浓厚的文化色彩,如琴箱上圆下平,寓意天圆地方,琴面上有十三个琴徽,对应一年十二个月加闰月。架设琴弦的硬木叫岳山,琴底大小两个音槽为龙池、凤沼,寓意山水龙凤,象征天地万物。

侗族大歌、呼麦、花儿、蒙古族长调民歌等人类非物质文化遗产体现出鲜明的歌唱类音乐特征。侗族大歌,以多声部、无指挥、无伴奏为主要特点,"众低独高"是其传统的声部组合原则,可模拟鸟叫虫鸣、高山流水等自然之音,优美和谐是其鲜明的艺术品格。呼麦表演中,歌手纯粹用自己的发声器官,在同一时间里唱出两个声部,这在中国各民族民歌中是独一无二的。花儿是流传于西北地区

---

[1] 蒋英:《保存民族的历史文化记忆——从藏戏"申遗"的优势原则谈起》,《四川戏剧》2009年第4期。
[2] 杜云生、王军利:《中国民间美术》,河北人民出版社2013年版,第239页。
[3] 冯骥才:《中国非物质文化遗产百科全书·代表性项目卷上》,中国文联出版社2015年版,第150页。

的多民族民歌，因歌词中将青年女子比喻为花儿而得名。它用汉语演唱，在音乐上受羌、藏、汉、土及其他民族传统音乐的影响，音乐高亢、悠长、爽朗。蒙古族长调民歌是深藏在草原蒙古人灵魂里的音乐，它积累了代代草原马背民族的故事。其演唱特点主要有：一是"诺古拉"——蒙古式颤音，这是长调民歌最具代表性的民族特色和艺术特色。二是音域宽广，曲调高亢悠扬。三是共鸣的运用，主要是鼻咽腔的共鸣，且还会根据音程的跨越、旋律跳动等有所变化。四是节奏、节拍的不固定，大多为散板，自由缓慢，歌手可以自由即兴地随着情绪加速或减速。[1]

新疆维吾尔木卡姆艺术、中国朝鲜族农乐舞都是集歌、舞、乐于一体的民族艺术。中国朝鲜族农乐舞发源于朝鲜半岛，是朝鲜王朝后期形成的有着乐、戏、舞性质的并与农事相关的传统民俗形式。19世纪末开始从朝鲜半岛不断移居中国的朝鲜人，将不同地域的"农乐"带到了中国，继而逐渐演变成了中国朝鲜族农乐舞。农乐舞并非限于音乐、舞蹈，还有戏剧、杂耍及仪式因素等，侧重于音乐。这样，从朝鲜半岛被带入中国的农乐，以舞蹈表现喜悦心情的目的被突出并得到强化，由此使农乐（yuè）逐渐演变成了农乐（lè）舞。[2]

三、民间文学

格萨尔史诗主要流传于青藏高原地区的藏、蒙、土、裕固、纳西、普米等民族，代表着草原游牧文化中民间文化与口头叙事艺术的最高成就。史诗以口耳相传的方式讲述了格萨尔王降临下界后降妖除魔、抑强扶弱、统一各部，最后回归天国的英雄业绩。全诗共有120多卷、100多万行，其篇幅是世界上迄今所发现史诗中最长的。格萨尔史诗更是一部形象化的古代藏族历史，它所展现的是古代藏族的社会形态，也反映了藏族先民古老的民风民俗。其中富于哲理的谚语保存了大量民间的生产生活知识、优美的文辞等赞词，是藏民族语言文学艺术宝库。[3] 玛纳斯则是柯尔克孜族的英雄史诗，为我国三大英雄史诗之一，体现柯尔克孜民族勇敢善战、百折不挠的民族精神与民族性格。

四、传统工艺美术

中国书法、中国篆刻艺术、宣纸传统制作技艺、中国雕版印刷技艺、木版活字印刷术等，是中国传统社会"知识"记录、传播的实现条件。南京云锦制作技艺、中国蚕桑丝织、龙泉青瓷传统烧制技艺等，以china和silk托起了中国在世界

---

[1] 秦杨：《蒙古长调民歌的形成、发展及特点》，《艺术百家》2013年第4期。
[2] 朴永光：《论"场景"中的朝鲜族农乐舞》，《民族艺术研究》2015年第6期。
[3] 郑敏芳、弋睿仙：《活态史诗〈格萨尔〉：中外合璧，大有可为——访杨恩洪研究员》，《西藏研究》2017年第3期。

上的美好国际形象，并带回源源不断的财富，这也是中国早期全球化的媒介。中国传统木结构建筑营造技艺、中国水密隔舱福船制造技艺、中国木拱桥传统营造技艺，是中国传统社会用手工、技术来夯实居、行，拓展自己的生活空间，并赋予审美要素。水密舱壁技术采用榫接、舱缝等核心技艺，使舱与舱之间形成密封不透水的结构形式，这对提高航海安全性起到了关键作用。

南京云锦、龙泉青瓷、黎族传统纺染织绣、中国篆刻艺术、中国剪纸、热贡艺术、中国书法等带有明显的传统美术色彩，工于艺术、审美。瓷器的鼻祖是青瓷，龙泉青瓷被誉为"人工制造的美玉"，把青瓷技艺推向巅峰。龙泉青瓷肇始于两晋，制瓷于唐、五代，发展于北宋，兴盛于南宋和元代，明代生产规模不减，但质量下降，至清代逐渐衰落。龙泉青瓷形成了青釉配置、多次施釉、厚釉烧成和开片控制四大传统烧制技艺和多达72道的制瓷工序。[1]龙泉青瓷有"哥窑"与"弟窑"之说，人们把哥窑和著名的官、汝、定、钧并称为宋代五大名窑。哥窑以黑胎开片著称，"胎薄如纸，釉厚如玉，釉面布满纹片，紫口铁足，胎色灰黑"[2]。弟窑釉面无纹片，胎白质细，底足及露胎处呈朱红色，俗称"朱砂底"，釉色青翠滋润，宛如翡翠，釉色以梅子青、粉青为极品。龙泉青瓷技艺推动了全国各地瓷窑的发展并传播至世界各地："路线从中国东南沿海各港口起，循海道一直到印度洋沿岸的波斯湾、阿拉伯海、红海和东非沿岸……无处没有龙泉青瓷的踪迹。"[3]其温润如玉的釉色自16世纪以来一直塑造着自然、沉静、端庄、精致和优雅的中华民族文化气质。

而中国传统木结构建筑营造技艺、宣纸传统制作技艺、雕版印刷技艺、活字印刷术、传统木拱桥营造技艺、水密隔舱福船制造技艺等，则以实用为主，精于技术。造纸术是中国古代四大发明之一，宣纸因其独特的制造技艺闻名于世。其利用特定的水质、优越的地理条件、特有的纸药和手工技艺等，尤以青檀皮和长秆沙田稻草为主要原料为特色。制作过程繁杂，至少有108道工序。[4]纸质"韧而能润，光而不滑，薄者能坚，厚者不腻，折而不伤"，故宣纸耐老化、不变色、少虫蛀、寿命长，有"纸中之王，千年寿纸"的美誉。

五、节令活动与习俗

我国的人类"非遗"项目中属于节令活动与习俗的主要有端午节、妈祖信俗、羌族农历新年和麦西热甫。

妈祖是中国影响最大的航海保护神。公元987年，福建省莆田市湄洲岛的妈祖

---

[1]《全球唯一"人类非遗"陶瓷项目，龙泉人守护着瓷千年魂》，《浙江日报》2016年8月19日。
[2] 吴雅楠：《浙江龙泉青瓷》，吉林出版集团有限公司2014年版，第74页。
[3] 陈桥驿：《陈桥驿方志论集》，杭州大学出版社1997年版，第386页。
[4] 曹天生：《中国宣纸传统制作技艺之"传统"探析》，《自然辩证法研究》2012年第5期。

因救海难而献身,被该岛百姓立庙祭祀,成为海神。宋朝首次将"顺济"庙额赐给妈祖庙。此后,妈祖因护佑南粮北调、郑和下西洋等功绩而被历代朝廷褒封为天妃、天后及天上圣母等。随着航海业的发展和华人移民的脚步,妈祖影响日渐扩大。妈祖庙遍布世界各地港口,如澳门地名葡萄牙文 MACAU 就出自"妈祖阁"的发音。1000 多年来,妈祖信俗从湄洲岛传播到世界 20 多个国家和地区,逐渐成为一种常态化的民间信俗,现在拥有 2 亿多信众和 5000 多座妈祖庙,成为妈祖信仰地区民众文化遗产的重要组成部分。妈祖信俗以崇奉和颂扬妈祖的立德、行善、大爱精神为核心,主要由祭祀仪式、民间习俗和故事传说组成。[1]

羌年是我国羌族人的传统节日,亦称小年,一般在农历十月初一日开始举行,持续三五天或七八天。届时,多以村寨为单位,集体庆祝欢腾。人们穿上羌族人特有的服饰盛装,祭天神、山神、寨神,并以杀羊相祭。整个活动过程,由释比作为精神领航。羌年作为一种节日景观,集祭祀、歌舞、文学、工艺、美术、服饰、饮食和娱乐为一体。2008 年汶川大地震后,羌族历史文化遗存、文化生态和文化空间遭到严重破坏,羌年活动以其综合性,可以作为羌民族文化传承的综合载体和空间。因此,羌族农历新年于 2009 年被联合国教科文组织公布为人类急需保护的"非遗"项目。

六、有关自然界和宇宙的知识与实践遗产

(一)传统医学

在前述的世界记忆名录中,有传统医药典籍《黄帝内经》《本草纲目》,其与人类非物质文化遗产代表作名录"中医针灸"都是中医药重新走向世界的明证。

"学医不知经络,开口动手便错""一根针,一把草,保你健康活到老""端午门前挂艾草,一年医生不要找"等民谚,反映中医针灸对民众生活所产生的深刻影响。中医针灸,"把生命个体视为宇宙体系组成部分,以阴阳平衡理论来关照生命现象,认为如果人体内部的阴阳失衡或人与宇宙间的平衡被破坏就会发生疾病",以此来说明天人合一的整体观;用"十二经脉对应于 12 个月,365 个针灸穴位对应于 365 天;它的上、中、下三部诊法以及浅、中、深三部刺法体现了天、地、人之间的有机联系"。根据人体的不同状态选择适宜的针具刺激特定的穴位,采用提、插、捻、转或不同组合的复式刺法来疏通经络,以调节人体平衡状态而达到保健和治疗。这种通过非药物的物理刺激激发人体自我调节功能而实现健康的目的,带有自然、绿色健康理念,从中国传播到东南亚和欧美部分地区。[2]

---

[1]《"妈祖信仰"申遗成功专题》,莆田文化网,2012 年 7 月 19 日,http://www.ptwhw.com。
[2] 朱兵、黄龙祥等:《"中医针灸"申报人类非物质文化遗产代表作名录文本解析》,《中国针灸》2011 年第 3 期。

(二) 中国珠算

珠算是以算盘为工具,以算理算法为理论体系,运用口诀变幻,通过手指拨珠进行数学加、减、乘、除、乘方及开方等运算的知识和实践,是进行数字计算的智慧方法,被誉为中国的第五大发明以及"世界上最古老的计算机"。联合国教科文组织保护非物质文化遗产政府间委员会认为:"珠算既是中国人文化认同的象征,也是一种实用工具;这种计算技术经世代传承,一直适用于日常生活的许多领域,具有多重社会文化功能,为世界提供了另一种知识体系。"[1]

(三) 二十四节气

二十四节气是中国人通过观察太阳周年运动而形成的时间知识体系、时间制度及其实践。这是迄今为止中国申请的最具有历史意义与普遍代表性的人类非物质文化遗产项目。二十四节气早在战国至西汉时期大致形成。太阳从黄经零度起,沿黄经每运行15度所经历的时日称为一个节气。每年运行360度,共经历24个节气,每月2个。这既是古代中原地区订立的用来指导农事的补充历法,也是中国多民族、多地区的时间坐标。[2]古时节气有热闹非凡的民俗事项,不同节气,人们赏花品食、访友探亲、郊游休闲、妆扮演艺、祭祖祀神等。

世界文化遗产是衡量一个民族国家历史时期文明的高度,从中也可意会出今天的民族性格和精神气质。中国的世界文化遗产对于塑造国际形象、提升文化软实力、提供文化创造力的灵感,尤其是对于中华民族的文化认同和文化凝聚力具有特别重要的意义。

☞ 参考文献

[1] 陈文海:《世界文化遗产导论》,长春出版社2013年版。
[2] 孙克勤:《世界文化与自然遗产概论》,中国地质大学出版社2005年版。
[3] 罗哲文、曹南燕、张义生等:《中国的世界遗产》,机械工业出版社2013年版。
[4] World Heritage Centre. Operational guidelines for the implementation of the world heritage convention. http://whc.unesco.org/en/guidelines.
[5] 向云驹:《人类口头和非物质文化遗产》,宁夏人民教育出版社2004年版。
[6] 邹启山:《人类非物质文化遗产代表作》,大象出版社2006年版。

---

[1]《关于将"中国珠算"列入"人类非物质文化遗产代表作名录"的决议——教科文保护非物质文化遗产政府间委员会8COM8.8号决议》,见中国民俗学网,www.chinesefolklore.org.cn。
[2] 萧放:《传承二十四节气的价值与意义》,《民间文化论坛》2017年第1期。

后 记

本教材的编写，是故乡的云（苏州）数据技术有限公司王向阳总经理出于华夏子孙对中华优秀传统文化的无比热爱和高度责任感，为贯彻落实中央《关于实施中华优秀传统文化传承发展工程的意见》，委托苏州大学社会学院院长、长江学者王卫平教授主编并组织多位同仁执笔完成的，是共同合作的成果。

书稿从提纲拟定、编委会人员组成、参编人员选择、集体讨论、章节分工、时间安排、专家审稿到编辑加工和送审等多个环节，历时正一年，经过大家的共同努力，终于与广大读者见面了。本书由王卫平、余同元、徐祥华进行框架设计，并携同胡火金、朱小田统稿，具体编写分工如下：徐祥华，绪论；王晗，第一章；赵琪，第二章、第四章第一节；侯德仁，第三章；丁国祥，第四章第二节；程芳，第四章第三节；余同元，第五章；王青，第六章；沈骅，第七章；范莉莉，第八章；方潇，第九章；王国志，第十章；胡火金，第十一章；鲁萍，第十二章；何伟，第十三章；董强，第十四章；朱琳，第十五章。

此外，故乡的云（苏州）数据技术有限公司的其他工作人员也为本书的顺利完成做了大量的工作。苏州大学出版社对于本书的出版，给予了很大的支持和帮助。在本书编写过程中，我们参考并引用了国内许多专家学者的研究成果，一并表示衷心的感谢！

由于时间紧，参编人员多，对于博大精深的中华优秀传统文化的理解，肯定是仁者见仁智者见智，加之编者经验和水平有限，难免有所疏漏，本书只能算是抛砖引玉，敬请广大读者和专家批评指正，以便在修订时再进一步完善。

编　者